LA GUERRA QUE NOS OCULTAN

LA GUERRA QUE NOS OCULTAN

FRANCISCO CRUZ
FÉLIX SANTANA ÁNGELES
MIGUEL ÁNGEL ALVARADO

temas 'de hoy.

Diseño e ilustración de portada: Estudio la fe ciega / Domingo Martínez

© 2016, Francisco Cruz, Félix Santana, Miguel Alvarado

Derechos reservados

© 2016, Editorial Planeta Mexicana, S.A. de C.V.
Bajo el sello editorial TEMAS DE HOY^{MR}
Avenida Presidente Masarik núm. 111, Piso 2
Colonia Polanco V Sección
Deleg. Miguel Hidalgo
C.P. 11560, Ciudad de México
www.planetadelibros.com.mx

Primera edición: agosto de 2016
ISBN: 978-607-07-3568-4

Impreso en los talleres de Litográfica Ingramex, S.A. de C.V.
Centeno núm. 162-1, colonia Granjas Esmeralda, Ciudad de México
Impreso y hecho en México / *Printed and made in Mexico*

Índice

Agradecimientos

Para Selene.
Para Julio César y Afrodita, que sirva de algo.
Para Ángel, María de la Luz, *Robi*, Hugo, Liz, Érika, *Bambú*, Diego, Ivana,
   Navi y *Nani*.
Para Fabiola, Juan Manuel, Hindra, Luis Enrique y Romel. Para Fátima.
   Para Sandra.

MIGUEL ÁNGEL ALVARADO

Para Inna y Zóe, la familia Mondragón Fontes y la pequeña Melisa
   Sayuri.
Para Vicente, Victoria, Chelina, Horacio; a mis familiares, amigos y
   camaradas.
Para las familias que han perdido a sus seres queridos en una guerra de
   exterminio. Al senador Alejandro Encinas Rodríguez y Aarón, Paco,
   José Luis, Arlén y Hugo.

FÉLIX SANTANA ÁNGELES

A Rosbelia, por sus aportaciones. A Diana, Yazmín, Omar y Ayax.
A Fernando, que me aguanta sin protestar. A Marco A. Durán Ruvalcaba.
A Evelia Bahena, por su lucha contra las mineras. A Rocío Franco, a
   Laura R. y a Marisa Mendoza.
A Cuitláhuac y Lenin Mondragón Fontes; a todos quienes nos ayudaron.

FRANCISCO CRUZ JIMÉNEZ

9

Primeras palabras

ÉXICO ES IGUAL pero distinto desde aquellos días del asesinato de tres estudiantes de la Escuela Normal Rural "Raúl Isidro Burgos" de Ayotzinapa, Guerrero, y la desaparición de 43 de sus compañeros el 26 de septiembre de 2014. La historia sigue llena de capítulos oscuros y una parte medular es todavía un misterio, envuelto en un halo de actos que inquietan: crímenes extrajudiciales que incluyen métodos para hacer daño y causar terror a las víctimas, violación a los derechos humanos, destrucción de evidencias, investigaciones amañadas, exámenes periciales deficientes, testimonios arrancados bajo coacción y terrorismo visual.

Bastó la noche de Iguala para terminar con la imagen que el gobierno de Enrique Peña Nieto había vendido a los mexicanos que votaron por él y a los gobiernos extranjeros que aplaudieron las reformas estructurales del mismo viejo PRI en un país que presenta características y cifras de muertos similares a las de una nación en guerra.

El 26 de septiembre de 2014, los estudiantes de Ayotzinapa llegaban a las 19:34 horas a las puertas de la ciudad guerrerense de Iguala sin saber que antes del amanecer del 27 tres de ellos serían asesinados, ni que otros 43 desaparecerían sin dejar rastro.

Julio César Ramírez Nava y Daniel Solís Gallardo fueron abatidos por disparos de armas de fuego. Peor fue el destino del tercer asesinado,

Julio César Mondragón Fontes, porque lo torturaron brutalmente, lo desollaron vivo, lo dejaron morir desangrado a menos de 500 metros del Centro de Inteligencia y espionaje policiaco-militar de aquella ciudad, conocido como C4.

En cuanto a los 43 desaparecidos, ni la Procuraduría General de la República (PGR) ni la Fiscalía General de Guerrero (FGG) han aclarado nada aún. A casi dos años de los hechos de Iguala, municipio de un estado rico en yacimientos de uranio, oro y titanio, los normalistas forman parte de las estadísticas de un país saqueado en el más completo de los silencios y el mayor disimulo de la complicidad, la corrupción y la impunidad.

Irracional como es, aquel 26 de septiembre de 2014 ilustra la descomposición del país. Estudiantes, periodistas, maestros, activistas y líderes sociales desafectos al régimen u opositores han sido víctimas de todo: vejaciones, ultraje, desaparición forzada, tortura, secuestro, humillación y asesinato.

A partir de diciembre de 2006 y hasta finales de 2015, más de 150 mil personas murieron intencionadamente en México e incontables miles más han desaparecido, advierte la Open Society Justice Initiative, organización sin fines de lucro que promueve los derechos humanos, en su estudio *Atrocidades innegables*, que presentó en mayo de 2016.

Frescas, las imágenes de la barbarie en Ayotzinapa han dado la vuelta al mundo y han llevado al gobierno mexicano a vivir una prolongada pesadilla, porque de inmediato se descubrió que la tragedia era mucho peor de lo informado, lo que debilitó los cimientos del gobierno y marcó para siempre a Peña Nieto, quien en dos años malbarató el capital político con el que el 1 de diciembre de 2012 juró como nuevo presidente.

Después de aquella noche surgió una vez más la pregunta inevitable: ¿está México en guerra?

Aunque el gobierno rechaza los señalamientos de un conflicto armado, las evidencias dicen lo contrario: en el país predomina una violencia muy parecida a una guerra civil en diferentes estados y varios frentes, al tiempo que se pretende minimizar sistemáticamente el desorden social con una actuación cada vez más visible de la Marina y el Ejército en conjunción con las policías federal y estatal.

En junio de 2015 el *Índice de Paz Global*, elaborado por el Instituto para la Economía y la Paz (IEP), señaló contundentemente: México es el país más violento de América Central y el Caribe, y el segundo en todo el continente. Por su parte, la prensa de Estados Unidos documentó cómo el gobierno peñista había invertido 3 mil 500 millones de dólares en la compra de armamento hasta convertir a sus Fuerzas Armadas en el segundo ejército más poderoso de América Latina.

Justifican la pregunta masacres, fosas clandestinas, ejecuciones sumarias, la visible carrera armamentista, extorsiones, persecución y encarcelamiento de estudiantes, líderes sociales y maestros, secuestros, linchamientos y la militarización de amplias zonas, así como los 65 mil 200 asesinatos que han tenido lugar en los primeros tres años del gobierno de Peña (aunque sólo se reconocen 54 mil 454 intencionales). Agrava la situación la zozobra de que en el país se denuncian menos de 7% de los crímenes y delitos que se cometen.

No reconocer el estado de guerra o el conflicto armado le da ventajas al gobierno: el derecho de tratar a opositores como criminales del fuero común y perseguirlos sin orden judicial; también le confiere poderes especiales al Ejército, exculpándolo de cumplir y respetar las leyes relativas a los derechos humanos y a los límites para el uso de la fuerza letal.

Además, impide tener una mejor comprensión de cómo un país puede desaparecer a las víctimas, cómo se destruye la evidencia y se frena la búsqueda de los desaparecidos. Reconocer que hay una insurrección popular obligaría al gobierno a salvaguardar los derechos humanos y respetar los mecanismos internacionales que se otorgan con el derecho de guerra. En otras palabras, las Fuerzas Armadas y las policías tendrían que respetar la Constitución y los Convenios de Ginebra suscritos por México.

Al no aceptar el estado de guerra, el gobierno puede ocultar que en algunas entidades del país siguen presentes, e incluso han empeorado, las causas que dieron origen a la guerrilla en las décadas de 1960 y

1970. De ahí la vana intención de evitar el tema contra toda evidencia, de negar que hay grupos rebeldes en activo y otros rebeldes-insurgentes en gestación; que sigue viva la Federación de Estudiantes Campesinos Socialistas de México (FECSM), la cual aglutina a los casi 6 mil 600 estudiantes de las 16 normales rurales en funciones del país.

La brutal y exitosa campaña a través de los medios masivos de comunicación para crear una imagen negativa de los profesores de educación básica, responsabilizándolos de todos los males del sistema educativo, y para presentar a los normalistas de Ayotzinapa como una gavilla de vándalos y revoltosos, ha servido al gobierno para poner en marcha un "proyecto" de militarización en algunos estados considerados problema, como Chiapas, Oaxaca, Guerrero y Michoacán.

AYOTZINAPA hizo que la clase política mexicana se convirtiera en el hazmerreír internacional cuando se descubrió que aquel 26 de septiembre de 2014 un grupo encapuchado —no se supo si eran policías al servicio del crimen organizado o militares— recorrió comercios y casas en algunas calles del centro de Iguala amenazando de muerte a quienes osaran ayudar a los estudiantes. Aterrorizada y amenazada, la sociedad igualteca fue obligada a presenciar y ser cómplice por omisión de un crimen masivo escandaloso. ¿Fueron el asesinato de tres estudiantes y la desaparición de 43 de sus compañeros casos aislados o temía el gobierno que esta fuera la mecha para un nuevo estallido social?

Los padres de familia y los compañeros de los estudiantes muertos y de los desaparecidos están convencidos de que el gobierno —en sus tres niveles, a través de los cuerpos policiales—, el Ejército y el narcotráfico estuvieron detrás del entramado criminal.

Y tienen razones para ser incrédulos porque desde el ascenso de Peña se despliega un proyecto militarista, si bien desde mediados de la década de 1960 Guerrero vive una prolongada guerra irregular en la que el Ejército ha sido muy eficaz para infiltrar y aniquilar movimientos sociales, grupos insurgentes y movimientos campesinos transformados en guerrilla rural, cuyos mayores representantes son los extintos profesores normalistas Genaro Vázquez Rojas —quien hizo intentos por encuadrar su descontento e inconformidades a través de la lucha institucional, desde antes de graduarse en la Escuela Nacional de Maestros de la Ciudad de México— y Lucio Cabañas Barrientos, egresado de la "Raúl Isidro Burgos", quien también canalizó sus primeras luchas políticas por la vía legal a través de los movimientos sociales.

Pocos, hasta antes de junio de 2014, imaginaron que algún día podían repetirse crímenes masivos de Estado, cuyos testimonios modernos pueden rastrearse allá por 1960 y 1962, durante la presidencia de Adolfo López Mateos, y octubre de 1968, en la del poblano Gustavo Díaz Ordaz, extendiéndose hasta junio de 1971, en el sexenio de Luis Echeverría Álvarez, 1976 con José López Portillo y Pacheco y 1988 en la presidencia de Carlos Salinas de Gortari.

La situación se ha prolongado hasta la administración peñista. El 31 de diciembre de 2015, la Comisión Interamericana de Derechos Humanos (CIDH) presentó un informe —*Situación de los derechos humanos en México*— en el que constató la grave crisis humanitaria que vive México, "caracterizada por una situación extrema de inseguridad y violencia; graves violaciones, ejecuciones extrajudiciales y tortura; niveles críticos de impunidad y una atención inadecuada e insuficiente a las víctimas y familiares [...], miles de desapariciones y un contexto que ha provocado el desplazamiento de miles de personas".

El informe también advierte que la respuesta en la lucha contra el crimen organizado "ha desatado aún mayor violencia, así como violaciones graves a los derechos humanos, en la que se observa una falta de rendición de cuentas conforme a los estándares internacionales".

Y en mayo de 2016 el periódico *The New York Times* documentaría que las Fuerzas Armadas mexicanas son letales o "asesinos excepcionalmente eficaces que apilan cadáveres con una celeridad extraordinaria". De acuerdo con el *Times*, si actúa el Ejército, mata a ocho y deja vivo a uno; y si lo hace la Marina, queda viva una persona y mata a 30, promedios que contrastan drásticamente con los internacionales, porque en un combate cualquiera quedan cuatro heridos por cada muerto. En otras palabras, son muy eficientes para las ejecuciones sumarias.

En las calles aún flota una pregunta retórica, que suena a sarcasmo: ¿se conocerá algún día la verdad?

Pocas cosas hay ciertas, y sobresalen algunas: los líderes sociales y comunitarios de Guerrero están convencidos de que los estudiantes de Ayotzinapa encarnan la dignidad de la pobreza en los tiempos en los que el Estado se ha endurecido y ha solapado la corrupción, mientras en la normal "Raúl Isidro Burgos" hay una verdadera educación política socialista que ha templado voluntades y moldeado generaciones de jóvenes dignos.

La situación asusta por sus tinieblas. A dos años del fusilamiento "sin sentido" de 22 jóvenes en un bodegón de San Pedro Limón en Tlatlaya, Estado de México, y a casi dos de los crímenes de Ayotzinapa, cada día surgen más interrogantes sobre si los une un eje común, si representan la manifestación de un plan deliberado.

A pesar de que en las altas esferas del palacio presidencial se mantiene un discurso que imputa los crímenes a sicarios y policías municipales al servicio de los cárteles del narcotráfico, Ayotzinapa es uno de los capítulos más sórdidos en las últimas cinco décadas de la historia nacional.

La oleada de "emoción" que provocó entre millones de priistas la llegada de Peña Nieto a Palacio Nacional el 1 de diciembre de 2012 se transformó primero en estupor por el caso Tlatlaya y más tarde en desconcierto, pánico generalizado, indignación y vergüenza nacional por los normalistas desaparecidos, los dos asesinados por armas de fuego y el desollamiento de Julio César Mondragón Fontes, originario del municipio de Tenancingo, Estado de México.

Fue el descrédito total. La imagen del "reformista" Peña y la de sus dos principales colaboradores —Luis Videgaray Caso, de Hacienda, garante de la marcha de la economía y las finanzas, y Miguel Ángel Osorio Chong, secretario de Gobernación, encargado de la seguridad interna— cayó en desgracia, perdió legitimidad y entró en declive.

La imagen se deterioró aún más el 24 de abril de 2016 porque ningún funcionario federal asistió a la presentación de las conclusiones del Grupo Interdisciplinario de Expertos Independientes (GIEI) de su segundo y último informe, lo que lamentó James Cavallaro, presidente de la CIDH, al resaltar las críticas al sistema mexicano de justicia que hicieron esos especialistas y evidenciar que 80% de los detenidos por el caso Ayotzinapa presentaron algún tipo de lesión; además, ratificó que toda la investigación está plagada de irregularidades y obstáculos, junto con una campaña permanente de desacreditación de los expertos independientes.

Una vez presentados los resultados, y sin temor al ridículo, Peña Nieto agradeció, a través de la red social @EPN, la información y las 22 recomendaciones sugeridas por el GIEI, señalando que la PGR analizaría el informe para enriquecer su propia investigación.

Después de revisar un expediente judicial sin censura de más de 55 mil hojas tamaño oficio, entrevistar a líderes sociales de Guerrero y del Estado de México que prácticamente viven en la clandestinidad y a salto de mata, así como a cabecillas del crimen organizado en la llamada Tierra Caliente de ambas entidades —y de Michoacán, el tercero en discordia—, así como de recorrer las calles de Tixtla de Guerrero, Acapulco de Juárez, Chilpancingo de los Bravo, Tepecoacuilco de Trujano e Iguala de la Independencia, y los municipios mexiquenses de Tlatlaya y Luvianos, las páginas siguientes ofrecen una versión del porqué y el para qué de tales crímenes.

AYOTZINAPA: ENTRE LA RIQUEZA Y LA MILITARIZACIÓN

Guerrero, un estado de 81 municipios con un paisaje cambiante de zonas selváticas que nacen en las costas del océano Pacífico y alcanzan los relieves montañosos, posee abundantes bienes naturales, en especial minerales, apreciados por todo el mundo. Sin embargo, el "olvido" y el despotismo del gobierno federal, la marginación estructural y el abuso de los caciques locales forman parte de la cotidianidad de los guerrerenses, quienes viven en una de las tres entidades más pobres y marginadas del país, porque toda la riqueza que está bajo sus pies queda en manos ajenas.

Poco se habla del auge de una "nueva" ola de represión que cobró ribetes de tragedia desde la década de 2000, cuando se puso en marcha otro operativo político-militar encubierto de contrainsurgencia. Poco se habla de que el gobierno federal carece de una política pasiva de disuasión y que los cárteles del narcotráfico en Guerrero y algunas zonas del Estado de México viven en la pujanza no sólo por el trasiego de drogas y por las actividades criminales colaterales —extorsión, secuestro y trata de blancas—, sino porque en vastas zonas de esos estados apareció un negocio más redituable y legal: la minería.

Primero fue la fiebre del oro, que propició la llegada de mineras de Canadá, principalmente, para explotar extensos y cuantiosos yacimientos. Luego se esparcieron rumores, que más tarde serían datos confirmados, sobre formidables reservas de uranio. Por último se corroboró información confidencial sobre la existencia de espléndidos depósitos de titanio.

Esa "fiebre" gambusina cuenta historias de terror en números fríos: sólo entre 2006, al inicio del gobierno del panista Felipe Calderón Hinojosa, y mediados de 2015, ya en el de Peña, las mineras —en su gran mayoría extranjeras— extrajeron 62 toneladas 276 kilogramos de oro en pepita y polvo.

Y en diciembre de 2011 se hizo pública una información que heló la sangre a los guerrerenses, fue como una amenaza de que la miseria y la violencia aumentarían: uno de los mayores depósitos o yacimientos de oro se descubrió muy cerca de Ayotzinapa, donde se encuentra la Normal Rural "Raúl Isidro Burgos".

Así pues, el estado de Guerrero dio forma a lo que los especialistas en finanzas, físicos y geólogos llaman el ambicionado Cinturón de Oro, un corredor que se extiende desde Mezcala hasta la zona sur de su vecino, el Estado de México, atravesando la sierra, para llegar a Temascaltepec, Tejupilco, Tlatlaya, Luvianos y Zacazonapan.

La llegada de las mineras y una ola de represión "selectiva" que se hizo patente a través de la persecución y el hostigamiento de la guerrerense Evelia Bahena García, el encarcelamiento de la también guerrerense comandanta Nestora Salgado García, así como los asesinatos de los oaxaqueños Alberta *Bety* Cariño Trujillo y Bernardo Vásquez Sánchez, y del chiapaneco Mariano Abarca Robledo, reconocidos activistas defensores de los derechos humanos (y tres de ellos líderes de la lucha antiminera), propició que desde 2013 la normal "Raúl Isidro Burgos" se convirtiera en punto clave para canalizar el descontento social en Guerrero.

La escuela se transformó en un colectivo que escapaba a los controles políticos e ideológicos del Estado mexicano, mientras los aguerridos estudiantes normalistas y sus líderes, en forma también natural, se hicieron las figuras más evidentes de lucha en una entidad en la que la ciudadanía no sólo lidiaba con criminales del fuero común y narcotraficantes, la represión gubernamental, policial y de las Fuerzas Armadas, sino con otros "enemigos" poderosos que tampoco estaban dispuestos a tolerar ninguna protesta, los "nuevos" gambusinos del crimen organizado.

En la campaña que hace sexenios se puso en marcha para cerrar las escuelas normales, la "Raúl Isidro Burgos" aparece desde siempre como uno de los mayores objetivos. Desde hace mucho es vista como un enemigo capaz de impulsar una revuelta interna, aunque la rebelión ciudadana es una realidad, y se nota claramente a través de la creación de policías comunitarias: la respuesta popular a la incapacidad y el abuso de los entes del Estado. Asimismo, cada día se vuelve más evidente la rebelión contra las mineras y el nacimiento de grupos como el de Insurgencia por el Rescate Institucional y Social (IRIS), en Michoacán, y el Ejército Revolucionario del Pueblo en Armas (ERPA), en Veracruz.

El secuestro de normalistas, su desaparición y el asesinato de tres no son un caso aislado. Aunque así se quiera manejar desde la oficialidad, la actuación del gobierno está en entredicho. Su respuesta ha consistido en destinar recursos millonarios a la llamada gran prensa que se ha encargado de desviar la atención. Eso pasó en el caso de las masacres en territorio guerrerense de Chilpancingo, en diciembre de 1960; de Atoyac, el 18 de mayo de 1967; de Huautla, el 9 de febrero de 1993; de Aguas Blancas, el 28 de junio de 1995, y de El Charco, el 7 de junio de 1998.

A y o t z i n a p a   e n c a j a en otras historias que culminan en la primera semana de abril de 2016, cuando el Senado de la República puso en marcha la maquinaria priista a fin de aprobar la ley reglamentaria al artículo 29 de la Constitución que le da luz verde a Peña para decretar el Estado de Excepción, suspender garantías individuales y el orden legal, y criminalizar la protesta social. Además, el 21 de abril la Cámara de Diputados aprobó reformas al Código de Justicia Militar y un nuevo Código Militar de Procedimientos Penales que crea la Fiscalía General de Justicia Militar y la figura de jueces de control, que podrán ordenar el cateo a domicilios particulares, oficinas del gobierno federal e incluso a las dos cámaras del Congreso de la Unión y los organismos autónomos.

La militarización es inocultable: a través de retenes, cuarteles, guarniciones, sectores, 45 zonas militares del Ejército, así como ocho regiones navales[1] y 12 del Ejército, las Fuerzas Armadas tienen control efectivo de la población, sobre todo en zonas consideradas de riesgo y alto riesgo. A la organización de las fuerzas militares se suman las áreas de control de policías estatales y federal.

La presencia cotidiana de las Fuerzas Armadas —soldados o marinos visibles de la Ciudad de México a Chiapas, Baja California Sur, Veracruz o Guerrero— y su estratificada organización cuentan también con un efectivo sistema de espionaje interno, aunque oficialmente se le conoce como Sistema de Inteligencia Militar (SIM).

De acuerdo con manuales confidenciales o de circulación limitada elaborados e impresos a partir del año 2000, "las Fuerzas Armadas representan uno de los pilares más importantes de la estructura de gobierno para realizar acciones orientadas a fortalecer la identidad nacional, el respeto al sistema gubernamental, así como el reconocimiento y la representatividad de las autoridades, para lo cual esta misión podrá cumplirse, entre otras formas, con programas de apoyo a la población (labor social), atendiendo problemas y necesidades específicas en zonas previamente seleccionadas, detectadas mediante la elaboración de estudios socioeconómicos que permitan determinar el tipo y magnitud del apoyo a proporcionar".

Los objetivos son claros: "Generar inteligencia militar, para presentar el mayor número de opciones para la toma de decisiones adecuadas y oportunas a fin de afrontar la problemática que afecta la seguridad nacional. [...] Tomar acciones preventivas que permitan un adecuado despliegue operativo, proteger el dispositivo y las operaciones, anticipándonos a las acciones de los agentes externos e internos que atenten contra la seguridad nacional".

A la luz de los acontecimientos y lo que se ha documentado hasta hoy, los casos Ayotzinapa y Tlatlaya fueron minimizados o valorados erróneamente porque nadie en la inteligencia militar tuvo capacidad para entender el daño que se haría a la imagen personal del comandante supremo de las Fuerzas Armadas: Peña Nieto.

Sin reconocer un solo conflicto interno, Peña seguiría el ejemplo de su antecesor Felipe Calderón y reforzaría la presencia del Ejército y la Marina y los modernizaría a través de una ambiciosa compra masiva de armamento en cuya primera etapa —como ya se dijo líneas antes— se gastarían al menos 3 mil 500 millones de dólares.

En 2016, el *Índice Global de Potencia de Fuego* (*GFI*, por sus siglas en inglés), una clasificación del poderío militar y la potencia de fuego bélico de 106 países —elaborada sobre la base de más de 50 factores, incluidos el presupuesto general militar, la mano de obra disponible y la cantidad de equipos que tiene en su arsenal respectivo, así como el acceso a los recursos naturales, su capacidad tecnológica, capital humano, capacidad industrial y el ejército con el que cuenta—, señalaba que las Fuerzas Armadas mexicanas ocupaban el lugar número 31.

Una revisión al juego de los números y análisis que usa el *GFI*, entre cuyas fuentes informativas se encuentran la Agencia Central de Inteligencia (CIA), muestra que México se ha convertido en la segunda potencia militar de América Latina, apenas atrás del gigante sudamericano Brasil, que en la clasificación global ocupa la casilla 22.

Para un país en paz y cuya amenaza para la estabilidad es el crimen organizado, el poderío militar de México se mide en dos vertientes: el Ejército —que incluye la Fuerza Aérea— y la Marina-Armada. Al primero se le contabilizaron 695 vehículos blindados y 362 aeronaves, incluidas 42 de ataque. Y a la segunda, una fuerza de 143 embarcaciones, entre ellas seis fragatas, dos destructores, tres corbetas y otras

21 embarcaciones para la operación en una franja costera de 9 mil 330 kilómetros.

Para abril de 2016, la Marina estaba en vías de incrementar su poderío político: el Senado dio entrada y analizaba una iniciativa para tomar el control de las 113 capitanías de puerto del país bajo el manto de la Secretaría de Comunicaciones y Transportes. Y habrá que recordar que ocho fueron señaladas como infiltradas por *El Chapo* Guzmán, además de utilizar 28 buques de pesca para transportar cocaína, según una investigación de la Secretaría de Marina (Semar), publicada en *Reforma* el 11 de mayo de 2010.

Al margen de su aprobación o rechazo, la iniciativa fue vista como el primer paso para militarizar instalaciones clave para el desarrollo, bajo argumentos como los de la Coordinación General de Protección Portuaria e Instalaciones Estratégicas de la Semar, que asegura que, de acuerdo con el Convenio de Viña del Mar, México está comprometido a inspeccionar el 20% de buques extranjeros que atracan en nuestros puertos; sin embargo, sólo se revisa el 4 o 5%.

En abril de 2014, el sitio especializado *Business Insider* elaboró una lista del poderío militar de 35 países —en la que incluyó factores no tomados en cuenta por el *GFI*, como las diferencias cualitativas en armamento— y ubicó a las Fuerzas Armadas mexicanas en el lugar 33, a Brasil en el 14 y a Canadá en el 16. Ninguna otra nación de las Américas fue incluida en esa selecta clasificación en la que Estados Unidos, Rusia, China, India y Gran Bretaña ocuparon los primeros cinco lugares.

Business Insider y el *GFI* apuntan que el gobierno mexicano destina cada año un presupuesto cercano a 7 mil millones de dólares para sus Fuerzas Armadas. La Secretaría de la Defensa Nacional (Sedena) cuenta con una plantilla de 213 mil 477 efectivos, mientras que la Marina tiene 60 mil 313 militares listos para ir al frente.

Hasta diciembre de 2015, el Ejército y la Fuerza Aérea contaban con 541 generales —45 de división, 175 de brigada y 318 brigadieres—, 873 coroneles; mil 635 tenientes coronel; 3 mil 612 mayores; 4 mil 99 capitanes primeros; 3 mil 824 capitanes segundos; 15 mil 26 tenientes; 9 mil 367 subtenientes; 17 mil 85 sargentos primeros; 37

mil 906 sargentos segundos y 49 mil 409 cabos; en otras palabras, un Ejército muy obeso lleno de jefes.

En junio de 2012, Rogelio Velázquez publicó en la revista *Contralínea* un señalamiento que causó urticaria: "Las Fuerzas Armadas padecen macrocefalia: tienen una cabeza muy grande y un cuerpo muy pequeño [...]. Y es que el país cuenta con 541 generales para 211 mil 488 efectivos, mientras que el ejército chino registra 191 generales para más de 2 millones.

"Consideradas como las fuerzas más poderosas del mundo en cuestiones operativas y tecnológicas, la Fuerza Aérea y el Ejército de Estados Unidos contaban con 890 mil 489 militares en activo hasta marzo de 2012, [pero entre uno y otra] suman 615 generales: 313 en el primero y 302 en el segundo. [...] En el Ejército, 11 portan el grado de general, 47 el de general teniente, 109 el de general principal y 146 son generales brigadier. En la Fuerza Aérea los números refieren 12, 46, 96 y 149, respectivamente. Con ello, apenas son 71 generales más que su vecino del sur. Es decir, México tiene porcentualmente más generales. Estos representan el 0.25% del total de fuerzas activas mexicanas. En Estados Unidos, los generales representan el 0.06%. Por cada general mexicano se cuenta con 390.9 efectivos; y por cada estadunidense mil 447.9".[2]

La realidad es más compleja de lo que parece porque el poderío militar ha sido incapaz de contener el avance de la delincuencia organizada o, en su defecto, las Fuerzas Armadas representan una enorme burocracia que consume cuantiosos recursos y que nadie se atreve a tocar porque constituyen el sostén político del grupo en el poder.

Y lo del poderío no es retórico. En junio de 2015 el periodista estadounidense Joshua Partlow hizo palidecer a más de un general mexicano. El día 15 señaló en el influyente periódico *The Washington Post* que en los últimos dos años el gobierno mexicano había comprado al estadounidense un equipo militar por al menos mil millones de dólares.[3]

El almirante William E. Gortney, jefe del Comando Norte, el cuartel general militar de Estados Unidos que se ocupa de México, testificó ante el Congreso a principios de este año que "la compra compulsiva de México representaba un aumento de 100 veces respecto a años anteriores [y] la decisión del gobierno mexicano de acercarse al Departamento de Defensa para la compra de equipamiento militar no tiene precedentes y marca un hito histórico entre los dos países". Pero el almirante se quedaría corto porque el mismo Partlow develó nuevos datos sobre la carrera armamentista del peñismo.

El gobierno mexicano, que encabeza Peña Nieto a partir del 1 de diciembre de 2012, había hecho otras compras, entre ellas, más de dos docenas de helicópteros UH-60 Blackhawk para la Fuerza Aérea y la Armada, y más de 2 mil 200 vehículos todoterreno: mil 500 millones de dólares en equipo a través de programas de ventas militares del gobierno, y 2 mil millones de dólares a empresas estadounidenses.

Consultor privado mexicano y especialista en el tema, radicado en la capital estadounidense, Íñigo Guevara Moyano atribuyó las compras del gobierno de Peña a la guerra contra el crimen organizado, y le dijo al periodista que desde 2006, el inicio del sexenio de Felipe Calderón, el gasto para equipamiento militar había pasado de 2 mil 600 millones de dólares a 7 mil 900 millones en 2015.

Partlow citó al investigador estadounidense John Lindsay-Poland, de la Universidad de San Diego, quien el 23 de marzo de 2015, en un estudio para el Congreso Norteamericano sobre América Latina (NACLA), alertó: "[la] militarización masiva [es] una mala noticia para los mexicanos devastados por los abusos de la policía y soldados".

El estudio de Lindsay-Poland es rico en detalles: "El martes 17 de marzo, el Departamento de Estado aprobó la venta de 3 helicópteros Blackhawk para el Ejército mexicano por 110 millones de dólares, para apoyar a las tropas dedicadas a operaciones de lucha contra las drogas. El convenio viene de la mano de un acuerdo más amplio para la compra de 18 Blackhawks por 680 millones. Los helicópteros son producidos por Sikorsky, en Connecticut, y General Electric, en Lynn, Massachusetts. [...] Estados Unidos también suministraría 6 ametralladoras M134 de 7.62 mm para los helicópteros",[4] que tienen una capacidad de 6 mil disparos por minuto.

Si existe o no un plan de largo plazo para contener índices de violencia e inseguridad, hasta hoy cualquier afirmación sería desmentida por la pobreza de resultados, pero se vislumbra con claridad que hay planes para complementar el trabajo no sólo a través de ciertas iniciativas de ley para justificar temas como la represión, a través de las reformas al artículo 29 constitucional, sino de hacer realidad el anhelado Mando Único, disfrazado de Mando Mixto, al que responderían todas las policías —municipales, estatales y federales— del país.

En las iniciativas de ley a las que dio entrada el Senado y que más se acercan a los deseos de la Presidencia, envueltas en un decálogo para mejorar seguridad, justicia y el Estado de Derecho en respuesta al caso Ayotzinapa, el programa parece descabellado porque supone que el municipio perderá su frágil autonomía —uno de los elementos fundamentales que rigen el federalismo— y otros principios que le dieron origen, pero también una inversión inicial directa de 200 mil millones de pesos del presupuesto federal.

El modelo policial está agotado. Por esa razón se ha empezado a delinear la forma del nuevo Sistema Nacional de Seguridad Pública y se discute quién se encargará de él, porque representa el mando sobre medio millón de efectivos que superan en número al personal total —incluidos reservistas— de la Marina, el Ejército y la Fuerza Aérea.

Independientemente del nombre formal de ese Mando Mixto, una vez asumido el control de las policías de los 2 mil 400 municipios, las 32 entidades y todos los cuerpos federales, en el Senado y en la Presidencia se analizan y buscan mecanismos para regresar a los militares a sus cuarteles, pero, a cambio, cuerpos policiacos municipales son preparados en los Centros de Adiestramiento Regionales, como el de "Maguey Cenizo", ubicado en la VI Región Militar de Mazaquiahuac en Tlaxco, Tlaxcala.

Este centro de adiestramiento se ubica en 500 hectáreas de bosque y áreas adaptadas para prácticas de tiro, lanzamiento de granadas de mano y cohetes. Allí se enseñan habilidades y técnicas para intervención, reacción a emboscadas y agresiones, primeros auxilios, cacheo, mantenimiento y funcionamiento de armamento, además de derechos humanos. En cuatro semanas, según el secretariado ejecutivo del Sistema Nacional de Seguridad Pública, se habían formado 5 mil policías municipales hasta 2013, preparados para ejecutar acciones con disciplina e instrucciones de carácter militar.

En algunos sectores del Senado y del gobierno federal hay temor porque nadie sabe si los soldados, después de campañas callejeras que empezaron en diciembre de 2006, y en las que han gozado de impunidad absoluta, podrán reintegrarse plenamente a los cuarteles. Paralelamente, a la nueva policía se le construye un conjunto de prestaciones y seguridad social para evitar que sean presas fáciles de los reclutas del crimen organizado.

En las intenciones, una vez aprobada la Ley Contra la Infiltración del Crimen Organizado en las autoridades municipales, estas podrán ser disueltas bajo los argumentos de que las corporaciones presentan patrones sistemáticos de corrupción y violaciones de derechos humanos. Esto es, la autoridad de los civiles será cancelada cada vez que la Federación lo decida.

Se aprobó en el Congreso un nuevo mando de lo que será la "nueva" policía mexicana que recaerá en un militar en retiro, o un mando técnico, o un agente de inteligencia, o un superpolicía que se encargará de la administración y operación de los 32 mandos únicos estatales. Su poder rivalizará con el de los secretarios de la Defensa, Marina-Armada y Gobernación. Con la nueva arquitectura institucional, dispondrá de controles parlamentarios mínimos y la capacidad de someter a los presidentes municipales y a gobernadores, que ya es así, pero que esta vez será legal, porque ese Mando Mixto o Fuerza de Seguridad Pública tendría autoridad para desaparecer los poderes de un estado o municipio cuando haya indicios, sólo eso, de que el crimen organizado los ha infiltrado o que es rehén de grupos criminales organizados, rebeldes insurgentes o guerrilleros.

Ese escenario se dotaría de un marco jurídico para regular el uso de la fuerza pública, el cual permitirá a mandos policiacos, encargados de dirigir un operativo, considerar una manifestación como "ilegal", por ejemplo, y contarán con elementos legales para su disuasión utilizando municiones y armas letales.

El espectacular crecimiento del número de guardias privados —el ejército "invisible" empresarial y cuyo número es desconocido, pero que bien puede superar 2 millones de personas y cuya presencia permanente se nota a través de casos como el de los guardaespaldas de *Lord Ferrari* (Alberto Sentíes Palacio), *Lord Rolls Royce* (Emir Garduño Montalvo) o *Lord Me la Pelas* (Raúl Libién Santiago), y los del empresario poblano Jorge Aduna Villavicencio, involucrados en seis asesinatos—, la multimillonaria renovación del armamento de guerra de las Fuerzas Armadas y las proyecciones para crear el Mando Único de las policías de todo el país han hecho que en algunos círculos haya una especie de euforia porque quienes controlan el monopolio de las armas tendrán personal suficiente para mantener seguras e intocables a las élites de poder.

El narcotráfico le ha dado a las Fuerzas Armadas el pretexto ideal para modernizar su maquinaria de guerra. Como pasa desde 1946, cuando inició la era de presidentes civiles, los militares gozan de una autonomía casi absoluta y no hay una política que vislumbre no sólo el recorte a presupuestos militares sino una que, en el corto plazo, los regrese a los cuarteles.

Con esta base, el jueves 21 de abril de 2016, cuando el pleno de la Cámara de Diputados aprobó con 253 votos del PRI, PAN, PVEM, Nueva Alianza, Encuentro Social y el único diputado independiente a favor, a pesar de que los perredistas votaron en contra, se mantuvieron presentes en la sesión regalándole el quórum necesario para lograr las reformas al Código de Justicia Militar y un nuevo Código Militar de Procedimientos Penales para crear la figura de la Fiscalía General de Justicia Militar, como se detalló líneas arriba, y de jueces de control, quienes podrán ordenar cateos en delitos de disciplina militar relacionados con delincuencia organizada, homicidio doloso o delitos graves y violentos con armas de fuego y explosivos.

Los cateos se extenderán a domicilios particulares, oficinas de gobierno, el Congreso de la Unión —aun cuando en la Constitución se define que los recintos legislativos son inviolables según el artículo 61— y el Poder Judicial, así como organismos constitucionales autónomos como la Comisión Nacional de los Derechos Humanos, el Instituto Nacional Electoral, el Banco de México, además de los institutos Nacional de Transparencia, Acceso a la Información y Protección de Datos Personales, Nacional de Estadística, Geografía e Informática y el Federal de Telecomunicaciones.

También se permitirá la intervención a las llamadas telefónicas y de todos los sistemas de comunicación que faciliten intercambio de datos, informaciones, audio, video, mensajes, archivos electrónicos, contenidos de cualquier dispositivo que pueda guardar información, incluidos centros de datos remotos; hasta podrán realizarse localizaciones geográficas en tiempo real de soldados y ciudadanos.

Las reformas también prevén que los civiles estarán obligados a presentarse a declarar como testigos ante un juicio en desarrollo en tribunales militares; de no hacerlo, un juez militar podrá ordenar su traslado, sea por militares o policías federales.

Ejército cibernético

Vientos de guerra soplan para pueblos enteros donde el aire es de pólvora. Y el caso de Julio César Mondragón Fontes se deja ver como una amenaza terrible de lo que puede suceder a los insurgentes. La historia ha demostrado que no hay lugar para la libertad de expresión donde se pretende imponer un solo pensamiento.

Los "enemigos" o desafectos del régimen y los sublevados, casi todos, terminan muertos, desaparecidos o en cárceles clandestinas. Cada que hay una ola de represión es común encontrar las huellas de la bota militar o de crímenes de guerra, pero se intenta esconder la realidad. El sistema ha impuesto un rígido control político y moldeó a los opositores cuando abrió la puerta a los partidos de oposición.

Ciertamente el régimen no se ha sustentado únicamente en la represión, ha tenido la capacidad para fragmentar la realidad a través de los medios masivos de comunicación, a los que se suma internet a través de programas informáticos de inteligencia artificial o cuentas que simulan ser personas en las redes sociales, *bots*, y también intenta modificar la realidad, eliminando comentarios negativos y tratando de neutralizar las críticas contra el sistema y, en especial, contra la administración de Peña Nieto. No otra, sino una guerra sucia tecnológica a través de internet y las redes sociales.

Para tratar de contener y minimizar las críticas, el gobierno federal y algunos estatales también han creado "ejércitos" de *trolls*, personas que cuestionan y atacan sistemáticamente a los críticos. Según los estudiosos del tema, una diferencia fundamental que distingue a los *trolls* de los *bots* es que los primeros sí son personas, aunque se escondan detrás de nombres falsos y cuentas que pueden ser difíciles de rastrear.

El vicepresidente de Marketing de la Asociación Mexicana de Internet (Amipci), Guillermo Pérezbolde, respondió la pregunta clave sobre qué son los *trending bots* y los *crisis bots* en un amplio artículo escrito para *Mercadotecnia, publicidad y medios Mercado 2.0:* "[Los primeros] se dedican únicamente a generar volumen de conversación de forma artificial en torno a un tema o *hashtag*, con la intención de convertirlo en *trending topic* en Twitter [...]. Estos *bots* son ampliamente utilizados en campañas políticas con la intención de simular popularidad en un candidato.

"[Y] los segundos] atacan o defienden otras cuentas o temas, [...] son muy utilizados en páginas de Facebook para simular movimientos en contra de una marca, buscando generar una idea negativa de la empresa en la gente. También se utilizan para contrarrestar esas opiniones negativas. Algunos de estos *bots* se encuentran programados para atacar en periodos de tiempo determinados para hacer el mayor daño posible".

Así es como se ha combatido el potencial democrático y plural de las redes sociales, sin descuidar a los medios tradicionales, cuya cobertura y política editorial no ha cambiado y, la mayoría siguen amparados en los grandes contratos públicos de la publicidad; los gobiernos estatales y federal han desarrollado programas especiales para copar a las nuevas tecnologías y su información que se multiplica en Facebook, Twitter, Google o Instagram; las inundan con sus "seguidores" o, mejor dicho, sus burócratas responsables de las redes sociales, conocidos también como esquiroles de la protesta social.

Sin modificar la esencia de sus contenidos ni políticas editoriales, la prensa mexicana se ha ido adaptando a las nuevas realidades. Así, aunque los usuarios únicos —ya no lectores— lleguen incluso a "convencerse" de que tienen acceso a contenidos e información imparcial, la realidad es que procesan información dirigida. Sin saberlo, pueden estar charlando o interactuando con los *chat bots* (*bot* conversacional o programas informáticos de respuestas automatizadas), alimentados y supervisados, eso sí, por trabajadores asalariados de empresas privadas o gubernamentales.

Un estudio de la escritora alemana Erin Gallagher sostiene "que los peñabots, cuentas creadas para apoyar a Enrique Peña Nieto en internet durante las elecciones [presidenciales] de 2012, hoy se dedican a bloquear las protestas en redes sociales y a eliminar tendencias en México. [...] más de 75 mil cuentas automatizadas en Twitter son utilizadas para combatir las críticas al gobierno".

Llamada también Guerra Sucia de los *bots*, se ha usado, por ejemplo, para defender en su momento al procurador Jesús Murillo Karam, después de su infame señalamiento de "ya me cansé", tras la desaparición de los estudiantes normalistas en Iguala, o para tratar de minimizar los daños por la brutal represión policiaca a las protestas sociales, como las de la Coordinadora Estatal de Trabajadores de la Educación de Guerrero (CETEG).

Para Gallagher, los peñabots también atacan personalmente a periodistas y activistas con campañas de difamación, amenazas de muerte y otras formas de acoso. Y "las redes sociales son el nuevo Zócalo. Los mexicanos dependen de estas redes para publicar sus noticias al mundo y para comunicarse entre ellos. Cuando alguien manipula estas redes, hace mucho daño a la sociedad mexicana y a la libertad de expresión. [...] En México, un *hashtag* no es sólo un *hashtag*, es una forma de hacer visible lo invisible".

La experiencia operativa de la Presidencia mexicana en internet y las redes sociales quedó al descubierto a finales de marzo de 2016, cuando el *hacker* colombiano Andrés Sepúlveda le confesó a la revista especializada *Bloomberg Businessweek* que en la campaña presidencial de 2012 operó para el equipo del candidato priista Enrique Peña Nieto.

Sepúlveda dijo que para beneficiar esa campaña manipuló redes sociales, espió a otros candidatos, manejó sus correos electrónicos, coordinó ciberataques y encabezó un equipo de seis *hackers* que robaron estrategias de campaña, manipularon redes sociales para crear falsos sentimientos de entusiasmo y escarnio, e instaló *spyware* en sedes de campaña de la oposición.

Firmado por Jordan Robertson, Michael Riley y Andrew Willis, con Carlos Manuel Rodríguez y Matthew Bristow, el trabajo precisa: "En México, el dominio técnico de Sepúlveda y la gran visión de una máquina política despiadada de [el venezolano Juan José] Rendón confluyeron plenamente, impulsados por los vastos recursos del PRI".

Aunque hizo algunos comentarios para *Bloomberg,* nada que lo comprometiera, el venezolano Rendón —llamado también *Rey de la propaganda negra, de la desinformación y del rumor*— resultó un viejo conocido de la clase política mexiquense. En 2005 fue uno de los personajes que coordinaron y orquestaron el trabajo sucio, que se tradujo en campañas de desprestigio, para que Peña Nieto superara a su rival panista Rubén Mendoza Ayala, y llegara a la gubernatura del Estado de México.

El problema es más serio de lo que parece porque los usuarios mexicanos de internet y redes sociales, sobre todo periodistas, activistas desafectos del régimen y políticos opositores, así como estudiantes y maestros críticos del sistema son altamente vulnerables —a través de métodos de ingeniería social informática—, a los llamados ataques de fuerza bruta o intromisiones no autorizadas a sus cuentas, así como al *hacking*.

Si han de tomarse a pie juntillas los resultados de la Encuesta Nacional sobre Disponibilidad y Uso de Tecnologías de la Información en los Hogares (ENDUTIH), 2015, del INEGI, y de los Hábitos de los Usuarios de Internet en México 2016, de la Asociación Mexicana de

Internet (AMIPCI), 12.8 millones de hogares (39.2% a nivel nacional) tienen disponibilidad de internet, y el país cuenta con unos 65 millones de internautas. De ese universo, 46% pertenece a la clase media, mientras que las redes sociales se han convertido en el instrumento más eficaz y útil de comunicación, acceso a la información y ciberactivismo.

LA GUERRA QUE NOS OCULTAN documenta esa otra parte de la historia de dos crímenes que ha quedado oculta en la vorágine de información que se generó en los meses posteriores. Esta es esa otra historia que se calla por temor a las grandes corporaciones mineras y para no ahuyentar la llegada de nuevos capitales que aprovecharon el "ya me cansé" del ex procurador Murillo.

También es la historia de cómo se organizó una cacería que culminó con un operativo contrainsurgente de gran envergadura para acorralar, emboscar y desaparecer a los estudiantes de Ayotzinapa, pero cuyo blanco mayor era la dirigencia estudiantil o el Comité Central de la Federación de Estudiantes Campesinos Socialistas de México, con lo que se daría un golpe definitivo, mortal por necesidad, a las 16 normales rurales que aún están en pie.

Esto es Guerrero, y también el otro México, el del normalista Julio César Mondragón Fontes, cuya tortura refleja el salvajismo de la sociedad y los sufrimientos extremos de una víctima. Él, una realidad que casi nadie quiere ver.

Capítulo I

Julio César: crónica de un suplicio

VISTO DESDE ARRIBA, el cuerpo del estudiante normalista Julio César Mondragón Fontes parece ser el de una víctima más de la violencia *narca* que asola al país, una imagen sangrienta de esas que inundan todos los días las páginas de la prensa amarillista. Un cuerpo tirado sobre la tierra con las piernas semiflexionadas, cuya mano izquierda reposa sobre el vientre, mientras la derecha se estira hacia un costado, al igual que la cabeza, que parece mirar el puño que la muerte no pudo vencer. Sin embargo, se trata del fiel reflejo del suplicio y del terror visual.

Ya golpeado, pero aún vivo, los verdugos de Julio César le hicieron un corte debajo del pecho en forma de gota que arrancó la piel, dejando al descubierto músculos y huesos. Quienes lo hicieron partieron de ahí y con salvaje cuidado fueron cortando hacia arriba mientras diseccionaban, separaban la carne del cuello y llegaban a la mandíbula rota, las orejas machacadas y la nariz desintegrada.

Antes de eso, Julio César ya tenía costillas rotas, 12 puntos fracturados, mientras yacía en el piso. El cuerpo macerado había sido arrastrado después de que lo amarraran con cuerdas, quizá de persiana, porque en ese cuerpo joven quedaron algunos hilos y las marcas de las ataduras se revelaban claras en la piel. Se le veían marcas de patadas en los hombros, delatadas por moretones que le causaron quienes lo capturaron. Adictos a la violencia, quienes lo hicieron trataban de quebrar la dignidad del ser humano y sus valores.

Ya en ese afán opresivo siguieron cortando hasta llegar a las cuencas, vacías porque ya no había ojos, uno arrancado de tajo en algún momento con todo y nervio óptico, arrojado a medio metro de donde se realizaba la carnicería. El otro, por efecto de los golpes, salido de su órbita, atrapado en el cráneo. Quien manejaba el afilado cuchillo de desuello o el bisturí tenía manos expertas, sabía lo que hacía, estaba educado y entrenado para ello.

Con las imágenes simbólicas que no necesitaban ninguna interpretación, la técnica de la tortura, exacta y cuidadosa, era visible en brazos y torso. La mano izquierda, colocada sobre el propio cuerpo, exhibía uñas amoratadas, los dedos sucios por la tierra. Dos escoriaciones sobresalían en esa mano lacerada, como si hubiera golpeado con los nudillos algo punzante o unos dientes. La otra mano, estirada sobre el suelo, parecía reposar, excepto por el horror desprendido justo antes del nacimiento del cuello. A esa hora las heridas ya no sangraban porque ya no circulaba más sangre por el cuerpo, todo era escurrimiento.

No se sabe más porque la piel de la cara no ha aparecido, por lo menos no hasta ahora, y es parte de los misterios que rodean el asesinato, parte de un "trofeo" de la barbarie que alguien guarda en su casa o en algún lugar secreto. De otra manera, ¿cómo puede explicarse tanta beligerancia y empeño para desollar a un joven estudiante normalista?

Desollar es otra cosa. Los narcotraficantes, sus matones y sicarios ciertamente torturan en forma salvaje y así envían sus recados primitivos. Tienen rituales, códigos propios, y construyen escenarios: mutilan dedos —uno o más, depende del aviso, el mensajero y su posición en el grupo rival—; cortan de tajo pene y testículos para entregarlos en charolas de plata a las viudas; dan el tiro de gracia; embolsan; deshacen cuerpos en ácido; encobijan; encajuelan; cuelgan y decapitan; hasta llegan a matar con soplete.

En 2011 "carniceros" y taxidermistas al servicio del crimen organizado intentaron desollar a algunas de sus víctimas para regalar a sus jefes la cara de sus enemigos o el cuero cabelludo, como lo hacían los apaches o los aztecas para honrar al dios Xipe Tótec, los chinos en la dinastía Ming y los españoles, para que sus víctimas experimentaran el terror verdadero y entraran en un trance de visiones infernales; y estos todavía eran más bestiales: rociaban con sal los cuerpos desollados —de sus víctimas agonizantes— para que sufrieran el dolor máximo en carne viva, convertidos en siniestra imagen del tormento.

Los sicarios del narcotráfico intentaban el desuello hasta que corroboraban que sus víctimas estaban muertas. Resultó tan complicado el experimento que desistieron, se dedicaron a torturar, cortar cabezas, desmembrar o disolver carne con ácidos en tambos o toneles industriales.

El desollamiento de Julio César lo hicieron manos expertas. Y el mensaje mantuvo una línea feroz y categórica para construir miedos. El arma de tortura siguió destazando y al llegar a la frente, donde el pelo le nacía al estudiante, una puñalada que afectó casi 13 centímetros, con toda la fuerza, terminó el despellejamiento. Luego lo movieron, tirado en ese piso de tierra del Camino del Andariego en Iguala; era entre la una y las dos de la mañana del 27 de septiembre de 2014. No fue arrastrado ni siquiera un metro, pero su corazón había dejado de latir. En *shock* por el dolor desde el principio, Julio César Mondragón Fontes terminó de morirse.

Sin saberlo, este joven normalista de Ayotzinapa se había convertido en un peligro para alguien, y aunque no percibió la magnitud de lo que sucedía, hacer un repaso de sus últimas horas a partir de las comunicaciones privadas que registraron algunos de sus familiares, declaraciones de compañeros y hojas confidenciales de la empresa Telcel —que aparecen por vez primera en este libro— aclara la situación: muerte multifactorial relacionada con *shock* hipovolémico, asfixia y paro cardiaco por el intenso dolor y el sufrimiento mayúsculo del cuerpo macerado.

En definitiva, la muerte de Julio César prueba que en México se ha vuelto a los métodos básicos para acallar la disconformidad: la tortura y el suplicio, dos recursos afines a las dictaduras y las prácticas de la Santa Inquisición. Para sus verdugos era imperativo dejar un mensaje contundente basado en ese terror que perturba los sentidos de todo aquel que se atreva a mirar, lo intuya o escuche del tema. Un aleccionamiento visual con el que Julio César se ha insertado en la genealogía trágica guerrerense que puede documentarse hasta 1923 como parte de los procesos históricos del país.

En el normalista hubo resistencia y honorabilidad. Lo atraparon porque tuvo la osadía de regresar para apoyar o intentar rescatar a sus compañeros, que estaban siendo atacados. En sus verdugos hubo maldad extrema. Su ejecución es una enorme tragedia.

Homicidio calificado, dicen las autoridades, pero no lo resuelven; crimen de lesa humanidad, advierten la familia, Ayotzinapa, organizaciones no gubernamentales, periodistas independientes, el resto de México. Y las pruebas empiezan a salir, acusan. Las vejaciones a este joven de 22 años de edad, quien al día de su muerte pesaba 72 kilogramos y medía 1.76 metros, resumen el nivel de barbarie que vive el país.

El plano-secuencia es contundente: el rostro desollado y el cuerpo torturado circularon ampliamente por las redes sociales; quien haya tomado las fotografías y las haya subido a internet deseaba garantizar un consumo visual masivo que, en su momento, por la agitación estudiantil y la fecha simbólica próxima (conmemoración de la matanza estudiantil del 2 de octubre de 1968), respondiera a una intención deliberada de aleccionamiento o terror.

En esas lecciones visuales encajan las humillaciones, en 2006, a personajes como Ignacio del Valle Medina y Felipe Álvarez Hernández, líderes de la rebelión civil en San Salvador Atenco (más conocida como la de "los macheteros de Atenco"), así como a la comandanta Nestora Salgado García.

También las imágenes de la degradación y el sometimiento público del doctor michoacano José Manuel Mireles Valverde, así como de los profesores Rubén Núñez Ginés, Francisco Villalobos Ricárdez, Othón Nazariega Segura, Juan Carlos Orozco Matus, Roberto Abel Jiménez García y Efraín Picaso Pérez, dirigentes de la Coordinadora Nacional de Trabajadores de la Educación (CNTE) en el sur del país.

Pero esto no se queda sólo en lo visual: el símbolo son las víctimas y sus imágenes, mensaje concreto para seguidores y compañeros. Ya no se trata únicamente de contar con el mejor armamento, sino con los métodos más refinados de tortura que, luego, manos invisibles se encargan de difundir.

Y estas víctimas, todas, tienen un denominador común: son líderes sociales, vivieron un proceso de luchas comunitarias, desafiaron al Estado y, a su manera, cada uno exhibió las incapacidades de la Presidencia de la República —en especial de Peña Nieto, desde que era gobernador— para hacer frente a la delincuencia o a los abusos de la élite del poder político que intentan despojarlos de sus tierras ancestrales.

Las imágenes de cada uno —sometido y degradado— son utilizadas para infundir pánico en la sociedad. Los sociólogos lo describen como la construcción social del miedo o terrorismo mediático.

El caso de Julio César no mueve a la curiosidad ni es parte de una leyenda urbana. Va más allá y forma parte de un plan mayor en la guerra psicológica. La circulación masiva de sus fotografías representa un acto malvado, un trastorno. Las imágenes configuran el poder del Estado o de los grupos del crimen organizado, que en muchas ocasiones es la misma cara de la moneda. Si no se colabora con ellos, se termina por pasarla mal.

"La política visual del terror puede parecer primitiva, pero su práctica puede ser tan sofisticada cuan profundos sus efectos", advirtió Richard K. Sherwin —profesor de Derecho y director del Proyecto sobre Persuasión Visual en la New York Law School—, en *La política visual del terror*, un amplio ensayo reproducido el 26 de septiembre de 2014 en las páginas del periódico español *El País*, el mismo día de Iguala.

Con Julio César fueron más atroces.

Lo primero que vieron sus compañeros de Ayotzinapa fue esa imagen. Y al otro día, lo primero que vio su esposa, Marisa Mendoza Cahuantzin, en la morgue del Servicio Médico Forense (Semefo) de Iguala fue a un hombre con el rostro cubierto y los brazos heridos, recostado en una mesa metálica, con quemaduras de cigarro ennegreciéndole la carne.

Ella, a quien los legistas habían advertido lo que vería, pidió que retiraran los vendajes, aunque ya sabía que se trataba de Julio César porque, en realidad, lo primero que vio fue el brazo izquierdo de aquel cuerpo y corroboró, desde la amargura que significa identificar un cadáver, las antiguas marcas que tenía.

Ese rostro era un naufragio de sangre y fuego.[1]

Marisa se trasladó a Iguala el 28 de septiembre. Iba con el tío de Julio César, el profesor normalista Cuitláhuac Mondragón, quien se había enterado de la muerte del sobrino por una de sus hijas. Una llamada y la fotografía del joven en *El Sur, el periódico de Guerrero* terminaron por confirmar la noticia. Por otro lado, Lenin Mondragón reconocía a su hermano en internet por una imagen que circulaba en las redes sociales.

El examen pericial del levantamiento del cadáver firmado por el médico perito, especialista en medicina forense, adscrito a la Secretaría de Salud estatal, Carlos Alatorre Robles, el 28 de septiembre, causó estupor y furia en la familia del estudiante desollado, pues asentaba cuatro conclusiones frías, algunas incomprensibles y hasta disparatadas:

Primera.- La posición y orientación en la que se encontró el cadáver no se corresponde con la original inmediata a su muerte.

Segunda.- El suscrito estima que el lugar del hallazgo del cadáver, este no se corresponde con el lugar de los hechos.

Tercera.- Las lesiones presentadas en cuello y cara por sus características de nitidez al corte, el suscrito estima que estas fueron producidas por un agente vulnerante.

Cuarta.- Las lesiones (equimosis) localizadas en ambos costados e hipocondrio, fueron producidas por contusión directa, por un agente vulnerante de superficie plana y corte regular.

Otro documento, el informe de la autopsia, también firmado por Alatorre, el 27 de septiembre de 2014, redondea el dictamen:

1.- Equimosis en región clavicular izquierda, deltoidea derecha y external, en cara anterior de abdomen, cara derecha de pelvis, codo derecho, cara proximal cara posterior interna de antebrazo derecho, codo izquierdo, cara dorsal de mano izquierda y derecha, tercio distal cara posterior de antebrazo izquierdo, región dorso-lumbar, escapular izquierda, supraescapular izquierda y cara izquierda de abdomen.

2.- Signos de fractura, amputación reciente de premolar superior derecho.

3.- Herida de 31 por 29 cm, *post mortem*, de bordos irregulares y exfacelados, con marcas de caninos,[2] que interesa toda la cara y cara anterior del cuello que interesa piel, tejido celular subcutáneo y músculos, preservando estructuras óseas.

Y en este punto cabe una aclaración que sale del informe del prestigioso Equipo Argentino de Antropólogos Forenses (EEAF), que tampoco validó la verdad de la PGR sobre el fuego en el basurero de Cocula que habría consumido a los 43 normalistas: "el cráneo [de Julio César] presentó múltiples fracturas realizadas con un instrumento rombo en la parte derecha, occipital y maxilar, destrozándole prácticamente todos los huesos de la cabeza".

También presentó marcas de colmillos de animales en la mandíbula y cervicales, lo que para la PGR representaría una "ventaja", ya que, al haber sido devorado por animales, la muerte no se vincularía con grupos del crimen organizado, ni con la desaparición de los 43 normalistas, ni con el asesinato, por arma de fuego, de sus otros dos compañeros.

El GIEI, en el centro de una campaña de persecución, amenazas y hasta de linchamiento en las páginas de algunos periódicos de la Ciudad de México, se iría del país advirtiendo que el gobierno federal carecía de interés para resolver la desaparición de los 43 estudiantes de Ayotzinapa.

4.- Globo ocular izquierdo enucleado *post mortem* y globo ocular derecho sin tejidos blandos circundantes, comidos *post mortem* por fauna del lugar donde se encontraba.

5.- Pabellón auricular izquierdo mide 4.5 por 4.5 cm. Con signos de haber sido masticada *post mortem* por fauna del lugar donde se encontraba.

6.- Pérdida del lóbulo de pabellón auricular derecho *post mortem*, por haber sido masticado por fauna del lugar.[3]

En el lenguaje común esos términos médicos y forenses podrían simplificarse: la causa de la muerte fue edema cerebral, con múltiples fracturas en el cráneo, algo que no se apega a la realidad. La autoridad forense decía que los animales del lugar le habían comido parte de la cara a Julio César.

Su familia, destrozada como él, se enfrentó desde el primer minuto al sistema que desde ese momento buscó minimizar ese asesinato y la desaparición de los 43 normalistas. No era creíble la versión de los animales ni menos que nadie supiera quién lo había matado. El Estado tenía una responsabilidad que pronto se convertiría en la abstracción que cerraba todas las posibilidades para hallar justicia y compensación.

Pero los Mondragón Mendoza encontraron otras opiniones que los ayudarían a entender —o al menos a intentarlo— el porqué de la muerte de Julio César y el porqué de tanta crueldad.

Su indagatoria los llevó con el forense Ricardo Loewe —un médico mexicano radicado en Austria, en 2002 jefe del área de Salud y visitador de la Asociación Cristianos para la Abolición de la Tortura (ACAT) y fundador del Colectivo Contra la Tortura y la Impunidad, consultado por víctimas de tortura y organizaciones de derechos humanos en México para probar, clínicamente, esta práctica por parte de las autoridades—, quien examinó todas las fotografías tomadas a los restos de Julio César y formuló otro diagnóstico, el cual confirmaba que el médico Alatorre no mentía por equivocación. "Julio César Mondragón Fontes fue torturado y ejecutado extrajudicialmente. La mutilación de su cara corresponde a la de otras víctimas de terrorismo, supuestamente perpetrada por el crimen organizado. Como ya lo expresé públicamente, el cadáver de la víctima, un líder estudiantil incómodo para el sistema, fue utilizado como mensaje para quien ose oponerse a la autoridad", concluía el médico luego de comparar los informes oficiales.[4]

Loewe envió su estudio al equipo legal de la familia del normalista en agosto de 2015 y contradijo en seis páginas al forense de Iguala pues, para empezar, "llama la atención que el agente de la PGJG [Procuraduría General de Justicia de Guerrero] concluya que el lugar donde fue levantado el cadáver de Julio César Mondragón no correspondiera al sitio de la muerte, a pesar del lago hemático que aparece junto al cadáver [...]. Este lago hemático muestra, además, que las lesiones fueron producidas en vida de la víctima [...]. Digamos de paso que el lago hemático en el suelo y los hallazgos de hemorragia interna, así como del corazón 'vacío', indican que una causa de la muerte, si no la más importante, fue la hemorragia".

Mirado en las fotos que contiene ese informe, el charco de sangre en medio del cual está el ojo del joven tiene la forma de Guerrero, mapa ensangrentado que anuncia la realidad mexicana desde el relegado Camino del Andariego. México, formado en la década de 1940 con paciencia genocida, siempre al abrigo de la impunidad, se olvidó del desollamiento, tortura y asesinato de Julio César porque la tragedia colectiva de los estudiantes no dejó espacio para nada. El país desdeñó esa muerte a pesar de ser una de las claves para entender Iguala y encarnar las razones para arrasar a las normales rurales.

"Esto les pasa", dijeron sin una palabra quienes cometieron esa carnicería. Hasta los padres de los 43, los alumnos sobrevivientes, el resto de la escuela y los medios de comunicación independientes entrecerraron los ojos, sin buscar bien. Y, sin embargo, cada uno encontró una hipótesis. Estos, empeñados en contar los sucesos de esa noche; aquellos, en demostrar que los soldados habían participado, y los demás, en que el narcotráfico estaba inmiscuido. Todos tuvieron razón, aunque nadie conectó las historias dispersas en el pasado reciente y lejano. Algunas respuestas estaban allí, no todas en la escuela o en las matanzas atribuidas a narcotraficantes.

Julio César fue torturado y abandonado en el Camino del Andariego, una terracería en forma de Y —que no es ningún paraje solitario, como se ha hecho creer— en la Ciudad Industrial de Iguala, a dos minutos a pie en línea recta desde la planta refresquera de Coca-Cola y enfrente de una herrería, justo atrás del Hotel del Andariego y de las oficinas de Hacienda. Esa embotelladora trabaja 24 horas y los obreros al salir buscan la avenida principal, pasando justo por donde se encontró el cuerpo del joven. A cuatro minutos y medio de donde yacía hay una antena de transmisiones que apenas se ve cuando nubes de arena barren el lugar.

El Andariego es parte de un laberinto de calles terregosas, ciertamente bordeadas de basura a un costado, pero no solitarias. Es una calle transitada por la que avanzan todo el día camiones de carga y mensajeros en motocicleta que apenas prestan atención a las bodegas aledañas.

La antena transmisora está en el jardín de una casa bardeada y de portón inconmovible en la que, por mucho que uno se detenga, nadie aparece. Está casi enfrente de la Coca-Cola. La casa bardeada es el Centro de Comando, Comunicación y Cómputo de Iguala (C4), cerebro de la ciudad que esa noche sólo tenía en funcionamiento cinco de las 25 cámaras de vigilancia, como registró la inspección de la perito profesional en Informática de la PGR, Selene Fonseca Rueda, quien recibió la orden de analizar los videos que tuviera el C4 relativos al 26 de septiembre, a partir de las dos y hasta las seis de la tarde del 27 de septiembre, en el oficio SEIDO/UEIDMS/FE-A/I 0897/201, el 12 de noviembre de 2014. Ella se presentó al otro día en la sede del C4.

Nada pasa en Iguala sin que lo vea alguna de las cámaras del C4. La concepción de todos ellos en el país parte de la idea de una especie de *big brother* gubernamental, y su labor descansa en dos pilares: atender temas y problemas de seguridad pública —además de coordinar trabajos de investigación para procuración de justicia, pero que en términos comunes se traduce en labores de espionaje contra la población— y dirigir labores de protección civil.

En los hechos, el C4 representa un punto de contacto entre todos los funcionarios y dependencias u órganos de gobierno que atienden a la ciudadanía. Los centros recopilan información en tiempo real y la envían a todas las oficinas, dependencias y organismos responsables de la seguridad donde se analiza, se digiere y se toman las decisiones correspondientes.

Cada C4 representa la visión de los gobiernos federal y estatal respectivos. Estos tienen todos los informes: desde la más pequeña manifestación o mitin hasta el más mínimo accidente, los fenómenos naturales y los enfrentamientos; nada se les escapa y apuntalan lo que hace el Centro de Investigación y Seguridad Nacional (Cisen) o policía política, responsable de la investigación, análisis y espionaje de campo, lo mismo que las Fuerzas Armadas a través de sus indicadores, infiltrados o espías.

Desde 1940 la policía política —el Ejército y la Marina-Armada lo harían abiertamente en la década de 1960— puso en marcha un proyecto presidencial para espiar enemigos del régimen, insurrecciones populares y actividades subversivas. Y allí fueron consideradas normales rurales y universidades problemáticas. Alemán cedió el control del espionaje político a militares capacitados y entrenados por la Oficina Federal de Investigación (FBI, por sus siglas en inglés).

Su primer director fue el teniente coronel Marcelino Inurreta de la Fuente, quien llevó como subdirector al mayor Manuel Mayoral García, "cuya misión sería la obediencia al Presidente de la República", escribió el académico Jorge Luis Esquivel Zubiri.[5]

Se sumarían personajes salvajes y violentos como el veracruzano-libanés Miguel Nazar Haro o el mexicalense Rafael Chao López, responsables de aniquilar a "guerrilleros" mexicanos, y José Antonio Zorrilla Pérez, autor intelectual del asesinato, por la espalda, de su "amigo" el periodista Manuel Buendía Tellezgirón, el 30 de mayo de 1984.

El aparato de espionaje de la inteligencia mexicana se convertiría en las entrañas de un monstruo. La tecnología para espiar en tiempo real está bien instalada en Iguala, aunque "el equipo de cómputo marca HP con número de serie 'MXQ11805BJ', con número de producto 487932/001, etiquetado con la leyenda 'SERVIDOR 25 CAM 192.168.64.3', utilizado como servidor del sistema de videograbación del C4",[6] esa noche —camuflado en la esquina de Industria Petrolera e Industria Electrónica sin número, colonia Ciudad Industrial— no viera nada, ahí, a 400 metros en línea recta de donde desollaban vivo al normalista y robaban su celular, a pesar de que las cámaras 07 y 21 estaban instaladas para vigilar las inmediaciones, pero que ese día desde su programa electrónico reportó "Error. Tiempo de conexión agotado".

Esos ojos electrónicos ya estaban ciegos cuando Selene Fonseca los revisó, el 13 de noviembre de 2014, y cuando lo reportó, el 14 de noviembre, a la Unidad Especializada en Investigación de Delitos en Materia de Secuestro, en el Acuerdo de Recepción integrado a la averiguación previa A.P./PGR/SEIDO/UEIDMS/871/2014; era demasiado tarde porque, si algo había, ya estaba borrado o alguien lo había extraído, pues el C4 grababa sobre lo capturado cada 11 días.

La PGR ya lo sabía porque la Dirección General del Sistema Estatal de Información Policial (DGSEIP) le envió el oficio DIR/SEIPOL

/489/2014, fechado en Chilpancingo el 29 de octubre de 2014, en el que le contestaba que no podía darle las grabaciones del 26 y 27 de septiembre de 2014 por esa condición del sistema de cámaras que reescribía y borraba. No es que no quisiera, es que no había material. En cambio, entregó información de dos cámaras al procurador de Justicia de Guerrero, Iñaki Blanco Cabrera, una con el nombre de "Salida a Taxco" y la otra "Prolongación Karina", ubicada en la calle Prolongación Karina esquina Ferrocarril, que habían grabado entre las 21:00 y las 4:00 del 26 y 27 de septiembre.

En este juego de hacerse el ciego, la perito Fonseca se llevó un chasco cuando supo que el personal del C4 ya no era el mismo que había operado las cámaras aquella noche y que los nuevos empleados ni siquiera sabían cómo buscar imágenes. De todas formas, confirmó que sólo cinco cámaras funcionaban hasta el 13 de noviembre, como escribió en el reporte que entregó al otro día a la agente del Ministerio Público de la Federación, Érika Ramírez Ortiz.[7]

Fonseca cometió un error cuando enlistó las 25 cámaras de la zona y reportó el estado que guardaban, pues dejó fuera a dos de ellas, las que corresponden a los números 18 y 23. Simplemente se las saltó, sin mayor explicación, y nadie se dio cuenta. Para Fonseca había 25 cámaras, pero sólo apuntó el estado de 21 y dijo que las que estaban activas eran las denominadas como "Central de Abastos", "Salida a Taxco" y "Prolongación Karina".

Al principio se supo que había cuatro videos disponibles, pero la periodista Anabel Hernández documentó un quinto, en el que se observa que 13 vehículos circulan por Periférico Poniente, en dirección a la Carretera 51, con personas capturadas, vigiladas por hombres armados. A esa cámara de seguridad, que no se especifica cuál es, "se le hizo apuntar hacia el cielo cuando pasaba el convoy".[8] Esos videos quedaron fuera de la investigación de la PGR.

Según Fonseca y la PGR, las cámaras denominadas "Estrella de Oro", "Leona Vicario", dos equipos llamados "C4", "Caja la Monarca", "Trébol Poniente", "Periférico Sur", "Emiliano Zapata", "Hospital Especialidades", "Tribunal de Justicia", "Independencia", "Zócalo",

"Mercado", "López Rayón", "La Feria", "Mariano Herrera", "Aldama", "Galeana", "Hospital General" y "Tuxpan" no funcionaron el 26 y 27 de septiembre.

El desollamiento de Julio César adquirió dimensiones pocas veces vistas en un país en el que se aniquilan valores fundamentales de la sociedad como el derecho a la vida y su dignidad, dosificando y convirtiendo al cuerpo humano en mercancía desechable, fácilmente sustituible, mientras la clase gobernante basa sus decisiones en la acumulación de capital como un fin supremo, por encima de cualquier concepción moral, política o religiosa.

Julio César Mondragón Fontes, la desaparición de los 43 normalistas y la ejecución de sus compañeros Julio César Ramírez Nava y Daniel Solís Gallardo, así como la aniquilación de 22 personas en Tlatlaya, Estado de México, han propiciado que se pase por alto el control de movimiento de capitales en las zonas donde se extraen recursos naturales.

Estas fuerzas económicas, empresariales y armamentistas son en realidad poderes fácticos que desplazan cualquier sistema de gobierno, incluso socialistas o progresistas, desde el diseño de esquemas militarizados en todas sus modalidades porque en un territorio en caos el resultado siempre favorecerá a quien extrae.

Una economía basada en muerte y sufrimiento para obtener recursos naturales de regiones habitadas por indígenas es consecuencia de una política de facto ejecutada por el Estado, que ejerce su autoridad desde la fuerza y la violencia porque asume que tiene derecho a decidir sobre la vida de sus gobernados.[9]

Esa alianza de control incluye al crimen organizado y sustituye en funciones al gobierno porque impone sus propios impuestos en el cobro de derechos de piso y extorsión, ejecución de secuestros y robo en torno a una actividad principal dedicada enteramente a la extracción. Esa actividad no es solamente una distracción, pero funciona incluso para culpar de la violencia, desplazamientos poblacionales y asesinatos al narcotráfico, a conflictos sociales y étnicos, a diferencias limítrofes, pero también desvirtúa a conveniencia cualquier forma de resistencia que se oponga a lo que el Estado denomine "progreso".

Capítulo II

Las entrañas del monstruo

E N G U E R R E R O hay indignación por la lentitud en las investigaciones de las procuradurías General de la República (PGR) y de Justicia del Estado (PJE) —o Fiscalía General—, y de las filtraciones de la PGR, a las que ven con desconfianza, y aunque allá están acostumbrados a que los fuegos se apaguen con la llama de otros fuegos todavía más devastadores para seguir igual, así como a los tumbos del gobierno al que ven como herramienta de control, sus habitantes están convencidos de que estas únicamente sirvieron para entorpecer indagatorias que coordinaron investigadores de organismos internacionales.

Los guerrerenses han aprendido a superar sus miedos, pueden contar de corrido la historia trágica de México. La violencia y el terror los han enseñado a defender su pasado, cultura y estructura social. Les ha pasado de todo y han tenido que aprender a vivir en realidades distintas, aunque las verdaderas páginas se escriben a través de la injusticia, secuencia vertiginosa de violaciones a derechos humanos, persecución, desprecio por los indígenas, analfabetismo, discriminación, racismo, despojo de sus tierras, pobreza y sometimiento.

Tres millones y medio de ellos (casi todo el estado) pueden dar testimonio de la brutal represión a estudiantes, políticos opositores, líderes sociales, profesores, dirigentes comunitarios, indígenas y activistas defensores de derechos humanos, así como de las carencias[1] y la impunidad, que siempre van de la mano. Viven en miseria lamentable y dolorosa. Y tienen una explicación, pero no hablan porque piensan que historias como la suya tienen principio, pero nunca un final feliz.

Los guerrerenses —unos 650 mil son indígenas mixtecos, nahuas, amuzgos, tlapanecos y afromexicanos— se distribuyen en una superficie de 64 mil 281 kilómetros cuadrados, un territorio mayor al de Suiza, pero es un estado en el que todo parece fuera de lugar, hasta su geografía conspira y es incomprensible: irregular y montañosa. Lo atraviesan la Sierra Madre del Sur y el Eje Volcánico Transversal, que origina las sierras de Sultepec y Taxco. Aunque parezca paradójico, porque el estado goza de gran importancia política, económica y social, Guerrero nació pobre en 1849 y hoy sigue igual; tiene mucho de menesteroso y sombrío; se ha convertido en una especie de trampa mortal, un espejismo. Los territorios que abarcan sus zonas serrana y montañosa son muy extensos, con poblaciones dispersas que aún guardan secretos y una importante riqueza mineral que no les ha dejado nada excepto más miseria y violencia.

De sus minas se extrae oro en cantidades industriales, y casi en secreto desde comienzos de la década de 2000, se explora febrilmente en la búsqueda de yacimientos de uranio, elemento radiactivo útil en plantas de energía nuclear y la fabricación de bombas atómicas, así como de yacimientos de titanio, metal tan fuerte como el acero, superando al aluminio, y que se usa en la fabricación de aviones, misiles, buques de guerra y naves espaciales.

El potencial de los yacimientos de uranio es una especie de secreto de Estado, pero es una realidad. Por su parte, el titanio —que tiene otros usos más domésticos y muy rentables, como la producción de teléfonos celulares, sillas de ruedas, muletas, implantes dentales y hasta *piercings* corporales— aparece desde hace tres lustros en mapas oficiales del gobierno federal: desde zonas de Tamaulipas, Baja California Sur, Colima, Oaxaca y Chiapas hasta todo el litoral de Guerrero. Agricultores mexiquenses están convencidos de que la búsqueda de yacimientos se extendió desde 2013 a municipios fronterizos o cercanos a Guerrero, como Tlatlaya, Tejupilco, Temascaltepec y Luvianos.

Fuera de Tlatlaya, en territorio mexiquense no se ve mucho futuro, pero la búsqueda de yacimientos de uranio y titanio es una constante; la minería en el vecino municipio de Zacazonapan no es un misterio, como tampoco lo es en la de Zacualpan ni en el histórico Sultepec.

Guerrero forma parte de la Región Pacífico Sur de México, y gracias a las frecuentes referencias noticiosas, sobre todo relacionadas con la violencia del crimen organizado, algunos saben que este estado colinda al sur con la inmensidad del océano Pacífico; al norte con los estados de Morelos (la segunda entidad menos pacífica del país)[2] y el Estado de México (refugio de grandes capos del narcotráfico y "notable" porque es la tierra del presidente Enrique Peña Nieto);[3] al este con Puebla y la empobrecida Oaxaca, y al oeste con el también violento Michoacán, donde se originaron los cárteles de La Familia Michoacana, Guerreros Unidos y Los Caballeros Templarios.

Acaso sólo los estudiosos y algunos políticos están enterados de que mucho del territorio de Guerrero es accidentado y montañoso, por lo que nada más el 24% de la superficie es apta para la agricultura.

Si bien pocos saben dónde está Guerrero, todo mundo ubica a Acapulco, que padece el mismo problema que tiene en jaque a todo el estado, convertido en zona de muerte donde la violencia revienta con la furia de un macabro festín que asola barrios y pueblos, donde el poder se ejerce arbitrariamente y permea la impunidad.

EL INFIERNO GUERRERENSE

Las olas arrastran los secretos mejor guardados y más sombríos de Guerrero, un estado de gente brava, noble, trabajadora, amigable e históricamente insurgente. El éxito empresarial desmedido de Acapulco contrasta con su pobreza apenas cruzando hacia arriba la costera Miguel Alemán, la avenida de los turistas. Aquí empieza y termina el eslogan publicitario sobre las bellezas del puerto.

Guerrero, con un enorme litoral de 500 kilómetros, es un fruto en pudrición al que todos —élites de poder, intermediarios, comerciantes mayores, latifundistas, constructoras, grandes empresarios del turismo y forestales de la madera, así como contratistas y talamontes mayores— le meten mano para quedarse con la última porción de recursos públicos o la derrama económica general, según sea el caso y el ramo.

La venda se cae de los ojos una cuadra después de aquella fabulosa avenida costera. Uno descubre que, detrás del éxito de Acapulco y de la publicidad, Guerrero esconde otra realidad: ni es enigmático, ni atractivo, ni fascinante: es una entidad pobre y descuidada, saqueada por los mismos de siempre. Los guerrerenses tienen pocas alternativas y maneras de entender la subsistencia o la supervivencia porque la agricultura fue desde siempre un mero espejismo.

Con una población de 800 mil habitantes, Acapulco "se clasifica entre las cinco zonas metropolitanas con las cifras más altas tanto de homicidios como de delitos con violencia [...]; su tasa es cerca del doble del promedio metropolitano y su tasa de homicidios es cercana al triple de dicho promedio. [...] En 2013, la cifra aumentó ocho veces, a 900 homicidios al año, lo cual equivale a una tasa de más de 100 por cada 100 mil habitantes",[4] contra los seis a nivel mundial y los 13 de México, de acuerdo con el *Índice de Paz México 2015*.

La violencia en el puerto ha dejado grandes cicatrices, incertidumbre y miedo. Así lo denunció en diciembre de 2015 el periodista José Ignacio de Alba en un trabajo especial —*Acapulco, la vida sin vista al mar*— para el proyecto *Pie de Página*, publicado conjuntamente con el periódico *El Sur*: "En las colonias de la periferia, las que están detrás de La Cima que divide al Acapulco turístico del que habita aquí, al menos una docena de escuelas inició las vacaciones antes de tiempo porque, como en los últimos cuatro años, los maestros y directivos comenzaron a ser extorsionados. Dependiendo de la escuela y la célula que tiene el control, han llegado a pedir hasta 30 pesos semanales por estudiante y 800 quincenales por profesor [...].

"Las callejuelas de estas colonias —Renacimiento, Simón Bolívar, Zapata, Villa Paraíso o la unidad habitacional Luis Donaldo Colosio, la *Neza* guerrerense—, donde vive la mayoría de los acapulqueños, son trampas llenas de señales de alerta: cortinas cerradas con letreros de

'Se renta', casas abandonadas, una barda que dice: 'Ni un médico desaparecido más'. Hoy, al menos 17 células criminales matan con impunidad en el puerto".

Tal situación repercutió en algo peor para los acapulqueños, pues ahuyentó el turismo internacional, cuya demanda empezó a caer en 2007 y para 2012 ya era una catástrofe. Sólo entre 2012 y 2015 cerraron por lo menos 600 comercios, tiendas departamentales y restaurantes.

En noviembre de 2015, el director de la Asociación de Hoteles y Empresas Turísticas de Acapulco (AHETA), Héctor Pérez Rivero, hizo a la revista *Expansión-CNN* declaraciones que estremecieron al sector: "Tengo miedo, no salgo en altas horas de la noche, procuro hacer mi vida lo más simplificada posible y no porque tenga miedo por hacer algo, simplemente para no estar en el lugar y la hora equivocadas".[5]

En Guerrero el drama es permanente, con marejadas continuas de violencia: la de los caciques, primero; luego, la de los mayores explotadores de madera —mexicanos y extranjeros—, y la de talamontes ilegales que dieron paso a la del Estado y las organizaciones paramilitares, hasta llegar a la de grupos del crimen organizado y volver a la del Estado. Pero Acapulco es apenas una referencia; también puede hacerse un *tour* de pobreza, violencia y terror por Arcelia, Chilpancingo, Zitlala, Tlapa, Coyuca de Catalán, Tixtla o Teloloapan. En cualquier municipio es igual.

Un recorrido por el estado basta para atestiguar la realidad: el campo, o lo que queda de él, está en el abandono; es presa de los caciques, la delincuencia organizada y, hoy, las trasnacionales mineras; ningún jornalero puede vivir de la siembra; la llamada gran producción está en manos de unos cuantos, quienes sólo comparten cáscaras.

Así está el panorama y se ensombrece aún más. No hay alternativas para la vida digna. Pese a que la tierra guerrerense es generosa y ahí se da casi de todo: tamarindo, guayaba, pepino, maíz, toronja, café, zapote, ajonjolí, tabaco, limón, frijol, mango, papaya, sorgo, sandía, jitomate, plátano, cebolla y aguacate, además de la copra (pulpa seca del coco), sus habitantes mueren de hambre. Y en los lugares en los que se producen mariguana y amapola los jornaleros trabajan en condiciones de semiesclavitud y esclavitud. La generosidad *narca* es un mito.

La militarización de la entidad de las décadas de 1960 y 1970 no sólo sirvió para dar fuerza a los caciques y crear o fortalecer bandas paramilitares, sino para exhibir la incapacidad del Estado, porque la expansión de la siembra de amapola y mariguana avanzó a pasos agigantados, lo mismo que la contrainsurgencia vinculada al narcotráfico, una plaga en crecimiento continuo que se ha extendido hasta las zonas mineras.

En ese proceso de militarización de Guerrero desaparecieron, tirados en el mar[6] —en los llamados "aviones" o "helicópteros de la muerte" que despegaban de las bases militares—, o murieron torturados y asesinados líderes sociales, estudiantes y maestros, activistas de derechos humanos, campesinos y políticos de oposición; mientras que los criminales encontraron un filón amplio para explotar.

A esta infame situación se le suman las peores condiciones de salud, por lo que enfermedades controlables como el mal del pinto, bocio, lepra y tifoidea todavía aquejan a los guerrerenses. Otro tanto se puede decir de los jornaleros, quienes laboran como en el porfiriato,[7] a tienda de raya, y languidecen con su familia condenados a morir de hambre. Pero es el doctor en Ciencias Políticas Alberto Guillermo López Limón quien completa el panorama: "La Tierra Caliente se caracteriza por su clima cálido. Gracias a la infraestructura de la Cuenca del Balsas, la inmensa red de canales de irrigación propició la acumulación acelerada de las riquezas agrícolas, cuyos beneficiarios principales son las empresas trasnacionales [que] explotan la mano de obra barata".

Y las artesanías, por maravillosas que sean —los hábiles artesanos guerrerenses moldean palma, textiles, alfarería, orfebrería, madera y piel, y el bonote o desecho del coco—, apenas dan para mal comer, cuando dan. El comercio y el turismo en la zona dorada —Acapulco, Ixtapa-Zihuatanejo y Taxco— ya no son lo que eran; son una sombra, controlada por unos cuantos.

"En fin, puras malas noticias de esos pésimos gobiernos". La "década perdida", escribió el 15 de mayo de 2015 Alfredo Hernández Fuentes en la columna que publica en el periódico *Novedades de Acapulco*,[8] refiriéndose a las administraciones municipales y estatales del PRD, con Zeferino Torreblanca Galindo y Ángel Aguirre Rivero. "Nada que celebrar, solamente muertos por enterrar, florecimiento de empresas funerarias, y nuestro personaje más rico, el magnate Carlos Slim Helú, el mecenas de Acapulco, ya no quiso saber nada y no regresó".

Por si algo hiciera falta, su fauna está a punto de colapsar. En peligro de extinción se encuentran el águila, el venado, el jaguar, la tortuga, la iguana, el coyote, la zorra gris, el tigrillo y hasta la liebre. La pesca incipiente y de autoconsumo fue buena hasta las décadas de 1930 y 1940, cuando el presidente Miguel Alemán Valdés puso en marcha una política para desnaturalizar Acapulco y entregó el puerto a grandes capitales, así como a un grupo de ambiciosos políticos revolucionarios apurados por hacerse millonarios.

Así pues, de los 81 municipios guerrerenses, 37 son considerados de muy alta marginación y 36 de alta; ni la capital Chilpancingo, el centro del poder político de la entidad, ni el "millonario" Acapulco están a salvo de la miseria. Pasa lo mismo en la región de La Montaña, pero también en la Costa Chica, en Tierra Caliente o en cualquiera de las otras siete regiones que forman la entidad.

Detrás del eslogan publicitario que señala a Guerrero como un estado de "exuberancia y placer gastronómico para los amantes del buen comer" se esconden niveles de desnutrición infantil y mortalidad materno-infantil comparables, en La Montaña, a los índices de los países más pobres de África como Nigeria, Malí, Somalia y Malawi.

Ejemplo común de la miseria es el municipio de Cochoapa El Grande, pero bien se puede nombrar a los de Metlatónoc, José Joaquín Herrera, Acatepec, Alcozauca de Guerrero, Xochistlahuaca, Zapotitlán Tablas o Ayutla de los Libres, donde el drama no es menor. Allí las personas se han acostumbrado al dolor. En la zona de La Montaña, la muerte suele llegar antes de los 13 años de edad.

Ana Paula Hernández, quien durante cuatro años fungió como subdirectora del Centro de Derechos Humanos de La Montaña Tlachinollan, advirtió: "Llegué a Tlapa y dije 'este es el infierno' [...]. Me pareció un lugar terrible con un calor espantoso [...]. Era un lugar con una pobreza tremenda [...]. En La Montaña hay un asunto de impunidad, de racismo y de discriminación". Mucho tenía de razón. Las personas se mueren de diarrea, prematuridad y bajo peso al nacer; gripe y enfermedades de las vías respiratorias derivadas de eso; deshidratación y hambre... Todo ello, entre otras cosas, las obliga a migrar o delinquir.

El éxodo o emigración masiva, como se le dice eufemísticamente, es una travesía de horror. No importa a donde vayan, porque ahora van a cualquier lugar. La crisis del campo y la violencia han propiciado la expulsión de los campesinos, que antes sólo huían de sus casas por la noche para ponerse a salvo del peligro que representaban el accionar de las armas de fuego y el trajinar de grupos armados: paramilitares, criminales, policías y militares.

Ese binomio de violencia y miseria perennes los condena a engancharse como jornaleros o peones macuarros de albañilería en el sector de la construcción en los estados "ricos" del norte o hasta en el vecino Michoacán,[9] cuya situación no es más halagüeña. El punto es huir. Hay miles de familias en movimiento permanente.

La Montaña, donde habitan las etnias tlapaneca, mixteca y nahua, se ha convertido desde principios de la década actual en la principal zona expulsora de migrantes en todo el país, y cada año es más notorio el éxodo.

Es más serio de lo que parece. Si bien los criminales los obligan a unirse o trabajar para ellos en condiciones de esclavitud, la policía y el Ejército no representan ningún alivio. Les tienen el mismo miedo. En 1998, cuando prologó el libro *Violencia en Guerrero* de la periodista Maribel Gutiérrez, el extinto escritor y ensayista chihuahuense Carlos Montemayor alertó: "La policía es sinónimo de ocupación, represión, saqueo, no de seguridad ni legalidad. La ocupación militar es sinónimo de invasión, sometimiento [y] terror".

Abandonan sus tierras o mueren. No se llevan nada. De acuerdo con el Instituto Nacional de Estadística y Geografía (INEGI), cada año cerca de 80 mil guerrerenses emigran a Estados Unidos, donde su principal destino es Chicago, Illinois, la segunda ciudad con más guerrerenses después de Acapulco. También huyen a Nueva York.

La situación alarma. El 30 de abril de 2015, una nota de Tania L. Montalvo, publicada en el periódico electrónico *Animal Político* precisó:[10]

"[Según] la Secretaría de Desarrollo Social (Sedesol), desde mediados de la década de los 90 de Guerrero emigraron 388 mil jornaleros agrícolas de las zonas indígenas y rurales del estado. La Sedesol identifica a Guerrero como el estado con más migración laboral que afecta particularmente a indígenas".

Los desplazamientos masivos forzados forman parte de una realidad poco conocida del impacto de la violencia, pero se agravaron desde principios de 2007, cuando el presidente Felipe Calderón Hinojosa, sin un plan real, a tontas y locas y sin propuesta para ayudar a los habitantes de zonas afectadas, declaró una torpe guerra armada a los cárteles del narcotráfico. Los resultados están aquí: el desplazamiento forzado no ha parado y el gobierno de Peña tampoco ha sido capaz de articular una política de atención. Y el narcotráfico sigue como siempre.

En el libro *Desplazamiento interno inducido por la violencia: una experiencia global, una realidad mexicana,*[11] la investigadora Laura Rubio Díaz-Leal —una de las pocas estudiosas de este fenómeno— documentó en el país 121 episodios de desplazamiento forzado de 2008 a 2014, como consecuencia de enfrentamientos entre cárteles y fuerzas de seguridad pública, intolerancia religiosa y conflictos políticos.

Y en sus estadísticas, Guerrero ocupó el primer lugar con 26 casos o 21.49% del total, seguido por los 19 o 15.70% de Michoacán y los 18 o 14.88% de Oaxaca. La situación es muy seria, porque de enero de 2014 a febrero de 2015 se reportaron 23 desplazamientos masivos en el país —implicaron autodestierro de más de 9 mil personas—, de los que los guerrerenses concentraron 40%, convirtiéndose en líderes de desplazamiento forzado masivo, definido por Rubio como la movilización simultánea de diez o más núcleos familiares por una misma causa, pero que "afecta de manera más aguda a las poblaciones más vulnerables: ancianos, mujeres, niños e indígenas con recursos limitados". Y la pregunta obligada aquí es: ¿a qué le temen?

El trabajo de la investigadora forma parte de un proyecto sobre desplazamiento interno que llevó a cabo como académica del Instituto Tecnológico Autónomo de México (ITAM) desde 2011, en el cual advierte que los grupos delincuenciales son un factor importante de autodestierro: "vienen barriendo" zonas de la sierra guerrerense. "El grupo armado conocido como Los Pintos está asesinando y desapareciendo a hombres, quemando viviendas y expulsando a personas de las comunidades que se niegan a colaborar con ellos".

También le temen a otro mal que aqueja al país, aunque aquí se nota más: el desempleo. Ya en 2012, el Consejo Nacional de Evaluación de la Política de Desarrollo Social (Coneval) advertía que el 69.7% o 2 millones 442 mil guerrerenses vivían en condiciones de pobreza: el 31.7% se encontraba en pobreza extrema, y el 38%, en pobreza moderada; 2 millones 752 mil no tenían acceso a la seguridad social y un millón 382 mil personas presentaban carencias por falta de acceso a la alimentación, eufemismo de *desnutrición.*

Si quieren afrontar sus miedos y el hambre, los que no pueden abandonar el estado sólo tienen dos opciones, ambas complicadas y peligrosas. La primera, recibir dinero del crimen organizado. Unirse en condiciones de precariedad a los cárteles de la droga en los trabajos de sicario o asesino a sueldo, distribuidor, cobrador o cuidador de sembradíos de amapola y mariguana. La segunda es muy noble pero más peligrosa aún porque el gobierno se ha encargado de prostituir y desnaturalizar la palabra: "insurgencia", como ha hecho sucias y casi prohibidas las de "guerrilla" y "rebelde". El nivel de pobreza, aunado a una histórica represión militar y policiaca, así como el acecho, hostigamiento notorio por espirales continuas de violencia y los ataques del gobierno a los indígenas, no les ha dejado otra salida que la organización por la vía del activismo social y, cuando este es insuficiente e inútil, las armas, la insurgencia o la guerrilla y la policía comunitaria.

PARTE DE GUERRA

Desmenuzar y reconstruir esa parte de la historia densa y grave, de desdichas, que han dejado los abusos y la represión a los habitantes de Guerrero, representa un reto. Tan oscura y penosa es hoy la situación que ningún partido político ha sido capaz de canalizar el descontento social por el tema de los estudiantes asesinados y los 43 secuestrados-desaparecidos, aunque tal agresión forma parte de una de las páginas más infames de la historia de la violencia de Estado característica de esta región desde 1920.

Opaca y contrasta la realidad. Hablar de esa violencia generalizada, producto de la expresión más brutal de totalitarismo, no es un mero recurso literario porque la realidad ha superado la ficción. El informe final de la Comisión de la Verdad para Guerrero advierte que entre 1974 y 1981 —parte de la llamada Guerra Sucia— fueron arrojadas al mar unas mil 500 personas, incluso vivas, opositoras al sistema, así como líderes sociales y políticos de oposición. Cada conflicto pone en evidencia a una élite burocrática incapaz de atender y solucionar los problemas de la entidad.

De acuerdo con ese informe, fueron víctimas de "desaparición forzada estudiantes, campesinos, indígenas, activistas sociales e incluso delincuentes o supuestos delincuentes comunes o personas de las que simplemente había orden de venganza por parte del gobernador [Rubén Figueroa Figueroa], [quien] formó un grupo de represión dirigido por el capitán Barquín, de 30 elementos o a veces menos —ex agentes de la Policía Judicial y militar que anteriormente formaron el *Grupo Sangre* que tuvo a su cargo vengar insultos al gobernador o [vengarse de] personas que han tenido problemas con el Ejército, traficantes de drogas [...], la mayoría de esos detenidos eran desaparecidos. Este grupo solamente informaba al gobernador".

Peligros constantes acechan a la vuelta de la esquina en cada rincón del estado. Y la impunidad es una cloaca difícil de tapar: "De los 19 mil 434 homicidios reportados a los fiscales de Guerrero entre 2005 y 2014, solamente mil 269 o alrededor de 7% terminaron en condena", dice el estudio *Desaparecidos: Justicia denegada en Guerrero*,[12] que Crisis Group publicó en 2015.

Estadísticas frías emergen apenas se rasca por encima; a veces se encuentra sin buscar. Crisis Group reportó otros hallazgos: "Mientras la impunidad es la norma para el homicidio, es casi absoluta para la desaparición forzada porque sólo seis personas han sido condenadas desde que esta se convirtió en delito federal en 2001, según Amnistía Internacional [...]; la Comisión Estatal de Derechos Humanos documentó 90 desapariciones forzadas entre 1990 y 2014. Los fiscales han informado de la apertura de 44 investigaciones, pero ninguna de ellas ha alcanzado juicio".

El delito de desaparición forzada está tipificado en el Código Penal Federal y en los códigos de 13 jurisdicciones estatales; en las restantes 19 no ha habido voluntad para hacerlo a pesar de la gravedad del problema, que se traduce en 26 mil 670 casos de personas desaparecidas o no localizadas, el término menos brusco para no incomodar al gobierno ni a periodistas afines, en todo el país.

Ciudadanos en Apoyo a los Derechos Humanos (CADHAC), agrupación neoleonesa cuya labor de documentación le mereció en 2011 el reconocimiento de Human Rights Watch (HRW), señaló en su momento que cerca de 60% de los casos de desaparición forzada en el sexenio de Felipe Calderón Hinojosa no se denunciaron ante el Ministerio Público debido a actos intimidatorios de delincuentes y de autoridades contra los familiares de las víctimas, por lo que el Registro Nacional de Datos de Personas Desaparecidas y Extraviadas (Renped), presentado por la Secretaría de Gobernación (Segob), es "una lista sin la validez suficiente para estimar objetivamente el número real de víctimas de este delito".

La monja Consuelo Morales, directora del CADHAC en marzo de 2013 y Premio Nacional de Derechos Humanos dos años más tarde, precisó que, aun cuando la Segob reconocía en el Renped la existencia de 26 mil expedientes, no era posible distinguir cuáles correspondían a personas sustraídas o privadas de su liberad de manera forzada, ni incluso "si alguien se fue de su casa por alguna razón o si se extravió, [porque] también la meten en esa lista".

De nuevo, "impunidad" es la palabra clave para intentar dar sentido a una parte de la violencia. Y Crisis Group lo sabía. Advierte que las cifras que presentó en su estudio "pueden no reflejar los niveles reales de la inseguridad en un estado donde más del 94% de los delitos no se denuncian, según estimaciones de una encuesta nacional sobre víctimas del gobierno. La impunidad es la norma incluso para delitos denunciados: sólo alrededor de dos tercios de las denuncias penales (se calcula que 3% de todos los delitos) son investigados".[13]

El informe levantó de inmediato una pregunta: ¿qué pasaría si en México se presentara el total de denuncias por el número real de delitos que se cometen cada día, o que las autoridades del ramo se propusieran atender la totalidad? La respuesta fue un acertijo que tuvo una respuesta simple el 7 de febrero de 2016 en palabras de la periodista Alejandra Padilla, en una nota amplia que escribió para el periódico electrónico *Sin embargo*: el sistema de justicia colapsaría.

"La desconfianza en las autoridades y la falta de infraestructura son de los factores principales [para no denunciar]. Así, el círculo de la impunidad en México es beneficiado. [...] el Índice Global de Impunidad (IGI-MEX) señala que en México hay 3.5 jueces y magistrados por cada 100 mil habitantes, cuando a nivel internacional la media es de 16. Mientras, la sobrepoblación penitenciaria duplica la media global: 30% en el país contra 17% de promedio en el mundo.

"El Secretariado Ejecutivo del Sistema Nacional de Seguridad Pública (SESNSP) reportó en 2013 un millón 681 mil 77 delitos denunciados ante agencias del Ministerio Público en todo el país. Mientras, la Encuesta Nacional de Victimización y Percepción sobre Seguridad Pública 2014 (ENVIPE) levantada por el Instituto Nacional de Geografía y Estadística (INEGI) arrojó para ese año 31 millones de delitos no denunciados".

Guerrero es una gran tragedia. Nada se exagera. La situación es casi un estado de sitio: a cien días de que asumiera el nuevo gobernador de esa entidad, el priista Héctor Astudillo Flores, ya había 719 asesinatos. Era apenas principios de febrero de 2016: siete homicidios diarios, según un conteo del Secretariado Ejecutivo de Seguridad Nacional (SCSN) y la Secretaría de Seguridad Pública estatal.

JUSTO ANTES de que terminara la primera quincena de enero de 2016, un grupo armado levantó a 21 personas en la comunidad de El Salitre, en el históricamente peligroso municipio de Arcelia, y otro comando secuestró a cinco profesores —uno de ellos el director— de la Secundaria Técnica 114 en la pequeña comunidad de Santana del Águila del municipio de Ajuchitlán del Progreso.

Posterior a un pago de rescate por 2.5 millones de pesos, los profesores tuvieron suerte a medias: Guadalupe Olea Juárez, José María Torres Suástegui, Martín Blancas Luciano y Javier Calderón Olea fueron liberados. El director de la escuela, Joaquín Real Toledo, murió desde el primer día, supuestamente por complicaciones de salud. Los informes policiacos atribuyeron la liberación a un operativo antisecuestro en la comunidad de San Francisco, municipio de San Miguel Totolapan, pero no hubo disparos ni detenidos.

Suerte tuvieron los 23 plagiados en Arcelia, aunque decir eso suene lamentable y no deje de ser una tragedia. El grupo que los secuestró —en círculos oficiales se atribuyó a la organización criminal Los Tequileros, una célula del cártel de Guerreros Unidos— lo hizo sólo para llamar la atención del gobierno y denunciar la participación que tienen las organizaciones del crimen organizado en la minería del estado, sobre todo en las actividades derivadas, como el transporte de material. Los liberó con un mensaje claro para el cártel de La Familia Michoacana, a cuyo cabecilla, *El Pez*, Johnny Hurtado, acusó de controlar los negocios alternos de las corporaciones extractoras en Arcelia.[14]

Otros no tuvieron "las ventajas" de esos levantados porque los capturó el Ejército. El 14 de abril de 2016, un video en redes sociales mostró a un policía federal y a dos policías militares —un capitán y una cabo— en pleno acto de tortura contra una mujer de 22 años que luego fue identificada como Elvira Santibáñez Margarito, de Ajuchitlán, acusada de portar armas exclusivas del Ejército y presa en el penal de Nayarit desde el 4 de febrero de 2015. Señalada como integrante de La Familia Michoacana, a Santibáñez, identificada como *La Pala*, la detuvieron junto con otros dos, José Villalobos y Juan Hernández Villa, originarios de Arcelia, y les decomisaron tres cuernos de chivo y un AR-15. La presentaron en Iguala y ahí mismo la torturaron para que confesara.

La Sedena reconoció el hecho como verídico y ha castigado a sus elementos dándolos de baja y deteniéndolos para recluirlos en prisión, acusados de desobediencia y tortura. Con ellos no hubo duda ni se protegió a nadie, como es habitual en esos casos.

Culpable o no, ella representa, arrastrada a los pies de los soldados. lo que es Guerrero, que desde octubre de 2014 vive prácticamente sitiado. Nada entra ni sale del estado sin que lo sepan el Ejército y la Policía Federal. Da la impresión de que la Guerra Sucia nunca terminó y que ningún gobierno ha tenido voluntad para enfrentar el problema, no ha sabido cómo hacerlo o simplemente no ha querido. Lo mismo puede hablarse de caciques como los Figueroa, padre e hijo, que de personajes estudiados como el extinto José Francisco Ruiz Massieu —cuñado en su momento del ex presidente Carlos Salinas de Gortari— y políticos de "izquierda" como Zeferino Torreblanca Galindo.

La violencia y la criminalidad son fenómenos a los que cada gobernador ha tratado de dar solución sólo a corto plazo a través del hostigamiento, la persecución, el ultraje, la corrupción y el sometimiento, hasta el asesinato y la desaparición forzada, o violencia de Estado en su máxima expresión, que han propinado un golpe mortal a la confianza y la credibilidad de los guerrerenses en sus instituciones, su gobernador y el Ejército.

Por eso, la desaparición de 43 estudiantes normalistas en Iguala, así como el asesinato de otros de sus compañeros y el fusilamiento de 22 jóvenes en el municipio mexiquense de Tlatlaya, tienen necesariamente una respuesta cuyo resultado es siempre el mismo: la impunidad. De ninguna manera representan casos aislados, por más que el gobierno destine a la gran prensa recursos millonarios para desviar la atención.

Y a esas impunidades deben sumarse las ya mencionadas masacres de Chilpancingo, Atoyac de Álvarez, Aguas Blancas, Huautla y El Charco, más las de Iguala, el 30 de diciembre de 1962; Acapulco, el 20 de agosto de 1967, y Yolotla, el 9 de febrero de 1993.

Y cada una tiene su dimensión en la historia y sus víctimas —muertos ejecutados por armas del Ejército, la Marina, la Policía Federal, grupos paramilitares, la policía estatal o de escuadrones de la muerte—. La del 30 de diciembre de 1962, por ejemplo, fue la chispa que impulsó al profesor Genaro Vázquez Rojas a declararle la guerra al gobierno mexicano, y la del 18 de mayo de 1967, en Atoyac, obligó al profesor Lucio Cabañas Barrientos a huir de esa población, refugiarse en la montaña donde comenzó su lucha contra el gobierno federal. Como en su momento lo señaló él mismo, se alzó en armas ante la imposibilidad de tratar con un gobierno que sólo entendía el "lenguaje" de la represión y la violencia contra los sectores más pobres del país.

Si bien es cierto que el gobierno federal desde mediados de 1960 se ha embarcado en campañas abiertas para desnaturalizar, condenar y hasta prohibir en el lenguaje oficial el uso de las palabras "guerrilla", "insurgente" y "rebelde", las matanzas tienen un componente simbólico y emotivo cuyos ecos se escuchan en Ayotzinapa y se prolongan hasta Tlatlaya.

Una parte de la violencia ciertamente es atribuible a la sofisticación de la delincuencia organizada, así como a la sensación de amenaza e inseguridad resultantes, pero la participación del Ejército y la Marina se nota en forma clara y persistente, aun cuando uno se haga de lado e intente no mirar.

Cada caso es una pesadilla, aunque en el de Julio César Mondragón Fontes se llegó a otros extremos y otros niveles de barbarie.

Capítulo III

Pedagogía del terror

E N E L L U G A R D O N D E M U R I Ó Julio César hay una cruz que recuerda que nació el 4 de junio de 1992 en Tecomatlán, Tenancingo (Estado de México), y que mira hacia un monumento que se le erigió, con su foto como elemento central y la sombra de unas manos en la base. Ese camino ha ganado espacio al canal que pasa casi junto, a tres metros, porque allí se tiran los escombros, que luego van aplanando. Destaca el letrero con el escudo de la normal de Ayotzinapa que alguien puso y que dice, entre otras cosas: "bien saben que hubo tiempo de escapar, pero no podía abandonar a mis compañeros".

La tortura a la que fue sometido en el Camino del Andariego nubla la visión de casi todo el mundo, que prefiere voltear a otro lado cuando lo que se hizo con Julio César se convirtió en uno de los mensajes más viles en la historia reciente de la violencia mexicana. Tuvo que pasar un año y medio para que los asesinatos de Julio César Mondragón Fontes y sus compañeros Daniel Solís Gallardo y Julio César Ramírez Nava cobraran importancia. El rostro arrancado del primero era para los padres que buscaban a sus hijos un mensaje directo, sin lugar para interpretaciones. Era la respuesta que tanto eludían. Sus hijos podrían estar vivos, pero ante sus ojos se hallaba la posibilidad de que aparecieran como el normalista.

Esa realidad se sumaba a una anterior, igualmente terrible: el fusilamiento de 22 jóvenes en Tlatlaya. Las fotografías de sus cadáveres dejaron al descubierto que, en un país como México, manipular la verdad y las escenas del crimen, y crear historias que empaten con la versión oficial, es algo común. La sospecha se hizo certeza cuando se constató que luego de la masacre se había creado un escenario que pretendía encubrir otro crimen de Estado. Era claro que se trataba de un castigo ejemplar cuyo mensaje iba dirigido a quienes pretendieran un levantamiento armado.

El uso estratégico del lenguaje visual como método de alineamiento político, según alertarían algunos académicos, devoraría la imagen de Julio César Mondragón hasta dejar el crimen en la impunidad. Le arrancaron la cara con un propósito. Por su parte, ametrallados en una esquina de Iguala, Julio César Ramírez y Daniel Solís representan lo mismo desde el cautiverio de su muerte: son dos interrogantes más, planteadas desde el silencio inobjetable del asesinato y la lección visual, como fue también la ejecución de los 22 en Tlatlaya y por la que no hay un solo soldado detenido. Todos fueron liberados por la justicia militar.

La imagen de Julio César Mondragón, que se difundió la mañana del 27 de septiembre a través de las redes sociales, así como las fotografías de los cadáveres en la bodega de Tlatlaya, "muestran entre otras cosas el maquillaje de la escena, la distribución intencional y cuidada del escenario, de la coreografía y de la construcción de sentido que quiere imponer el poder sobre los hechos. La remodelación y recreación del escenario de las ejecuciones, está totalmente alterado, lo que no se puede borrar es la artificialidad, la impostura, el desdén y desprecio por la sociedad civil, para tratar de ocultar la verdad de otro crimen de Estado", escribió el doctor Raúl R. Villamil Uriarte.[1]

La difusión de las fotografías de Julio César tiene otras connotaciones. La imagen descarnada con su rostro desollado "viaja a rajatabla en contra de este sistema simbólico de felicidad artificial, impuesta y simulada por el Estado —escribió Villamil Uriarte—. [...] Julio César [...], con pareja y una hija [recién nacida], estudiaba para tener un futuro de maestro rural, que le permitiera seguir la tradición de trasmitir educación a la gente más depauperada de la región. Su rostro descarnado, con el cráneo expuesto en el cual queda dibujada una dentadura a la manera de un rictus de una sonrisa irónica, lacónica, sarcástica que ¿ilumina? su calavera sin los glóbulos de los ojos [...], es uno de los primeros ejemplos de toda la didáctica pedagógica del terror que estaba por venir.

"La fotografía sin registro de compasión de Julio César es una advertencia que ya se está cumpliendo, la expresión de los jóvenes está condenada a la desaparición, a las tumbas clandestinas, a la muerte sin identidad, sin memoria. [...] El que le hayan extirpado la mirada es una profecía, es una videncia condenatoria, ellos no quieren que los jóvenes vean, que se den cuenta, que atestigüen, que condenen, que legislen, que persigan, que cuestionen".

Ese exterminio convirtió a Julio César, a su pareja Marisa Mendoza y a la familia entera en símbolos de lo más elemental: la vida, el derecho a expresarse, la búsqueda de la paz, pero también la protesta, la defensa y la insurrección. En México esas son condiciones inaceptables para el gobierno que, cuando no acalla, masacra para desintegrar. Exigirlas y ejercerlas se paga con el mayor de los sufrimientos, más si se reclaman desde la Normal Rural "Raúl Isidro Burgos" de Ayotzinapa, considerada por el Estado como una escuela guerrillera.

El mensaje enviado en el hueco del rostro llegó primero a Guerrero y los integrantes de sus movimientos sociales, todos ellos criminalizados y catalogados, como mínimo, de ladrones de autobuses desde la ventana de la televisión abierta, que hace creer que han surgido así, de pronto, enajenados porque no quieren trabajar, desestabilizando de paso al gobierno en turno. El de Peña se victimizó y colgó a esas organizaciones parte de la culpa por el fracaso de su administración en general.

El 18 de noviembre de 2014, cuando se ponía al gobierno federal en un serio predicamento, el Presidente hizo patente esa victimización al advertir que en los recientes actos de violencia —Ayotzinapa y Tlatlaya— "'pareciera' que hay el interés de generar desestabilización, desorden social y atentar contra el proyecto de nación que impulsa el gobierno". Y agregó: "No nos vamos a detener... Pareciera que algunas voces, unidas a esta violencia y a esta protesta, algunas de ellas [...] no comparten este proyecto de nación, [...] quisieran que el país no creciera y frenara su desarrollo".

Su punto fue contundente: se ha advertido que al amparo de este dolor, del sufrimiento de los padres, de la consternación social por los hechos en agravio de los normalistas, tres de ellos asesinados, hay movimientos de violencia que se quieren hacer valer en las movilizaciones. "Protestas que a veces no está claro su objetivo".

Tras la infame muerte de Julio César Mondragón Fontes, lo que seguía era justificar o crear una versión con la que se enterrara el caso, al igual que con los jóvenes de Tlatlaya, por lo que sobrevino una ola de mentiras, combinadas con las terribles versiones del paradero de los 43 normalistas desaparecidos y la angustiante búsqueda en fosas clandestinas, en medio de la calumnia.

Por contundente y amenazante que haya sido el mensaje enviado en Guerrero a través de Julio César Mondragón, Julio César Ramírez, Daniel Solís y la desaparición de los 43 normalistas, hubo a quienes no les afectó nada. Por ejemplo, no pararon un minuto los trabajos de extracción de oro ni los proyectos de exploración en busca de titanio y uranio, ni se detuvo la actividad de los cárteles, a pesar de que pistoleros y narcos eran buscados por todos lados.

La febril actividad del crimen organizado se puso al descubierto a finales de marzo de 2016 —mientras Iguala estaba militarizada totalmente—, cuando la organización criminal de Los Espartanos informó en una serie de narcomantas, incluida una en la Escuela Primaria Revolución Mexicana, que habría toques de queda en toda la ciudad. Y les declaró la guerra a muerte a otros grupos criminales: Guerreros Unidos, Los Rojos, La Familia Michoacana, Los Nilos y Sierra Unida del Gobierno.

Pese al reforzamiento de operativos militares permanentes coordinados por los dos cuarteles militares con sede en Iguala, Los Espartanos operaban en Taxco, Mezcala, Teloloapan, Apaxtla, Balsas y amenazaban con extenderse hasta Chilpancingo, además del mexiquense Ixtapan de la Sal, donde tienen sus mansiones los políticos más poderosos del Estado de México, empezando por el presidente Enrique Peña y su tío, el ex gobernador Arturo Montiel Rojas.

Esas narcomantas abrían un nuevo flanco para el gobierno federal: "Después el gobierno te desaparece como si fueras nada, nosotros un día confiamos en nuestro gobierno [...], pero la fe se fue cuando levantaron a nuestra familia, pero me di cuenta que para vivir hay que hacer la guerra, sólo necesitamos confiar en Dios, pero él es quien nos puede juzgar, así que agárrense a toda esa puta gente pendeja, somos gallos jugados que sabemos enfrentarnos a nuestro destino y [...] que quede claro, no somos una organización, somos Los Espartanos; [...] al fin y al cabo que para morir nacimos, ya la ley es matar o morir".

Los Espartanos representaron sólo una expresión de la ciudad histórica de Iguala. El 28 de marzo el periodista guerrerense Jonathan Cuevas entregó un amplio trabajo de investigación a la Agencia Periodística de Investigación (API), el cual puso en perspectiva los laberínticos caminos del narcotráfico: "Seis cárteles a la disputa por Iguala, puerta del tráfico de drogas. [...] Esta ciudad se ubica geográficamente en medio del estado de Morelos y Guerrero. Una autopista y carreteras libres conectan a Iguala con Cuernavaca, mientras que Taxco (ciudad platera y turística) se encuentra a 40 minutos de distancia en automóvil. Cocula, que da acceso a la zona del Balsas y las minas donde se extrae oro y otros metales, está a menos de 30 minutos. [...] La zona del Alto Balsas, que conecta en caminos rurales a Iguala con Huitzuco, Tepecoacuilco, Copalillo y Atenango del Río, es fructífera para la extracción de metales. Ahí se analiza la explotación de tierras y construcción de otra mina. También por esta vía se llega a Chilpancingo, capital del estado por la Autopista del Sol que conecta a Acapulco con la Ciudad de México y hasta con La Montaña de esta entidad.

"[...] Otra ruta altamente transitada es la carretera Iguala-Chilpancingo que también tiene varias arterias para llegar a la zona de minas de Carrizalillo y pueblos de la Sierra donde se siembran enervantes. El cruce a Heliodoro Castillo (Tlacotepec) está sobre esta ruta que también atraviesa por Zumpango, zonas serranas y altamente violentas, donde además hay los más altos registros en siembra de enervantes como amapola, opio y mariguana. [...] Iguala además es el único cruce dentro del estado para [pasar] de la Tierra Caliente a Chilpancingo y Acapulco; la ruta que conecta a esta ciudad con Pungarabato (Altamirano) cruza por Teloloapan y Arcelia, municipios que también conectan a la Sierra y municipios como San Miguel Totolapan, Coyuca de Catalán, Ajuchitlán del Progreso y otros que se han convertido en los más violentos de la entidad junto con Acapulco. [...] El tráfico de drogas desde la cuna de la bandera nacional es fructífero para los grupos del crimen organizado y además el lugar perfecto para tirar a sus víctimas mortales, desaparecer gente y cavar fosas ilegales sin que ninguna autoridad intervenga. Al menos así pasó durante los últimos dos trienios encabezados por el priista Raúl Tovar Tavera y José Luis Abarca Velázquez, aunque con este último se consolidó el reinado de los Guerreros Unidos (GU), según investigaciones oficiales.

"[...] Las cosas no parecen haber cambiado mucho. La diferencia es que hoy cinco cárteles pelean el territorio a GU. [...] El grupo más reciente que logró penetrar en Iguala se presentó como Los Espartanos. Han lanzado amenazas contra GU y el resto de los cárteles que ya operan aquí: La Familia Michoacana, Rojos, Sierra Unida y Cártel del Golfo. [...] En los últimos días, en plena Semana Santa han sido asesinados al menos tres hombres y otros han resultado heridos en diferentes ataques armados".

Cuevas hace otra observación en su nota cuando se refiere a aquel 26 de septiembre de 2014: "Hoy, el móvil de los hechos no es claro y las investigaciones del gobierno a través de la PGR se han ido desmoronando [...], pero después de aquel 26 de septiembre [Iguala] se llenó de gendarmes y policías federales [...] y se pretendió desmantelar al grupo Guerreros Unidos, cosa que no se logró, pues sigue operando en el municipio. Sólo se pudo debilitarlo con la detención de algunos de sus líderes. [...] La violencia nunca cesó".

A pesar de patrullajes y retenes del Ejército, de la Marina y de la Policía Federal, Los Caballeros Templarios y La Familia Michoacana mantienen una campaña permanente de terror en Tierra Caliente —fronteriza con municipios de los estados de México y Michoacán—, y a esos grupos se ha sumado la presencia de Los Tequileros.

La Tierra Caliente tiene sus atractivos: no sólo porque es una zona productora de una de las mejores plantas de mariguana y amapola ni porque ahí se creó la mayor industria regional para elaborar drogas sintéticas y es segura para el tránsito de heroína, sino por su mano de obra abundante y barata. Con una extensión territorial de 30 mil kilómetros cuadrados y 32 municipios (marginados la gran mayoría) de los tres estados, la Tierra Caliente y su cerca de medio millón de habitantes representaron siempre un jugoso atractivo para organizaciones criminales.[2] Los capos entendieron que quien la dominara controlaría las vías alternas para las drogas que llegan a través de la llamada 'narcorruta del Pacífico' y los precursores químicos que desembarcan en el puerto michoacano de Lázaro Cárdenas.

La integración de los pueblos de cada uno de los tres estados es una realidad vieja. Es difícil, por ejemplo, separar los destinos de Tlatlaya de los de municipios guerrerenses de Arcelia, Altamirano y Coyuca de Catalán. Los cuatro son igual de violentos y peligrosos. Las tanquetas de la Marina y los patrullajes del Ejército son permanentes, como los narcotraficantes, con sus asesinos a sueldo y sus capos, que todos los días salen en casi todos los medios de comunicación, aunque explicados de diferente forma.

Si bien en las dos últimas décadas se ha visto un cambio en la prensa, la publicidad gubernamental sigue imponiendo censura y los periodistas oficiosos defienden a ultranza las verdades gubernamentales. A Julio César Mondragón una película, *La noche de Iguala*, le sembró una vinculación directa con el crimen organizado, ubicándolo como jefe narcotraficante del cártel de Los Rojos para explicar lo atroz de su tortura, desollamiento y homicidio.

Escrita por Jorge Fernández Menéndez, del diario *Excélsior*, quien aprendió a "guionizar" sus propias columnas, fue patrocinada por TV Azteca siguiendo al pie de la letra la "verdad histórica" propuesta por la PGR y su entonces titular, Jesús Murillo Karam.

La familia del estudiante reclamó a Fernández Menéndez la falta de seriedad y su criterio empequeñecido para filmar lo que de inmediato fue llamado un "procudrama". En un comunicado, el 23 de octubre de 2015, la familia señaló: "Particularmente [Jorge Fernández] dice, sin citar ninguna fuente ni prueba, que la banda de Los Rojos se había infiltrado en la normal, que Julio César Mondragón era uno de sus jefes y que por ello le dieron muerte de manera tan atroz. Acepta que ninguna autoridad ha confirmado esa versión, pero él siembra la duda, trata de darle vida a esos infundios" en el cine y de mantener con vida la insostenible e indefendible "verdad histórica" de Murillo, a quien el gobierno terminaría por retirar de la Procuraduría y más tarde del gobierno federal.

"Julio César era originario de la región de Tecomatlán, Estado México y no llevaba más de tres meses en Guerrero cuando sucedió la tragedia. Anteriormente solamente había estado en Tixtla para cursar el propedéutico de ingreso a la normal. Por tanto es imposible que fuera miembro y mucho menos jefe de uno de los cárteles de la droga que se disputa el territorio de Guerrero. Julio era considerado un líder dentro de la Normal de Ayotzinapa, vinculado a la lucha social; elemento político que el director del docudrama decidió ignorar".

En un artículo para el diario *Reforma*, el 24 de octubre de 2015, el escritor Jorge Volpi calificaría el "procudrama" de Fernández Menéndez como una turbia versión, donde "en ningún momento se aprecia un destello de humanidad hacia los muchachos. En vez de ello, el discurso apunta los juicios de esa porción de la sociedad que sigue pensando que ellos 'se lo buscaron' y elimina todo atisbo de responsabilidad estatal en la masacre".

Julio César conocía muy bien la mecánica y funcionamiento de la "Raúl Isidro Burgos" porque había sido estudiante —uno muy bueno, por cierto— en las normales rurales de Tenería en Tenancingo y la Vasco de Quiroga en Tirepitío, Michoacán, de donde decidió salir por estar en desacuerdo con abusos de los dirigentes estudiantiles.

El gobierno y sus periodistas afines, quienes nunca se acercaron a investigar y basaron sus señalamientos en las versiones de Murillo, comenzaron a tejer una historia, un expediente a modo que sería usado para descalificar al normalista.

No fue sólo la película de Fernández Menéndez la que sembró insensateces. El 21 de enero de 2016, el comisionado nacional de Seguridad, Renato Sales Heredia, anunciaba la captura de tres sicarios: Mauro Taboada Salgado, Cruz Sotelo y Bernabé Sotelo Salinas. El primero estaba señalado como uno de los asesinos de Julio César, según una declaración de Gildardo López Astudillo, *El Gil*, quien mencionaba a Mauro *El Molero* como parte de la célula de Los Peques al mando de Víctor Hugo Benítez Palacios. "El muchacho se había separado del grupo y lo habían acorralado cerca del domicilio del *Tai* [otro jefe de célula], justo a una cuadra de Juan N. Álvarez y Periférico", sostuvo *El Gil*.

Encuadrada en un entorno en el que para Sales Heredia lo más importante era que todas las investigaciones coincidieran en torno a la disputa territorial entre Los Rojos y los Guerreros Unidos, la declaración de los sicarios detenidos decía que Julio César había sido correteado, pero como no se quería parar lo apedrearon hasta matarlo y enseguida lo desollaron. "Lo fueron a tirar a un camino de terracería con la ayuda de David Hernández, *El Chino*, de Protección Civil, a bordo de una camioneta roja", escribió Héctor de Mauleón el 28 de enero de 2016, en su columna del diario *El Universal*.

Antes, la Federación había culpado del homicidio de Julio César a Luis Francisco Martínez Díaz, policía municipal de Iguala, a quien vinculaba con el ataque a jugadores y técnicos del equipo de futbol Los Avispones. Apresado el 25 de febrero de 2015, lo enviaron al penal federal de Villa Aldama, Veracruz, y eso fue todo. La familia protestó y rechazó la versión por imposible pero también porque el Estado pretendía cerrar el caso para siempre. Todavía faltaba que se enteraran de la liberación de Martínez, en marzo de 2015, aunque hoy permanece detenido porque tiene abiertos otros expedientes.

Si la versión que reprodujo el columnista De Mauleón hubiera sido cierta, el estudiante habría muerto antes de ser desollado y el concepto de tortura no sería el mismo, como tampoco habría sido lo mismo si a Fernández Menéndez se le hubiera ocurrido filmar que los asesinos dejaron desangrar el cuerpo de Julio César Mondragón hasta que perdió la última gota mientras le arrancaban el rostro completo y lo robaban.

Los sucesos de Iguala no detuvieron la extracción de minerales, el usufructo del agua para obtenerlos ni alteraron las operaciones de los cárteles del narco en toda la entidad. Nada cambió, excepto la estadística de muertos y desaparecidos. Pero si algo dejó aquella noche fue la oportunidad de poder observar una relación entre narcotraficantes y mineras que puede explicar gran parte de la violencia en México. Esa relación no es la que las trasnacionales denunciaban como extorsión y que las ubicaba en el lado de las víctimas de sicarios implacables. No puede dejar de verse que los narcos están donde se asientan esas empresas y que estas no cierran aunque las comunidades aledañas terminen siempre desalojadas y con una gran cantidad de muertos.

Para el sacerdote Miguel Concha Malo, del Consejo de la Comisión Mexicana de Defensa y Promoción de los Derechos Humanos, cofundador y presidente del Centro de Derechos Humanos Fray Francisco de Vitoria, México vive una lógica de terror y militarización y hay una confusión grave entre el significado de la seguridad nacional y el concepto de seguridad interior. Para confirmarlo basta echarle una ojeada al número de asesinatos en México.

En 1990 el INEGI apuntaba 14 mil 493, cifra que se mantuvo estable e incluso por debajo de los 9 mil homicidios al año, pero pasó de 14 mil 6 en 2008 a 19 mil 803 en 2009, para llegar, en 2010, a 25 mil 757. Para Concha, México es uno de esos regímenes civiles de fachada y afirmaba, el 18 de febrero de 2016, después de asistir a la proyección del documental *Mirar Morir*, del periodista Témoris Greko, que los estados militaristas sólo dan seguridad al Estado, quieren usurpar el lugar de la nación, los derechos de los ciudadanos, y cuando esto sucede ese paradigma de seguridad coloca a los pueblos en situación de vulnerabilidad.

Los asesinatos se han justificado desde el engañoso combate al narcotráfico. La renuncia del gobierno a cumplir sus obligaciones lo convierte en facilitador de crímenes, sostenido en la impunidad y corrupción. La militarización, advierte Concha, hace imposible la vida digna.

El cuerpo de Julio César Mondragón esperó desde noviembre de 2015 en un refrigerador de Servicios Periciales de la PGR, en la Ciudad de México, mientras su familia exigía prontitud en el proceso de los nuevos exámenes forenses y de ADN que se le practicaban, luego de ser exhumado. Pero esas respuestas debían esperar. El GIEI, que investigaba junto con la PGR las 43 desapariciones y que había cuestionado severamente la "verdad histórica" de Murillo Karam, anunciaba que tardaría seis meses más en dar con el paradero de los estudiantes y, de paso, terminar de enterrar la trama del basurero de Cocula.

El GIEI había conseguido que las investigaciones oficiales estuvieran a cargo de la Subprocuraduría de Derechos Humanos a partir del 20 de octubre de 2015, con nuevas líneas a desarrollar, dejando fuera a la Subprocuraduría Especializada en Investigación de Delincuencia Organizada (SEIDO), que hizo de Cocula un fuego que ardía en contradicciones, las cuales enfrentaron de todas las maneras posibles a la PGR de la nueva titular, Arely Gómez González, con los expertos del GIEI. El 7 de abril de 2016, en Washington, Estados Unidos, en el marco de la 157 Sesión de Audiencias de la CIDH, los comisionados, encabezados por James Cavallaro, presidente del órgano jurídico de la Organización de Estados Americanos (OEA), se unieron a la denuncia de crisis que se vive en México en materia de derechos humanos, libertad de expresión, impunidad y falta de transparencia.

Seco fue el golpe: el ex magistrado colombiano Enrique Gil Botero —uno de los siete comisionados de la CIDH— hizo una observación que desencajó a los representantes del gobierno peñista: si bien reconoció avances desde 2011, había algo incomprensible: "que el Estado mexicano quiera desconocer que hay una grave situación de derechos humanos [...], que pareciera que es un principio de esquizofrenia". De paso, reclamó al gobierno de Peña Nieto que en México hubiera una campaña de desprestigio contra la CIDH y el GIEI, y contra Emilio Álvarez Icaza Longoria, secretario ejecutivo de la CIDH.

En México, algunos periódicos y columnistas señalaron que los expertos cobraban un millón de dólares semestrales pagados por el Estado, y que después de poco más de 17 millones de pesos no habían aportado ni una sola prueba concluyente. Al final, la investigación del GIEI costó 30 millones de pesos. Sobre esa cantidad, el 46% se había destinado para salarios y viajes solamente para cinco expertos.[3]

La integrante del GIEI, la doctora en derecho Ángela María Buitrago, fue blanco de la campaña mediática más violenta. Primero fue

72

denunciada en su país, Colombia, en enero de 2016 por una presunta fabricación de pruebas con testigos falsos que hundió en la cárcel por ocho años a un militar, el coronel Luis Alfonso Plazas Vega. Ella, *La Fiscal de Hierro*, se había formado en las calles de una de las versiones más violentas de Colombia, levantando cuerpos de ejecutados cuando trabajó para juzgados locales. No es ninguna improvisada, como el columnista Luis Hernández Navarro, del diario *La Jornada*, describió cuando repasaba su hoja de servicios a la que calificó de intachable y en la que recordaba que Buitrago había dado clases, litigó y después fue fiscal delegada ante la Corte Suprema de Justicia en su patria.

La campaña negra contra el GIEI iba más lejos; la SEIDO la preparaba para lanzarla a mediados de marzo de 2016, cuando demandaría a Emilio Álvarez Icaza por, supuestamente, defraudar a la Federación por 2 millones de dólares, tras una denuncia penal de José Antonio Ortega, presidente del Consejo Ciudadano para la Seguridad Pública y la Justicia Penal. ¿En qué se había gastado ese dinero —preguntaba esa denuncia— pagado para investigar la desaparición de los 43 de Ayotzinapa, pues el GIEI, supuestamente, había malversado el fondo, además de manipular a la opinión pública calificando de montaje los esfuerzos de la PGR?

Pero si al GIEI lo acusaban de no presentar una sola prueba concluyente, la PGR estaba peor. La derivación de docenas de investigaciones desde el cuerpo principal de la averiguación previa AP PGR/SEIDO/UEIDMS/871/2014 de la SEIDO, retrasó cualquier intento fidedigno por resolver Iguala.

Otro frente, quizás el más desprotegido de todos, era el de los padres de los 43 desaparecidos. El 5 de abril de 2016 fue subido a las redes sociales un video en el que supuestos integrantes de los Guerreros Unidos los amenazaban con levantones, pues les reclamaban no repartir 200 mil pesos provenientes de una aportación del sindicato del Instituto Nacional de Antropología e Historia (INAH) al resto de las familias.

Un día después, los alumnos de Ayotzinapa se declararon en huelga hasta que fuera aprobado un nuevo periodo de permanencia del GIEI en México y lo dejaran terminar sus investigaciones. Más tarde, el 13 de abril, al abogado de los familiares de los normalistas, Vidulfo Rosales, le publicaban el audio de una conversación que sostuvo con su esposa en la que presuntamente él llamaba "pinches indios piojosos" a sus representados.

El 1 de abril, el Grupo Colegiado de Expertos en Materia de Fuego, encabezado por Ricardo Damián Torres, arropado por la PGR, afirmó que en Cocula hubo un fuego controlado de grandes magnitudes que podría haber calcinado al menos 17 cuerpos. Ya no eran los 43 que Murillo quemó todos los días, versión que la PGR aceptaba. Eso ya se conocía, pero no se tomaba en cuenta. Por otro lado, el Equipo Argentino de Antropología Forense (EAAF), en conjunto con el GIEI, había hallado indicios de por lo menos 19 cuerpos en ese basurero, aunque ninguno correspondía a los de Ayotzinapa.

Si bien ese peritaje fue más de lo mismo porque concluía que se necesitaban pruebas a gran escala para determinar con precisión las hipótesis, fue el golpe político más efectivo de la PGR contra los expertos que ayudaban a resolver las desapariciones. Hacer una conferencia sin el GIEI, aunque contraviniera acuerdos previos, le quitaría poder y derecho inmediato de réplica. Y como el que pega primero pega dos veces, el GIEI anunciaría el 6 de abril la ruptura definitiva con la PGR y el término de sus actividades para el 30 de abril. Al peritaje de Ricardo Damián Torres lo calificaron de parcial y violatorio de los acuerdos de confidencialidad. "El grupo no seguirá colaborando en este caso con un proceso que no se ajusta a los acuerdos tomados, a los estándares internacionales y que sólo contribuirán a la confusión y al descrédito", dijeron, pero con ello aceptaron que el lado más mañoso de la Procuraduría los había doblegado y que la campaña negra contra ellos había surtido efecto.

HASTA MORIR

La mañana del 27 de septiembre de 2014 un grupo de periciales de la Procuraduría de Guerrero tomaba notas. "No pase. Escena del Crimen", decía la playera negra de dos de ellos, armados cada uno con un AR-15 reglamentario cuando custodiaban el perímetro alrededor de un poste de luz en el Camino del Andariego, en Iguala. Cuatro hombres y una mujer habían colocado tres tarjetas amarillas, numeradas, sobre un cuerpo. Ella, de camisa rosa y pantalón de mezclilla, daba vueltas en el cuadrante cerrado por cintas fosforescentes que decían, en letras negras, "prohibido el paso", mientras uno de sus compañeros, de playera café a rayas, redactaba. Eso y el cadáver de Julio César es lo que se ve en las fotos entregadas a mediados de 2015 por el perito en Criminalística de Campo y Fotografía Forense, Vicente Díaz Román, al equipo legal de la familia Mondragón Mendoza. El perito no era ningún improvisado porque un año antes se había encargado de recoger imágenes de la camioneta siniestrada donde viajaba el líder social Arturo Hernández Cardona, secuestrado y asesinado por el alcalde de Iguala, José Luis Abarca. Por esas fechas, tomó también las del homicidio de Justino Carbajal, otro enemigo político del edil.

De acuerdo con la versión de la Fiscalía estatal, a las 6:00 del sábado 27 de septiembre de 2014 hubo dos llamadas telefónicas desde el servicio 066, una al C4 y otra al 27 Batallón de Infantería, de donde saldrían dos camionetas para patrullar y verificarlas. Al arribar al Camino del Andariego, los soldados sólo confirmaron lo que ya sabían: que había un cuerpo sin vida, como consta en la nota 22609 firmada por el responsable del 27 Batallón, el general José Rodríguez Pérez,[4] y que envió a la 35 Zona Militar de Chilpancingo.

El expediente pericial anotó la orden al perito Díaz para que tomara las imágenes de tres indicios en la página 32 del Tomo Uno de la Fiscalía estatal. Ese día las tarjetas de plástico con las iniciales de la PGJ señalaron el cuerpo de Julio César Mondragón. La número Uno sobre su vientre, cubriéndole la mano izquierda. La Dos, colocada en los escurrimientos en el suelo, desde un lago hemático. La tercera junto al ojo izquierdo del joven, arrancado y arrojado a menos de un metro de él, desprendido con todo y nervio óptico, posado en el polvo, justo sobre ese lago en forma de mapa guerrerense, de unos 40 centímetros de diámetro.

El 27 de septiembre de 2014 los peritos del MP levantaban el cuerpo de Julio César a las 9:55, después de un aviso de los militares que llegaron al Camino del Andariego al mando del teniente de Infantería

Jorge Ortiz Canales. Los soldados fueron los primeros en ver el cuerpo y estuvieron presentes en todas las escenas de los crímenes esa jornada. Aparecieron con Julio César y además en los de Blanca Montiel, Julio César Ramírez Nava, Daniel Solís Gallardo, Víctor Manuel Lugo Ortiz y David Josué García Evangelista, como consta en la Diligencia de Inspección Ocular de la Fiscalía estatal.

La muerte del estudiante se oficializó desde la descripción del informe pericial, donde unas cuantas líneas bastaron para pretender que era un muerto más: "Cadáver que viste playera tipo polo color rojo marca Abercrombie, pantalón de mezclilla color negro de la marca Bolero Jeans, bóxer color azul con vivos rojos con una leyenda que dice Nautica, tenis de color blanco con negro y gris, apreciándose que el pantalón de mezclilla se encuentra enrollado hacia abajo a la altura de la región glútea, en el cuello se aprecia una bufanda color negro con vivos en color blanco, cadáver que se ubica a seis metros del poste de concreto y que se encuentra localizado del lado poniente de la mencionada calle".

Ángel Alvarado Gutiérrez, médico cirujano y ex director del Instituto de Seguridad y Servicios Sociales de los Trabajadores del Estado (ISSSTE) en la Región Oriente de Zitácuaro, Michoacán, explica que uno de los dolores más intensos que puede sufrir el ser humano es el de la compresión del globo ocular por su conexión con la retina y nervio óptico, y concluye, después de ver las fotografías de Julio César, que "estaba por lo menos desmayado cuando se lo enuclearon, pero vivo cuando lo dejaron en esa brecha, lo indica el charco de sangre".

Por otra parte, el informe del forense Ricardo Loewe echaría por tierra el dictamen oficial y serviría para que la familia exigiera y consiguiera la exhumación del normalista. Ese informe partía de la técnica y la ciencia forense, pero también del sentido común, pues explicaba, comparando, las lesiones de Julio César y decía, en el lenguaje más sencillo, por qué la conclusión de la Fiscalía era una aberración: "En mi opinión, la respuesta está en el lago hemático. En cuanto al médico perito Alatorre, se hizo cómplice de la tortura al omitir su denuncia", apuntó el médico.

Sin dificultad, Loewe encontró contradicciones que calificaría de "manifestaciones grotescas y falta de profesionalismo", porque "el informe forense dice que el cadáver tenía 'pupilas dilatadas...' mientras Alatorre menciona el desprendimiento total de tejido blando de la cara, con lesiones 'corto abulsivas' [sic]. La falta de profesionalismo produce manifestaciones grotescas", y agrega: "llama la atención que el agente de la PGJ concluya que el lugar donde fue levantado el cadáver de Julio César Mondragón no correspondiera al sitio de la muerte, a pesar del lago hemático que aparece junto al cadáver". Loewe considera que ese charco de sangre demuestra que el estudiante estaba vivo cuando lo desollaron.

Continuó: "Este mismo documento reporta el hallazgo de equimosis [moretones] en ambos costados y el hipocondrio... y con el hallazgo necróptico de costillas rotas y de hematomas en el abdomen. Esto indica que la víctima recibió golpes [el informe médico legal reporta que con un objeto plano, ya sea con la empuñadura de un arma, o con una bota] que le produjeron una hemorragia interna. Digamos de paso que el lago hemático en el suelo y los hallazgos de hemorragia interna, así como del corazón 'vacío', indican que una causa de la muerte, si no la más importante, fue la hemorragia".

Loewe pregunta al vacío pero pregunta bien y remarca desde reclamos repletos de ironía los yerros de los supuestos expertos: "Salta a la vista el punto número 3, en el que se diagnostica que la 'herida' (las alteraciones *post mortem* no reciben el nombre de heridas; son destrucciones de tejidos, mutilaciones) de la cara y cuello fue producida *post mortem*". En contra de lo reportado por el médico perito Carlos Alatorre, describe los bordes como "exfacelados [sic] e irregulares" y con marcas de caninos.

Agrega en el punto 5 que el pabellón auricular izquierdo tenía signos de haber sido "masticado por fauna del lugar. ¿Cómo se exfacelaron cortes poco antes descritos como bordes nítidos? ¿Cómo establece el patólogo que el globo ocular fue enucleado después de la muerte de la víctima? ¿Cómo estableció el patólogo que la mutilación de cara y cuello fue producida *post mortem*? Julio César Mondragón Fontes fue víctima de tortura, misma que le produjo la muerte. Las múltiples equimosis, los hematomas en la cabeza y en la cavidad abdominal, las huellas de golpes en tronco y extremidades, las fracturas de costillas, la fractura y amputación de un premolar y aun la enucleación de los globos oculares así lo indican. A reserva de obtener más datos, las manchas grises y redondas que se observan en el antebrazo, el dorso de la mano y el flanco izquierdos del cadáver pueden corresponder a quemaduras".

Por su parte, Alvarado Gutiérrez apunta algo más: "La fauna del lugar no pudo comerse el rostro. Si lo hubiera hecho —los animales no tendrían por qué masticar solamente—, el ojo que vemos y los pedazos de carne tirados cerca, se los hubieran tragado primero. Son tejidos blandos que no representarían ningún esfuerzo. El ojo no se desprendió, fue arrancado con el ligamento incluido. El normalista tiene trazas de haber sido atado con cordones, tal vez los de una persiana porque se ven restos de ese material. El chico fue arrastrado y debe tener costillas rotas".

El perito Díaz de Iguala entregó, a mediados de 2015, 13 fotos más del cuerpo de Julio César, seis obtenidas en el Camino del Andariego y otras siete en la morgue, que se sumaron a las que ya había de la velación del estudiante, donde aparece con el rostro vendado, con cuentas de madera de un rosario en la mano izquierda y con un escapulario en el cuello. Las marcas en el cuerpo evidencian la tortura más demencial.

Las fotos muestran el lugar donde está el cuerpo, una terracería rodeada de vegetación. El estudiante yace a unos seis metros de un poste de luz, a la mitad de una curva. El lodo y los charcos permiten ver las huellas de los vehículos que han pasado por ahí. La bufanda de Julio César no puede cubrir la herida del cuello en forma de gota que, según Alvarado, fue realizada así para arrancarle el rostro desde ese punto porque "cortaron en la base del cuello, levantaron la piel y siguieron diseccionando hasta llegar al cráneo, donde terminaron con un corte profundo, casi un golpe".

La PGR aceptó la exhumación de Julio César a finales de agosto de 2015 y puso fecha del día 30 de septiembre, que cambiaría para el 4 de noviembre, pues los expertos no encontraban condiciones aceptables en las instalaciones de Tenancingo y Toluca. Ese día, el pueblo de Tecomatlán, en Tenancingo, fue tomado por más de 100 policías federales, estatales y ministeriales que acordonaron los accesos al panteón local. La tumba del normalista, en una de las esquinas del pequeño rectángulo que es el camposanto, fue rodeada por medios de comunicación, primero, y después por agentes para atestiguar y controlar, desde una paranoia protagonista que se apoderó de la jueza Verónica Contreras Marín, del Juzgado Penal de Primera Instancia del Distrito Judicial de Tenancingo, aquella diligencia a la que llegaba una hora antes del mediodía en una caravana de más de diez patrullas y autos oficiales.

Uno de los temores de la familia Mondragón Mendoza era que el cuerpo fuera robado, pero ese temor era compartido por todos, así que para la identificación plena del cuerpo los forenses argentinos consultaron a genetistas suecos y estadounidenses, quienes a partir de muestras de ADN de la madre, hermano, hija y esposa dictaminaron positiva la identidad en la segunda necropsia. Aunque las autoridades garantizaban seguridad durante el traslado a los Servicios Periciales de la PGR, en Río Consulado 715 de la Ciudad de México, la caravana policiaca al final se desintegró en la carretera dejando que la camioneta que transportaba los restos llegara como pudiera.

Una noche antes, la familia se reunió a fin de armar una estrategia para las semanas siguientes. La abogada Sayuri Herrera planteaba nombres y ubicaciones de los equipos participantes. Habría 22 peritos entre la PGR, el GIEI, del EAAF, además del fiscal de la PGR, May Gómez Jiménez, personal de la Comisión Nacional de Derechos Humanos, observadores del GIEI, la Comisión Parlamentaria para el Seguimiento de Ayotzinapa de la Cámara de Diputados federal, la Comisión Ejecutiva de Atención a Víctimas (CEAV) y la innecesaria presencia del Tribunal de Justicia mexiquense.

Servicios Periciales de la PGR entregó por fin el cuerpo del estudiante a su familia el 12 de febrero de 2016 y permitiría enterrarlo por segunda vez, después de los exámenes forenses correspondientes. A las 6:30 Marisa, acompañada por un familiar y Lenin, el hermano de Julio César, pudieron ingresar a la Cámara 6 para vestir al normalista, que esperó tres meses congelado. Ellos, vestidos con trajes especiales, cumplieron trámites que nunca debieron afrontar pero que ahora y ahí los devolverán a la noche terrible. Una bolsa blanca contiene los restos que la periodista Diana del Ángel[5] describirá desde una crónica sin miramientos, porque lo que está frente a ellos es lo que es, el mensaje que ese cuerpo todavía comunica.

"Aunque Julio ya no esté allí [es decir, aquí con nosotros] sobre la cama de metal hay un cuerpo cuya carne se está quedando pegada al hueso, que requiere ser vestido. Entre la perito del EAAF, uno de la PGR, Marisa, su hermana y su cuñado [Lenin] comienzan a maniobrar para vestir los restos de Julio. Primero el pantalón gris oscuro, levantan una pierna y luego la otra, ambas rígidas. Todo lo escogió Marisa. Ella y sus familiares podrían no estar allí, se lo han comentado en varios momentos: 'si quieres lo podemos hacer nosotros, los peritos'. Pero ella ha querido estar presente y su familia está allí para apoyarla. Al final ya sólo su hermana y su cuñado terminan de abotonar la camisa de tono lila. Marisa busca el modo de poner en el cuello de Julio un dije con la forma de una mitad de corazón con el nombre de *Marisa*. Logra asegurar la cadena en los primeros ojales de la camisa y no puedo evitar pensar que está dejando sobre Julio la mitad de su corazón. Encima del cuerpo Marisa coloca amorosamente bien doblada la sudadera roja de la normal de Ayotzinapa que un amigo de Julio ha donado para que lo acompañe en su descanso.

"Para terminar deben sacar el contenido de unas siete bolsas de papel selladas, donde están los huesos de pies, manos, costillas y cráneo; esa tarea la realiza la perito argentina. El procedimiento es sencillo: romper los sellos de cada bolsa, mostrar el contenido a la cámara de la PGR —que ha videograbado toda la diligencia—, y luego colocar los huesos donde originalmente estaban: al final de los tobillos o después de las muñecas. En una bolsa más grande se encuentra el cráneo; poco a poco van poniendo al final de donde estuvo el cuello los distintos fragmentos que fueron radiografiados durante los estudios. Marisa desde hace rato sólo mira. Al terminar, la dejamos a solas con Julio y nos alejamos hacia el otro extremo del laboratorio, pero la distancia no es suficiente para no escuchar el llanto en que estalla al mirar los restos del cuerpo amado: un maxilar querido, una mandíbula besada, un pecho adorado, una frente anhelada, unos dientes recordados por la sonrisa, un Julio arrancado estúpidamente de la vida".

D E A Q U E L L A M A Ñ A N A en que murió Julio César, dos acontecimientos han de resultar fundamentales: la crónica de su suplicio y el robo de su teléfono celular.

El informe de 30 cuartillas del EAAF no cambiará lo descrito por Loewe y Alvarado, pero ampliará la brutalidad en el asesinato del joven normalista y concluirá que lo sucedido a Julio César fue un homicidio con sospecha de mutilación.

El crimen contra Ayotzinapa, dicen los investigadores del GIEI, generó 180 víctimas directas; seis muertos; 700 familias que sufren las consecuencias de esa madrugada lluviosa, y 43 desaparecidos. La Comisión Ejecutiva de Atención a Víctimas (CEAV) cuenta un poco menos: 300 familias. Setecientas o 300, sólo tres han tenido "suerte", si lamentablemente así se le puede llamar a eso: las de Julio César Ramírez Nava, Daniel Solís Gallardo y Julio César Mondragón Fontes. Los tres fueron asesinados, pero sus familias los encontraron y los pudieron enterrar según sus creencias. De los 43 nadie sabe nada.

Julio César es parte de un paisaje cada día más común cuyas respuestas se encuentran en el pasado; desde hace décadas Guerrero cobró notoriedad como una de las entidades más brutales de México. Sin vacilar, militares, policías, criminales y paramilitares han dado rienda a sus caprichos y a sus excesos de violencia.

¿Cuántos muertos y desaparecidos hay? Es imposible saberlo. El porcentaje de crímenes no denunciados supera el 95%. Hace décadas la tortura se hizo práctica rutinaria, lo mismo que la decapitación, el secuestro, las violaciones, las desapariciones, el entierro de personas o el lanzamiento de gente con vida al fondo del mar; cualquier clase de vejación se puede documentar. Julio César Mondragón Fontes lo sintetiza todo: quienes lo desollaron vivo enviaron lo que querían en un mensaje vulgar y degradante. Lo trataron como a un enemigo del país, una amenaza potencial.

Capítulo IV

"Están disparando, amor"

ALLÍ ESTÁ IGUALA de la Independencia, a cuatro horas y media de la Ciudad de México, rodeada de cerros, custodiada por una bandera gigante que apenas ondea, chorreada en el calor a la mitad del año. Sus calles, excepto las avenidas que la circundan y que allá llaman periféricos, son angostas y casi intransitables porque el comercio se desborda en ellas, sobre todo en el centro, sobre todo en la Juan N. Álvarez.

Siendo la tercera ciudad en importancia de Guerrero y cuna de la historia mexicana, es pequeña y, según el INEGI, hasta 2016 tenía 140 mil 363 habitantes, aunque son más pero no se han contado. En realidad la gente va y viene por otras razones que no tienen nada que ver con el comercio común. Ruta de narcotraficantes, es uno de los primeros puntos donde recalan los desplazados por sicarios y mineras de los pueblos de la región; también es la principal proveedora de extractoras. Debiera ser rica desde el razonamiento más superficial que ubica a esas empresas como benefactoras, derramadoras de bondades en donde llegan.

Debiera, pero no, porque para marzo de 2016 había 50 bandas peleando a muerte por Guerrero, seis de las cuales se disputaban las calles y alrededores de Iguala, incluidas dos de reciente parto: Espartanos y Tequileros, versiones recargadas de los Guerreros Unidos y La Familia Michoacana dispuestas a todo. Una guerra declarada se anunciaba en narcomantas por toda la ciudad el 28 de marzo y anticipaba el baño de sangre que ya todos conocían y que, no se sabe cuándo, terminó por instalarse en el día a día igualteco, donde era normal que personal de bomberos y Protección Civil estuviera armado para acribillar normalistas, meter cuerpos en bolsas negras, amontonarlos en el patio del ayuntamiento y limpiar a manguerazos las calles anegadas en sangre.

Lo que ha dejado el 26 de septiembre en Iguala es horror y nada más. Las costumbres cambiaron, incluso las más sencillas. Antes de ese día se podía caminar en la madrugada y algunos establecimientos jamás cerraban, a pesar de conocerse el origen narcotraficante de autoridades y policías. Otros dicen que no, que andar a esas horas era imposible en una ciudad cercada por cadáveres.

Pero ahí está Iguala, inconmovible con sus narcolaboratorios de goma de opio y fosas clandestinas en la colonia San Miguelito, donde dos esqueletos y cuatro putrefactos fueron hallados y denunciados el 10 de abril de 2014 por el subteniente Pirita del 27 Batallón de Infantería, que junto al 41 Batallón de Infantería son las fulgurantes medallas de la ciudad. Sus soldados montan día y noche dos retenes, uno en la salida a Chilpancingo, a la altura de la colonia El Tomatal, y el otro rumbo a Taxco, en el puente El Enano, que anuncia que más adelante ese control militar ha establecido un campamento.

Ahí está la esquina que hacen Periférico Norte y Juan N. Álvarez y sus dos monumentos para los normalistas caídos de Ayotzinapa, Julio César Ramírez y Daniel Solís. Todavía en enero de 2016 círculos rojos pintados en las paredes señalaban los agujeros de las balas en esa escuadra. Nadie los toca o los remienda porque a un año y medio son todavía pruebas para la PGR —que sólo encontró un casquillo cuando fue a investigar— y ni los árboles cercanos han sanado, acribillados porque la puntería de los pistoleros no encontró por suerte más cuerpos humanos

Un anuncio sobre la desaparición de los 43 todavía cuelga del poste cercano en la Juan N. Álvarez, que se adentra en la ciudad y es la ruta que siguieron los jóvenes intentando el escape. Porque quién quiere meter tres camiones de pasajeros al centro de Iguala si sabe que no podrán pasar. No se necesita mucho para entender, mirando la primera cuadra, que hasta en auto es imposible hacer buen tiempo, menos escapar si encima se quiere levantar a alguien en medio de una verbena de la presidenta del DIF, por ejemplo. Y si los policías persiguen, la única razón para meterse ahí es que el resto de las calles están bloqueadas.

También está, en el número 153 de la Juan N. Álvarez, el Hospital Cristina, apenas una construcción de dos pisos pintada de verde claro, cuyas ventanas reflejan las nubes, excepto una, rota adrede o por accidente. Allí, el 27 de septiembre de 2014, cerca de la una de la mañana estuvieron 25 estudiantes pidiendo atención y refugio. Nada consiguieron, excepto que los soldados los fotografiaran y les dijeran que tuvieran "güevos". La PGR llegó al Cristina el 13 de noviembre de 2014 para recolectar sangre seca, muestras de tejido, cualquier cosa que los normalistas hubieran dejado, hasta envolturas de alimentos o papeles usados para contener hemorragias, pero poco pudo hacer, al menos el especialista en dactiloscópica forense Alberto Rosas Fernández, porque "el lugar no fue preservado debido a que ya había sido limpiado", escribió en su informe con folio 82878, dentro de la carpeta central de investigaciones.

Si uno camina, si cree que puede, más adelante está el autolavado Los Peques, propiedad de los hermanos Osiel, Víctor, Mateo, Salvador y Orbelín Benítez Palacios, a quienes todos en Iguala y hasta la PGR relacionan con los Guerreros Unidos pero que ya eran viejos cuando estos llegaron. Desde siempre han controlado la distribución de droga en la región y a los Beltrán Leyva les enseñaron los recovecos que guarda la ciudad. Eran poderosos y hasta posiciones políticas tenían, como lo demostraba el síndico César Chávez Salgado en el ayuntamiento de José Luis Abarca, integrante formal de ese sicariato.

Es Iguala, desdibujada por los expedientes de la PGR, llena de pistas desperdiciadas, pasadas por alto a propósito o porque alguien ya se cansó. Y ahí sigue la ciudad, atravesada en el centro por la calle Guerrero, con su Súper Farmacia Leyva, que está abierta las 24 horas. Esa calle pasa a un lado del ayuntamiento, calcinado por un incendio desde el 22 de octubre de 2014, cuando se desquitaba la furia contra el edificio evacuado días antes. A ese palacio le cuelgan aún pintas que dicen "Ayotzi Vive" y la manta gigante donde están los muertos y sus compañeros, frente al campamento de Los Otros Desaparecidos, languideciendo de infortunio luego del asesinato de su militante más activo, Miguel Ángel Jiménez Blanco, fundador de la Unión de Pueblos y Organizaciones del Estado de Guerrero (UPOEG), el 9 de agosto de 2015. Es el mismo palacio donde activistas y defensores de derechos humanos han declarado que "el enemigo en común de toda la lucha es la minera" y donde los normalistas de Ayotzinapa protestaron el 3 de junio de 2013, junto a otras organizaciones sociales, contra José Luis Abarca por la desaparición del fundador de la Unidad Popular de Iguala, Arturo Hernández Cardona. Mientras gritaban en la calle, con el edificio desalojado, la mujer del desaparecido reconocía el cuerpo de su esposo en la morgue.

Ya los árboles adornados con el rostro de los estudiantes no impresionan a los oriundos, aunque si se puede no se pasa por ahí, por la explanada donde María de los Ángeles Pineda Villa, la ex primera dama de la ciudad, bailó la canción del "El Cangrejito Playero" en compañía de sus amigos militares mientras los normalistas entraban a la ciudad.

Ahí sigue la ciudad, impávida como la mole del Hotel del Andariego, donde los narcos se reunían a veces para repartir las ganancias mensuales, pagar a jefes sicarios y de paso a los policiacos y a algunos funcionarios locales. En los cuartos de ese hotel se encerraban Raúl Núñez Salgado, *El Camperra* —chofer de Mario Casarrubias, *El Sapo Guapo*, con su extravagante diente de oro donde alguien con mucha paciencia le grabó una "R"—, y *El Pechugas* para contar el dinero, guardado en sobres con el nombre de sus destinatarios y que el primero entregaba personalmente para evitar malos entendidos.

Y esos paquetes: 2 millones 200 mil pesos distribuidos cada vez —las cantidades siempre variaron— como habían acordado los capos Casarrubias. Trescientos mil pesos para *El Gil*, que lo dividía en las manos del subdirector de la policía de Cocula, César Nava, el verdadero jefe de esa institución —y quien el 26 y 27 de septiembre "había faltado por incapacidad médica"— y sus agentes corrompidos; 350 mil pesos al *May*; 80 mil pesos al *Cholo* y 140 mil al *Walter*, un traidor al preferir la jefatura de Los Rojos; y al comandante Francisco Salgado Valladares, jefe de la policía de Iguala, 600 mil pesos.

Es la Iguala en cuyas calles todavía el 30 de septiembre de 2014 las autoridades encontraron a otros 14 normalistas, con lo que la lista de desaparecidos se redujo a los 43. Deambulando por Iguala, después de las balaceras, unos habían encontrado refugio con vecinos de buen corazón y otros se habían escondido durante horas, hasta que se sintieron menos inseguros y se aventuraron para pedir ayuda. Y con su Súper Farmacia Leyva convertida en mirador para ver asesinados, la ciudad es la misma donde Julio César Mondragón Fontes, *El Chilango*, platicaba con su esposa Marisa Mendoza por celular, el 26 de septiembre de 2014.

—Están disparando, amor —le dijo él, a las 21:27, cuando se encontraba con sus compañeros a una cuadra del centro de Iguala.

El mensaje, redactado con la premura de quien se protege de una balacera, es la pintura del paso a paso de una de las víctimas a quien menos caso se ha hecho, la descripción del camino que lo llevará a la muerte. También representa el destino de cientos de guerrerenses y luchadores sociales en todo el país opuestos a la lógica privatizadora que impone, reprimiendo, la Federación.

Julio César, de 22 años, maestro en formación, había tenido tiempo de dedicar una canción a Marisa, "Ámame más", del grupo juvenil Breiky, a las 15:30 de ese día, antes de partir con sus compañeros. Ella escribiría un año después en las redes sociales: "¡La sigo recordando con mucho amor! ¡Julio, te extraño! ¡Cómo hubiera querido que no llegara este día!".

Y aunque algunos han declarado que Julio le prometió que si salía con vida dejaría la normal, la suerte estaba echada. Omar García, también estudiante de Ayotzinapa, sobreviviente de la segunda balacera y uno de los más activos mediáticamente, afirma que al joven lo mataron porque, además de todo, tuvo el valor de escupir a la cara de sus captores, aunque no ha dicho cómo se enteró.

Julio César expresaba el amor por su escuela de diversas formas, pero con Marisa pudo sincerarse y aceptar, como un niño, que Ayotzinapa era importante para él. Tanto, que murió por ayudar a sus compañeros, pudiendo echar a correr, escaparse.

—Tengo miedo de decir esto, pero me empieza a gustar vivir en la normal —le dijo a Marisa, a las 20:51 del 26 de septiembre de 2014, cuando ella le escribía desde Tlaxcala, porque estaba de vacaciones.

Julio César compra el LG L9

Al joven lo persiguieron aun después de desollarlo y siguieron sus pasos excavando en su pasado digital, lo que se sabe gracias a las coordenadas grabadas en su teléfono, robado el día de su muerte, un LG L9 que el propio Julio César consideraba "demasiado equipo".

Él había perdido su anterior celular y estuvo una temporada sin aparato hasta que el 24 de septiembre encontró quién le vendiera uno, por mil 700 pesos. Le emocionaba volver a hablar con su mujer y planeaban reunirse en los días próximos. Quien le vendió el teléfono fue otro estudiante de Ayotzinapa, también desaparecido, Jorge Luis González Parral.

El tío de Julio César, Cuitláhuac, recuerda que ese joven ya había vendido algunos equipos entre los muchachos de la escuela. González Parral, a quien apodaban *Charra*, era originario del municipio de Xalpatláhuac, a 127 kilómetros de Tixtla, a una hora 53 minutos por carretera, en la Alta Montaña de Guerrero, y que no sobrepasa los 12 mil habitantes. De 21 años, *Charra* nunca supuso que el número que le dio a Julio César, el 7471493586, y sus actividades, registradas en una sábana de llamadas de la compañía Telcel (Radiomóvil DIPSA, S.A. de C.V.), se convertirían en un asunto de seguridad nacional.

Esa base de datos telefónica fue entregada a la PGR el 31 de agosto de 2015, cinco días después de requerirla. Allí, en las 132 hojas foliadas con el logotipo azul de Telcel, y en las que se imprimió una leyenda naranja en el centro de cada una, colocado por la PGR, que dice "CONFIDENCIAL", el camino de Julio César se puede seguir entre combinaciones de tiempo, coordenadas y números celulares. Lo que se obtiene es que quienes descubrieron y reportaron el cadáver del estudiante, presentes en el levantamiento del cuerpo y que siempre se han declarado al margen, están más involucrados de lo que aceptan públicamente. Y esa participación, esta vez, puede probarse.

El general de división y titular de la Sedena, Salvador Cienfuegos Zepeda, negará tercamente la responsabilidad de sus soldados el 26 y 27 de septiembre porque ignora que un juez ya permitió en una ocasión a familiares de desaparecidos entrar a campos militares a buscarlos, y eso consta en el Acuerdo del Noveno Tribunal Colegiado en Materia Penal del Primer Circuito, correspondiente a la sesión del 12 de junio de 2014 sobre la Queja Penal 29/2014, con Miguel Ángel Aguilar López como magistrado ponente.

El 24 y 25 de mayo de 2007, Edmundo Reyes y Gabriel Cruz, vinculados al Ejército Popular Revolucionario (EPR), fueron detenidos por la Unidad Policiaca de Operaciones Especiales de Oaxaca y militares. La indagatoria indica que los levantados fueron llevados "de manera velada" a la Procuraduría de aquel estado y después trasladados por soldados al Campo Militar Número Uno en la Ciudad de México. A partir de ese momento se les perdió el rastro, pero los familiares consiguieron que "en términos del artículo 103 de la Ley de Amparo, se procede declarar FUNDADA la queja a fin de que el Juez Cuarto de Distrito de Amparo en Materia Penal en el Distrito Federal, deje sin efectos el auto de tres de abril de dos mil catorce, en el juicio de amparo indirecto [...], 1) ordene a las autoridades responsables se trasladen a los lugares de posible detención u ocultamiento, en especial, determine la búsqueda en las principales instalaciones militares; 2) ordene a la autoridad ministerial tome comparecencia a los funcionarios de la PGR, a funcionarios estatales o mandos militares, que hubieren estado en funciones en mayo de dos mil siete, a fin de que declaren en relación a los hechos; así como ordene a las autoridades competentes informen sobre la inhumación de cadáveres en los centros de detención o zonas militares que pudieran coincidir con la de las víctimas, para en su caso practicar diligencias de identificación forense".

Lo anterior, aunque sigue pendiente su ejecución, fue resuelto por "el Noveno Tribunal Colegiado en Materia Penal del Primer Circuito, por unanimidad de votos de los magistrados, Miguel Ángel Aguilar López (presidente y ponente), Emma Meza Fonseca y Guadalupe Olga Mejía Sánchez", es precedente directo de que las puertas de zonas y bases militares pueden abrirse desde las leyes civiles.

El secretario de la Defensa, Salvador Cienfuegos Zepeda, ni con todo el respaldo del Estado y las puertas cerradas para siempre de los cuarteles en Iguala o el lejano Campo Militar IA de la Ciudad de México, en Lomas de Sotelo, podrá refutar los datos que Telcel recabó diligentemente y que envió a la SEIDO, para integrarlos en el expediente AP-PGR-SEIDO-UEIDMS-01-2015, y a la Unidad Especializada en Investigación en Materia de Secuestro, para el expediente SECUESTRO OF-SEIDO-UEIDMS-FE-D-11284-2015. O lo hará, pero no se sabe cómo.

Al menos cuatro mensajes de dos vías desde el celular de Julio César se encargan de demostrar que la Presidencia, la PGR y el Ejército mienten y encubren. Cienfuegos ha sostenido un discurso de furia que defiende lo que él señala como los derechos de soldados y militares de rango. Se ha empeñado en esa línea transitando todos los matices hasta llegar a lo grotesco, y cuando los investigadores del GIEI —seleccionados por la CIDH— y los padres de los desaparecidos le exigieron entrar a los campos dijo que no porque no había nada que ver.

La postura del Ejército se endureció más todavía y el vocero de Cienfuegos Zepeda, Juan Ibarrola, sentenciaba a rajatabla el 17 de enero de 2015 que "la seguridad nacional no se negocia con un grupo de culeros que controlan cuatro o cinco municipios", frase célebre recordada por el periodista Carlos Fazio en la columna "El arriba nervioso y el abajo que se mueve", el 19 de enero de 2015, en *La Jornada*. Padres e investigadores estuvieron limitados a las declaraciones de poco más de 40 soldados detalladas en el expediente de unas 54 mil fojas que sobre el caso armó la PGR.

CHARRA Y OTROS DOS desaparecidos son de un pueblo donde aparentemente no hay nada. Pero Xalpatláhuac, gobernado hasta 2015 por el PRD, es una de las zonas que más preocupan al Cisen y a la Presidencia porque hay guerrilla, dice el gobierno públicamente, y por eso se ha vigilado permanentemente a dos sacerdotes católicos de esa región, Mario Campos Hernández y Melitón Santillán Cruz, de la Costa Chica, a quienes relacionó con grupos insurgentes y autodefensas, pero también con Ayotzinapa.

Y es que Campos es uno de los fundadores originales de la Coordinadora Regional de Autoridades Comunitarias (CRAC), el grupo de autodefensas que cuida la normal "Raúl Isidro Burgos" y que ha buscado, desde 2013, organizar a comunidades de Guerrero y Oaxaca para resistir y defenderse de la violencia. Los estudiantes nacidos en Xalpatláhuac son el hermano de *Charra*, Doriam González Parral, *Kínder*, de 19 años, y Jorge Aníbal Cruz Mendoza, *Chivo*. Marcial Pablo Baranda, primo de los González, hacía grupo con ellos, aunque venía de la Costa Chica. Todos fueron levantados.

La "verdad histórica" del ex procurador Murillo hace de *Charra* protagonista de los supuestos sucesos en el basurero de Cocula, pues uno de los sicarios, al reconstruir esa versión, lo identifica llamándolo *Flaquito*. La filmación de la PGR lo insertó en la opinión pública poniendo su foto a cuadro mientras Agustín García Hernández, *El Chereje*, sicario de los Guerreros Unidos, narraba una historia que sólo Murillo le podía creer. Para el presunto asesino, *Flaquito* o *Charra* había llegado vivo al tiradero y allí el miedo lo había obligado a identificar a Bernardo Flores Alcaraz, *Cochiloco*, estudiante de segundo año y a quien la Federación señala de pertenecer a Los Rojos.

"Los que quedaron vivos estaban de este lado —dice *El Chereje* cuando lo obligan a reconstruir los hechos—. Entonces el *El Flaquito*, que fue casi de los primeros, estaba aquí, como por aquí, y él dijo que él iba a decir, que no le hiciéramos nada. Entonces se levantó y se puso aquí... se puso aquí, estaba con las manos en la cabeza y ya comenzó a decir que el mentado *Cochiloco* era el que... este... el que tenía la culpa de que ellos estuvieran aquí, y que era el encargado. Entonces se le dijo que se levantara y que buscara entre los chavos que todavía estaban ahí... y este... entonces comenzó a buscar y nos dijo: él es el único que tiene el pelo largo. Y *El Cochiloco*[1] estaba aquí, estaba aquí, estaba... este... sus manos en la cabeza... de esta forma, acomodado así, estaba así. Cuando lo reconoció se le hizo que se hincara, igual, de la misma manera. Pues ya se hincó y se puso aquí, igual así nomás y se puso así. Y dijo que había otro que era infiltrado, entonces igual".

Para la PGR todos los caminos llevaban a Cocula. Si *El Chereje* no hubiera declarado, la PGR ya tenía listo el pretexto de una llamada anónima —de un hombre de unos 45 años—, recibida el 26 de octubre,[2] que les allanaba el camino porque, afirmaba con la veracidad que sólo la Federación puede distinguir de las malas bromas, "respecto de los 43 estudiantes normalistas de Ayotzinapan, ya estaban muertos" y sus restos tirados en el basurero de Cocula. Con *El Chereje* o sin él, el destino de las investigaciones era, literalmente, la basura.

Parte de la trama se puede armar, entenderse desde los celulares y sábanas de registros, pues ubican rastros de manera indiscutible, como sucedió con otro alumno, Jorge Aníbal Cruz Mendoza, *Chivo*, quien mandó un mensaje a su casa diciendo (transcripción literal): "mamá me puede poner una recarga me urge", a la 1:16 del 27 de septiembre, cuando la versión de la PGR lo hacía quemándose en el basurero.

Como se relató antes, Julio César Mondragón Fontes había perdido su teléfono celular y llevaba días sin uno. No podía comunicarse a su casa ni hablar con su esposa Marisa ni con su pequeña hija, Melisa. Sin embargo, uno de sus compañeros, José Luis González Parral, *Charra*, ofreció venderle uno, el 24 de septiembre de 2014. Julio César probó el aparato ese mismo día y se comunicó con su esposa para decirle que alguien le vendía un equipo. Decidieron comprarlo y, al otro día, el 25, ya era dueño de un LG L9 que usaría sólo dos días, el 25 y el 26 de septiembre.

La reconstrucción del último día de Julio César desde su nuevo aparato celular comienza a las 00:36 del 26 de septiembre de 2014, cuando envió un mensaje a su pareja, que repetiría a las 04:14 y a las 09:52. Entre ellos había zozobra porque no sabían si podrían verse, como estaban planeando.

Antes de ir a Iguala, Julio César tramitaba un permiso para dejar por unos días la normal de Ayotzinapa. Ya había conseguido uno, precisamente para el 25 de septiembre, pero como era por tres días lo rechazó porque no le daría tiempo de ver a su familia.

El 26 de septiembre Telcel registró una conexión a internet en el teléfono de Julio César a las 06:56 y media docena de entradas más ese día entre las 12:15 y las 12:33. Las coordenadas de 17 grados 34 minutos 5 segundos de latitud Norte y 99 grados, 24 minutos 3 segundos de longitud Oeste ubicaron al normalista en Tixtla y muestran cómo quien posee un equipo es rastreado desde su actividad celular por la proveedora del servicio.

El trazo que generó Julio César aclara algunos pasajes de esa noche, abriendo una cloaca hacia las profundidades del Estado mexicano que sólo podía explorarse desde testimonios de sobrevivientes, inaceptables para el gobierno, sospechas o datos cruzados que terminaban en callejones sin salida. Abierto ese infierno por los registros de la compañía Telcel, cuatro contactos al teléfono del estudiante lo recorrerán hasta el fondo. Y es que la sábana de Telcel obedece a una regla sencilla: las coordenadas que se generan cuando alguien envía un mensaje de cualquier tipo, accede a internet, llama o contesta, indican su posición geográfica.

Antes, el 24 de septiembre, el estudiante se conectó con su esposa Marisa a las 19:32 y platicaron hasta las 20:35. Él avisaba que le vendían ese teléfono y que por lo pronto se lo prestaban para probarlo. Se pusieron de acuerdo y decidieron adquirirlo. A las 21:06, *Charra* pedía de vuelta el equipo.

—Salúdame a Melisa y esperemos que todo salga bien —escribió Julio César, despidiéndose de su familia.

En la noche del 25 de septiembre, la pareja volvió a comunicarse y Julio César avisaba feliz que ya era dueño del celular gracias al dinero que ella le había enviado para comenzar a pagarlo. Le contaba las actividades del día, por ejemplo, que a las 9:30 había acompañado al Comité de Lucha en salidas y que habían regresado tarde, cerca de las cinco y media. El programa de Telcel terminaba de registrar ese momento con un mensaje de ella a las 19:45 desde el poblado de Contla, Tlaxcala.

Después, el descanso para todos, porque al otro día debían reunir camiones para llevar a estudiantes de todo el país a la Ciudad de México. Originalmente ese compromiso no era para Ayotzinapa, pero la normal entró al quite porque la escuela designada no quiso molestar al gobierno de su entidad, con el que tenía acuerdos que no deseaba arruinar.

Así, en la tarde fresca del viernes 26 de septiembre, al terminar las labores, entre 90 y 100 jóvenes abordaban dos autobuses. Casi todos eran estudiantes de primero y subían a dos Estrella de Oro que ya estaban en la escuela. Eran los camiones 1568 y 1531.

La "Isidro Burgos" se había comprometido con la Federación de Estudiantes Campesinos Socialistas de México (FECSM) para conseguir 20 camiones —según la versión aceptada de la propia escuela— y trasladar a mil 300 alumnos a la Ciudad de México el 2 de octubre. Eso se había pactado en una reunión, entre el 15 y 20 de septiembre de 2014, en la normal "Emiliano Zapata" de Amilcingo, Morelos, donde participaron 13 rurales: Saucillo de Chihuahua; Aguilera de Durango; San Marcos de Zacatecas; Cañada Honda de Aguascalientes; Normal Indígena y Tiripetío de Michoacán; Tenería de Tenancingo, Estado de México; Panotla de Tlaxcala; Ayotzinapa de Guerrero; Tamazulpan de Oaxaca; Mactumactzá de Chiapas; Teteles y la propia Amilcingo.

A la normal de Tenería le había tocado conseguir el transporte, pero sus representantes declinaron porque les ataban las manos los acuerdos que esa normal llamaba "de cooperación y ayuda" con el gobierno del Estado de México. Su negativa dejaba a los de Guerrero como única opción para resolver el espinoso tema del traslado.

Ayotzinapa aceptó que los mexiquenses se hicieran a un lado sabiendo que no sería fácil cumplir. Ya no podía echarse atrás. Encima, debía proporcionar alimento y hospedaje para 100 asistentes por escuela durante tres días a partir del 30 de septiembre. Los preparativos estaban en marcha y para alojar a tantos se usarían los espacios de la normal como dormitorios gigantescos.

Según reportes del GIEI, los alumnos que vivían cerca regresarían a sus casas el sábado 27 y el domingo 28 de ese mes para ahorrar, porque habían acordado eliminar las comidas del viernes, sábado, domingo y lunes en la escuela para que los invitados pudieran alimentarse.

La Policía Federal sabía desde el 22 de septiembre que los jóvenes buscaban camiones en las ciudades vecinas, sobre todo en Chilpancingo.

Tan bien enterados estaban que el 23 habían impedido el levantamiento de unidades y reforzaban operativos en los alrededores de la escuela. Los alumnos conocían el despliegue y por eso no habían salido el 24, pero al otro día fueron a Huitzuco, donde consiguieron dos transportes.

De todas formas, el resultado era desolador para los jóvenes. No tenían nada y eso los obligaría a movilizar a tope lo que Julio César llamó "recurso humano... nosotros", así que se decidió que para el 26 saldrían casi todos los de primer año, a quienes se les contó la generalidad del plan.

Rapados como novatada, *Los Pelones*, como les llamaban a los nuevos, serían llevados a su bautizo de fuego. Todos sabían que tarde o temprano tendrían que ir y no chistaron. Un alumno, Cornelio Copeño, confirmó luego la secrecía a medias en torno al viaje, coordinado por *Cochiloco*, *El Carrillas* e Iván Cisneros, quienes hicieron un primer intento por salir a las tres de la tarde, aunque esa operación fue reventada por la policía, que les impidió el paso. Los normalistas se reagruparon para intentarlo nuevamente y eligieron ir al crucero de Huitzuco, a 110 kilómetros de Tixtla y cerca de Iguala, porque ya habían tenido suerte ahí.

A las 0:37 del 26 de septiembre, Julio César informó a Marisa por chat que Ayotzinapa pretendía que los autobuses tomados también fueran usados para el 20 de noviembre. Esa perspectiva —tantos camiones— resquebrajaba los planes de la pareja para reunirse, aunque él prometía obtener permiso y salir unos días.

—Las actividades ahorita están *full*. Quieren 25 autobuses para la marcha. Pero ya negocié con *El Acapulco*, de Orden y Disciplina —decía Julio César, siempre optimista y poniendo al tanto a Marisa, maestra de una primaria en el Distrito Federal, sobre sus actividades en la normal.

Y sobre otras cosas, como el incidente de una iguana enorme:

—La atrapamos en el río, junto con unos compañeros que la querían vender, pero como soy el jefe de grupo decidí dejarla ir. La atrapé cuando bajó a tomar agua, se enojaba y quería morder, pero con una varita sostuve su cabeza y así la agarré.

Marisa reía y se espantaba ante la descripción de un animal tan grande. Le decía a su pareja que había hecho lo correcto.

La mañana del 26 de septiembre y, luego, a las 13:05, Marisa le preguntaba a Julio César dónde estaba.

—Estoy en Módulos, trabajando —respondió.

A las 15:48, Julio César recibía una llamada desde el 7541085987, proveniente de la calle Miguel Hidalgo, en Xalpatláhuac. Las coordenadas de 17 grados, un minuto y 22 segundos de latitud Norte y 99 grados, 19 minutos y 50 segundos de longitud Oeste ponían al interlocutor en una construcción que hace esquina con la calle de Tres Cruces. No se ve más desde el espionaje público de Google, usado por la PGR para ubicar coordenadas en sus investigaciones.

A las 17:31, el joven usó un rato internet. Las coordenadas de su teléfono —17 grados, 34 minutos y 5 segundos de latitud Norte y 99 grados, 24 minutos y 3 segundos de longitud Oeste— lo ubicaron en Tixtla.

A las 17:32, Julio avisaba de nuevo:

—Oye, amor, voy a salir a actividad.

Era la hora de irse y su esposa no volvería a saber de él sino hasta las 20:17, cuando el LG L9 lo registró en la dirección de Prima Romero 204, coordenadas de 18 grados, 17 minutos y 31 segundos latitud Norte y 99 grados, 27 minutos y 34 segundos de longitud Oeste, a un lado de la autopista Iguala-Acapulco.

Antes, *Cochiloco* había abordado el camión 1568 junto con unos 50 alumnos y Julio César, quien no formaba parte del equipo de responsables de la actividad, subía al 1531 con otros 30 compañeros, aproximadamente. De ellos, seis alumnos eran de segundo y dos de tercero. La Secretaría de Seguridad Pública precisó la salida de los estudiantes desde Ayotzinapa a las 17:59 en la tarjeta informativa 02370 y luego el C4 de Chilpancingo y todos los niveles de gobierno fueron avisados.

—¡'Ámonos, güey; 'ámonos, güey! —se despedía Julio César de sus amigos antes de abordar el autobús, corriendo por los pasillos y gritando, con su playera roja en la mano, agitándola mientras decía adiós.

I s m a e l Vázquez Vázquez, *Chesman*, oriundo de Tixtla, era compañero de habitación de Julio César en el dormitorio G, donde compartían el metro cuadrado que les tocaba a cada uno de los nueve estudiantes de ese cubículo, y ese día había sido seleccionado para ir porque sabía manejar vehículos grandes. Pero al final se quedaría junto con otros 20 alumnos de primero porque no se sentía bien, por lo que asumió tareas de guardia mientras esperaba el regreso de sus compañeros. La razón principal por la que Ismael se quedaba era su madre, quien estaba enferma y por esos días acudía a tratamientos de diálisis en hospitales locales. Él estaba al pendiente de ella y se comunicaban constantemente.

Chesman había conocido a Julio César y se habían hecho amigos nada más entrar a la normal. Habían formado un grupo en el que se integraba el estudiante Daniel Solís Gallardo, que el 26 de septiembre también iría a Iguala a fin de encontrarse con los sobrevivientes de la escuela en la esquina de Juan N. Álvarez y Periférico Norte, cerca de la medianoche, pero lo que halló fue una bala con su nombre. De esa amistad sólo quedarían el recuerdo de Solís cuando donó sangre para la madre de *Chesman*, el 25 de septiembre, y las fotos que se habían tomado en el parque central de Tixtla, sentados los tres en una banca, por la tarde, después de tomar aguas frescas, mirando la iglesia del pueblo.

—¡'Ámonos, güey; 'ámonos güey! —decía Julio César cuando se iba como brigadista para Iguala y los autobuses arrancaban bajo la lluvia, si bien había un sol esplendoroso.

EL TRAZO DEL VIAJE desde el celular de Julio César se ha construido a partir de las coordenadas que su celular registró en la sábana de llamadas de Telcel, desde una conversación que el normalista sostuvo por internet con su pareja, en tiempo real, mientras se desarrollaba la masacre, declaraciones de normalistas recabadas por el GIEI, reportes telefónicos al 066 realizados esa noche, las bitácoras o listas de asistencia de quienes trabajaron ese día en el C4 y desde la tarjeta informativa 002683889 que generó el cerebro de Iguala, que siempre supo lo que estaba pasando y notificó a todas las policías y al Ejército los movimientos de los estudiantes y calló cuando sucedieron las balaceras.

A las 19:34 el equipo de Julio César lo ubicaba en el crucero de Santa Teresa, a 15 kilómetros de Iguala. *Cochiloco* había decidido separar los autobuses para ver si tenían suerte desde dos puntos. Él iría a la caseta de cobro de la autopista Iguala-Cuernavaca en el camión 1568, y a Julio César, en el 1531, le tocaría quedarse en el crucero. El 1568 que llegó a la caseta de Iguala se estacionó en la curva sur, a 300 metros de la garita de peaje, donde vieron tres patrullas federales, además de una motocicleta, presuntamente propiedad de agentes de inteligencia del Ejército mexicano, así como un vehículo rojo que los vigilaban.

Un militar —después se sabría quién era y qué hizo— declaró a la PGR haber realizado tareas de observación sobre los normalistas desde una moto y vestido de civil, cuando arribaron al crucero y la caseta. Esa información la envió al comandante jefe del Batallón 27 (B27), así como al cuartel de la 35 Zona Militar. Las tres patrullas federales que también estaban en la garita detuvieron entre cinco y seis autobuses que llegaban a Iguala por la caseta de cobro, provenientes de Cuernavaca; les impidieron el paso y los obligaron a regresar. Los pasajeros bajaban y atravesaban a pie la caseta. Así evitaron que las unidades fueran tomadas.

Mientras, Julio y sus amigos habían aparcado cerca de la autopista y de una torre de transmisiones de unos 30 metros de altura, a campo abierto, la "Torre del Zopilote", donde sólo hay brechas. De todas formas no pudieron evitar la vigilancia de los federales, que habían enviado una patrulla para monitorearlos. Además de los estudiantes, sólo la Policía Federal sabía que el camión de Julio estaba ahí. Las coordenadas del joven marcaban 18 grados, 13 minutos y 56 segundos de latitud Norte y 99 grados, 31 minutos y 30 segundos de longitud Oeste, a unos 700 metros del lugar donde el equipo de futbol Los Avispones sería atacado después.

El grupo de Julio César reportaba a *Cochiloco*, a las 20:10, el paso del camión Costa Line 2513 con 28 pasajeros proveniente de Chilpancingo. Los estudiantes tomarían ese autobús en el crucero a Huitzuco, antes de que saliera hacia Cuernavaca por la caseta de cobro. No se puede ubicar la hora de llegada de Julio César a la Torre del Zopilote, pero a las 19:37 su grupo se movió, acercándose a Iguala mientras recibía un mensaje de su esposa.

—Estoy conectado —le dijo Julio César a las 20:17—, o se acaba mi pila o se acaba mi saldo.

—¿En dónde estás? —tecleaba Marisa.

—En la carretera Acapulco-Iguala, la Y griega.

—¿Y qué haces allá? —quiso saber Marisa.

—Estamos esperando que pase un autobús para secuestrarlo y juntando piedras para defendernos de los policías, que ya están merodeando por acá —fue la respuesta, aparecida en pantalla a las 20:21.

En tanto platicaban se desarrollaba alrededor de los estudiantes, cerrándose sobre ellos, un operativo en el que hasta bomberos e integrantes de Protección Civil estarían armados para cazarlos. Julio César lo veía, pero no se daba cuenta de la magnitud de ese despliegue.

De pronto, abrió los ojos.

Cochiloco llegó a la caseta de Iguala-Cuernavaca cerca de las 19:10 y los estudiantes que detuvieron el Costa Line 2513, cerca de las 19:40, pactaron con el chofer para entrar a Iguala y dejar a los pasajeros a una cuadra de la Terminal Camionera del Sur, antes de enfilar a Ayotzinapa. Subieron al 2513 nueve estudiantes —Vidulfo Rosales, el abogado de los padres de los 43 desaparecidos, precisaba que eran ocho; otras versiones cuentan diez— y en menos de 20 minutos estaban en la central. Pero el operador, desbaratando el trato, entró a los andenes, donde bajó de prisa pretextando que volvería. Bajó y habló con los guardias de seguridad, "que a su vez hablaban por sus teléfonos y radios", según ha narrado el periodista norteamericano John Gibler, quien ha documentado como nadie los sucesos de aquella noche.

A las 20:35 los normalistas comprobaban que estaban encerrados y, asustados pero furiosos, rompían las ventanas del camión para salir. La policía no entró a la terminal, pero la rodeaba, escondiéndose. Los encerrados habían llamado a los grupos de *Cochiloco* y Julio César, y también alertaron a la normal, que no tardó en enviar dos Urban con más estudiantes, aunque tardarían casi hora y media en llegar. Siete minutos antes de las 21:00, Julio César y sus amigos volvían al camino atendiendo esa llamada de auxilio, armados de piedras y palos, preparándose para un posible enfrentamiento con municipales y guardias de la central camionera.

Cochiloco y el grupo de Julio llegaron casi al mismo tiempo, entre las 21:12 y las 21:16, y se estacionaron en las afueras de la terminal. A las 20:56 Julio César advertía de nuevo a Marisa que pronto se quedaría sin batería. Él, abiertos ya los ojos hacia la negrura donde estaba el operativo, trasmitía escuetamente la intuición que le hacía decir, casi para él mismo, desde el lado del teléfono que le tocaba:

—Ya se armaron los madrazos —informaba a su esposa a las 21:07. Un minuto después escribía, nervioso y desolado—: Espero librarla.

El celular lo ubicaba, a las 21:23, en la avenida Álvaro Obregón número 11, cerca del Centro Joyero, propiedad del alcalde Abarca, y a una cuadra de la terminal, en la esquina de Salazar y Galeana.

La acera de Obregón 11 fue la última ubicación del joven que dio su teléfono, conectado a internet desde el 7471493586, que emitía el IMEI 35364905146988 cuando entraba a la red, y el 353649051469880 cuando mantenía otro tipo de comunicación. La última actividad que registró coordenadas entró a las 21:23, una llamada desde la calle de Ascensión 9-15, en Tixtla, que no tuvo respuesta.

Cuando llegaron a la terminal para rescatar a sus compañeros, ya estaban libres, fuera de la unidad 2513. *Cochiloco* decidió tomar tres autobuses ahí, dos Costa Line, el 2010, el 2510, y dejar el averiado 2513. Además, tomaron un Estrella Roja Ecotur 3278, al cual subieron 14 estudiantes.

Todo esto fue registrado por el C4 después de recibir llamadas desde el 066 que informaban la intención de los normalistas de llevarse los camiones. A las 21:26 se enviaron unidades de la policía estatal; según la declaración ante la PGJ del jefe de la policía de Iguala, Felipe Flores, se atendió una llamada a las 21:22 que informaba el secuestro de autobuses. Minutos después, a las 21:24 se había comunicado con el capitán Dorantes, de la Policía Federal, para ponerlo al tanto.

El Sistema Estatal de Información Policial de la Subdirección Estatal de Emergencias 066 y Denuncia Anónima 089 clasificó el inicio de los enfrentamientos de esa noche como "disturbio estudiantil". A las 21:22 el 066 recibía peticiones de apoyo registradas en la tarjeta 002683889, porque "está un grupo de estudiantes ayotzinapos, los cuales se quieren introducir a la Estrella Blanca". Dos minutos después, ese reporte llegaba a la Policía Preventiva y el policía segundo Alejandro Tenescalco Mejía se encargaba de recibirlo.

A las 21:24, otra llamada anónima confirmaba la presencia de jóvenes al 066 porque decía que "ya están de agresivos con las personas". Pero en ese momento estaba ya en marcha un operativo contrainsurgente que justificaría cada una de las acciones policiacas contra los normalistas. Un minuto después otra llamada denunciaba: "Cuarenta jóvenes se quieren llevar autobuses con pasajeros", y la secuencia de la tarjeta informativa registraba que la policía estatal se trasladaba a la central al mando del coordinador operativo de la zona, José Adame Bautista.

Las denuncias telefónicas siguieron. A las 21:26 "un señor" dijo que ya se llevaban dos camiones Estrella Blanca. Esto no era cierto porque no hubo ningún autobús de esas características y parecía más un informe para confundir y después justificar. A las 20:30 otra denuncia decía: "se encuentran los ayotzinapos agrediendo a la gente", "se encuentran en el interior de la Estrella de Oro", lo que tampoco era verdad. Unos segundos después el C4 calló y no generó comunicaciones en los siguientes 15 minutos, justamente el periodo de tiempo en el que se desarrollaba la primera balacera. Pero también calló cuando la segunda sucedía, cerca de la medianoche, junto con los asesinatos en la ciudad, y se coordinaba la desaparición de los 43 estudiantes.

El C4 elaboraba en su particular idioma la relación de hechos y registraba lo que quería y cuando quería. Los propios soldados, desde su declaración ante la PGR, aceptan que el Ejército estuvo en el C4, y que además el 27 Batallón había salido a patrullar la ciudad, siguiendo a los estudiantes con la supuesta orden de no enfrentarlos, pero reportando y testificando, tomando fotos para documentar los puntos de ataque. El Ejército no los combatió, pero tampoco ayudó a pesar de recibir información en tiempo real y apostar personal camuflado de civil.

Todos reunidos y a la espera del contingente que avanzaba desde la normal, los jóvenes sabían que era momento de irse. Tenían cinco camiones y se pusieron en marcha, aunque ya tenían encima a la policía y el operativo contrainsurgente abiertamente iniciado.

Según el sistema de videograbación de la terminal, a las 21:23 salió el Costa Line 2012 y, tres minutos después, a las 21:26, lo hacía el 2510. Cerraba la caravana el Estrella de Oro 1568. Los tres autobuses avanzaron sobre Hermenegildo Galeana rumbo a Periférico Norte, adentrándose en el corazón de Iguala.

Por su lado, el Estrella de Oro 1531 dio vuelta con dirección a Periférico Sur, lo mismo que el Estrella Roja Ecotur 3278, que salió por la parte trasera de la terminal a las 21:26, como registró el esquema del GIEI en su informe sobre los sucesos. Los cinco autobuses tomaron dos trayectorias. Tres unidades salieron al norte, sobre Galena —que más adelante se convierte en Juan N. Álvarez— y dos en ruta contraria, para tomar la carretera a Chilpancingo.

"A ellos les dicen que los llevan a Chilpancingo, nunca van a Chilpancingo. Los desvían y los llevan a Iguala [...]; la intención, según los estudiantes, incluso los vivos, los que se salvaron, era interrumpir el evento donde iba a haber el supuesto, porque tampoco sé si iba a suceder o no, el supuesto lanzamiento de esta señora como candidata a la presidencia municipal, por lo menos eso les habían dicho a ellos", sostuvo el ex procurador Jesús Murillo en una entrevista con Carmen Aristegui el 19 de octubre de 2014.[3]

Vidulfo Rosales afirma que para este momento llegaban patrullas municipales a la terminal con la encomienda de evitar que los estudiantes se llevaran los camiones, y que fue ahí cuando se registró el primer choque contra los policías, a quienes lanzaron piedras para ahuyentarlos. A esa hora también terminaba el baile de la señora Pineda y la multitud se desparramaba por la plaza principal.

Capítulo V

Una ventana indiscreta

Es la colonia Tlachinolla, asentada al norte de Iguala, prácticamente en las afueras, pero a menos de 15 minutos del Camino del Andariego y a 20 del centro, en la zona industrial igualteca. Hasta allá va Evelia Bahena, amenazada de muerte por mineras en Guerrero y también por el presunto dueño de la parcela donde está la colonia. Humberto Bahena, hijo de quien vendió el terreno en los años 90 a confiados compradores, ahora reclama lo que considera suyo. Los otros trataron con funcionarios municipales y representantes de la Secretaría de la Reforma Agraria cuando compraron y creyeron que todo era legal.

A Evelia la cuida una escolta policiaca que la sigue por algunas calles, pero no alcanza a darle la protección que ella necesita. El gobierno de Guerrero le dijo el 14 de enero de 2016 que no tenía dinero para implementar medidas cautelares que la protegieran a ella, a Diana Carolina Brito y a Félix Rodríguez Navarrete de las amenazas recibidas. Ellos tres son fugitivos, desplazados, les dice el gobierno, y han tenido que esconderse y "refugiarse" en otras entidades porque nadie puede ayudarlos. Tlachinolla es para Evelia el último símbolo de una resistencia cada vez más mermada y débil, el último lugar para muchos.

Toca y le abren las puertas, débiles enrejados que dan la sensación de seguridad pero que obligaron a los vecinos, unas 200 personas, a montar guardia durante meses luego de los ataques que mantuvieron bajo fuego al asentamiento, que no tiene nada especial, ni el agua tan preciada que recorre su perímetro. En realidad, Evelia Bahena es el premio, la conquista de los acosadores. Porque encarna, en buena parte, el espíritu opositor contra mineras, narcotraficantes y gobiernos corruptos.

Le abren. Entra el auto seguido de la escolta. Ya nadie se asombra de la presencia policiaca y ni siquiera curiosos se asoman desde las casas de lámina y madera a lo largo de una calle de tierra impecablemente limpia. La miseria, si la hay, no lo parece, pero hasta que uno se entera puede entender que la precariedad en los materiales tiene una razón parida desde el aplastamiento.

Evelia asumió la defensa de la colonia en 2012, un año después de que su lucha contra la minera Media Luna, subsidiaria del gigante canadiense Teck Cominco, se desmoronara. Los ejidatarios afectados de La Fundición y Real del Limón en el municipio de Cocula que ella defendió terminaron aceptando en 2011 una compensación de millón y medio de pesos. Cinco años de arriesgar la vida se fueron al diablo.

Eran las ocho de la mañana del 25 de abril de 2012. La mayoría de los habitantes de Tlachinolla, que antes se llamaba Ampliación Ficus, había salido a trabajar. Quedaban mujeres y algunos niños cuando llegaron seis patrullas municipales escoltando dos trascabos. Ni siquiera tuvieron que explicar para que les abrieran, porque alguien lo hizo creyendo que arreglarían la calle. Entraron sin oposición, todavía los vecinos sonriéndoles. Se tomaron unos minutos para reconocer el terreno y, los habitantes, recargados en los quicios, miraban desmañanados.

Entonces arrancaron las máquinas.

Las casas del fondo estaban construidas con ladrillos y tabiques. Contra esas se fueron los operadores y en un instante, como si no tuvieran cimientos, fueron arrojadas al canal que pasa al lado. Fue fácil porque esas viviendas estaban en un declive que facilitó la demolición. Ni siquiera se aseguraron que no hubiera nadie adentro. Lo que había se perdió nada más al derrumbe. Armados y encapuchados, los policías cercaron las máquinas para proteger las maniobras y la gente nada pudo hacer. Los vecinos observaron hasta a un regidor de Iguala que estaba ya con nuevos planos en la mano, explicando a constructores lo que se construiría tras la devastación.

Por fin reaccionaron, pero ya era tarde. Las casas estaban arrasadas, tiradas al río como basura. Los habitantes se interpusieron entre lo que estaba en pie y las máquinas. En realidad, ya no había casas, aunque ellos sobrevivían.

—¡Sólo muertos nos van a sacar! —gritaron a los policías, quienes retrocedieron, lo mismo que las máquinas, pues alguien llamó pidiendo auxilio.

En esa zozobra, Evelia acudió lo más rápido que pudo y sólo la llegada, casi providencial, de una patrulla del Ejército logró disuadir a los policías de retirarse. Estos trataron de convencer a los soldados de que los colonos portaban armas. Luego de indagar con los habitantes, milagrosamente, los militares los defendieron y ahuyentaron a los invasores.

Evelia recuerda de memoria las palabras de los uniformados:

—¡Miren, hijos de la chingada —dijo el jefe militar a los policías—, me vuelven a engañar y les rompo toda su madre!

Evelia estaba desolada a pesar de la promesa de ayuda de los soldados, pues sabía que no se podía confiar en ellos. Decidió acudir primero al Centro de Derechos Humanos Tlachinollan para las asesorías legales, con el apoyo del Centro Morelos, y levantar una denuncia ante el Tribunal Unitario Agrario de Iguala con expediente 70/2013 en contra de Humberto Bahena Mena y María de Jesús Mena Díaz.

Después buscaría reconstruir las casas, conseguir materiales. En ese entonces ella encabezaba al Partido Humanista en Iguala y desde allí pudo gestionar láminas y cartones para la colonia y cierta protección que al final no sirvió de nada porque los ataques continuaron.

Por las noches el tableteo de las AK-47 intimidaba a los vecinos, aunque no los paralizaron y estos pudieron organizar rondines de autodefensa. Pero el asedio también se organizaba desde el gobierno, que enviaba visitadores agrarios para exigir que Evelia abandonara la defensa, y se armaban operativos en los que participaban todas las policías sólo para llevarse un auto "mal" estacionado, por ejemplo, o sostener tres cruentos meses de techos apedreados, seguidos de rondines de gendarmes y encapuchados en el perímetro de la colonia.

Lo que buscaban era llevarse a Evelia. La comunidad, si bien atacada, era una excusa para desaparecer a la defensora. Ella siempre dijo que la Media Luna, a la que había parado durante cuatro años en Cocula, estaba detrás de esa intriga. Y protegiendo a la minera estaban sicarios al servicio del narcotráfico, al igual que la estructura gubernamental.

Tlachinolla es una colonia sin documentos ni registros válidos, pero también un oasis en la hostil Iguala; los que viven allí entienden el significado del bien común. Para Evelia la colonia es refugio, aunque no ha aceptado ni un pedazo de tierra, ni siquiera un cuarto de cartón. El éxito de Tlachinolla radica en la férrea disciplina de los habitantes, instruidos por ella, para no dar motivos a las autoridades de ingresar o someterlos. Evelia recuerda que la minera Media Luna triunfó al final porque los ejidatarios quebrantaron las reglas y un pleito entre ellos, con un muerto de por medio, dio pie para que el gobierno detuviera a siete, los más aguerridos. Bahena se quedó sola, sin apoyo, y al poco tiempo le asestaron el golpe final.

T R E S   A Ñ O S   después, el 30 de julio de 2015, la defensora recibió una llamada. Su celular registró el número 7331286523. Era un hombre.

—¿Es usted Evelia Bahena?

—¿En qué le puedo servir?

—Ah, contigo quería hablar. Tú eres la que se siente la líder chingona, que todos te la pelan. Te aviso que te tienes que largar de aquí, tú y el licenciado Félix Rodríguez Navarrete, y Diana Carolina, porque se los va a cargar la verga, te voy a partir tu madre —dijo la voz y colgó.

Luego, llegó un mensaje de texto con otra amenaza: "sé que vives en Zaragoza y tu esposo es un moreno, carga una moto, así que mejor vete de aquí porque te voy a partir tu madre, a ti y a toda tu familia. atentamente la maña".

Al mismo tiempo tres personas la buscaban sin éxito en Tlachinolla para levantarla, refieren los vecinos. Evelia avisó a la Gendarmería y presentó una denuncia ante el MP de Iguala, Guerrero, que abrió la carpeta de investigación 06001AA07202015.

El 1 de agosto un nuevo aviso llegaba a su celular: "Mira hija de toda tu puta madre estás poniendo en riesgo a tu familia, piensas que el Gobernador y los Gendarmes te van a ayudar, tú eres la pinche rata que crees que le pasó al líder de la 10 de mayo, esto les va por andar estafando a la gente. Este es el último aviso, soy uno de los que le robaste. Me sacastes de mi casa, ahora te voy a sacar de esta vida".

Evelia abandonó la ciudad y desde entonces no ha regresado. Pero a la colonia no quieren dejarla en paz. Un incendio premeditado arrasó con una vivienda el 26 de diciembre de 2015. Bahena no estaba en Iguala, pero tuvo que llamar a los bomberos diciendo que estaba allí en peligro para que acudieran, una hora después, a controlar los restos de un fuego que nadie había encendido. Luego, silenciosamente, se esparció en la colonia una amenaza de secuestro contra los colonos.

Las colonias irregulares en Iguala, dice Evelia, son promovidas y creadas por funcionarios del ayuntamiento y visitadores agrarios que se encargan de vender parcelas simulando documentos, haciendo creer que son válidos "porque tienen un sello". La trampa es que después de algún tiempo alguien las reclama y los habitantes son desalojados si no se pliegan a las órdenes de la autoridad en turno, que usa a los desposeídos como carne de cañón para tiempos electorales y otras cosas.

Tlachinolla nunca aceptó negociar lo que ya había comprado. Alberga a personas de todos lados, incluso desplazados por la violenta irrupción de las mineras en pueblos de Guerrero, y aunque los afectados no siempre entienden que detrás de sus pérdidas y muertos están las mineras —porque culpan a *los chicos malos*, los narcotraficantes—, se solidarizan con movimientos sociales y activistas contra los extractores gambusinos. Ayotzinapa, por ejemplo.

El 14 de enero de 2016 el gobierno les negó protección a Evelia y a los suyos.

"No hay esperanza de volver pronto, no hay esperanza de mejorar la calidad de vida de nuestros hijos, no hay esperanza de seguir luchando por los derechos humanos", dijo ella, luego de una reunión estéril en la

Secretaría General de Gobierno con el subsecretario de Asuntos Jurídicos y Derechos Humanos, David Augusto Sotelo Rosas.

Por su lado, la Secretaría de Gobernación se opuso a integrarlos al Mecanismo para la Protección de Personas Defensoras de Derechos Humanos y Periodistas, argumentando que no reunían perfiles ni los méritos de un defensor y que, por otra parte, la colonia Tlachinolla estaba preparada para repeler ataques armados sin necesidad de policías. Evelia se defendió por sí misma el 18 de diciembre de 2015, consiguiendo que su situación fuera reconsiderada. A pesar de todos sus esfuerzos, para marzo de 2016 ella entendió que la colonia Tlachinolla sería desalojada tarde o temprano y que no había nada que se pudiera hacer.

Desde hace décadas los guerrerenses recelan de las instituciones. El Estado es enemigo prepotente, y la impartición de justicia, un desastre con su sistema que la niega. La sociedad se ha fracturado y desconfía de los políticos; para ellos hay realidades paralelas: una, la del discurso oficial con el derroche de recursos para la promoción telegénica de la apariencia personal y el sostenimiento de los privilegiados. La otra, plagada de autoritarismo que divide a la sociedad, promueve el terror, violenta cuerpos, los apila en fosas clandestinas y crea una agenda militarista.

Víctimas y testigos, los guerrerenses simbolizan la tragedia en carne viva de un país desangrado. La historia reciente se ha escrito con excesos de su sangre. Ellos saben que la violencia se ha expandido desde su raíz. México es el gran escenario de una interminable película de terror donde se mata o se muere. Y cualquiera puede ser protagonista.

Esa violencia corre paralela a la corrupción y la impunidad. En 2013, a principios del sexenio peñista, el gobierno federal tenía informes sobre fosas clandestinas a partir de 2009, que se acumulaban en los estados de México, Veracruz, Morelos, Coahuila, Jalisco, Sonora, Durango, Tamaulipas, San Luis Potosí, Nayarit, Zacatecas, Michoacán, Baja California Sur, Sinaloa, Chiapas, Nuevo León y Guerrero. La mitad del país estaba convirtiéndose en panteón clandestino y Evelia Bahena, desde Iguala, atestiguaba los cadáveres que le tocaban.

En 2014 Evelia vivía en el centro de Iguala y a las 00:15 del 27 de septiembre se encontraba en la Súper Farmacia Leyva, frente al Palacio

Municipal, en la calle de Guerrero. Entonces vio llegar siete patrullas *pick up* y descargar unas 20 bolsas negras que, dice, contenían algo semejante a cuerpos, "por la forma y porque las tenían que bajar entre tres o cuatro policías para meterlas a toda prisa al ayuntamiento".

Así nace la ignominia o… el origen del mal

Como en ninguna otra entidad, en Guerrero son evidentes no sólo el drama histórico de la pobreza, la marginación y la muerte por hambre, sino el terror del crimen organizado y de grupos paramilitares, así como la inestabilidad política y los instrumentos de control, represión y autoritarismo del Estado desde la década de 1940.

La credibilidad de todos los políticos es mínima. La remoción de gobernadores y la herencia turbia de otros, incluida la de los opositores Zeferino Torreblanca Galindo y Ángel Aguirre Rivero —ambos del Partido de la Revolución Democrática (PRD)—, representan testimonios ensangrentados y negación de las libertades individuales y ciudadanas.

Por eso, casos como Ayotzinapa obligan a mirar al pasado para comprender ese entorno. Desde el 1 de septiembre de 1928, cuando *El Jefe Máximo* de la Revolución, el general Plutarco Elías Calles, fundó el Partido Nacional Revolucionario (PNR) —abuelo del PRI—, han pasado por la gubernatura guerrerense 27 personajes: 24 priistas y tres perredistas. Once o 12 más de los que constitucionalmente debían ser. Hubo años, como en 1941 y 1971, en que Guerrero tuvo tres gobernadores.

Los políticos del PRD que gobernaron Guerrero hasta 2015 llegaron como los viejos políticos priistas: de traje elegante, corbata impecable y automóvil del año con vidrios polarizados. Dejaron intocados los antiguos regímenes corruptos y represores, alejados de movimientos y organizaciones sociales. Zeferino y Aguirre[1] fueron un desastre, y el perredismo abrió las puertas a criminales. Hicieron un partido de rencores, venganzas y revanchismos, con una estructura deficiente, partido de cuotas para servir a la iniciativa privada y a la Presidencia de la República.

Guerrero está enfermo desde las entrañas del poder. En la memoria sobresalen las funestas imágenes de los dos que se llamaban Rubén: los caciques Figueroa Figueroa y Figueroa Alcocer, padre e hijo. Pero también las de los perredistas Aguirre con el caso Ayotzinapa y Zeferino, quien salió muy raspado y hasta como sospechoso en el asesinato del presidente de la Legislatura local, Armando Chavarría Barrera —en su momento líder de la Federación Estudiantil Universitaria Guerrerense (FEUG), senador, diputado federal y secretario general de Gobierno—, y como el gobernante que, silenciosamente, allanó el camino a las mineras trasnacionales para explotar el oro y otros minerales.

Nada les ha funcionado a los guerrerenses. En mayo de 2007, en un artículo que escribió para la revista *Contralínea* de la Ciudad de México, el director del Centro de Derechos Humanos La Montaña Tlachinollan, Abel Barrera Hernández, dio un panorama de esa izquierda que gobernó Guerrero entre 2005 y 2014: "El uso de la fuerza es la herencia caciquil más apreciada por el perredismo afresado hecho gobierno para meter en cintura a los que se atreven a levantar la voz y los machetes. La persecución, la tortura, la desaparición y la ejecución extrajudicial forman parte del viacrucis justiciero que ha minado la vida de los pobres y ha sido en gran medida la causa de la insurgencia civil, la rebelión armada, la disidencia política y los movimientos de resistencia".

Evelia forma parte de esas historias en una entidad que se guarda secretos muy oscuros desde que en el alemanismo (1946-1952) la Presidencia de la República tomó decisiones para favorecer a unos cuantos, los poderosos.

En Guerrero se encuentran todas las claves del sistema político mexicano.

Conocido como el *Primer Cachorro* de la Revolución en llegar a Palacio Nacional, Miguel Alemán Valdés sentó las bases para transformar el apacible Acapulco entregándolo a los grandes capitales a partir de 1947. Originario él de Veracruz y gobernador de este estado del 1 de diciembre de 1936 al 6 abril de 1939, conocía los contrastes entre los puertos:

Acapulco era un paraíso. Veracruz, petrolero. Y este era un negocio del gobierno federal. Las playas acapulqueñas eran joya virgen o, como resultó, un diamante en bruto.

Quién convenció a quién es casi imposible saberlo, pero a principios de su gobierno, en 1940, el presidente Manuel Ávila Camacho le pidió a Miguel Alemán, entonces secretario de Gobernación, tramitar para la veracruzana Bárbara Margarita Richardi Romagnoli, viuda de su hermano Maximino Ávila Camacho, la expropiación de unas hectáreas en Acapulco.[2]

La transformación del puerto por decisión presidencial no implicó ningún cambio en el destino fatal de Guerrero. Si en 1951 Alemán impuso a su jardinero personal, Salvador Sánchez Colín, como gobernante del Estado de México, los guerrerenses no tendrían mejor suerte: les endilgó ese año a su amigo Alejandro Gómez Maganda. Ejerció el poder absoluto, sin frenos ni contrapesos, acabó con el generalato e instauró el caudillismo civil y un sistema de *juniors* que perdura hasta Peña Nieto.

Alemán era hijo del general Miguel Alemán González, y Gómez Maganda, del general Tomás Gómez y la señora Plutarca Maganda Cadena. Compartían otras peculiaridades: en su niñez habían sido muy pobres y los dos generales habían muerto en campaña. Alemán era veracruzano y Gómez guerrerense, originario de El Arenal de Gómez, municipio de Benito Juárez. El primero nació el 29 de septiembre de 1900 y el segundo el 3 de marzo de 1910.

A los amigos —su segundo mote era *Míster Amigo*— Alemán los cuidó, protegió e incluyó o mantuvo en la nómina a cambio de silencio y lealtad absoluta, ciega. Y los puso en el camino para hacer todavía más. Empresarial y económicamente, la imposición de Gómez Maganda como gobernador no fue ninguna casualidad porque sentó las bases para transformar Acapulco, el segundo gran negocio del alemanismo.

Alemán tenía sus razones. Cuando tomó posesión como presidente de la República se convirtió en uno de los primeros grandes inversionistas a través de cadenas hoteleras, como la Continental. Aprovechando su puesto de mando, en seis años se hizo uno de los mayores acaparadores de tierra en las mejores playas acapulqueñas.

La modernización del puerto, a través de la urbanización de la bahía y la infraestructura turística, resultó excelente para unos cuantos: el señor Presidente de México, algunos de sus amigos políticos en el recién creado PRI y empresarios allegados. Los acapulqueños nunca salieron de la pobreza ni de la marginación. Siguen sumidos en ella. Aunque fueron fundamentales, su papel se limitó a uno: mano de obra barata. El progreso también los despojó de tierras ejidales a través de decretos expropiatorios que se encargó de ejecutar el señor gobernador.

La expropiación abierta y descarada de ejidos para beneficio de los poderosos se prolongó hasta 1981, término de la administración del gobernador Rubén Figueroa Figueroa.

Políticamente Gómez Maganda fue otra cosa: un fracaso de proporciones mayores como gobernador. Si bien tenía una carrera propia avalada en un impresionante currículum: secretario particular del general carrancista zacatecano Matías Ramos Santos, presidente del PNR, que devendría en el PRI; orador en campañas presidenciales de los generales Lázaro Cárdenas del Río y Manuel Ávila Camacho, así como en la de Alemán, diputado federal, cónsul general de México en Barcelona y prolífico escritor, sintió el poder real cuando su amigo lo impuso como candidato y luego gobernador. Alemán estaba lejos de elegirlo por sus cualidades, honradez o exquisita oratoria, porque cuando Gómez Maganda llegó a la gubernatura parecía un hombre cansado a sus 41 años cumplidos, aquejado por varias enfermedades.

Sus biógrafos y panegiristas están convencidos de que Gómez Maganda tenía una visión modernizante de su estado, que era un hombre inteligente cuyos conocimientos políticos los adquirió en la práctica, fuertemente ligado a las luchas sociales de los guerrerenses oprimidos.

Sin embargo, sería como tapar el sol con un dedo negar que llegó a la gubernatura impuesto a través de la conocida *ley del dedazo*, y que pertenecía políticamente a uno de los peores grupos políticos que hubieran existido hasta entonces, el alemanista. Baste recordar que al término de su gobierno, el señor Presidente era conocido como *el ratón Miguelito*, Palacio Nacional como *la cueva de Alí Babá*, y la vida de los cachorros de la Revolución era trivial y de ostentación ofensiva.

Había "políticas" del gobierno federal a las que el nuevo titular del Poder Ejecutivo guerrerense —Gómez Maganda tomó posesión el 1 de abril de 1951— no podía escapar y que se había autoimpuesto Alemán: sometimiento absoluto de los gobernadores a Palacio Nacional, aniquilamiento de líderes sociales, agraristas y sindicales incómodos al régimen y, siguiendo la doctrina de su antecesor, el general Manuel Ávila Camacho, eliminación de comunistas e izquierdistas de cualquier organización y denominación.

MÉXICO ERA UNA REPÚBLICA, al menos en papel, con un pacto federal claro, pero los senadores, gobernadores, diputados federales, dirigentes sindicales y líderes sociales, además de los ministros de la SCJN, pertenecían al señor Presidente y desde Los Pinos se perfeccionó el arte de la sumisión. Alemán hacía y deshacía en todo el país; el partido servía de adorno, convertido en una tramposa maquinaria electoral.

El negocio del gobierno y los dineros públicos fue sólo una estampa de aquellos gobernantes, quienes también dejaron una larga estela de violencia política y terrorismo de Estado. Amos y señores de su entidad, en los gobernadores de esa época y el alemanismo se percibe clara la sombra de un poder tenebroso extendido por cada rincón del país. México tuvo que aprender a vivir con la realidad del terror de Estado[3] y su práctica desde el poder que se prolongan hasta hoy e incluye el asesinato, la tortura y la desaparición de personas vinculadas políticamente con organizaciones guerrilleras, estudiantes rebeldes y maestros insurgentes, entre otros, muy notoria en la década de 1960.

También se dio luz verde al ejercicio de la violencia política, entendida esta como el ejercicio de la fuerza del gobierno para eliminar a rivales o enemigos a fin de perpetuar, sostener o modificar el régimen sin oposición, hasta que décadas adelante México se convertiría en uno de los países más peligrosos, por ejemplo, para ejercer periodismo: sólo entre 2000 y 2014 se reportarían los asesinatos de 97 periodistas, y de 2003 a 2016 se elaboraría una lista con los nombres de por lo menos 23 desaparecidos.

Manuel Ávila Camacho y Miguel Alemán encontraron la fórmula para controlar a las Fuerzas Armadas —Ejército, Marina y Fuerza Aérea—: afinaron y perfeccionaron mecanismos delineados por los generales Álvaro Obregón y Joaquín Amaro —el primero en la Presidencia y el segundo como su secretario de Guerra— para hacer del Presidente de la República el comandante supremo o jefe nato de las Fuerzas Armadas, que había previsto Venustiano Carranza, el primer jefe del Ejército Constitucionalista, como encargado del Poder Ejecutivo, pero este también vislumbró aquel mecanismo desde su puesto como secretario de Guerra y Marina en el gabinete provisional del presidente Francisco I. Madero.

Astuto como era, Alemán siguió la política de su antecesor Ávila Camacho e integró de lleno a las Fuerzas Armadas al presupuesto federal anual.[4] Lidiar con los militares no representó un problema especial. Aprendió a negociar con ellos desde que era gobernador y perfeccionó esa "habilidad" en la Secretaría de Gobernación.

En esta última oficina terminó de entenderlos. Conocía la debilidad de los generales, sus ambiciones políticas y su carrera por hacer dinero desde los puestos gubernamentales. Alemán aprovechó esa experiencia cuando se sentó a despachar en Palacio Nacional. Los generales tenían sus cuotas de poder. No tuvieron necesidad de tomar el poder por asalto. Alemán y, como antes que él Ávila Camacho, les allanó todos los caminos. Las esperanzas de democracia y honestidad se fueron por la borda.

Puede señalarse que Alemán, el personaje de lenguaje suave y de maneras educadas, fue un político muy hábil en el manejo de los generales y puso en marcha un sistema de gobierno de cambios profundos en el que no hubo freno para el manejo de los dineros públicos para beneficio personal, sin incluir cambios en la estructura social, sino perpetuar los mecanismos de explotación. El gobierno, como pasó en las épocas del PRM y del PNR, se convirtió en una inescrupulosa agencia de colocaciones.

Como mecanismo de control cívico y sociopolítico de la juventud, en el gobierno de Manuel Ávila Camacho y a propósito de la Segunda Guerra Mundial —o tomando esta como pretexto para hacer frente a los movimientos armados que se dieron a partir de 1924— se había creado el Servicio Militar Nacional (SMN), cuyo manejo compete exclusivamente a la Sedena.

En ese juego político de compensaciones, comparsas y sueños reeleccionistas, en 1983 —31 años después de su imposición en Yucatán, y en el marco de una entrevista con el extinto periodista, escritor y diputado local Leopoldo Peniche Vallado—, el campechano Tomás Marentes Miranda señaló que fue enviado por Alemán a la gubernatura en 1952 a romper el monopolio político de un grupo financiado por José Patrón Cervera, representante de uno de los consorcios extranjeros vinculados con la exportación del henequén.

"Alemán fue el gran actor, el factor central y determinante de una imposición política que hirió la sensibilidad del ciudadano yucateco y cuyos efectos habrían de prolongarse por años en la vida pública de la entidad: la de Tomás Marentes Miranda", advertiría Gaspar Gómez Chacón.[5]

Débil políticamente como llegó, locuaz y bonachón, Marentes Miranda sólo aguantaría un año y cuatro meses en la gubernatura. Tras la llegada de Adolfo Ruiz Cortines a la Presidencia, fue depuesto y su lugar ocupado por Víctor Mena Palomo. Con la dignidad bien puesta, lo mismo que los pantalones, y al margen de las dudas sobre su gestión, el profesor José González Beytia solicitó licencia antes de que pudiera consumarse la imposición del campechano Marentes, y se refugió en Cuba, donde vivió hasta 1970.

"El federalismo, tan caro como principio teórico del constitucionalismo mexicano, confirmó en ese episodio su condición de ficción jurídica inexistente en el terreno de los hechos, sobre todo en una tierra que anteriormente había sufrido los impactos de un centralismo avasallante desde los tiempos que siguieron a la muerte de Carrillo Puerto en 1924, cuando el presidente [Álvaro] Obregón instaló en el Palacio de Gobierno de Yucatán y en uso de sus poderes de 'hombre fuerte de la Revolución' a José María Iturralde Traconis", precisa Gómez Chacón.

Guerrero no sería la excepción. Ocupaba quizá el primer lugar en la lista del Presidente por el atractivo empresarial y de negocios que representaba Acapulco. Alemán tenía un plan para apoderarse del país o de sus riquezas.

Con la confianza que le profesaba y sabiendo que no abriría la boca, Alemán hizo de Gómez Maganda su administrador personal para el desarrollo turístico-empresarial de Acapulco, uno de los múltiples negocios que el primer presidente civil después de la Revolución hizo al amparo del poder y que le sirvieron para tratar de ocultar el nivel de corrupción presidencial.

Gómez Maganda, Salvador Sánchez Colín, Jesús Robles Martínez, Jesús Díaz de León, Fidel Velázquez Sánchez, Rogerio De la Selva y el Coronel Carlos I. Serrano forman parte de esos casos emblemáticos del compadrazgo y del tráfico del poder autoritario presidencial alemanista. Si su cargo era visto o no como una graciosa concesión, Gómez Maganda tuvo su respuesta inmediata, brutal y casi despiadada.

Apenas terminó el gobierno alemanista, entró de nueva cuenta el juego de las compensaciones y equilibrios de poder: después de juramentar como nuevo presidente, heredero de Alemán, el veracruzano Adolfo Ruiz Cortines aprovechó una serie de "descuidos" del gobernador Gómez Maganda —quien la pasaba turisteando en las aguas termales de San José Purúa, Michoacán— para manipular al Congreso de la Unión y exigir la desaparición de poderes en Guerrero.

El 20 de mayo de 1954, tres años después de tomar posesión para un periodo de seis y sin haber logrado disminuir la pobreza ancestral de los guerrerenses ni controlar políticamente a su estado, cayó Gómez Maganda. Ya sin la protección presidencial, se reveló como un mal político, pésimo publirrelacionista y gobernante débil, de lengua larga, torpe y suelta, sintiéndose intocable por su amistad con Alemán. Ni siquiera lo pudo cubrir el manto protector de su ex jefe, el general Matías Ramos Santos, en ese momento secretario de la Defensa Nacional.

La realidad es que en su torpeza tampoco supo cómo lidiar con el presidente municipal de Acapulco, el conspirativo Donato Miranda Fonseca —quien más adelante, el I de diciembre de 1958 sería incluido en el gabinete presidencial de Adolfo López Mateos como secretario de la Presidencia—. No lo pudo hacer, pero se dio tiempo para convertir a Acapulco en la gallina de los huevos de oro del alemanismo, uno de los filones para hacer dinero a manos llenas. Esa fortuna tampoco llegó nunca a los hogares de los necesitados acapulqueños.

Como gobernador se han hecho resaltar más las dotes de escritor, abogado y literato de Gómez Maganda, así como sus pasos por la diplomacia y en la presidencia del Congreso de la Unión, donde le tocó responder al primer informe de labores de su amigo Alemán. Pero nada más. Forma parte de los periodos de inestabilidad del gobierno que sólo ha perjudicado a los guerrerenses. Por una u otra actividad —el turismo, el narcotráfico, la burocracia, la Guerra Sucia, el campo, la siembra de amapola, el latifundismo o la minería a gran escala—, Guerrero ha sido históricamente negocio para unos cuantos. La herencia oscura del alemanismo se materializa en la persecución y las amenazas a Evelia Bahena o en los estudiantes normalistas desaparecidos.

Capítulo VI

Escuelas del diablo

NADIE SABE CUÁNDO se inoculó la idea del normalismo rural en Julio César. Es cierto que dos de sus tíos son maestros, aunque Cuitláhuac no quería que estudiara esa carrera. Había querido que su sobrino estudiara en la Universidad Pedagógica Nacional, pero no logró convencerlo y tuvo que observar, desde el apoyo que podía darle, la cuidadosa búsqueda y los desencuentros estudiantiles del joven que lo encaminaron al final a Ayotzinapa. Porque para llegar a Guerrero hubo un camino, determinado por un plan personal que poco a poco tomó forma y en el que Tenería y Tiripetío fueron fundamentales.

La niñez de Julio César transcurrió junto a su hermano Lenin, menor por un año, quien lo vio crecer y pasar por la primaria "Gabino Vázquez", la telesecundaria de San Simonito, en Tenancingo, y la preparatoria en el Colegio de Bachilleres local. La habilidad que desarrolló para aprender sistemas digitales no lo alejó de otras actividades. Atleta consumado, frontonista experto y corredor adicto, Julio César también tenía tiempo para los estudios y la familia.

Fue fácil para los Mondragón respetar su deseo por el normalismo rural. A diez minutos de su casa, en auto, está la Normal Rural de Tenería, una de las más combativas y respetadas, pero cuya demanda se ha desplomado por diversas razones.

Y estas no sólo provienen de los intentos del gobierno federal por cerrar las normales. En algunos casos, los directivos se han encargado de quebrantar el espíritu del profesorado, tal y como lo documentaron Julio César y Lenin, quienes conocieron, cada uno a su manera, lo absurdo de los exámenes propedéuticos, pero también el desaseo financiero de quienes se encargan de recabar los boteos cotidianos, por ejemplo.

Porque Tenería no es lo que parece aunque apoye causas sociales, como las de los otomíes arrasados por la carretera del Grupo Higa de Juan Armando Hinojosa, y diga desde su amargor que las fichas de inscripciones apenas llegaron a 300 en 2015, cuando cuatro años antes rebasaban las mil 200. Se quejaron y la revista *Proceso* los reprodujo. Dicen la verdad, pero no toda. Dicen, por ejemplo, desde un reportaje firmado por José Gil Olmos, el 19 de junio de 2015, que tienen una matrícula de 572 alumnos y que el presupuesto alcanza para lo elemental. "Se les brinda hospedaje, alberca, centro de cómputo, área académica, atención médica, peluquería, lavandería, alimentación, biblioteca, sala audiovisual y didáctica, salón de danza y auditorio [...], canchas de futbol, basquetbol y volibol, taekwondo y gimnasio. No cobramos cuotas", publica *Proceso* citando al vocero estudiantil de ese entonces, Yousen Aragón.

Hasta 2014 Tenería era una de las dos escuelas más favorecidas por el gobierno, que invertía 85 pesos diarios por alumno. Ayotzinapa, en contraste, era de las menos apoyadas, apenas con 50 pesos diarios. De los 400 millones de pesos aprobados para 2015 por el Congreso federal, la "Raúl Isidro Burgos" se llevó 50 millones como "compensación" por su desgracia, aunque las otras rurales también percibieron más recursos. Tuvieron que desaparecer 43 alumnos y morir asesinados tres para conseguirlo y no seguir sobreviviendo con 10 millones de pesos al año, el promedio presupuestal antes de Iguala.

Y lo que se omitió sobre Tenería lo dijo Julio César. A él no le espantaba el terrible propedéutico que, desde el punto de vista de los hermanos Mondragón, es brutal por incongruente. Después de asistir a los círculos de estudio, Julio César encaró ese propedéutico en Tenería, un horror para muchos porque los lleva al extremo de la resistencia y, más peligroso aún, al servilismo sinsentido.

A punto de desertar al tercer día del propedéutico, Julio confesaba a su hermano que los frijoles quemados y un café eran la única comida del día en esa prueba que duraba semana y media y que le daba derecho a media hora diaria de sueño y nada más, porque el tiempo no alcanzaba para los aspirantes, que ocupaban parte de esa estancia haciendo guardia a las puertas de la escuela, gritando consignas.

—¿Por qué hacer una prueba como esta? —se preguntaban los hermanos cuando aquello terminó y Julio César ya descansaba en su casa antes de comenzar el semestre.

Le contó a Lenin que le había tocado limpiar un foso con agua estancada del drenaje y que debió meterse a trabajar sin ropa adecuada. No les dieron nada, sólo usaron la única muda que les permitieron. Así, entre el miasma, a los aspirantes los pusieron a trabajar y cuando terminaron el resultado no tuvo sentido porque la fosa estaba diseñada para volver a llenarse de suciedad. Julio, dice otro de sus tíos, Cuauhtémoc, pescó una infección crónica en un pie.

—Casi abandonaba, carnal —le confesó a Lenin ya riendo—, pero me acordaba que cada vez faltaba menos y así me la llevé.

Julio César le narró a su hermano cómo era la semana y media de pruebas: empezaba a las cinco de la mañana, cuando los levantaban al grito de "¡Vienen los soldados, vienen los soldados!", el azotar de puertas y la orden terminante de que los aspirantes se alinearan en disciplinada formación, para luego salir a correr por las calles de Tenancingo, en una ruta que para Julio César resultaba lo de menos, por su entrenamiento físico. Luego, un café y horas de estudio en los grupos asignados para esperar las pruebas físicas.

Pasado el infierno inútil para Julio César, la carga curricular fue pan comido. Cumplía si había boteos, porque se organizaban muy pocas tomas de camiones debido a los acuerdos alcanzados por la normal con el gobierno de Peña Nieto cuando, después de múltiples movilizaciones, en 2008, la escuela pactaría a fin de garantizar la entrega de 128 plazas para sus egresados y la preservación del presupuesto para la institución.

Poco después, Peña desconoció los acuerdos y, ante el inminente incumplimiento, la comunidad estudiantil inició una serie de paros escalonados que llevaron a una huelga en agosto de ese año. El 14 de septiembre, en un operativo policiaco, 400 granaderos apoyados por helicópteros rodearon la escuela para tomar las instalaciones. Ante el asalto y desalojo de los estudiantes, habitantes de cinco pueblos vecinos se movilizaron y formaron un cerco para impedir la toma de la normal. Hasta la FECSM —organización que administra al alumnado de las 16 normales rurales en el país— había convocado a otras escuelas en auxilio de Tenería. Frente a esa defensa, el gobierno mexiquense dio marcha atrás y volvió a reconocer los acuerdos.

Sin embargo, eso tuvo un costo. Los líderes estudiantiles de Tenería cedieron, por lo menos prometieron, docilidad. Garantizada la subsistencia, el gobierno del Estado de México concedió las 128 plazas para que las asignara el Comité Estudiantil en mesas de negociaciones encabezadas por los Servicios Educativos Integrados al Estado de México (SEIEM). También les mejoraron el presupuesto y por eso la normal, aun en su pobreza, no padecía como Ayotzinapa.

"Entonces, ¿por qué un propedéutico así?", se preguntaba Julio César todavía en el examen, mientras vaciaba, literalmente con las manos o una pequeña bandeja, junto a otros, una enorme alberca a la que bastaba quitarle un tapón para que el agua se fuera sola.

El porqué lo descubrió luego.

Un año después Lenin se preparaba para su propia prueba en Tenería, siguiendo los consejos del hermano. Lo hacía bajo la advertencia de que durante el propedéutico apenas podría dormir media hora por día y que no debía despreciar el plato de frijoles acedos que le servirían. También comió lo que otros no querían porque sabía que sería su única fuente de energía. Así que contestó los exámenes y le tocó trabajar la tierra.

Bueno, si a eso se le llamaba "trabajar", porque le dieron una pala doblada y, para cortar yerba, un machete sin filo. No dijo nada porque ya estaba consciente de aquello, pero su carácter le impidió continuar. Ese mismo día los mandó al diablo, enojado y decepcionado porque las pruebas eran todavía más dementes de lo que su hermano Julio César le había anticipado.

—¿Y 'ora, carnal? —le preguntó a Lenin cuando lo vio entrar a la casa.

—Me salí —respondió Lenin, secamente.

Ese día, el hermano menor dijo adiós al normalismo rural y eligió la carrera de administración en un tecnológico regional.

"El propedéutico no existía antes, pero tiene una razón de ser —dice el profesor Cuitláhuac, haciendo memoria—. Antes del propedéutico, Tenería era una de las escuelas más reconocidas, pero ahora, lo digo porque lo he visto, forma personas pasivas, obedientes y serviles. La práctica docente de esas personas fracasa porque, en primer lugar, ya no quieren ser maestros rurales".

Las pruebas tienen sus antecedentes cercanos en 1997 en la Normal Rural "Luis Villarreal" de El Mexe, Hidalgo, cuando Jesús Murillo Karam era gobernador de aquella entidad y Miguel Ángel Osorio Chong era su secretario de Gobierno. Era la normal más politizada de México, pero en 1995 uno de los líderes del Comité, apodado *El Pantera*, había decidido secuestrar camiones y vandalizar sin razón aparente, una práctica erradicada de esa institución desde hacía algunos años.

Dos años más tarde, en 1999, llevó a los estudiantes a enfrentamientos innecesarios contra las autoridades, decididas a cerrar aquella escuela con la excusa de la violencia. La madrugada del 19 de febrero de 2000, la escuela fue tomada por 300 granaderos y al menos 700 estudiantes fueron detenidos y recluidos en diferentes prisiones. En respuesta, otros normalistas y padres de familia se organizaron para recuperarla con palos y piedras.

Enfrentaron a los policías, capturando a 68 granaderos, quienes fueron exhibidos en la plaza de la cabecera municipal junto con 15 armas largas AR-15, decenas de escopetas y lanzagranadas, varios escudos y toletes. Los estudiantes liberarían a los policías si el gobierno estatal soltaba a todos los detenidos y resolvía un pliego petitorio.

El gobierno aceptó las condiciones, amplió la matrícula, aumentó plazas para los egresados y reorganizó la estructura académica y administrativa de la escuela, asegurando la sobrevivencia de la institución durante tres años, porque en 2003 las divisiones internas de la comunidad estudiantil —alentadas y coordinadas por infiltrados del gobierno estatal— permitieron a Osorio Chong, ya como gobernador, cerrarla definitivamente. En 2005, Chong argumentó que los maestros rurales no eran necesarios.

Utilizados, infiltrados y manipulados por el gobierno estatal, los alumnos perdieron El Mexe y también ayudaron, sin querer, a establecer uno de los estereotipos más arraigados en parte de la ciudadanía mexicana: aquel que muestra a los estudiantes normalistas rurales como vándalos y parásitos que chantajean al Estado.

"Los propedéuticos no son idea de los normalistas, sino de infiltrados del mismo gobierno y usan esas pruebas para justificar el cierre de las escuelas. En Tenería ya pocos profesores son éticos, progresistas y rurales. Yo lo digo: por ahí van a cerrar las normales rurales, por los propedéuticos inhumanos", alerta el profesor Cuitláhuac Mondragón.

J U L I O   C É S A R   S E   M A N T U V O en la normal durante dos semestres. Cumplía con todo, hasta con pedir dinero para la escuela con la esperanza de que lo recabado se usara en beneficio de ella, no obstante que externaba su desacuerdo con dicha actividad. ¿Para qué botear si el dinero iba para otros fines? Desde la visión de Julio César, Tenería no tenía necesidades apremiantes porque el gobierno del Estado de México la trataba bien con los presupuestos.

Poco a poco el enojo se le fue desbordando a Julio César y un día no pudo aguantarse. La razón de que lo expulsaran en 2010 de Tenería la relata uno de sus amigos en esa escuela, quien recuerda que en una reunión del Comité de Alumnos se daba a conocer el estado financiero. Julio César escuchaba las explicaciones y miraba las cuentas que se les entregaban a los presentes. De pronto se levantó, pidió la palabra y desde su asiento se dirigió a los que estaban al frente. Y preguntó, directo y sin rodeos, por el dinero que se había juntado para la escuela.

Se hizo el silencio. Julio César, aprovechando el paréntesis, les reventó allí a los dirigentes: "Muy comunistas, muy socialistas, y mírense, robando el dinero de la escuela". Después abandonó el lugar.

Su salida era cuestión de tiempo. Faltaba, era cierto, y su familia, a la que nunca le dijo las verdaderas razones, atribuyó las ausencias a la muerte de su abuela Guillermina Fontes. Las faltas fueron una de las causas reglamentarias para que el Comité lo diera de baja. Pero lo cierto es que "Tenería se molestó con él porque les dijo sus verdades", recuerda su amigo.

Cuitláhuac, su tío, hablaría con el secretario general del Comité, quien le dijo que su sobrino era apático para las actividades físicas y que además los criticaba mucho. Les echaba en cara que se faltara tanto y que "los alumnos [hicieran] mucha flojera".

—Está bien que no haya clases, pero que Julio no lo divulgue —dijo al final Carlos Próspero, uno de los subdirectores administrativos que no movieron un dedo para ayudar al estudiante, sabiendo que las razones de la salida eran otras.

Julio César también criticó a los del Comité por vivir como ricos. En un ambiente de pobreza, los dirigentes tenían en sus habitaciones televisión por cable y gastaban en relojes caros. Fue por esos días cuando Julio César tomó la determinación de encabezar la Secretaría General de la FECSM para terminar con las prácticas antinormalistas y apoyar las verdaderas necesidades sociales.

La boleta de Julio César Mondragón Fontes en la normal mostraba buenas calificaciones. Entonces decidió probar suerte en el Distrito Federal, en la Benemérita Escuela Nacional de Maestros, pero los traslados resultaron imposibles. Cuatro horas en camiones redujeron a nada esa aventura que, sin embargo, duró seis meses. Mejor se puso a trabajar. Se alquilaba en el campo porque su fortaleza física lo ayudaba sin problemas a soportar largas jornadas. También trabajó en una tienda Oxxo y estuvo en la construcción del nuevo penal de Tenancingo, donde lo contrataron como peón.

Si bien probó suerte en un tecnológico privado de su comunidad, las colegiaturas y su vocación lo orientaban de nuevo hacia las normales. Al mismo tiempo conoció en un baile escolar a la profesora tlaxcalteca Marisa Mendoza Cahuatzin. Se hicieron novios y Julio César supo que su vocación se reafirmaba.

—No, carnal, lo mío es el normalismo y voy a regresar —le dijo a Lenin una vez.

Escogió la normal de Tiripetío, Michoacán, y se preparó para los exámenes, en 2013, que incluían otro propedéutico, aunque no al estilo de Tenería. Pero la experiencia michoacana fue más de lo mismo. Mientras se desarrollaban los exámenes, los pusieron a botear y a Julio César le tocó pedir a los tripulantes de una camioneta, "una troca tipo narco", contaría después, cuyo conductor bajó la ventanilla para meter un billete de mil pesos en la alcancía. Julio César no supo qué hacer.

—Ahí 'stamos —le dijo el hombre, tocándose el sombrero en señal de despedida y arrancando el vehículo.

Esa jornada terminaría bien para todos, menos para Julio César, porque, reunidos más tarde y en presencia de delegados observadores de otras escuelas, entregó lo que había recolectado.

—¿Y ese dinero para dónde va? ¿Y dónde está el billete de mil pesos? —preguntó entonces Julio César.

—Tú cállate —fue la respuesta que recibió, aunque observadores de otras escuelas que estaban presentes le dieron la razón al joven.

Después, los de Tiripetío le dijeron en privado que esa pregunta le costaría la permanencia.

—Aquí no te quedas —sentenciaron.

Y así fue.

—Abrí mi bocota y los cuestioné —contó luego Julio César a su familia, cuando se hizo oficial que en Tiripetío no se quedaría.

El embarazo de Marisa y hacer vida común le exigían recursos. Volvió al trabajo, esta vez como guardia en los autobuses Caminante, en la central camionera de Observatorio, Ciudad de México, y después como custodio en el centro comercial Santa Fe, también de la capital. Pero no dejaba de ayudar en las faenas comunales en su pueblo, Tecomatlán, a las que iba sin recibir pago alguno.

"Cómo lo extrañan los delegados", señala Afrodita, su madre, cuando recuerda el trabajo que hacía su hijo para el pueblo.

Después de Iguala nada queda del joven que levantaba a su madre a la medianoche para que le asara un plátano macho y lo acompañara a la mesa para comérselo. Nada queda de las últimas pláticas en las que el normalista encargó a su bebé con ella. "Yo ya me voy", le decía, y ella creía que se refería simplemente a volver a la normal.

EL OBJETIVO: DESAPARECER LAS NORMALES RURALES

Se ha escrito ampliamente sobre el origen de las normales rurales. De modo que es necesario sintetizar sus rasgos más importantes para entender su contribución al proceso educativo. Se fundaron después de la Revolución y son consideradas una de sus conquistas más importantes. La educación rural tenía importancia fundamental porque la mayoría de los mexicanos se ocupaba de cuestiones agrarias: 72% de la población total vivía en el campo.[1]

Dado el origen del nuevo gobierno, el concepto de justicia social fue de gran relevancia en el discurso político de la época. El compromiso por la educación era otro y el objetivo era apoyar sectores históricamente excluidos. El Estado emprendió un proyecto de proporciones gigantescas para transformar la vida de campesinos e indígenas.

Fue el teórico Moisés Sáenz quien impulsó la creación de esas escuelas para reducir la brecha entre ciudad y campo, integrando a la población indígena y mestiza del México rural a la vida nacional.[2]

Las normales rurales se desprenden de la fusión de las normales regionales y las escuelas centrales agrícolas, constituidas a principios de los años 20. Esas normales regionales formaban maestros que en poco tiempo estarían capacitados para enseñar a leer, escribir e introducir técnicas agrícolas bajo el modelo de internado mixto de 50 alumnos; funcionaban con poco presupuesto y mínima supervisión de la Secretaría de Educación Pública (SEP).[3]

Por su parte, las escuelas centrales agrícolas se crearon en el gobierno del presidente Plutarco Elías Calles como un proyecto que, con maquinaria moderna, organización cooperativista y crédito público, debía mejorar la producción del agro.

A principios de 1930 esas dos instituciones se fusionaron junto con las llamadas Misiones Culturales[4] e integraron las escuelas regionales campesinas para cumplir un plan de estudios de cuatro años que formaría maestros rurales y técnicos agrícolas. Los estudiantes serían de origen campesino y la estructura cooperativa haría posible la autosuficiencia. También combatirían las necesidades de las comunidades aledañas. En 1926, las regionales campesinas se transformaron, por fin, en normales rurales y en seis años ya había 16 de ellas.[5]

La primera estuvo en Tacámbaro, Michoacán, en 1921, y rendía cuentas a la recién creada SEP de José Vasconcelos. Fue relativamente fácil echarla a andar porque contaba con el apoyo del general Francisco J. Múgica, gobernador izquierdista, quien al año siguiente atestiguó la fundación de más rurales en su entidad en Ciudad Hidalgo, Uruapan y Huetamo. El gobierno de Múgica dedicó la mitad de su presupuesto a la educación y por eso pudo duplicar el salario mínimo de los maestros —cinco pesos diarios—, que se pagaba puntualmente cada 15 días, hecho insólito hasta entonces.[6]

Sin embargo, la Normal Rural de Tacámbaro y otras no fueron bien vistas por los hacendados ni por el clero. Los curas las llamaban "escuelas del diablo" desde entonces. La Iglesia amenazó con excomulgar a las familias de los inscritos y comenzó a correr rumores sobre prácticas inmorales en los internados.[7]

El normalismo rural pronto cosechó sus primeros enemigos, que desde entonces nunca lo abandonarían. Los terratenientes, las compañías mineras y las empresas forestales aliadas con el clero engañaban y amenazaban a los campesinos, haciéndolos dudar de la labor del maestro.

Tras la Guerra Cristera (1926-1929), la Normal Rural de Tacámbaro fue reubicada varias veces hasta que en 1949 se instaló en Tiripetío, en la ex hacienda de Coapa, una acción simbólica que hacía referencia al reparto agrario de la Revolución: no sólo tierras para los campesinos, educación también. El nacimiento de la primera normal rural, en su organización como en su modelo educativo, constituía un acto de justicia.

Las normales rurales se convirtieron en la única vía por la que campesinos e indígenas podían mejorar sus condiciones de vida. La relación que se estableció entre maestros y campesinos pronto fue indisoluble porque las normales eran también un centro de convivencia social donde lo mismo se iba a escuchar la radio que a despiojar niños y alimentar a los estudiantes, cuidar enfermos y hasta gestionar créditos gubernamentales.[8] Eran espacios de influencia.

El sentido de justicia social en las normales rurales, la enseñanza práctica, la simbiosis entre escuela y comunidad, así como la castellanización de los indígenas, la educación técnica y el vínculo con el reparto agrario que impulsó el presidente Lázaro Cárdenas tuvieron un impacto fuerte y positivo en las normales. Fue con Cárdenas cuando el presupuesto para las Escuelas Regionales Campesinas se incrementaría y el número de planteles llegaría a 35.[9]

También se preponderó el papel del maestro como líder comunitario, no sólo en términos culturales y económicos, sino políticos. Sin saber o sin entender aún las consecuencias de darle poder al maestro, se fortaleció la experiencia del autogobierno.[10]

Razones para reprimirlas o desaparecerlas había de sobra desde la óptica de los gobiernos posteriores al de Cárdenas: educación socialista, exclusión de toda doctrina religiosa, combate al fanatismo, así como a los prejuicios.

Si bien el "sufrimiento" de las normales rurales recibió más atención a partir de 1940 con la llegada de Manuel Ávila Camacho a la Presidencia, sus problemas graves habían estallado a raíz de la expropiación petrolera, cuando cayó el presupuesto destinado a ellas. Maestros, alumnos y campesinos se organizaron para exigir tierras y mayor apoyo para combatir el deterioro de internados y escuelas.

En 1935 nació en la Central Campesina de El Roque, Guanajuato, la Federación de Estudiantes Campesinos Socialistas de México (FECSM), formada por alumnos de todas las escuelas normales rurales, pero el gobierno nunca entendió la intención de esa agrupación y para 1941 el avilacamachismo la consideraba un dolor de cabeza.

En menos de dos años, la organización estudiantil y la lucha por el liderazgo del movimiento magisterial en todo el país fueron vistos como una amenaza para el gobierno y Ávila Camacho ordenó crear el Sindicato Nacional de Trabajadores de la Educación (SNTE) para el servicio de la Presidencia de la República.

La respuesta presidencial también ha sido la misma desde los años 40: una campaña para acabar con a la "disidencia comunista" y la aniquilación de escuelas regionales campesinas a fin de transformarlas en escuelas prácticas de agricultura, además del cierre de planteles que apenas dejó 18 normales rurales con vida. En 1943 se separó a los estudiantes en planteles unisexuales (nueve para varones y nueve para mujeres) y en 1945 se unificó el plan de estudios junto con el de las normales urbanas.[11]

La situación para los normalistas se agravó durante el mandato de Miguel Alemán, quien frenó la Reforma Agraria y privilegió el capital privado para crear una agricultura de alto rendimiento a costa de la sobreexplotación del campo y los campesinos.

Para los años 60 fueron cotidianas las agresiones gubernamentales, pero la organización estudiantil mantuvo sólidos los motivos fundacionales, evitó la reducción de matrículas y conservó los internados, las becas y las prácticas rurales. Los estudiantes también luchaban por mantener la educación socialista a través de los Comités de Orientación Política e Ideológica (COPI), vigentes hasta la fecha, que abordan y estudian al marxismo-leninismo para entender la realidad del país y su condición social de exclusión y discriminación.

Las normales rurales se sumaron al movimiento estudiantil de 1968, en el cual tuvieron una participación activa y destacada. Después de la represión en Tlatelolco, los normalistas recibieron uno de los golpes más brutales de su historia porque Gustavo Díaz Ordaz cerraba 15 de las 29 escuelas que había y fueron convertidas en secundarias técnicas bajo la consigna de que eran semilleros de guerrilleros y grupos armados.

La década de los 70 representó para los normalistas persecución y represión sin cuartel. En plena Guerra Sucia, emprendida por el presidente Luis Echeverría, se utilizaron como referencia violenta y enemigos del Estado imágenes de Arturo Gámiz, Genaro Vázquez y Lucio Cabañas, líderes comunitarios y profesores normalistas que participaron en la organización de movimientos guerrilleros.

Como se difundió la idea de que las normales rurales eran formadoras de movimientos armados y no cumplían con el papel de escuelas, el gobierno tuvo la oportunidad de mantener una política de abandono, agresión y hostilidad, obligando a la FECSM a pasar a la clandestinidad.

Y así llegaron a 1982, cuando la mayoría de las normales rurales se declaró en huelga para exigir al gobierno lo mismo que en años anteriores. La respuesta también fue la misma: ataques del Ejército y la policía.[12]

En suma, desde 1922 se han fundado 43 normales rurales, tres centros normalistas regionales, tres normales urbanas, tres urbanas federalizadas y una normal indígena, un total de 53 escuelas, aunque nunca funcionaron al mismo tiempo y algunas fueron reubicadas o convertidas en secundarias técnicas o universidades politécnicas.

Con artimañas distintas, en 93 años el gobierno federal ha cerrado 35. Actualmente funcionan sólo 16 normales rurales, un centro normal regional y la Normal Indígena de Cherán, en Michoacán, las cuales desde 2013 atienden a una población que ronda los 6 mil 590 alumnos. Esto contrasta con el crecimiento exponencial de las normales privadas.

De acuerdo con cifras oficiales, para 2007 había 468 escuelas normales en todo el país: 287 públicas y 181 privadas que atendían a una población de 160 mil estudiantes; cinco años más tarde había 489 escuelas normales: 271 públicas y 218 privadas, con una matrícula de 134 mil alumnos. Así pues, 16 normales públicas dejaron de funcionar, y a cambio se crearon 17 privadas.

Los papeles abiertos de la historia

No resulta difícil comprender que los estudiantes de las normales rurales se involucraran e incluso encabezaran luchas armadas, como lo hizo Lucio Cabañas Barrientos, alumno de Ayotzinapa, secretario general de la FECSM en 1962, y quien cinco años después, en 1967, se internara en la sierra de Guerrero para fundar el Partido de los Pobres.

Su capacidad organizativa y activismo guerrillero eran monitoreados por el gobierno mexicano, el Departamento de Estado de Estados Unidos y la CIA.

Otro profesor, egresado de la Benemérita Normal para Maestros en la Ciudad de México, Genaro Vázquez Rojas, militó en el Movimiento Revolucionario del Magisterio y luego en el Movimiento de Liberación Nacional. Formó parte de la Central Campesina Independiente (CCI) y la Asociación Cívica Guerrerense (ACG). Tras su detención y posterior fuga de la cárcel de Iguala, constituyó la Asociación Cívica Nacional Revolucionaria y sus fuerzas armadas con una estrategia político-militar dirigida por él mismo.

Misael Núñez Acosta fue alumno de Tenería en Tenancingo, Estado de México, y fundador de la CNTE, que aglutina al magisterio disidente. Pero la disidencia genera una sensación de tragedia: han sido asesinados al menos 152 de sus integrantes desde su constitución.

Durante el gobierno de Vicente Fox Quesada (2000-2006) se creó la Fiscalía Especial para Movimientos Sociales y Políticos del Pasado (FEMOSPP), la cual esclarecería crímenes de lesa humanidad cometidos por el Estado durante la Guerra Sucia. Esa intención de actuar contra los responsables de las matanzas de 1968 y 1971 quedó en eso. Sin embargo, antes de que Fox se arrepintiera hubo un avance en 2002, cuando el acervo documental del Cisen fue trasladado al Archivo General de la Nación (AGN), en la antigua cárcel de Lecumberri.[13]

Mudaron 4 mil 223 cajas a la Galería Uno del AGN con todo y personal de Seguridad Nacional para resguardo, administración y manejo del material debido a la complejidad del archivo, conformado por más de 58 mil expedientes y un índice analítico de 5 millones de tarjetas del Departamento de Investigación Política y Social (DIPS), la Dirección Federal de Seguridad (DFS) y la Dirección General de Investigaciones Políticas y Sociales (DGIPS) de los gobiernos priistas de 1947 a 1989.

Ahí se encuentra información sobre actores relevantes: empresarios, estudiantes, sindicalistas, artistas, intelectuales, académicos y políticos. Además, se encuentra la memoria de la Guerra Sucia contada en informes elaborados por los agentes del Estado encargados de espiar, infiltrar, detener ilegalmente, secuestrar, torturar, desaparecer y asesinar bajo el argumento de combatir cualquier indicio de organización contraria o crítica al gobierno, los "enemigos del Estado".

En enero de 2012 se publicó la Ley Federal de Archivos, a través en la cual se establecían los plazos para reservar los "archivos históricos confidenciales" hasta por 30 años a partir del momento en que fueron creados, y por 70 años aquellos que contuvieran datos personales, catalogados como "confidenciales sensibles".

En 2013 y 2014 se publicaron investigaciones periodísticas sobre la Guerra Sucia en las que se evidenció la brutalidad del gobierno contra organizaciones políticas, campesinas, estudiantiles o guerrilleras. Pero el acceso duró poco porque el gobierno peñista lo restringió utilizando la Ley Federal de Archivos y la Ley Federal de Transparencia y Acceso a la Información Pública Gubernamental, reservando documentos hasta por 70 años debido a que pueden contener datos personales; es decir, torcieron la ley para evitar la consulta a pesar de no contar con información confidencial sensible que, sin embargo, desnudaba el modo de operar del Estado mexicano.

Durante la efímera apertura de los expedientes, a través de la solicitud de información con folio 0495000006008, el periodista Zósimo Camacho[14] consultó más de 10 mil fojas en 31 legajos. Encontró información sobre el espionaje que el gobierno mexicano realizó a lo largo de tres décadas, en los 60, 70 y 80, de las normales rurales y la publicó en la revista *Contralínea* del 26 de octubre al 30 de noviembre de 2014, un mes después de Iguala.

La DFS recopilaba información con agentes de campo infiltrados en las organizaciones estudiantiles que se hacían pasar por alumnos, maestros o activistas de organizaciones sociales que obtenían nombres, apellidos y números telefónicos, pero también discursos e intervenciones de los normalistas.

La infiltración del gobierno en organizaciones estudiantiles llegó a tal grado que alentaron y financiaron al Consejo Permanente de Escuelas Normales Rurales (CPENR), dirigido por el estudiante Zenón Ramírez, para disputarle la dirección política de las escuelas a Lucio

Cabañas, secretario general de la FECSM en 1963, pues de las 30 normales en funciones la FECSM controlaba 18 y el CPENR 12. Este último recibía apoyo político de Manuel Ortega Cervantes, dirigente del Movimiento Político de la Juventud del Movimiento de Liberación Nacional y apoyo económico de la profesora Guadalupe Ceniceros de Zavaleta, ex subdirectora de Escuelas Normales de la República, en ese momento directora de Internados de Primarias.

Pero en 1965 había movimientos que al gobierno le preocupaban más porque, de acuerdo con el informe de la DFS del 23 de septiembre de ese año, el Grupo Popular Guerrillero (GPG) —encabezado por el maestro rural Arturo Gámiz García, el líder campesino Álvaro Ríos Ramírez y el médico y profesor normalista Pablo Gómez Ramírez— coordinaba un ataque relámpago al cuartel militar en Madera, municipio rural del estado de Chihuahua. Estaba conformado por estudiantes y profesores de escuelas normales rurales y campesinos,[15] quienes retomaban la escuela del guerrillero argentino Ernesto *Che* Guevara.

Esta acción es considerada una de las más importantes registradas en la historia de la insurgencia mexicana porque sacudió los cimientos del gobierno mexicano, exhibió a los caciques y latifundistas chihuahuenses y fue un detonante para la guerrilla en todo el país, pero hay información que confirma que antes, durante más de 12 meses, un grupo de 40 profesores, maestros y campesinos realizaron otras acciones, como dice la tarjeta fechada el 21 de julio de 1964, que señala que cinco agentes encabezados por Rito Caldera Zamudio habían sido comisionados para ubicar y detener a un grupo de insurgentes, los cuales sorprendieron a los policías, los rindieron y tomaron presos para después dejarlos libres.La importancia de los líderes y organizaciones estudiantiles preocupa a los mexicanos, pero también al gobierno de Estados Unidos, como consta en un informe del 14 de abril de 1966 firmado por Ángel Posada Gil, Fermín Esparza Irabién y el capitán Apolinar Ruiz Espinoza dirigido al director de la DFS, Fernando Gutiérrez Barrios. "El régimen estadounidense veía como un serio peligro a los estudiantes normalistas rurales",[16] explicaba la nota. De acuerdo con ese despacho informativo, un elemento de apellido *Hoillt,* de la

Agencia Federal de Investigación (FBI), realizaba invitaciones al Comité Ejecutivo de la FECSM para que analizaran la propuesta de visitar Estados Unidos respaldados por becas.

Dos años antes, el 25 de febrero de 1964 un parte firmado por el agente de campo Blas García Hernández describe la coordinación entre el gobierno mexicano y el estadounidense para detener la huelga que pretendían estallar los estudiantes durante la celebración de su Congreso Nacional y la posibilidad de realizar una investigación policiaca para conocer más sobre la naturaleza de la FECSM.

Como parte de las acciones para disminuir la capacidad de movilización de la FECSM, en agosto de 1966 surgió la Federación Nacional de Normales Urbanas (FNNU). Un año después, el gobierno organizó una Asamblea Nacional de Educación Normal Rural que pretendía construir un modelo de normalismo para desaparecer los internados de las escuelas y terminar con huelgas y paros, reduciendo posibilidades de movilizaciones por alimento y hospedaje, controlar las becas e inscripciones y desapareciendo la carga política-ideológica.

La DFS compiló una gran cantidad de información sobre cada una de las escuelas, de las que sabía todo, su relación con las comunidades agrarias circunvecinas, infraestructura, número de alumnos, integrantes de los comités estudiantiles, comisariados ejidales y afiliación a la Confederación Nacional Campesina (CNC) o a la CCI, comunidades indígenas, principales cultivos, producción pecuaria y ubicación geográfica con mapas y croquis.[17]

Simultáneamente, la Confederación de Jóvenes Mexicanos (CJM), ex aliada de la FECSM, se había unido al gobierno diazordacista y pedía la desaparición de las normales, como exhibía un desplegado publicado en *El Universal* el 14 de marzo de 1968. Para noviembre, cuando los alumnos regresaban de vacaciones, las normales habían sido cerradas y su mobiliario extraído. Ayotzinapa en Guerrero y Cañada Honda en Aguascalientes fueron sitiadas por el Ejército, y en otras había elementos de la 13 Zona Militar. Esta acción desató una huelga en 14 escuelas y con ello se logró abrir las 15 que el gobierno había cerrado. De todas maneras, nada terminó bien porque un año más tarde 13 escuelas fueron convertidas en Secundarias Técnicas Agropecuarias. Al intentar recuperarlas, los estudiantes se enfrentaron a contingentes de por lo menos 200 campesinos priistas respaldados por el Ejército que habían tomado las instalaciones junto con las policías locales, la DFS, el Servicio Secreto y la CNC.

Ese año la FECSM recibió el golpe más duro porque cerraron la mitad de sus escuelas. Sólo sobrevivieron aquellas en las cuales sus vecinos, la mayoría campesinos padres de los estudiantes, se solidarizaron para defenderlas. Pero el hostigamiento no se detendría y en épocas recientes una nueva andanada se desataría para alcanzar el objetivo de cerrar la totalidad de ellas.

Las normales rurales han sido condenadas a la desaparición por el gobierno federal, y Ayotzinapa por encima de todas porque representa el centro de la conciencia social en Guerrero, que también significa resistencia y organización para defender el derecho fundamental a la tierra y su riqueza que las mineras y el narcotráfico han cancelado en gran parte de México. Eso da sentido al dicho de luchadores sociales guerrerenses, Evelia Bahena entre ellos, que siempre repiten que Ayotzinapa es la razón de todo, aunque las esferas de poder busquen, y en ocasiones con desesperación, fórmulas para transformar y adecuar la realidad, incluso a través del terror.

Capítulo VII

Naturalización de la barbarie

P UEDE UNO CAMINAR por la costera Miguel Alemán en Acapulco y maravillarse con las fabulosas y opulentas residencias amuralladas de Punta Diamante, que se cotizan en millones de dólares, u hospedarse en un hotel de ensueño y minutos más tarde deprimirse o morirse de hambre en las zonas marginadas. Como dicen los viejos residentes de la colonia Renacimiento: "En el puerto sólo tenemos dos zonas: la hotelera y la atolera. Y aquí vivimos los miserables".

El estado entero es dramático, como su historia. Por eso destaca una fecha: el 30 de diciembre de 1960. Desde Chilpancingo, la capital, Guerrero se convertiría lenta e inexorablemente en un gran campo de batalla y se criminalizaría toda la protesta social, campesina, magisterial y estudiantil, el futuro sería comprometido a un círculo vicioso mientras la sociedad guerrerense se pulverizaba.

Abel Barrera Hernández, director del Centro de Derechos Humanos La Montaña Tlachinollan, en un ensayo de 2007 —*El despertar del Guerrero bronco*— ofreció una descripción del estado: "Tierra de contrastes sociales marcados por la barbarie caciquil y por un Ejército federal posicionado dentro de los territorios de los pueblos indígenas para guerrear contra los pobres y dejar crecer en los centros turísticos el negocio del narcotráfico. El minifundismo amapolero es la justificación de la militarización que desde la época de la Guerra Sucia se implantó en las escarpadas sierras y montañas, que sirvió para la posteridad como modelo de guerra contrainsurgente que nos ha desangrado y nos ha colocado como una de las entidades más violentas, donde la vida tiene un precio ínfimo".

Los gobernadores acabaron con la convivencia pacífica, en forma paulatina desestabilizaron la región; a través del uso y abuso del Ejército configuraron una realidad tan atroz como temible y, con el visto bueno del gobierno central en la Ciudad de México, dieron paso a la naturalización de la barbarie. La opresión necesariamente derivó en movimientos insurgentes.

Si bien el triunfo de la Revolución cubana en enero de 1959 produjo una efervescencia política universitaria en casi toda América Latina, desde 1957 en Guerrero había agitación social y se habían forjado condiciones para una insurrección de civiles y estudiantes a propósito de la demanda de estos últimos para transformar en universidad el Colegio del Estado.

Y aquel 30 de diciembre de 1960, la conjugación de una serie de factores propició la primera matanza masiva de estudiantes frente a la alameda "Francisco Granados Maldonado", de Chilpancingo, ordenada por el general de brigada Luis Raúl Caballero Aburto, quien despachaba como gobernador constitucional desde el 1 de abril de 1957.

Caballero no fue un precursor ideológico ni político. Egresado del Colegio Militar, graduado en la Escuela Superior de Guerra y con diplomados especiales en el Fuerte Knox de Estados Unidos, sus actos representan una clave para entender hoy la decadencia del régimen, la corrupción, el hostigamiento, la persecución de líderes sociales, maestros y estudiantes, y la impunidad.

Se ha documentado cómo los guerrerenses se aglutinaron en torno a la Asociación Cívica Guerrerense (ACG) a partir de 1959 para exigir, entre otras cosas, la desaparición de poderes del estado, y cómo resaltan la figura y el liderazgo del maestro normalista Genaro Vázquez Rojas, nacido en San Luis Acatlán el 15 de junio de 1930 (si bien algunos académicos establecen la fecha del 10 de junio de 1931).

Genaro hizo casi todos sus estudios en la Ciudad de México y egresó de la Escuela Nacional de Maestros, donde obtuvo su título de profesor de educación primaria, aunque históricamente se reproduce el discurso de que fue egresado de Ayotzinapa.

Vázquez Rojas confesaría la cercanía con su gente en una entrevista[1] que le hizo en 1971, en la sierra guerrerense, Armando Lenin Salgado —considerado por muchos el fotoperiodista mexicano vivo más importante del siglo XX—: "Durante mis estudios y luego en el ejercicio de mi profesión jamás perdí el contacto con mis paisanos. Siempre me exponían sus problemas y me designaron su representante ante el Departamento Agrario.

"Para dedicarme de lleno a la solución de los problemas agrarios abandoné mi plaza de maestro y me responsabilicé de las asociaciones campesinas de mi estado. [...] La ACG movilizó al pueblo contra el gobierno arbitrario del general Raúl Caballero Aburto, quien fue destituido; también protestó enérgicamente por los bajos precios que las compañías norteamericanas representadas por los caciques de la región pagaban por los productos campesinos. [...] El régimen, entonces, ordenó la represión implacable contra los dirigentes de la ACG; desconoció a los ayuntamientos populares de Atoyac y Coyuca de Benítez —cercanos a Acapulco— y numerosos ciudadanos se vieron obligados a salir del estado".

En los tres años siguientes (1960, 1961 y 1962), dentro de la legalidad la ACG opacaría a los rígidos políticos priistas. Ninguno encontraría la fórmula para frenar el protagonismo ni detener el crecimiento de la organización.

Dueño de una elocuencia envidiable y carismático, el presidente Adolfo López Mateos nunca entendió de qué se trataba el gran movimiento social en Guerrero. Recibió denuncias y acusaciones contra el gobernador Caballero, pero a la luz de los hechos fue claro que las tiró al cesto de la basura y guardó un silencio cómplice.

Desde el día que se consumó su imposición en la gubernatura, Caballero Aburto sufrió un desgaste permanente. Sus abusos, el escandaloso enriquecimiento ilícito de sus familiares gracias a los dineros públicos y una violenta campaña de hostigamiento y represión que puso en marcha para acallar[2] a sus rivales y enemigos políticos tuvieron una consecuencia: unieron en su contra a los guerrerenses. A todos, incluidos los dueños del dinero y los caciques, quienes habían perdido la paciencia y la confianza.

A los estudiantes de educación superior, quienes habían empezado años atrás el movimiento para transformar el Colegio del Estado en una universidad autónoma, les infiltró al Pentatlón Universitario, una organización que hacía las funciones de grupo paramilitar y cuya intención era nulificar la influencia de los estudiantes organizados, rebeldes, a los ojos del gobernador. El doctor López Limón documentó que los integrantes del Pentatlón recibieron, "a diferencia de los demás estudiantes, becas que incluyeron alimentación, casa, vestido y libros".

Para el 30 de diciembre de 1960, cuando cumplía la mitad de su mandato, Guerrero estaba en plena ebullición política, social, agraria y estudiantil. Caballero tenía para todos los dirigentes y los movimientos el mismo acercamiento: la represión y las armas por delante. La muy socorrida política del tolete o del garrote. Para él, todos los movimientos y sus dirigentes eran comunistas agitadores que perturbaban el estado y formaban parte de una gran campaña desestabilizadora.

"Su gobierno se caracterizó por ser represivo y por cometer muchos asesinatos en busca de una supuesta seguridad y justicia para la entidad. A un mes de haber iniciado su mandato, Caballero puso en marcha una campaña de despistolización que sirvió de pretexto a su policía para los allanamientos de domicilios, atropellos y violaciones a las garantías individuales de los guerrerenses", escribió en diciembre de 2013 Víctor Cardona Galindo, cronista de Atoyac, en *El Sur, el periódico de Guerrero*.

El 7 de julio de 1952 se le identificó a Caballero, en su papel de comandante del Batallón Mecanizado del Ejército, como uno de los autores intelectuales y materiales de la "Matanza de la Alameda", en la Ciudad de México, cuando aquel Ejército puso en marcha un gran operativo para reprimir y aniquilar a partidarios del candidato presidencial opositor Miguel Henríquez Guzmán, el general que retó y confrontó al presidente Miguel Alemán Valdés en el proceso electoral de 1952, que culminó con la imposición del veracruzano Adolfo Ruiz Cortines.

Derrotado el general Henríquez Guzmán por la maquinaria electoral priista, Alemán también giró órdenes de disolver con el uso de la fuerza militar una multitud henriquizta que realizaría, al siguiente día de las elecciones, una manifestación en la Alameda Central de la Ciudad de México para denunciar el fraude electoral. El resultado fue uno: fuego, sangre y muerte.

El 16 de enero de 2009, Carlos Montemayor recordaría aquel episodio de la siguiente forma: "Al día siguiente todo fue confuso, como ocurre en México: que fueron 300 los muertos; no, que fueron 200. Los amigos que tenía en la milicia le informaron al general [...] que habían sido poco más de 200 cadáveres los que llevaron al Campo Militar Número I a incinerar. La gente corría por la calle, hasta Guerrero, por San Juan de Letrán. Cuando el maestro Muñoz Cota empezó a escribir en *Impacto*, don Regino le publicó unas fotografías de esa matanza, increíbles. Hay una señora que está con su niño pegada a una cortina de metal, porque los comercios bajaron sus cortinas, y el de la montada está así, con el fusil. [...] Fue bestial, mataron a muchos. Se decía que el avión del Presidente estaba listo porque él creyó que ahí se desataba algo más. Siempre tuvieron temor de que el general Henríquez Guzmán se alzara en armas. Pero nunca hubo armas".

Aunque tardaría cinco años en llegar, el general Caballero salió de esa matanza como gobernador "constitucional" de Guerrero —los comicios fueron un trámite burocrático controlado por la Secretaría de Gobernación—, con el apoyo a ciegas del presidente Ruiz Cortines. Y al llegar también demostraría su largo aprendizaje: gobernó el estado con mano de hierro desde el primer minuto de su administración.

CORTAS LE QUEDAN a Caballero las palabras "brutal" y "despiadado" para definirlo y calificarlo. Con él cobró notoriedad el *Pozo Meléndez*, el *Pozo sin fin* o la *Trompa del diablo*, un misterioso agujero vertical con entrada pero sin salida conocida, que se localiza a la vera de la carretera Taxco-Iguala, donde supuestamente aún se depositan cadáveres o restos de los enemigos del régimen y los adversarios incómodos.

Caballero conocía muy bien esa grieta de unos seis metros de diámetro y algunas de las historias que se tejían sobre él desde antes de la Revolución. Se dice que alguna vez la empresa minera ubicada en los terrenos donde se encuentra el *Pozo Meléndez* intentó rellenarlo y sellarlo, pero se quedó en eso, un intento, y se mantuvo como un tiradero de cuerpos.

Aunque se cuenta que en 1954 un grupo de exploradores aficionados, entre los que se encontraban médicos militares, bajó y encontró que la profundidad total no superaba los 175 metros y que sólo había huesos de animales, nadie lo sabe con certeza.

Hay quienes están convencidos de que en ese pozo fueron tirados algunos de los estudiantes que desaparecieron en Iguala entre el 26 y el 27 de septiembre de 2014, pero de igual manera hay quienes creen que, como pasó en la Guerra Sucia, algunos fueron tirados al mar y otros "apuestan" a que los hornos crematorios del Ejército trabajaron horas extras la madrugada del día 27 de septiembre. Hay quienes sugieren que cuando se habla de la *Boca del Diablo* se hace referencia a una cueva legendaria que se encuentra cerca de Nuevo Balsas, a unos 30 kilómetros de Cocula, en cuyas cercanías se han realizado algunos peritajes, pero más porque es una zona propicia para los plantíos de mariguana y amapola.

Otras versiones sobre los desaparecidos poco han significado, como la llamada anónima que dijo a la PGR el 8 de octubre de 2014 que 13 de los normalistas estaban "en el Rancho de Montoya", colonia Tijeritas, Iguala, y que estaban involucrados *dealers* de la colonia Genaro Vázquez.

—Uno que vive mero en la parada de combis [...]. Esa persona es un gordo que tiene una moto de esas de llanta gruesa. Otro vive en la colonia Tierra y Libertad, su nombre es Isabel Miranda Libertad, arribita de donde vive la señora que vende hilos, su nombre es Rosa Serrano Domínguez.

—¿Sabe a qué se dedica él? —preguntaba la agente del MP, Isela Galicia Castillo a la voz sin nombre (de una mujer) que el Operador 45 del Centro de Denuncia y Atención Ciudadana (Cedac) le transfirió a las 18:35 y que consta en el folio CEDAC-078897-2014-10-2, parte de una Constancia Ministerial integrada en el expediente de la PGR sobre los hechos de Iguala.

—Él vende cocaína con los de las combis —responde la voz.

—¿Esta persona tiene relación con lo que pasó con los estudiantes?

—Sí, también.

—¿Por qué tiene relación?

—Porque *El Montoya* tiene un lavado y ahí *El Peque* y uno que vive en la colonia Genaro Vázquez, el que lo agarraron apenas.

—[*ininteligible*].

[...]

—¿Cómo se llama?

—No lo sé, pero pertenece a la delincuencia organizada.

—¿Por qué motivo se llevaron a los estudiantes?

—No lo sé, pero ellos fueron los que estuvieron involucrados en eso, todo el mundo los vio.

[...]

—¿Dónde más se reúnen para vender su droga, aparte de la base de taxis?

—Sólo sé de ese lugar.

—¿Cómo venden la droga?

—Por bolsita, por gramo, las venden en las combis y con otro señor de Tierra y Libertad, su nombre es José Isabel Miranda, él es chaparrito, blanco, con el pelo cepilludo.

—Señora, el operador del Cedac me informó que usted tiene conocimiento del lugar en el que se encuentran los estudiantes...

—En la colonia Tijeritas, en el Rancho de Montoya, y ahí estaba al que agarraron de la colonia Genaro.

—¿Él es autoridad?

—Sí, mire, la persona que los cuida le dicen *El Peque*.

—¿Los estudiantes están vivos?

—Mire, hay una persona que acaba de llegar a mi lado y no se va, ya no puedo hablar, se me queda viendo y le hace señas a otro, yo creo que es mejor cortar, no puedo hablar, tengo miedo, luego le llamo.

Y colgó.

El dueño del rancho, que después comprobaron se llamaba Los Naranjos, era *El Tilo*, Víctor Hugo Benítez Palacios, uno de los hermanos del grupo de Los Peques —también conocidos como Los Tilos o Los Pelones—, y lo usaba para guardar armas y enterrar cuerpos. También para que pastaran algunas cabezas de ganado, se enteró la policía más tarde, cuando catearon el lugar y no encontraron nada, o eso fue lo que dijeron.

También en el Estado de México es común escuchar que ubican vivos, pero esclavizados, a algunos de los 43, y que no pocos se encuentran en el sistema de cuevas de Pilcaya, al norte de Guerrero por las grutas de Cacahuamilpa, enrolados en la guerrilla, aunque otros digan que los vieron en Luvianos, en el caserío de Rancho Viejo, cerca de una mina llamada Cruz de Clavos, custodiados por una célula armada de La Familia Michoacana, que los llevó allí después de que se los entregaran los Guerreros Unidos por "una orden presidencial" y que nada más tenerlos los pasearon haciendo escarnio por aquellas calles ralas para luego volverlos a desaparecer.

En esa región abundan esos relatos. Que algunos de los estudiantes hayan sido vistos en la comunidad de El Manguito, Luvianos, y que sicarios los cambian de ubicación por una zona que ellos mismos llaman *Tierra narca* —un corredor que nace en la costa Grande de Guerrero, atraviesa Michoacán y enfila a Huetamo, por la sierra de Dolores, para florecer definitivo en el Triángulo de la Brecha, en el lado sur del Estado de México—, equivale a la leyenda del interminable fondo del *Pozo Meléndez*.

Lo único real es que la reciente notoriedad del *Pozo Meléndez* se consolidó en 1960, cuando el presidente municipal de Acapulco, José Joseph Piedra, denunció que ese lugar era usado para desaparecer y deshacerse de los enemigos personales y rivales políticos del gobernador Caballero Aburto; sin embargo, López Mateos —quien arrastraba su propia historia negra de represión— nunca escuchó las acusaciones. Y ya para entonces el pozo había aportado y dado voz a decenas de historias de desaparecidos políticos o de guerrerenses que no eran bien vistos por su gobernador y, ciertamente, de algunos criminales que asolaban en algunas zonas, como la de Atoyac.

"En Atoyac —escribió Cardona Galindo— tuvieron fama La Trozadura y El Charco Largo donde fueron ajusticiados muchos ciudadanos [...]. Se recogieron docenas de cadáveres en el lugar que la gente bautizó como la *Curva de Caballero* a la entrada de esta ciudad y en el puente del lugar conocido como arroyo de *El Japón*. [...] A nivel estatal se mencionaban otros lugares siniestros y panteones clandestinos, como las inmediaciones del Plan de los Amates y de Copacabana en Acapulco, además del Pozo Meléndez; en este último lugar, se dice, la policía arrojó los cuerpos de muchas personas".

En la siguiente década, la de la Guerra Sucia, los presidentes Gustavo Díaz Ordaz y Luis Echeverría Álvarez también desestimaron denuncias públicas en el sentido de que esa falla geológica circular —que se ubica en Puente Campuzano, pequeña localidad de unos 700 habitantes que viven en la pobreza extrema y que es conocida también como la mayor fosa clandestina de Guerrero— era usada para desaparecer a estudiantes rebeldes, líderes sociales insurgentes, campesinos acusados de atentar contra el gobierno y guerrilleros.

Después de la desaparición de los normalistas de Ayotzinapa, el pozo cobró relevancia de nueva cuenta, lo mismo que su historia negra y sus leyendas. El general brigadier José Francisco Gallardo Rodríguez, que ha enfrentado y se ha confrontado con los altos mandos de las Fuerzas Armadas, advirtió en la segunda semana de julio de 2015: "Sospecho que ahí hayan sido tirados los jóvenes de Ayotzinapa. Ese pozo lo conocí en 1968. Ese es uno de los más hondos que existen y que ha sido utilizado para eso", por su profundidad. Cuando los cuerpos son arrojados, no es posible detectar el olor de la descomposición.

Sin embargo, la información se dejó de lado y nadie investigó porque pronto se descubrió que Guerrero estaba convertido en un gran cementerio, lleno de fosas comunes y clandestinas.[3]

MASACRES EN CHILPANCINGO E IGUALA

Caballero fue un político corrupto y un gobernador siniestro. Nadie sabe con certeza a cuántos de sus enemigos ordenó aniquilar —se contaban por decenas—, pero la persecución, la tortura y el hostigamiento

143

se hicieron práctica de gobierno, tolerada por Ruiz Cortines y luego por López Mateos, hasta que no se pudo más o ya no fue posible ocultar la barbarie, que incluyó la desaparición de comunistas y dirigentes sospechosos de simpatizar o militar en la izquierda.

Pero el señor general de brigada no entró a las páginas de la historia negra del país por eso, que ya era muy grave, sino porque el 30 de diciembre de 1960 ordenó un redoble de guerra para reprimir y liquidar en la plaza principal de Chilpancingo, la Alameda, a unas cuadras del Palacio de Gobierno estatal, a estudiantes de educación superior que exigían también la destitución de su amigo Alfonso Ramírez Altamirano, rector del Colegio del Estado, en camino de convertirse en la Universidad de Guerrero; la autonomía de la nueva institución —que finalmente daría paso a la actual Universidad Autónoma de Guerrero—; reformas o una nueva la Ley Orgánica para la universidad, y aumento a los subsidios y fondos educativos. Y la destitución de algunos militares.

Aquel redoble de tambores fue más funesto de lo que parecía. Caballero mostró, una vez más, como si hubiera hecho falta, su rostro verdadero. Ordenó al Ejército —que ya tenía sitiada la universidad a la que, a su vez, le habían suspendido todos los servicios públicos (agua, luz y teléfono), así como cercadas otras calles del centro de la ciudad— romper la huelga estudiantil, que se prolongaba desde el 21 de octubre,[4] desmantelar el plantón en la Alameda, frente a las instalaciones del colegio, arremeter contra el Comité de Huelga de la Federación de Estudiantes (a la que vigilaban de cerca y calumniaban los militares) y reprimir la marcha estudiantil que avanzaría desde la Alameda, por la avenida Vicente Guerrero, hacia el Palacio de Gobierno.

En esa lucha coincidieron Genaro Vázquez Rojas, Jesús Araujo Hernández, dirigente de la Federación Estudiantil Universitaria Guerrerense (FEUG), y Lucio Cabañas Barrientos, líder de los estudiantes de la normal "Raúl Isidro Burgos". Se habían unido aseadores de calzado, maestros, campesinos, ganaderos, burócratas estatales y municipales, colonos, copreros, electricistas, padres de familia, transportistas, caficultores, comerciantes, líderes sociales, mecánicos, choferes y múltiples organizaciones sociales. Y a la insurrección popular, extendida por todo el estado, se habían sumado banqueros e industriales, de acuerdo con Mario García Cerros en la obra *La educación superior en el proceso histórico de México.*

Lo que siguió fue un caos. Cuando apenas avanzaba la columna del estudiantado, que tenía el apoyo de organizaciones civiles guerrerenses inconformes por la corrupción, aparecieron varias unidades del Ejército, al mando del general Julio Morales Guerrero, del XXIV Batallón de Infantería, con sede en Chilpancingo.

El despliegue militar formaba parte de un operativo oculto —en coordinación con la siniestra Policía Judicial del Estado y grupos paramilitares—, que arremetió contra los estudiantes huelguistas y la población civil. De un disparo seco, un soldado —aunque hubo quienes atribuyeron el disparo a un judicial estatal a las órdenes directas del gobernador— asesinó a un trabajador de la Comisión Federal de Electricidad. Intencional o no, esa fue una de las señales de ataque.[5]

Nadie podía estar preparado para lo que sobrevendría después de ese primer disparo. Los soldados de Infantería, los judiciales y los paramilitares, armados también con garrotes, se lanzaron contra una multitud civil "armada", si así puede llamarse a eso, apenas con unos cuantos palos y piedras para repeler el ataque de metralletas y otras armas de fuego. Fue una lucha muy desigual. Los soldados arrasaron con todo y cargaron contra cualquier blanco en movimiento. Despotricando y amenazando, las unidades militares cruzaron entre esa muchedumbre que se había atrevido a protestar, denunciar la corrupción y los abusos, y exigir la remoción del señor gobernador.

En sus oficinas de Palacio de Gobierno estatal, el gobernador se encontraba tranquilo y a salvo, recibiendo noticias sobre el número de estudiantes y otros guerrerenses "rebeldes" enviados a las mazmorras de aquel palacio. Y en el patio se apilaban algunas de las víctimas que habían perdido la vida por disparos de los militares.

Mujeres y hombres, jóvenes y niños caían muertos, heridos o moribundos, mientras sujetos vestidos de paisano, apoyo de los militares o estos mismos, golpeaban a las víctimas más débiles o que podían correr menos rápido. Horrorizados y atrapados, los manifestantes escaparon en todas las direcciones, a cualquier lado y por donde pudieron. De cualquier forma, los soldados habían copado y cerrado todas las posibles vías de salida o caminos. Así que la huida fue inútil.

Los soldados cargaron contra todo y contra todos tratando de acallar a los guerrerenses que acusaban a Caballero de todo. La ACG y los estudiantes tenían la razón y la verdad. En tres años, Caballero había logrado lo que pocos gobernantes: echó tanto fuego a la caldera que terminó por quemarse y propiciar una insurrección generalizada en todo el estado. Lo responsabilizaban de asesinatos, desapariciones, secuestro, tortura, saqueo a las arcas y peculado; en una palabra, de corrupción. El general y su familia sólo se hacían "justicia" y se servían de la Revolución.

Aquel 30 de diciembre de 1960, allí en la Alameda de Chilpancingo se confundían los disparos de los soldados con los gritos de los manifestantes desarmados; aunque en los siguientes días periodistas y "testigos" al servicio de Caballero advertirían que esos inconformes —alumnos del viejo Colegio del Estado y aquellos agrupados en la ACG— provocaron el ataque y la carnicería porque estaban armados con cuchillos.

En la medida en que se fue aclarando esa carnicería y aumentaba el número de estudiantes y otros manifestantes enviados a las mazmorras del palacio, los soldados y otros grupos civiles que comandaron el ataque se retiraron para dar paso a la tropa que se haría cargo de resguardar el orden de la ciudad y de la "limpieza" de la zona de ataque, así como de rendir el parte de guerra al general-gobernador Caballero.

Durante los días siguientes, los guerrerenses se dedicaron a velar y enterrar a sus muertos, buscar a sus desaparecidos y cuidar a sus heridos mientras el Ejército se apoderaba del municipio y el gobernador hacía esfuerzos por mantenerse en el poder. El tamaño de la masacre no se pudo tapar, aunque mucho lo intentaron los operadores del gobernador; entre tanto, el gobierno de López Mateos enviaba a Chilpancingo los Batallones de Infantería 50° y 6°.

Aún hoy nadie sabe cuántos alumnos desaparecieron ni cuántos manifestantes murieron víctimas de las armas del Ejército. El gobierno puso su número en 15 y reconoció decenas de heridos, pero el conteo de los estudiantes y las organizaciones civiles descubrió al menos una veintena de cadáveres —entre ellos cuatro mujeres, por los que se levanta hoy el Monumento a los Caídos en la Alameda—. En los días posteriores se sabría que habían dejado de contar cuerpos apilados en el patio central del Palacio de Gobierno, mientras las mazmorras estaban llenas de estudiantes torturados.

Después de aquel 30 de diciembre de 1960 Guerrero se convertiría inexorablemente en un camposanto de fosas clandestinas, un estado que sentiría la mano pesada o la represión bárbara a través de todos los cuerpos policiacos y el Ejército.

La campaña posterior para culpar a los estudiantes, a dirigentes de otros organismos civiles y a los comunistas fue inútil y un fracaso gigantesco, aunque el gobierno montó de inmediato una cacería para perseguir, capturar y tratar de encarcelar a los principales líderes del movimiento anticaballerista. Si bien el movimiento estudiantil se apagó, la de por sí devaluada imagen del gobernador, el general Caballero de apellido, sufrió un golpe político mortal por necesidad.

El 4 de enero de 1961 el Congreso de la Unión lo despojaría del fuero constitucional, declararía la desaparición de poderes y lo destituiría, aunque el gobierno de López Mateos, con todas las pruebas que tenía en su contra no intentó siquiera llevarlo a juicio por los delitos que se le podían probar, incluidos crímenes de lesa humanidad.

Su destitución fue un borrón y cuenta nueva. Sin un desarrollo organizativo afinado, los estudiantes y la sociedad civil vieron de lejos cómo López Mateos les imponía, desde el Distrito Federal, a un nuevo gobernador en la persona del ex senador priista y ministro de la Suprema Corte de Justicia de la Nación Arturo Martínez Adame, político improvisado que, como su antecesor, recurrió al terror y al autoritarismo para someter a los guerrerenses.

Caballero fue apenas el presagio de la tragedia. Muy mal les iría con el señor de leyes. Apenas juramentado, este puso en marcha una aparente política de reconciliación, liberó a los universitarios encarcelados por el general, concedió la autonomía universitaria y tomó medidas de distensión en algunos municipios, como lo documentaría y escribiría más tarde Cuauhtémoc Sandoval Ramírez, pero en su administración germinó y floreció la semilla de su antecesor, el general caído, porque el señor ministro-gobernador adoptó una peculiar campaña de violencia selectiva, aceitó la maquinaria del fraude electoral para perpetuar al PRI en la gubernatura, toleró los abusos de la policía, solapó la formación de grupos paramilitares y mantuvo línea abierta con el Ejército para reprimir y aniquilar movimientos sociales.

El nuevo gobernador también criminalizó la protesta social; a punta de bayoneta, con apoyo de la policía o grupos paramilitares, retomó para el priismo el control de una veintena de ayuntamientos considerados rebeldes y fue clave para someter y pulverizar a la sociedad guerrerense. Fueron permanentes las campañas de terror, intimidación y persecución contra los líderes de la ACG. El blanco especial era Genaro Vázquez Rojas. Algunos otros dirigentes fueron "perdonados" e insertados en el gobierno estatal.

Pero el ministro-gobernador no debió esperar tanto para saber de qué madera estaba hecho y cómo se había curtido en las filas priistas porque el 31 de diciembre de 1962 —justos dos años después de la matanza de estudiantes que le costó el puesto al general Caballero— dio la orden para que el Ejército reprimiera en la ciudad histórica de Iguala una serie de marchas y manifestaciones de la ACG —encabezada por el profesor Genaro Vázquez— y otras organizaciones civiles, que culminarían con una parada cívica o un plantón permanente para denunciar y protestar contra el descarado fraude electoral maquinado en los comicios del 2 de diciembre por el gobierno federal —a través de Donato Miranda Fonseca, secretario de la presidencia lopezmateísta— y la jerarquía del PRI para imponer a Raymundo Abarca Alarcón como gobernador "constitucional".

Cuatro décadas después, en *La matanza del 30 de diciembre de 1960*, el extinto diputado federal y senador guerrerense Cuauhtémoc Sandoval Ramírez recordaría: "Desafortunadamente, el triunfante movimiento popular-estudiantil no encontró mecanismos y cauces para dar la batalla posterior de manera organizada e institucional, ya que no había partidos políticos nacionales o estatales que articularan sus inquietudes y demandas. Por otra parte, a nivel nacional se vivía un reflujo después de la derrota del movimiento ferrocarrilero, y las cárceles de la capital del país se encontraban llenas de líderes políticos y sindicales".

Uno y otro, Caballero y Martínez Adame, le imprimieron sentido a la violencia brutal e hicieron de la persecución una norma de Estado. Los críticos y los opositores al régimen fueron proscritos. El señor gobernador cargó en sus hombros el asesinato de siete igualtecos en aquella parada cívica del 31 de diciembre de 1962 y el encarcelamiento del profesor Genaro Vázquez Rojas.

El fuego a discreción, que se registró poco antes de la medianoche, también dejó un saldo de 23 heridos. Y luego se sabría que al menos 300 personas habían sido recluidas en mazmorras de la cárcel local y que no la pasaban bien porque la mayoría eran víctimas de tortura y otros tratos inhumanos. Ya después el gobernador provisional Martínez Adame decretaría la suspensión de garantías individuales y el toque de queda. Y en esa época empezó la persecución contra el profesor Genaro Vázquez.

Alberto Guillermo López Limón publicó en *¡Comandante Genaro Vázquez Rojas: Presente!*: "A fines de 1960 los guerrerenses tumbaron a un gobernador despótico mediante una algarada social; dos años después votaron civilizadamente por la democracia y consiguieron un baño de sangre. Conclusión obligada: en México la lucha comicial es contraproducente".

La oposición estaba preparada para defender su triunfo en los comicios locales y para frenar los abusos históricos del PRI, pero no contaba con la irrupción del Ejército, apoyado por la policía y paramilitares enviados desde la gubernatura para sofocar a los inconformes, a quienes identificaban como parte de un gran movimiento campesino-comunista.

Nadie ni nada preparó a los guerrerense para lo que les esperaba después del general-gobernador. Tampoco habrían adivinado el destino que les deparaba con el ministro-gobernador, un hombre de leyes, "civilizado". El escenario sería uno: Guerrero. Y el resultado: el aniquilamiento de opositores al régimen, sospechosos de militar en partidos de izquierda, potenciales insurgentes y comunistas o simples inconformes.

Gobernadores violentos e incapaces pusieron en marcha una campaña de represión brutal, permanente e implacable. Esa violencia de Estado tuvo un resultado previsible: en los siguientes tres años tomó forma la primera gran guerrilla rural guerrerense.

Riqueza maldita

Si el general Caballero despreciaba a los indígenas y a los pobres, Martínez Adame resultó ser un clasista, enemigo de las libertades civiles y furibundo anticomunista. Poco a poco empezó a delinearse una lista de líderes sociales, estudiantes, maestros, dirigentes campesinos, indígenas y autoridades ejidales víctimas de una campaña sistemática de violencia de Estado o de aquella tolerada a los caciques de la entidad. Luego vendría la de la delincuencia organizada, otro capítulo de terror.

Entre la violenta represión del gobierno de Caballero y las prácticas de terror de Martínez Adame, en Guerrero fue germinando la semilla de la insurgencia que habían sembrado los hermanos Escudero en Acapulco. Así cayeron, víctimas del Ejército o de la policía estatal, Roberto Olea Castillo, dirigente campesino, en San Jerónimo; Federico Espinosa, de la Central Campesina Independiente, y Juan Maldonado en Petatlán. El líder campesino Pedro Cortés Bustos, presidente del comisariado ejidal de San Luis Acatlán e integrante la Liga Agraria Revolucionaria del Sur Emiliano Zapata; Delfino Ocampo Delgado, y la niña Elvia Solorio. No hubo distingo de edad.[6] Luego la lista se hizo interminable.

Martínez Adame y su antecesor el general Caballero abrieron las puertas de par en par para que se levantara en armas el profesor normalista Genaro Vázquez Rojas. En aquellos movimientos de 1960 y 1962 se empezaba a sentir y resaltar la presencia y liderazgo de Lucio Cabañas, dirigente de la FECSM en el periodo 1962-1963, que aglutinaba a las 28 normales rurales que había en ese momento.

Con una prensa muy controlada, viviendo en su mayoría de recursos públicos, el gobierno federal pondría en marcha una política comunicacional salvaje para deslegitimar a la guerrilla, sus ideales, sus luchas por la justicia social y sus batallas contra la corrupción. El guerrillero pasó a ser un bandolero; el insurgente, un delincuente del fuero común, y el rebelde, un malhechor.

Ni los dueños de los medios ni los periodistas entendieron al país o lo aprovecharon muy bien a través de los recursos para la propaganda gubernamental. Guerrero sigue sumido en la miseria y la marginación. Las campañas represivas son permanentes. Y el estado, desde siempre, ha sido una gran fosa común. Ningún gobernador ha sido enjuiciado hasta ahora, aunque crímenes de lesa humanidad o de Estado se cuentan por cada rincón, hasta llegar a los 43 de Ayotzinapa y otros que muestran un nuevo frente de guerra en el que los caídos sólo se cuentan del lado de los movimientos sociales.

Criminalizados o sometidos esos movimientos sociales y sus dirigentes, controlado el estado por el Ejército, la Marina-Armada de México, las policías Federal y Estatal, así como el crimen organizado bien asentado en zonas estratégicas guerrerenses, a Guerrero llegó otro tipo de riqueza que se convertiría en una desgracia: la minería a gran escala, para explotar, primero, enormes yacimientos de oro; luego otros de uranio —extendidos hasta la región de Tlatlaya en el Estado de México— y, finalmente, de titanio.

El asentamiento de grandes empresas mineras, sobre todo canadienses, ofreció un guiño de prosperidad a los atribulados guerrerenses. Vislumbraron estos, por fin, la entrada al desarrollo largamente prometido; las mineras reescribirían su historia y los sacarían no sólo de la pobreza, sino de la agobiante miseria.

Fue una ilusión pasajera. Allá, arriba, donde las mineras trasnacionales empezaron a desplazar los sembradíos de amapola y mariguana, controlados por temibles criminales, los muertos aparecieron. Primero fueron líderes sociales y aquellos que organizaron y encabezaron las luchas contra las mineras, conocidos a secas como líderes antimineros. Luego fueron los demás, pueblos enteros.

De la noche a la mañana o, para decirlo en otras palabras, a partir de 2000, los intereses de poder y la gran minería en Guerrero se convertirían en tierra prometida para las ambiciones desmedidas de unos cuantos, un banquete que, como estaba por verse, generaría ganancias que ni soñando se alcanzarían a través de la siembra, distribución y venta de drogas, extorsiones, secuestros, asesinato por encargo, venta de seguridad ni trata de blancas.

La ola de represión arrastraba una cola larga. Sobresalían los asesinatos de los oaxaqueños *Bety* Cariño y Bernardo Vásquez Sánchez, así como del chiapaneco Abarca Roblero, y la persecución y hostigamiento de la guerrerense Evelia Bahena García, los cuatro reconocidos líderes de la lucha antiminera. También estaba precedida de otras represiones en zonas de San Luis Potosí, Jalisco, Sonora, Zacatecas e Hidalgo, territorios con vastas riquezas minerales.

Fue natural que esto se extendiera hasta Guerrero, donde los dirigentes antimineros que todavía viven se refugian en la clandestinidad. Estos líderes saben que están condenados a muerte. En una "alianza" no escrita y que parece invisible, pero que se refleja en el hostigamiento y la persecución, los cárteles del narcotráfico se han convertido, a sangre y fuego, en los grandes protectores de las corporaciones mineras internacionales.

"Las organizaciones criminales se treparon al tren del *boom* minero experimentado por América Latina —incluido México, a través de La Familia Michoacana— entre 2003 y 2008 y entre 2010 y 2012. Durante esos periodos, el alza en los precios del oro, hierro y productos [derivados] de petróleo representó un aumento de ingresos fiscales que los gobiernos celebraron", señala información que en diciembre de 2015 difundió Univisión, la mayor cadena estadounidense de televisión en español.

Mientras se mancilla y ultraja con filtraciones selectivas la imagen de los jóvenes fusilados, los estudiantes desaparecidos y sus compañeros asesinados, así como de los líderes antimineros —ejecutados unos, perseguidos otros por incitar a la rebeldía y atentar contra los intereses de las corporaciones mineras—, las organizaciones del crimen organizado, transformadas en grupos mafiosos, se han enfrascado desde mediados de la década de 2000 en una guerra abierta por el control de los negocios alternos a la explotación minera.

A los capos y sus pistoleros les ha quedado claro que la extracción está a cargo de corporaciones internacionales y de algunos grupos nacionales, pero se han hecho "dignos" de confianza e indispensables porque se han encargado del trabajo sucio: mantener a raya, incluso a través del asesinato, a líderes comunitarios, a estudiantes problemáticos y a maestros, los únicos con capacidad para organizar a los campesinos y protestar.

Con o sin conocimiento empresarial, los cárteles del narcotráfico han servido para consolidar a esos nuevos "gambusinos" que llegaron a México a principios de la década de 2000 —en la presidencia de Vicente Fox—. Los grupos criminales también han evitado que salgan a la superficie las injusticias que se consumaron con la llegada de las grandes empresas mineras a Guerrero, mientras el gobierno libra una batalla de baja intensidad para enfrentar y detener la amenaza real de la guerrilla, una palabra que se trata de eliminar del lenguaje, hablado y escrito, desde enero de 1994, en el sexenio de Salinas.

Los líderes sociales y comunitarios, así como aquellos personajes que encabezan la lucha contra las mineras, han sido desacreditados y satanizados, por decir lo menos, o perseguidos por todo el país y salvajemente asesinados, mientras sus comunidades siguen sumidas en la indigencia y el olvido. Navega la vida diaria de esos dirigentes opositores, los que aún están vivos, en un mar de intrigas promovidas por los narcotraficantes y sus pistoleros, quienes se han plegado a las órdenes de los organismos de seguridad federal para evitar, además, mayor desprestigio y desgaste a las Fuerzas Armadas.

Aterrados, los guerrerenses redescubrieron que el "progreso" anhelado sería para unos cuantos y que ellos pondrían la mano de obra barata y los muertos. Como tantos otros antes, Guerrero sería la piedra eterna y ellos la carne del sacrificio. Y en ese proceso la Normal Rural de Ayotzinapa se fue convirtiendo en el centro de reunión para canalizar el descontento social. Todos los guerrerenses tenían que ser cautelosos, pero más aquellos públicos como los claridosos estudiantes normalistas, víctimas visibles de campañas permanentes de hostigamiento y linchamientos periodísticos.

Nadie previó las consecuencias de las luchas recientes contra la opresión y la pobreza ni de las campañas de represión generalizada —entre cuyos blancos mayores se encontraban los estudiantes "comunistas" de Ayotzinapa— que se endurecieron con la llegada de la gran industria minera trasnacional, la cual, tan sólo de una mina —Los Filos, ubicada en Carrizalillo, a una hora y media de Iguala— extraerá 60 millones de toneladas de oro durante los próximos 20 años.

Limpiar pueblos valiéndose de todo es redituable. En Guerrero, pero también en el resto del país, donde se asientan las supermineras está el Ejército como preludio de la llegada o reforzamiento del crimen organizado. Y aunque las compañías entregan sumas millonarias a los ejidatarios, son migajas comparadas con lo que se llevan.

Ni siquiera el negocio del narcotráfico es tan rentable como el de la minería. Ellos, los cárteles, encontraron en las mineras no una fuente más para extorsionar, sino algo mejor: se sacaron la lotería porque lo que hallaron fue un aliado invisible y poderoso, con la misma fuerza o más que la de un Estado, que está dispuesto a pagar lo que mejor saben. El oro, el titanio, el uranio y el agua se extraen con un costo de miles de muertos, pero también exige una cuota sangrienta de la pulverización social, de la criminalización de grupos sociales opositores al despojo de tierras y a los abusos.

Capítulo VIII

Las quimeras de la ambición: titanio, oro y uranio

R OBERT M C E W E N es un hombre de negocios que a los 67 años hizo realidad algunos de sus sueños, sobre todo uno: tener su propia empresa, la extractora McEwen Mining, inaugurada en 2012, aunque es más conocido por ser el ejecutivo que convirtió a la canadiense Gold Corp, con sede en Vancouver y que hoy vale 20 mil millones de dólares en los mercados internacionales, en la segunda extractora más grande del mundo en poco menos de 26 años.

En su país es tan respetado que su gobierno le otorgó la Orden de Canadá en 2007, la más alta condecoración ciudadana. Exitoso empresario, pero humanista, ese canadiense de rostro afable que a veces gasta bigote ha financiado un montón de proyectos multimillonarios, como el Centro McEwen, desarrollo científico que investiga las bondades de la medicina regenerativa que ayudará a hacer del mundo un lugar mejor.

En Canadá quizás lo haya conseguido, pero en México se le identifica más por una capacidad casi sobrenatural para operar megaproyectos extractores en las regiones más violentas del país, como Sinaloa y Guerrero. Forjó su estómago en universidades de Inglaterra y Canadá, y sobre todo en campos auríferos. En el criterio de la Gold Corp, el presidente ejecutivo McEwen es un tipo de méritos porque los números lo avalan: para 2004 les había conseguido ganancias por 701 millones de dólares, muy modestas aún, pero en tres años llenó las arcas de la empresa, que facturaba ya 18 mil 952 millones de dólares.

Por eso, para él resultó lo más natural fotografiarse para la revista electrónica *Metal News*, sentado en 100 mil onzas de oro en forma de barra, unos 68 millones de dólares en 2003, para ilustrar una entrevista de Allen Alper y Anita Verma. Ahí está, en ese entonces de 53 años, impecable en traje oscuro de diseño a rayas, mostacho pulcro, zapatos lustrosos y mirada cálida de galán de cine. Una camisa blanca y una corbata dorada iluminan su rostro como sólo el oro lo consigue. Detrás suyo no hay nada, sólo repisas vacías y algún lingote olvidado, pues lo único de valor de ese empresario se encuentra debajo de sus posaderas.[1]

Con eso ahí, McEwen debió dar la cara el 10 de abril de 2015, cuando un comando asaltó su propio negocio, la mina El Gallo 1, en Sinaloa, y se llevó 8.5 millones de dólares en oro. Encajado el golpe, balbuceó primero que nunca había tenido problemas con los narcos porque hasta entonces se llevaba bien con ellos.

Esas justificaciones no pasaron inadvertidas para el canal canadiense BNN ni para el sitio web de Tijuana *Uniradio Informa*, que las reprodujo en perfecto español: "Rob McEwen, director general de la canadiense McEwen Mining Inc., dijo a un canal de noticias financieras de Canadá que grupos del narcotráfico dicen —por ejemplo— cuándo pueden explorar en ciertas áreas.

"Los cárteles están activos ahí. Generalmente tenemos una buena relación con ellos. [...] Si queremos ir a explorar a algún lugar les preguntamos y te dicen 'no', pero luego dicen 'regresen en un par de semanas, cuando terminemos lo que estamos haciendo'".[2]

La Gold Corp que dirigió McEwen opera la mina Los Filos, la más importante de América Latina, enclavada en la región minera número 9 de Mezcala y vecina del pueblo ejidal de Carrizalillo, Guerrero, hoy de apenas 700 habitantes, pero con uno de los más altos índices de homicidio porque hasta la fecha hay 68 ejecutados, o esos son los que se pueden contar. Ese megaproyecto de Los Filos, a una hora de Chilpancingo y a una y media de Iguala, entregará a los canadienses 60 millones de toneladas de oro durante los próximos 20 años.[3]

McEwen no es el único gambusino de grandes ligas con experiencia con narcotraficantes. Uno que dijo lo mismo pero con otras palabras fue Joaquín Rojo de la Vega Ulloa, presidente de la Asociación de Mineros de Sonora (AMSAC), quien el 1 de mayo de 2012 declaró: "Hemos tenido la necesidad de crear cuerpos paramilitares, para que nos protejan". Y aunque dice que lo hacen para defenderse del ataque de los cárteles, aboga por un Estado de Derecho y tiene la intención de registrar a sus soldados privados ante las autoridades, no dice de dónde provienen sus cuerpos de seguridad entrenados para combatir con armas de alto poder.[4]

La Gold Corp no esperará tanto para comenzar a ganar porque la mina ya cubre el 10% de su producción mundial, que le reportó ganancias globales trimestrales por mil 270 millones de dólares.[5] La extractora fue también la primera dueña del megaproyecto Media Luna, en sociedad con otra canadiense, Teck Cominco, en el municipio de Cocula.

Espectaculares, las ganancias de las mineras tienen una historia y un lado oscuro que pocos se atreven a mirar: dos de los tres luchadores sociales más importantes y representativos de México que se han enfrentado a las compañías mineras están muertos. Asesinados, la única sobreviviente de ese club de condenados es la guerrerense Evelia Bahena García, quien lleva a cuestas una amenaza de muerte y ha sorteado dos atentados, ordenados, dice ella, por la mina Media Luna.

Evelia ha tenido que buscar refugio como desplazada junto con toda su familia, olvidarse de Iguala y Cocula, de los pueblos de La Fundición y Real de Limón, sin trabajo ni ingresos económicos, apenas apoyada por algunas organizaciones y amigos, con todas las puertas cerradas porque el gobierno de México se ha negado a reconocerla como defensora de derechos humanos y sus denuncias se han estrellado en la corrupción sistemática de los aparatos de justicia.

Con todo, Evelia no se arredra. El orgullo y su lucha la mantienen con fuerza y tampoco ignora que los dos asesinados, Alberta *Bety* Cariño Trujillo y Mariano Abarca Robledo, eran líderes de agrupaciones y movimientos que defienden pueblos y tierras del abuso, desalojo y explotación que las mineras orquestaron contra ellos.

Las entrañas de México han desatado la ambición. Venden quimeras. El tono triunfal que se utiliza para vender la fiebre por la minería mexicana —y uno sabe que las referencias son uranio, oro y titanio— históricamente da paso a la pobreza, luego a la decadencia y, al final, al olvido o la condena a desaparecer de muchos pueblos por la contaminación de arsénico, por ejemplo, que termina transformándose en cianuro y se queda en el agua y la tierra.

Así ha pasado en las regiones auríferas de Ghana y en las de Colombia con sus maravillosos yacimientos de diamantes. La actividad minera en los países pobres ha propiciado y eternizado la explotación de la mano de obra local. Y ha llegado de la mano de una ola de violencia continua, el crimen organizado y la degradación de los derechos de los habitantes de esas zonas.

Como pasa en países africanos, los mecanismos de "arrendamiento" o "adquisición" de tierras le dan al Estado un poder casi absoluto sobre los recursos naturales y minerales. La llegada de los corporativos multinacionales es, en algunas regiones, sinónimo de muerte y desplazamientos.

La extracción en estados como Michoacán, Guerrero, Oaxaca y Chiapas explica parte del fenómeno de los desplazados, asesinatos masivos y constantes, el abandono gubernamental de extensas regiones sumidas en la miseria a pesar de su riqueza natural y de paso el empoderamiento del crimen organizado en todas las estructuras sociales del país.

Para Guerrero la minería dibuja un mapa sobre cultivos de amapola, goma de opio y rutas de trasiego que coincide con campos militares, hidroeléctricas, concesiones de agua, pueblos masacrados o desplazados, y por otro lado con la defensa que hacen los habitantes de su vida y propiedades, el fenómeno de las policías comunitarias, las organizaciones sociales y la actividad de grupos insurgentes.

La riqueza que genera la minería no se queda en México, aunque parezca derramarse sobre pobladores y tierras. Funciona al revés. Las mineras han llevado a donde llegan devastación y muerte para dejar al final una pobreza más profunda y aguda que la que encontraron. En este país, junto a los nombres de Alberta Cariño y Mariano Abarca hay una lista de más de 400 luchadores sociales ejecutados por las mismas razones: búsqueda de justicia, defensa de la tierra y organización de frentes comunes contra abusos de trasnacionales, gobierno, militares y narcotraficantes.

Las cinco concesiones que otorgó el presidente Plutarco Elías Calles, *El Jefe Máximo* de la Revolución, que entre 1924 y 1928 parecían un exceso, casi un siglo después le dieron la razón y no fueron en vano, porque extraer desde el principio resultó un negocio para unos cuantos escogidos o abusivos, como quiera vérseles. Por eso, Pascual Ortiz Rubio fue cauto cuando su gobierno autorizó solamente tres, entre 1930 y 1932, pero la presidencia de Lázaro Cárdenas opinaba lo contrario y firmó diez de ellas. Manuel Ávila Camacho incrementó en 22 ese número y el veracruzano Miguel Alemán Valdés, más preocupado por adueñarse de Acapulco, dejó en 15 las concesiones para su sexenio.

De 1952 a 1958, Adolfo Ruiz Cortines entregó 25, pero fue con Adolfo López Mateos cuando esos permisos comenzaron a verse de otra manera. El Presidente usaba una mano para nacionalizar la industria eléctrica y la otra para reprimir ferozmente a trabajadores ferrocarrileros, maestros e intelectuales, y elevó el número de concesiones a 75, mientras que a Gustavo Díaz Ordaz la fiebre olímpica y Tlatelolco le alcanzaron para liberar 175 y todavía a Luis Echeverría Álvarez para 222.

Los años 70 transcurrían entre protestas sociales, movimientos insurgentes sofocados desde el terror de los cientos de desaparecidos que negaba la Federación, pero que no podía ocultar. Ni Luis Echeverría ni José López Portillo se molestaron en hacerlo, y este último confirmaba mil 151 nuevas concesiones, cuyo número subió a mil 985 con Miguel de la Madrid y a 2 mil 531 con Carlos Salinas de Gortari, entre 1988 y 1994. Su sucesor, Ernesto Zedillo, se mantuvo en ese nivel y con él las concesiones nada más fueron 2 mil 245.

Que el panismo haya ganado la Presidencia de México no significó una revaloración de la política de extracción de los recursos naturales. Más priistas que el propio PRI, Acción Nacional y Vicente Fox ejecutaron una entrega masiva de concesiones mineras y, para ser su primer sexenio en el poder, hicieron historia desde las 11 mil 721 concesiones entregadas.

En realidad fueron el doble porque el siguiente presidente panista, Felipe Calderón Hinojosa, otorgó otras 11 mil 817 en las narices de todos. Y desde el primero de diciembre de 2012 hasta el 30 de diciembre de 2015, el gobierno de Peña Nieto había permitido mil 416, comparativamente muy pocas si no se supiera que a partir de esas fechas la producción de oro, plata, titanio y otros minerales, y hasta los recientes descubrimientos de yacimientos de uranio en el sur del Estado de México y el norte de Guerrero, rompieron todos los récords.

Como gobernador del Estado de México (2005-2011), Peña Nieto aprobó mil 874 concesiones que abarcaron un millón 123 mil 224 hectáreas.

Peñoles en Zacazonapan, First Majestic Silver Corp en Temascaltepec e Impact Minerals International en Zacualpan explotan oro, plata, plomo, zinc y cobre porque también está la Blackfire Exploration y minas sin nombre que trabajan día tras día en ese distrito minero.

El gobierno de México sabe con exactitud qué es lo que hay en el subsuelo y dónde está.[6] Tanto, que los mapas oficiales son utilizados por la Secretaría de Economía (SE) para vender realidades extractivas —por no decir entregar, pues una concesión para una hectárea vale tanto como los cinco pesos de un boleto del metro de la Ciudad de México— a compañías que todavía la piensan cuando les hablan del país y su inagotable tierra.

"México: la mejor opción para invertir", era una especie de informe previo para inversionistas elaborado por la SE durante el sexenio de Felipe Calderón para dar a conocer los yacimientos más importantes. Actualizado en 2014 por la Coordinación General de Minería y la Dirección de Proyectos y Asuntos Internacionales, localiza una franja gigante de oro que tapiza Baja California Norte a todo lo largo y a todo lo ancho. La mitad de Sonora, Chihuahua, Sinaloa, Nayarit y un corredor que nace en Jalisco y envuelve Guanajuato y absorbe Nayarit, una parte de Michoacán y Oaxaca, atravesando Guerrero, es de oro.

Esa franja también produce cobre, plata, molibdeno y plomo, pero añade un elemento que pocos sospechan que hay y cuya extracción ha sumido a pueblos enteros de Chiapas en miserable violencia. El gobierno sabía desde 1958 que las localidades costeras, vírgenes además, de El Cayacal, donde está la misteriosa Mina 95, reportada escuetamente por el *Anuario Geográfico y Estadístico de Guerrero 2014*, y El Calvario, en Petatlán, también Guerrero, tienen grandes yacimientos de titanio. Y es que una angosta pero riquísima extensión de titanio atraviesa Jalisco, Colima, Michoacán, Oaxaca y por supuesto Guerrero.

Esa franja, donde ya operan algunas empresas, como la canadiense Blackfire Exploration, entregará la mayor riqueza por sus aplicaciones prácticas. Así, se aprovecha la búsqueda de oro para ubicar al mismo tiempo al titanio, "el mineral del futuro", como lo llaman y cuyo costo es de unos 25 dólares por kilogramo en los mercados internacionales.

"Para producir un celular se requieren por lo menos 200 tipos de metales. El titanio es uno de ellos. Es un metal tan importante para la telefonía como para la guerra, estratégico en la industria armamentista, aeronáutica, naval, ingeniería nuclear y para el equipamiento de alta tecnología. Los mayores consumidores de titanio son Estados Unidos, la Unión Europea, Japón y China", escribieron Renata Bassi y Santiago Navarro para la Agencia Autónoma de Comunicación Subversiones el 5 de noviembre de 2015.

Por lo pronto el futuro ya está aquí y no es lo que se esperaba. El Coneval diagnosticó en julio de 2015 que hasta 2014 había 55.3 millones de pobres y que, de estos, 11.4 millones, 9.5% de los mexicanos, viven en pobreza extrema.

Esa estadística, que el propio gobierno elabora y pasa inadvertida entre gráficas y números, es clara al clasificar a los tres estados más pobres: Chiapas, donde el 76.2% vive en pobreza, pero con 31.8%, un millón 654 mil 400 personas, son miserables; Guerrero, con el 65.2% de población en pobreza, pero con 24.5%, 868 mil 100 habitantes en el mayor grado de miseria; también tiene la población más vulnerable y la peor calidad en vivienda y espacios; y Oaxaca, con el 66.8% de habitantes empobrecidos, pero con 28.3% o un millón 130 mil 300 habitantes en pobreza extrema.

Paradójicamente, los tres estados con una de las mayores riquezas mineras tienen el mayor rezago educativo, la desprotección en salud más abismal, los peores servicios básicos y de paso el menor ingreso económico del país. Los cinturones mineros de la SE, los de miseria del Ceneval y las áreas del narcotráfico coinciden y se complementan en esas tres entidades. Donde hay oro y titanio aparecen las carencias más agudas junto a una violencia generalizada que subió de intensidad a partir de 2006, cuando las mineras se asentaron y los soldados fueron sacados de los cuarteles para librar una invisible e inútil guerra contra narcotraficantes indetenibles.

En realidad, dice la SE, la minería aporta al PIB el 4.9% y se practica en 24 entidades. La Federación identificó, para los potenciales inversores, 17 minerales que ubicaba en los primeros escaños de producción mundial.

La producción minera en México es inimaginable, pero aun lo fantástico se puede tabular porque entre 2009 y hasta 2014 alcanzó un valor de 104 mil millones de dólares, que hacen del país el cuarto lugar mundial entre los principales destinos del flujo de inversiones, después de Canadá, Australia y Estados Unidos. Además, México atrae el 6% de esas inversiones y produce el 2% de lo que se saca a nivel global. Para el 18 de abril de 2016 una onza de oro costaba 23 mil 100 pesos, según el Banco Nacional de México (Banamex).

En 2008, las inversiones fueron del orden de 3 mil 656 millones de dólares. Para el siguiente año, la Cámara Minera de México (Camimex) anunciaba que las extractoras habían traído al país 13 mil 83 millones de dólares y que, hasta 2012, esas empresas habían gastado, en seis años, 21 mil 753 millones de dólares.

"La inversión extranjera directa en el sector minero (2008) fue de 27.7% (Calderón, 2008), de la cual el 77% fue canadiense, 14% estadounidense y 2% inglesa", escribió Lilian González, antropóloga de la Comisión de Salud de la CRAC, en *La Jornada Morelos* el 20 de marzo de 2011. Para ese año ya había 535 concesiones, que en extensión territorial representaron 9.66% del total de Guerrero. En 2011 todo había cambiado y ya había 594 concesiones, 11.04% de la entidad, pero en 2014 el Plan Estatal de Desarrollo guerrerense confirmaba todavía más: 22.62% de su territorio estaba concesionado en 868 títulos mineros.

¿Qué negocio es más redituable que el narcotráfico? La respuesta se encuentra en la inversión minera, que de 2013 al 2015 se ha incrementado en 19 mil 567 millones de dólares, según la Camimex, aunque descendió 59% en 2014, estiman reportes de ese organismo. Son cifras de desaliento para las extractoras y junto con "la Encuesta sobre Expectativas Económicas que levanta el Banco de México [mostraron] la preocupación generalizada por la inseguridad, uno de los factores que frenan el crecimiento en el país".

Las 26 mil concesiones que había en México hasta 2013 representaban el 13.8% del territorio nacional, unos 30 millones de hectáreas, aunque otros datos indican que 25% del país ya está rentado.

S o n   d i e z las compañías más importantes que sacan oro de México, casi todas canadienses, que absorben a mineras locales y con decenas de subsidiarias. Se asocian entre ellas para hacerlo el mineral más extraído (el oro representa 24% de la producción) y se apoyan cuando hay problemas con comunidades.

La canadiense AuRico adquirió en 2011 a la estadounidense Capital Gold Corp, y con ello la mina El Chanate en Sonora, que incluye 20 concesiones mineras con una vida media de una década, la cual proyectó para 2016 obtener hasta 70 mil onzas de oro (mil 617 millones de pesos). Al mismo tiempo, buscaba fusionarse con la también canadiense Álamos Gold, que explota, entre otras, la mina Mulatos en Sonora y que en ese 2016 planteó extraer 140 mil onzas de oro (3 mil 234 millones de pesos).

Minefinders Corporation, con su mina de oro y plata de Dolores, en Chihuahua, actualmente tritura 16 mil 200 kilogramos diarios y para 2015 esperaba obtener hasta 4.15 millones de onzas (95 mil 865 millones de pesos). La Dolores calcula una reserva de 59 millones de kilogramos de oro, de los cuales están confirmados 28 millones.

Agnico Eagle Mine Limited, antes Gammon Gold, que extrae un millón de onzas al año en tres países (23 mil 100 millones de pesos al año), explota la mina Pinos Altos en la sierra de Chihuahua, con una inversión inicial de 250 millones de dólares para sacar oro y plata, aunque en 2015 apenas entregaba utilidades por mil 300 pesos al año a cada uno de los mil mineros que contrataba bajo la modalidad de *outsourcing*. Luis Felipe Medina Aguirre, su director general en México, anunciaba en 2014 la apertura de otra mina, La India, en Tarachi, Sonora (en la misma zona de Mulatos), con una reserva de 41 millones de toneladas, de las cuales 4 millones de onzas son de oro (92 mil 400 millones de pesos).

Medina Aguirre no sólo es un experimentado gambusino egresado de la Escuela de Negocios de Harvard; también fue presidente en 2014 del clúster minero de Chihuahua y participante activo en reuniones como la XXXI Convención Internacional de Minería, organizada en Acapulco, Guerrero, en octubre de 2015,[7] donde se autodisculpó. "Estamos etiquetados en base al pasado, nos comparan con la minería de hace 100 años, como que abusamos del empleado, con cuestiones casi de esclavitud, sucios y enfermedades, y tenemos una imagen terrible", dijo frente al embajador de Canadá en México, Pierre Alaire, y la ex secretaria estadounidense del Tesoro Rosario Marín.

Otra canadiense, la Kimber Resources, capitaliza el proyecto Monterde en Guazapares, Chihuahua, donde obtiene oro y plata de una reserva calculada en 3 millones de onzas, mientras PanAmerican Silver explota Álamo Dorado, al norte de Sonora, que en 2015 le daba hasta 3.20 millones de onzas de plata y unas 16 mil 600 de oro (383 millones 460 mil pesos). Opera en cuatro países y tiene ganancias globales a las que en 2016 esperaban sumar 180 mil onzas de oro mexicano.

A partir de 2010 se había concesionado el 10% de Guerrero, aunque para julio de 2014 esa cifra se había duplicado y la cantidad de oro extraída no tenía límite. Empezó a contabilizarse en 2005, cuando apenas hubo 665 kilos de oro, pero en cinco años todo estalló. El reporte *Panorama Minero del Estado de Guerrero 2014* sobre las toneladas de oro obtenidas, del Servicio Geológico Mexicano, no se puede creer.

En 2006, las mineras se llevaron de Guerrero 0.901 toneladas y entendieron que eso apenas era el comienzo. Tuvieron razón, porque un año después recogieron 2.741 toneladas y en 2008 la producción aumentó hasta 6.675 toneladas. Para las mineras estaba claro que el negocio prosperaría en serio y en 2009 el país entregaría otras 8.36 toneladas y 10.219 más para 2010.

Sólo esas cantidades aseguran que las mineras no se vayan y que, en todo caso, detengan temporalmente sus actividades cuando hay problemas, porque nadie se quiere perder la parte que le toca, como las 11.381 toneladas extraídas para 2011, las 11.187 de 2012 y las 11.136 de 2013.

De esas ganancias de fábula, el gobierno mexicano cobró hasta 2013 el 1.8% anual por impuestos, que luego subió a 7.5% "sobre el flujo de operación de las empresas, un nuevo derecho sobre las extracciones de oro, plata y platino; y la supresión de las deducciones fiscales que las grandes empresas tenían en sus gastos de exploración",[8] que no representa casi nada.

En Guerrero y el sur mexiquense están las mayores compañías extractoras del mundo, como las canadienses Teck Cominco y Torex Gold o la mexicana Peñoles, que se asientan sin prisa ni aspavientos porque ya aprendieron a "negociar", adaptadas a las particularidades sociales del entorno, pero sobre todo a las delincuenciales.

Gold Corp explota además Peñasquito en Zacatecas y El Sauzal en Chihuahua. En la primera arrebató a los campesinos cuatro ejidos, a quienes un juez les dijo que para recuperarlos debían pagar los mil 500 millones de dólares que los canadienses habían invertido. Al final los comuneros ganaron un juicio recuperando sus tierras, que no afectó en nada a la empresa, pues sus reportes indicaron ganancias por 2 mil millones de dólares en utilidades, tan sólo de 2011 a 2013, y reservas en oro y plata por 20 mil millones de dólares.

Enfrentada casi siempre a las comunidades donde están sus yacimientos mineros, la Gold Corp —que maneja 70% del oro del país y que anunciaba otros 2 mil millones de dólares para 2016 y 2017— abre y cierra constantemente pero no abandona porque sus ganancias valen cualquier sacrificio. En México, sólo tres minas le redituaron en 2015, durante tres meses, 216 mil 300 onzas de oro (4 mil 996 millones 530 mil pesos).

Para 2014, la extractora obtuvo 2 millones 871 mil 200 onzas (66 mil 324 millones 720 mil pesos) de ocho minas que operan en América Latina y cuatro en Estados Unidos y Canadá. "De igual modo, su producción de oro se ha elevado de manera constante: en 2004 fue de 628 mil onzas (14 mil 506 millones 800 mil pesos); en 2005 se elevó a un millón 136 mil onzas (26 mil 241 millones 600 mil pesos); en 2006 alcanzó un millón 693 mil 300 onzas (39 mil 115 millones 230 mil pesos), y en 2007 llegó a 2 millones 292 mil 600 onzas (52 mil 959 millones 60 mil pesos)", revela el estudio *Goldcorp y la reciprocidad negativa en el paisaje minero de Mezcala, Guerrero,*[9] de Claudio Garibay Orozco[10] y Alejandra Balzaretti Camacho.[11]

Otro presidente corporativo de la Gold Corp, Kevin McArthur, y quien también abrió su minera, Tahoe, señalaba en un informe de 2006 que "la meta es lograr una producción de 3 a 4 millones de onzas al año [hasta 92 mil 400 millones de pesos]".

M I N A S , desplazados y narcotráfico dan inicio en Tlatlaya, Estado de México, al fantástico Cinturón de Oro, en la sureña *Tierra narca* mexiquense que se adentra en la región central de Guerrero y que para 1993 tenía 20 mineras registradas, pero dos décadas después ya alojaba a 700, según la Comisión de Asuntos Mineros.

El Cinturón de Oro se abre paso por Arcelia y Taxco y ofrece una de sus concentraciones más importantes a pocos kilómetros de Iguala y Cocula, en la localidad de Nuevo Balsas, donde el Proyecto Morelos de la Torex Gold tiene el poder de reubicar pueblos enteros o deshabitarlos si es necesario. Allí están el megaproyecto Media Luna, tomado por campesinos locales por enésima vez en enero de 2014, acusando a los canadienses de hacer tratos con falsos propietarios de terrenos.

"Nos preocupa que la minera Media Luna quiera azuzar a los que se dicen dueños de nuestras tierras y provoque un enfrentamiento. Nosotros no queremos que haya violencia, por eso exigimos diálogo directo con los empresarios mineros para demostrarles que somos los auténticos dueños de las tierras donde ya ellos ya están explotando el oro", decía uno de los afectados al reportero Sergio Ocampo del diario *La Jornada*.

Hacia Teloloapan, al noroeste de Iguala, se localiza la mina Rey de Plata, de Grupo Peñoles, que invirtió mil 200 millones de dólares en 2014 para proyectos extractivos en el país y que anunciaba ese mismo año un nuevo emprendimiento en los cerros de Tehuixtla, muy cerca del 41 Batallón de Infantería.

"Hay una mina, nosotros siempre creemos que a nuestros familiares los tienen trabajando en una mina", dijo a la Agencia EFE Mario Vergara Hernández, integrante de la organización Los Otros Desaparecidos, que en enero de 2016 encontró dos fosas con restos humanos en los cerros cercanos. "Vergara expresó que una de sus hipótesis es que muchas de las personas a las que buscan podrían haber sido secuestradas para trabajar en la mina Rey de Plata", citaba la agencia.

Estando la seguridad del municipio en manos de la Policía Federal y el Ejército, hasta mayo de 2015 habían escapado mil personas de Teloloapan, luego de recibir amenazas de cárteles como Los Tequileros, La Familia Michoacana, Los Rojos y los Guerreros Unidos, que disputan esos territorios, y de la desaparición de algunos habitantes que vaciaron pueblos enteros como Rincón del Vigilante y Laguna Seca, a donde después regresaron algunos, y otros que perdieron la mitad o más, como Tlanipatlán, Alcachautla y Xochitepec. En cuatro años y hasta 2014, el INEGI le contó a Guerrero 12 mil 590 desplazados.

Entre más desplazados hay, más minas aparecen en las inmediaciones de esa puerta dorada, entre Iguala y Chilpancingo. Los Sauces, Coatepec, El Billete, La Guadalupe, Poder de Dios, El Naranjo, La Peña Prieta, Los Jazmines, La Amarilla, Todos Santos, La Fe, La Soberana, El Encino, Cuchillo, La Willy, Palo Verde, La Minita, José Luis, San Pedro, El Carmen, San Luis y Celia Generosa unen el Pacífico con el Cinturón de Oro, y cuando este pasa por Ayotzinapa se desvía para entrar a Chilpancingo rodeándolo de minas como La Delfina, La Ciénega, La Gloria y La Esperanza, pero también se encuentra con el 50 Batallón de Infantería.

Por el lado de Tixtla —donde está la Normal Rural "Raúl Isidro Burgos"— se observan las minas de Cajeles, Santa Rosa, Imperial, Socorro, El As de Oros, Alambrada, El Calvario y El Chagne, cercanas a la presa de La Venta y los proyectos de Río Azul y Omitlán, conectadas con la emblemática Parota, cuya ampliación fue proyectada sobre tierras usurpadas, lo que implicó la pérdida del río Papagayo, en el sexenio de Vicente Fox.

El gobierno guerrerense anunciaba en 1999 yacimientos de minerales metálicos por 80.5 toneladas hasta en cuatro zonas con potencial, divididas en 12 regiones. Una sola de ellas abarca 17 municipios de La Montaña. En total, se han otorgado 600 títulos de concesión en 704 mil 736 hectáreas, de las cuales 200 mil corresponden a La Montaña, uno de los territorios más castigados por la violencia del narcotráfico. En 2016, el gobierno del priista Héctor Astudillo retomaba ese proyecto minero, que además coincidía con las regiones dominadas por el narcotráfico.

"En el Plan Estatal de Desarrollo 2016-2021 (PED) del gobierno guerrerense [...] se planea establecer un eje minero que abarca municipios de las regiones de Tierra Caliente, Costa Grande Montaña, Centro y Zona Norte, entre ellos Coyuca de Catalán, Zirándaro, Cutzamala, San Miguel Totolapan, Arcelia, Teloloapan, Buena Vista de Cuéllar, La Unión, Eduardo Neri, Mochitlán y Quechultenango", escribía Ezequiel Flores.[12]

En Guerrero se siembra amapola en 75 de los 81 municipios y siete de ellos son los que reportan los porcentajes más altos de erradicación de esa cosecha: Heliodoro Valle, con 20%; Ayutla, 13%; Totolapan, 12%; Coyuca de Catalán, Acatepec, Leonardo Bravo y Chilpancingo, 7%. El trasiego de droga hacia Estados Unidos representa un negocio de mil millones de dólares anuales para los cárteles.[13]

Un kilogramo de heroína blanca —"China White"— cuesta 25 mil dólares, y el kilogramo de goma de opio, 10 mil pesos en tiempos de lluvias y 20 mil pesos cuando es sequía. Una hectárea produce 15 kilos de opio, que representa en La Montaña un negocio de 105 millones de pesos trimestrales.[14]

Las zonas marcadas como conflictivas son fáciles de identificar porque siempre están en las páginas de diarios locales guerrerenses y, cuando los desplazamientos son más grandes o las matanzas sobrepasan decenas, en alguna publicación nacional. De todas maneras, los medios de comunicación y las autoridades terminan culpando a los narcotraficantes, lo cual es cierto, aunque a medias.

Ajuchitlán del Progreso, municipio entre la Zona Norte y la Tierra Caliente, vio pasar por su cabecera a 250 desplazados, obligados por las amenazas de grupos armados a deambular hasta que la mayoría se instaló en Iguala. Procedían del cercano municipio de Totolapan, pero huyendo del lobo se metieron en la cueva. Les pasó lo mismo que a los desplazados del pueblo de Temixco, en Arcelia, cuando pensaron que en la cabecera las cosas no estaban peor y allá fueron a dar en 2014. Después lo supieron y entonces se marcharon a Iguala, donde armaron campamentos en espera de ayuda o se integraron a colonias que el gobierno estatal califica de irregulares. Algunos desplazados viven en hoteles rentados por el gobierno estatal, pero otros se fueron definitivamente de Guerrero.

Ya desplazados, no hay para donde ir, como sucedió en Ajuchitlán, ruta de paso en el periplo de los despojados, pero con su propia historia de muerte, como la de la comunidad de El Porvenir, en el poblado del Carrizal. Allí, un comando despedazó a un niño para advertir a la gente que se marchara, el 16 de marzo de 2016, y después quemaron algunas casas para terminar de convencer.

Algunos habitantes del Carrizal ya tienen más de un año fuera de sus tierras, desde junio de 2014, por razones que el gobierno justifica desde su guerra *narca*. Sí, pero detrás de esa violencia, como casi todo en México, están los yacimientos minerales que, quiso la mala suerte, le tocaran al municipio. Por lo menos hay una mina, La Victoria, de la que no se sabe nada excepto que extrae oro, plata y cobre y está muy cerca de la presa Las Garzas. Que algo más se supiera no habría ayudado a nadie porque en la comunidad de El Porvenir los sicarios del cártel de los Arreola advirtieron a las mujeres que si no se iban les cortarían la cabeza.

¿Qué significa despedazar a un niño? Una de las mujeres, Elida Maldonado Rojas, de 20 años, contó al reportero Agustín Arenaz, del diario

Digital Guerrero, lo que eso es: "Don Chano Arreola, Andrés y Juan Espina llegaron a la comunidad de El Porvenir y despedazaron a un menor, a quien le sacaron el corazón vivo delante de las personas como muestra de que no están jugando".

Eso es despedazar, sacarle el corazón a un niño vivo. También dijo que el grupo delictivo, formado por más de 40 hombres, recibe protección de militares de Tecpan y Petatlán, la región con yacimientos de titanio. Lo de la protección de los soldados lo sabe porque fueron ellos quienes les dijeron que se fueran porque los Arreola les mandaban decir.

En Ajuchitlán del Progreso no sacan corazones porque sí. En realidad, ahí se asientan las regiones mineralizadas de San Jerónimo y San Sebastián. Y una más, Santa Fe, "zona de alteración", tierra de procesos hidrotermales.

Cobre, plata, zinc y plomo son yacimientos comprobados en San Cristóbal y Santa Ana, donde está la mina La Fortuna, dentro de la zona de San Jerónimo. Los sitios para extraer ya tienen nombre y están bien localizados: Iglesia Vieja, El Escarpe, Prospecto Las Chirimoyas, Los Generales y La Joya, entre otros. Hay uno, Las Canicas, donde se ha comprobado la presencia de 3.65 gramos de oro por tonelada de tierra, que en el lenguaje de la minería a cielo abierto significan miles de millones de dólares. Todo esto lo dice la Carta Geológica-Minera Ajuchitlán E14-A85, elaborada por el Servicio Geológico Mexicano.

Otros pueblos desplazados presentan las mismas coincidencias. El 2 de diciembre de 2010, 14 familias abandonaron la comunidad de La Laguna de la Sierra, Coyuca de Catalán, después de 30 asesinatos en siete años. El 9 de agosto de 2013 corrieron a 80 familias del pueblo de San Juan Tehuehuetla, en el municipio de Totolapan. Ese mismo mes, otras 35 huyeron de Las Chascuitas, Totolapan.

LEGALIDAD A MODO

Ahogado en oro, Guerrero es el quinto productor a nivel nacional, con 7 mil 828 kilogramos de ese metal al año, muy lejos de los 28 mil 271 de Sonora, pero alcanzarlo es cuestión de tiempo y más pueblos deshabitados. Con mucha dificultad aporta 1.5% del PIB nacional, según cifras del INEGI de 2012, que lo ubica en el lugar 22, arrastrado además por un analfabetismo del 14.3% para una población total de 3 millones 388 mil 768 habitantes, de los cuales apenas el 5% se dedican al campo.[15]

La llegada de las mineras a territorios específicos se inscribe en la denominada Economía de Enclave, que consiste en extraer hasta el último gramo de un producto sin usar la tierra para otra cosa. El Estado, concesionador del terreno explotado, no ganará nada o casi nada fuera de cobros de impuestos y acuerdos esporádicos. Tampoco ganarán las comunidades donde se asiente la empresa. Los únicos beneficiados directamente de la mina serán los integrantes de las asambleas ejidales que hayan negociado a nombre del pueblo, los políticos que sirven de facilitadores para el otorgamiento de concesiones y el crimen organizado involucrado en la región. Y aun así les tocarán sobras.

El sistema minero exitoso es aquel que se lleva la riqueza de un lugar al menor costo posible, sin dejar nada a los dueños del suelo. Ninguna compañía invierte en remediar daños ecológicos ni cumplirá promesas o concluirá proyectos sociales. Podrá pintar la iglesia del pueblo, entregar obsequios el Día de las Madres, pavimentar tramos de carretera, ofrecer empleos, facilitar servicios telefónicos e internet, brindar paliativos para enfermedades y pagar lo convenido con ejidatarios, aunque hará lo posible por evitarlo.

La producción áurea de Gold Corp en Los Filos es fantástica. Considerada la más grande de América Latina, dejó ganancias por 4 mil 742 millones de pesos en 2011, pero eso no es lo mejor, pues lo que la hace tan atractiva son sus reservas, calculadas en 5 millones 100 mil onzas, que hoy equivalen a 117 mil 810 millones de pesos. Cuando comenzó a producir, en 2005, Gold Corp planeó ganancias totales cercanas a los 15 mil millones de dólares, según el Almanaque Minero Internacional. Aun así, la mina más grande de América Latina no es nada comparada con el resto del oro que hay en México, porque las reservas del país están calculadas en 83 mil millones de dólares provenientes, nada más, de ocho proyectos mineros.

El artículo 263 de la Ley Federal de Derechos es claro respecto a los pagos de las mineras por concesiones, que son tan increíbles como el oro yaciente. Los costos de las concesiones no son como los de la canasta básica ni están sujetos a índices inflacionarios. No los afectan fluctuaciones ni recesiones, tampoco el dólar ni el petróleo, y se han mantenido así al menos desde noviembre de 2011. Y es que durante los dos primeros años de una concesión el gobierno mexicano cobra cinco pesos con ocho céntimos, cada seis meses, por hectárea, que aumentan conforme el plazo se extiende. Para el tercero y cuarto años sube a 7.60 pesos. Y cuidado, porque después de 11 años las empresas pagarán 111.27 pesos, no como en otros países, donde deben pagar por las ganancias del material extraído.

Otras leyes avalan los procesos de apropiación de las extractoras, las cuales encontraron la mayor de las facilidades en el gobierno mexicano, que poco a poco fue acomodándoles la entrada a los corporativos, como sucedió con la reforma al artículo 27 constitucional, que tiene sus antecedentes en 1992, cuando una modificación permitía al país dueño de tierras "transmitir el dominio de ellas a los particulares".

En el marco de la reforma energética, la Constitución estableció que "el dominio de la Nación es inalienable e imprescriptible y la explotación, el uso o el aprovechamiento de los recursos de que se trata, por los particulares o por sociedades constituidas conforme a las leyes mexicanas, no podrá realizarse sino mediante concesiones, otorgadas por el Ejecutivo Federal", y alcanza su mejor explicación cuando toca los hidrocarburos, pues no se otorgarán concesiones, pero para que el Estado obtenga recursos puede generar contratos con particulares para que exploren y extraigan. "En cualquier caso, los hidrocarburos en el subsuelo son propiedad de la Nación y así deberá afirmarse en las asignaciones o contratos", dice. La peculiaridad de esta ley radica en la interpretación: cuando lo extraído esté sobre el suelo, pertenece al que lo ha sacado, en esos términos modificaron 21 leyes en 2014.

La última reforma a la Ley Minera, concretada el 11 de agosto de 2014, ordena que es prioritario el uso de un terreno para minería sobre cualquier otra actividad, garantiza 50 años la duración para las concesiones y otorga derechos durante seis años sobre lo extraído. En el artículo 13 del capítulo segundo afirma que un pueblo o comunidad indígena tendrá preferencia si solicita una concesión minera, siempre que cubra los requisitos.

Hechos a modo, leyes y reglamentos también dejan vacíos en su interpretación, como la Ley de Inversión Extranjera, promulgada por Carlos Salinas de Gortari y reformada por última vez en 2014, que se limita a decir que solamente los minerales radiactivos están vedados a los extranjeros y que el proceso de concesiones mineras deberá ser iniciado ante la Secretaría de Relaciones Exteriores.

El precio del oro se impone desde bolsas de valores de Toronto, Canadá, y un bloque de bancos y trasnacionales dan forma a un mercado que destroza la tierra donde se encuentra el metal. Ese *brick* tiene nombre, es la London Bullion Market Association, estructurada por el banco canadiense Nueva Escocia, el británico HSBC, Barclays Capital de Inglaterra, el Banco de Alemania y la Sociedad General de Francia.

La todopoderosa Barrick Gold Corporation tiene 27 minas trabajando en ocho países, escribe el investigador Carlos Pérez en el libro *Agua u oro*, que repasa las relaciones del poder político con las extractoras que operan en América Latina y las consecuencias que han acarreado.[16]

La minería a cielo abierto se practica en todo el mundo y es en África, Asia y América Latina donde ha generado las peores atrocidades. No importa el gobierno que se tenga, y ni Venezuela, Uruguay, Chile, Bolivia y Perú han movido un dedo para detener la extracción. En América Central moviliza ejércitos para desplazar pueblos enteros y desaparecer opositores, como en Honduras, donde se registra la tasa más alta del mundo de homicidios de defensores ambientales. De manera opuesta, Canadá tenía, hasta hace poco, un registro de 10 mil minas abandonadas porque las empresas no cumplieron con las leyes que les exigen probar que no contaminan ecosistemas. Ninguna pudo hacerlo y prefirieron declararse en quiebra antes que remediar los daños.

En México las concesiones comenzaron a entregarse masivamente en el sexenio de Vicente Fox, iniciador de una etapa privatizadora que se gestó con Salinas y Zedillo desde 1994, desde una muda contrarreforma que abrió las puertas a extranjeros y algunos mexicanos asociados, a quienes les bastó una ojeada para ver que las riquezas naturales seguían ahí, intactas. Fox comenzó abriendo puertas a canadienses, sobre todo, pero fue Felipe Calderón quien apuntaló la entrega. Siguió vendiendo y además cuidando esas inversiones desde una guerra contrainsurgente que confundió a la opinión pública porque, diligentemente, la nombró "combate contra las drogas".

El gobierno de Calderón supo fabricar una excusa para culpar de todo a los cárteles. No en balde su registro de muertes violentas quedó en 121 mil 683, de acuerdo con el INEGI, 36% más respecto de Fox, quien dejó 74 mil 586 y 95 desaparecidos. En el último año del gobierno calderonista fueron Chihuahua y Guerrero las entidades que tuvieron el índice más alto de muertes: 77 por cada 100 mil.

Si Fox comenzó a rentar y Calderón inició un proceso de ejecuciones, Peña terminará el proceso por la ruta del exterminio. En México, hasta septiembre de 2015 había 25 mil 500 desaparecidos en los últimos diez años,[17] 57 mil 410 muertos[18] y 281 mil 418 desplazados entre 2011 y 2015.

Entre Fox y Calderón entregaron 8 millones 336 mil 990 hectáreas a mineras nacionales y extranjeras, publicó Roberto Garduño, reportero de *La Jornada*, en septiembre de 2015. Aunque era territorio repartido en seis entidades, Guerrero incluido, la cifra no alertó a nadie por un tiempo. "Felipe Calderón fue el presidente que más hectáreas de suelos nacionales ha concesionado para la explotación minera. Impulsó la ratificación del convenio entre los gobiernos de México y Canadá para evitar la doble tributación, que impide al fisco mexicano cobrar gravámenes a las empresas de aquel país que operan en suelo nacional", refiere Garduño.

CARRIZALILLO, POBREZA Y DEVASTACIÓN

Pero el progreso que habría de esperarse casi nunca se hace realidad, como lo muestra el ejido de Carrizalillo, en el municipio guerrerense de Eduardo Neri, garbanzo de a libra en un desierto de metales pesados.

Parecía que un milagro económico le caía del cielo a ese pueblo dedicado enteramente a la agricultura y que a pesar de la fama aniquiladora de la minería alcanzaría para beneficiar a todos.

Después pasó lo que tenía que pasar: atrajo a narcotraficantes, sicarios y sindicatos. Y cuando estos llegaron inició una ola de secuestros, extorsiones, detenciones, torturas y ejecuciones que derivaron en desplazamientos forzados. El Comisariado Ejidal de aquella comunidad había conseguido negociar pagos en oro por la renta de sus tierras con la canadiense Gold Corp y su subsidiaria, la minera Luismin, poniendo un ejemplo que rápidamente adoptaron otros pueblos que intentaban pactar, o detener y sacar a extractoras de sus tierras. El tejido social de Carrizalillo quedó desgarrado cuando 300 personas fueron masacradas o desplazadas.

A ese pueblo llegó primero llegó la mexicana Peñoles, en sociedad con la estadounidense Newmont, en 1994, para explorar. A su dueño, Alberto Baillères, la presidencia de Enrique Peña le otorgó la máxima condecoración civil, la Medalla Belisario Domínguez, en noviembre de 2015, sin decirle a nadie que el galardonado es concesionario de 2 millones 261 mil 196 hectáreas que le dieron todo el oro y toda la plata para amasar una fortuna, hasta 2014, de 18 mil 200 millones de dólares.[19]

En ese entonces Baillères pudo firmar algunos contratos de arrendamiento por los que pagaría a los campesinos mil 475 pesos al año por cada hectárea pactada. No había lugar para discusiones con el empresario. Él mismo puso los precios basado en parámetros que sólo pueden explicar la rapiña y el abuso. Así como rentó, unilateralmente decidió ceder las tierras a Luismin y Gold Corp, en realidad una misma empresa, que en 2007 comenzó los procesos de extracción.

Vecino del megaproyecto Los Filos, hoy el pueblo se muere de nada en las poco más de 2 mil hectáreas que le tocan o, mejor dicho, no termina de morirse, aunque le haya pasado de todo. La zona de Carrizalillo es una rica tierra montañosa que antes daba la mejor mariguana de México. Desde Nuevo Balsas hasta Mezcala los cultivos se cuidaban prácticamente solos, tanto que algunos llamaban a esa extensión, que siempre ha estado maldita, Mariguanolandia.[20]

Había droga —que se siembra menos o casi nada porque hay poca tierra disponible, ya no hay fauna y se ha perdido la mitad de la vegetación— y se traficaba sin la violencia que hoy trasiega pueblos socavados por una gigantesca telaraña de caminos y abismos donde se concentra el trabajo de trascabos y mineros, rodeados por un paisaje que cambia todos los días porque los cerros siempre serán menos. Sí, había levantones y asesinatos que tras la extracción del oro se dispararon en esa tierra que antes dependía del maíz, del frijol y la calabaza. Hoy, apenas 20% se dedica al campo y de los 120 productores de mezcal que había sólo quedan cinco.[21]

Carrizalillo tuvo mil 257 habitantes en su época de bonanza, entre 2008 y 2013, cuando su población creció repentinamente 25% y más de la mitad trabajaba para la minera, que había prometido contratar a todo el pueblo. Hoy apenas sobrepasa los 700 habitantes porque para noviembre de 2015 más del 30%, casi todos pertenecientes o relacionados con una familia local apellidada Peña, se habían marchado.

En ese ejido no hay nada fuera de dos o tres misceláneas, dos iglesias, un minúsculo centro de salud, un kínder, una primaria y una telesecundaria, una cancha de basquetbol; las calles empinadas, angostas, llenas de basura, y una explosión de casas a medio terminar, en obra negra —algunas adornadas por agujeros de metralla—, contrastan con la supuesta bonanza.

Casi todos dejaron el campo cuando vieron que rentar tierra a los canadienses solucionaba sus vidas para siempre. Carrizalillo se convirtió en un pueblo obrero donde la minera es el verdadero gobierno debido a los montos que entrega a esa comunidad y que superan cualquier programa social. Ha borrado, incluso, los ámbitos legales de la Secretaría del Trabajo, las Juntas de Conciliación y Arbitraje y la representación municipal, esta última un mero adorno.

En cambio, se fortaleció el poder del Comisariado Ejidal, aunque ya no aborda cuestiones agrarias. El pueblo es miserable si se le cuentan enfermos, ejecutados y desplazados, y el tajo enorme de la mina puede explicar que el destino del caserío es la desaparición, porque un día se molerá el oro que haya debajo.

Después de Baillères, la Gold Corp compró tierra a pequeños propietarios en precios que iban desde los 4 mil hasta los 20 mil pesos. Nunca les dijo de qué tamaño sería la contaminación ni respetó las condiciones para arrendamiento de ejidos. Ellos vendieron, sin saber para qué los querían hasta que en 2007 se dieron cuenta de que los habían engañado. Entonces los campesinos organizaron un plantón para cerrar los accesos y la Asamblea General de Ejidatarios y su mesa directiva, el Comisariado Ejidal, impidió a la Gold Corp trabajar durante tres meses, junto con el Comité de Solidaridad para la Defensa de las Tierras del Ejido de Carrizalillo. Finalmente renegociarían los términos. No se "vendería" nada, pero rentarían por cinco años y renovarían cada tanto cobrando en onzas troy de oro.

En ese plantón destacaba Onofre Peña Celso, *El Pescado*, comisario ejidal con ambiciones propias en el negocio del transporte. Un año después el dinero que el pueblo obtuvo de la minera, derivado de salarios y pagos varios, alcanzaba 40 millones de pesos, incluidos apoyos en despensas, becas y discapacitados, según el Plan de Desarrollo Ejidal 2009 y las investigadoras Hilda Salazar y Maritza Rodríguez. Otra parte de los ingresos provenían de concesiones por transporte, construcción o recolección de basura.

Once años más tarde, el caserío languidece luego de que una parte de sus habitantes fueron desalojados por narcotraficantes, sin tierra para cultivar amapola ni mariguana, que no atacan a la Gold Corp. En cambio, los capos del narcotráfico y sus matones extorsionaron a los obreros mineros con pagos de 40 mil pesos y emplazaron a los 172 ejidatarios que rentaban a pagar 100 mil pesos. Para obligarlos a entender, a finales de marzo de 2015 ejecutaron a tres personas. Quince días antes tres mineros fueron torturados y ejecutados en Mazapa, a un kilómetro del pueblo. En el pueblo culparon primero a Los Rojos; después esas responsabilidades fueron trasladadas contra Onofre Peña, el comisario que había liderado el plantón de 2007, y sus parientes, Mario Peña Celso, Modesto Peña Celso, Valeriano Celso Solís, Alejandro Peña Celso y Gregorio Peña Celso.

La llegada del Ejército y la Policía Federal, al cuidado siempre de las instalaciones de la Gold Corp, no cambió en nada la situación de los habitantes. Al contrario, mejor los pobladores retuvieron a nueve federales acusándolos de complicidad con el narcotráfico, y la violencia siguió.

El tajo minero de Los Filos-Bermejal significó acabar con cerros, cortándolos a la mitad y excavando mil 800 metros hacia abajo que nunca serán suficientes para la minera, en busca de más terreno. Ya obtuvo agua del Balsas, jalándola desde un afluente que incluso metió a sus propiedades, porque otro de los negocios que aprovecha es el de las concesiones de líquido.

Poner eso en perspectiva no es fácil, menos cuando no se ve cuánta agua consume la minería a cielo abierto. "En Sudamérica, la mina La Alumbrera consume 96 millones de litros diarios, que equivalen a lo que beben 48 millones de personas cada día, o sea lo que bebe toda la población de los siete países centroamericanos juntos; o más que toda la población de Argentina; casi tres veces la población de Chile; más de tres la de Guatemala; más de diez veces la de Costa Rica; más de siete veces la de El Salvador; más de ocho veces la de Nicaragua; casi 14 veces la de Panamá; casi cinco veces la de Bolivia", dice un estudio del ambientalista Gustavo Castro, a quien le ha tocado encarar la muerte por oponerse a las minas en México y América Central.

"La industria minera extrajo 437 millones de metros cúbicos de agua durante 2014. Esto es agua suficiente como para cubrir las necesidades humanas de toda la población de Baja California Sur, Colima, Campeche y Nayarit durante el mismo periodo", revela el antropólogo Manuel Llano, de la Universidad Iberoamericana (UIA), quien descubrió que en México hay registradas 2 mil 849 razones sociales de empresas mineras. Como si no fuera suficiente, apunta otra desolación. El supergigante Torex Gold ha utilizado poco más de 5 millones de metros cúbicos guerrerenses, mientras que Gold Corp ya extrajo 2 millones 888 mil metros cúbicos del Balsas. A nivel nacional, es Grupo México el que más agua ha usado, con 90 millones 616 mil 942 metros cúbicos, seguido de Gold Corp, con 47 millones 656 mil 34 metros cúbicos.

La Organización Otros Mundos aporta más datos sobre el daño irreparable de la minería a cielo abierto y ha documentado que la mina San Xavier en San Luis Potosí utiliza 32 millones de litros de agua a diario, mezclados con 16 toneladas de cianuro. "En 2010 consumió 10 mil millones de litros de agua mezclados con 4 millones de toneladas de cianuro y removió 20 millones de toneladas de subsuelo [...]. Paredones Amarillos [otra mina] usaría en sus diez años de vida 50 mil millones de litros de agua (más de 560 mil litros de agua cada hora en zonas desérticas). Las minas de Zacatecas consumen más de 3 millones de litros de agua cada hora", dice el manual *La Mina nos Extermina*, editado por esa organización en 2013.

Para iniciar la extracción de oro en México una compañía debe obtener permiso de exploración para un territorio determinado, y ya que ha realizado pruebas consigue un permiso de explotación para abrir la mina. El proceso de obtención en una mina a cielo abierto significa triturar millones de toneladas de tierra para separar, primero en molinos de acero, el microscópico yacimiento del resto. Luego se utiliza arsénico, que atrae las partículas de oro, uniéndolas. Pero separar después el oro del arsénico, mediante la aplicación de carbón, y que deja la pasta amarilla que luego será un lingote, también genera cianuro, que se derrama en las aguas de los ríos o se entierra. En ambos casos resulta lo mismo porque se filtrará en el ecosistema local, contaminándolo para siempre.

El antropólogo Llano encontró que hay 230 grupos empresariales mineros que poseen mil 36 títulos de aprovechamiento de agua y que consumen en un año lo que necesitan 3 millones y medio de personas en un país en el que casi 14 millones —la población aproximada del Estado de México— no tienen agua en sus viviendas. Todos los ríos importantes son usados para proveer a las mineras, y aunque Guerrero es el decimoprimer lugar en extracción de agua, el Balsas es primer lugar nacional con 56 millones 781 mil 352 metros cúbicos, porque 28 mineras se aprovechan de su cauce.

En Guerrero, el Balsas lleva cianuro y lo reparte en las comunidades. La contaminación con arsénico provocada por la Media Luna cumple ocho años en la cuenca del Balsas. A principios de 2008, los ejidatarios de Real de Limón, La Fundición y Nuevo Balsas en Cocula demandaban una investigación y denunciaban que la Secretaría de Salud de Guerrero, conociendo el tema, no había hecho nada, a pesar de la muerte de personas y ganado, así como enfermedades derivadas de filtraciones venenosas.

"Se tenía programada a las 12 del día una asamblea entre pobladores y pescadores de Nuevo Balsas con autoridades estatales, federales y representantes de la mina para negociar una indemnización de 500 mil pesos anuales para los cerca de 700 pobladores, por la afectación al sector pesquero de la minera canadiense Media Luna S. A. de C. V. Subsidiaria de Torex Gold Resources Inc. en el caudal del río Mezcala-Balsas, que abastece a la presa El Caracol. [...] La asamblea se cambió para las cuatro de la tarde y finalmente se canceló ante la inasistencia de los representantes de la mina y las autoridades estatales y federales. [...] Los derrames de lixiviados posiblemente con cianuro llegan directamente al río. [...] Según los registros de los pescadores, su producción cayó más del 80% por la contaminación del río; sacaban hasta 200 o 250 kilogramos de mojarra al día y en la actualidad pescan menos de 20 kilogramos diarios", confirmaba un reportaje del periodista Alejandro Guerrero.[22]

Con una población compuesta en 17% por analfabetas y un promedio de escolaridad de seis años, Carrizalillo es una desgracia de camionetas último modelo y cuatrimotos, un consumo sinsentido desde que llegó la minera. Y es que "los resultados de esta derrama económica resultan ambiguos, pues en la comunidad coexisten condiciones que hablan de una pobre calidad de vida junto con el consumo exagerado de bienes y servicios".[23]

No se sabe con exactitud cuántos de sus pobladores han sido asesinados, pero quien encontró un número fue una reportera de *El Universal*, Vania Pigeonutt, quien en noviembre de 2015 contabilizó 68 ejecuciones, aunque la estadística del Sistema Nacional de Seguridad Pública dice que en el municipio de Eduardo Neri, donde está Carrizalillo, ha habido 54 homicidios en los últimos cinco años. Los ejidatarios cobraban a la Gold Corp 3.5 onzas de oro al año por la renta de sus terrenos, 800 mil pesos por cada uno de los 179 que eran (para finales de 2015, dice Vania, diez de ellos habían sido ejecutados), una cifra que para la Gold Corp, que gana unos 6 mil millones de pesos al año, no significa nada.

En la entraña de la minera canadiense se entretejen más asesinatos. Los que mueren al final entienden que la actividad del corporativo sacrifica si es necesario, como le pasó a Onofre Peña Celso, a quien acusaron de ejecutar a tres comerciantes de Carrizalillo una madrugada con olor a tumba que no terminó de aclarar los sucesos.

El caso de la familia Peña, cuyos miembros se encargaron de negociar en 2007 con la minera, corresponde a estrategias del narcotráfico para desintegrar cualquier disidencia, porque hasta la fecha 300 miembros o afines han sido desplazados. Culpable o no, a Onofre no lo perdonaron y él mismo fue ejecutado en Iguala junto con su padre y otro pariente en plena calle, el 11 de octubre de 2015.

Peña Celso era también familiar de tres mineros de la Gold Corp secuestrados y asesinados el 14 de marzo de ese año, a quienes hallaron en una fosa arropados por el misterio de lo que pasó, que no lo es tanto cuando se recuerda que *El Pescado* había conversado con la minera como comisario ejidal. Esos tres muertos eran Mauro Galicia Peña, Juan Carlos Peña Celso y José Elí Merino González, quienes, según los parientes, se habían negado a pagar extorsiones. Otros ocho integrantes de esa familia han sido asesinados desde 2013 y otros 35 despedidos de la mina. Los que sobreviven culpan a Los Rojos de haber infiltrado a la minera y al mismo Comisariado, la Secretaría General del sindicato en la Gold Corp, a empleados y policías comunitarios.

En el lejano 2007 la Gold Corp entregó 13 millones 950 mil pesos a los comuneros como muestra de buena voluntad. Dos años después, un paro de tres horas y el pago de 36 millones de pesos demostraron a todos que el verdadero poder radicaba en el control del Comisariado Ejidal porque negociaba servicios y montos. Entonces el pueblo se dividió buscando ese trono de muerte porque las ejecuciones siguieron: el encargado del Consejo de Vigilancia de Carrizalillo, Ricardo López Vargas, de 38 años, ex aspirante a la comisaría ejidal, fue muerto cuando escapaba en una camioneta, perseguido por encapuchados en octubre de 2015, y un trabajador, Héctor Sabino Prado, asesinado el 30 de diciembre de 2015, son parte de una larga lista. Además, los pobladores denunciaron la existencia de fosas clandestinas con al menos 60 cuerpos en los alrededores y el paso de camionetas cargadas de cadáveres.

Carrizalillo es el reflejo de Iguala con sus casas baleadas, hoy basureros domésticos que en eso se transformaron cuando sus moradores se marcharon sin voltear, acosados por la Policía Federal o por sicarios, que para ellos era lo mismo. Esa comunidad es como son cientos de pueblos en Guerrero devastados de esa manera. A lo lejos, a dos kilómetros, las minas a cielo abierto son un corte entre los cerros por donde avanzan los gigantescos Caterpillar 795F CA, aplastados por las 300 toneladas de tierra que lleva cada uno, arriba y abajo. Los obreros ganan, en promedio, 3.26 dólares canadienses por hora (13.20 pesos mexicanos), aunque en Canadá esa misma labor cuesta 30 dólares la hora.

Por la tarde, explosiones para aflojar los terrenos bañan a Carrizalillo de un polvo amarillento. Lo que llega al pueblo no es cianuro, que contamina cinco de los 11 pozos de la comunidad —el patio de lixiviados ocupa unos 500 metros cuadrados que desde lejos parecen lagunas apacibles—, porque esta se encuentra más arriba. No es cianuro, pero no se salva de esa nube permanente sobre el pueblo que en realidad es un compuesto de metales pesados con mercurio, plomo, cadmio y arsénico que desde hace una década flota y que ya provoca nacimientos prematuros, pruritos, infecciones oculares e intestinales, reporta la Red Mexicana de Afectados por la Minería (Rema).[24]

En 2007 los campesinos presionaron, negociaron y consiguieron más de lo que imaginaban. La minera tampoco les escondió sus intenciones de remover el cerro en el que Carrizalillo está asentado y, como pagaron bien por la renta de las tierras, al principio nadie dijo nada, aunque ya se había registrado por lo menos un desalojo y algunos detenidos. Inicialmente el pago anual por la renta de las tierras fue de 2.6 onzas de oro para cada ejidatario, que recibía 108 mil pesos por tierras de uso común, aunque otros cobraban hasta medio millón de pesos por parcelas individuales.

Hubo quienes ayudaron de buena fe a los ejidatarios, como el Centro de Derechos Humanos de La Montaña Tlachinollan y la organización Procesos Integrales para la Autogestión de los Pueblos (PIAP), que hasta donde pudieron explicaron para que los pueblos se enteraran de las consecuencias ambientales y de salud y de los procesos legales a seguir. Tlachinollan documentó la contratación de por lo menos 30 niños que trabajaban hasta 12 horas diarias.

Las negociaciones en Carrizalillo fueron seguidas con toda puntualidad por ejidatarios de otros pueblos a donde habían llegado las mineras. En los ejidos invadidos por las extractoras se conocían con asombro los pagos en oro que hacían los extranjeros y entonces se decidieron a organizar sus propios bloqueos, como sucedió en la cercana Media Luna y los poblados de La Fundición y Real de Limón. De esto, del ejemplo de las aparentes victorias de Carrizalillo, las mineras estaban más que conscientes.

La Gold Corp palia el desastre ambiental y de salud que causa tratando bien a quienes emplea. A cambio de desviar y contaminar cursos de agua superficiales y profundos, y luego desaparecerlos, de matar aves (porque en Carrizalillo instaló la alberca de lixiviados dentro de un Área de Importancia para la Conservación de Aves), de envenenar plantas que consumen los animales, a los empleados les da un montón de dinero como los codiciados bonos anuales que todos se disputan porque el más bajo otorga 80 mil pesos, pero el más alto un cuarto de millón. No importan entonces las insuficientes medidas de seguridad para obreros y quienes manejan tóxicos, que resultan mortales. Como confirmando la buena suerte del pueblo, la compañía ha pavimentado la carretera hacia Mezcala e instalado un centro de cómputo y un taller de costura, abandonados casi al momento porque en el pueblo habían cambiado los valores. Ahora el dinero estaba por encima de lo comunitario.

Carrizalillo enseñó a las mineras una forma de negociar con las comunidades, la mayoría de las cuales estaban de acuerdo en que se extrajera en sus terrenos a cambio de una buena paga sin pensar cómo será el futuro cuando las compañías se marchen. Las mineras, dispuestas a pagar incluso lo justo, identificaron el verdadero problema en los defensores sociales y las organizaciones comunitarias que concientizan a los habitantes y les hacen ver la destrucción que dejarán.

El pueblo de Carrizalillo venció a la Gold Corp en las negociaciones de 2007, que terminaron cuando se firmaron acuerdos en Chilpancingo el 2 de abril de ese año —o por lo menos eso se pensó porque ese día hubo fiesta—, sin conocer el poder de una superminera. Tanto la desestimaron que se olvidaron de que el valor más preciado siempre será el bien común. Esos acuerdos resultaron el principio del fin para el pueblo.

La minera, sabedora de que los ejidatarios no defendieron sus tierras sino el pago de una renta por ellas, y en eso confundieron su dignidad, se limitó a cumplir los acuerdos elementales y dejar que esa supuesta bonanza se filtrara en la pobreza ancestral de los carrizaleños que, por una vez en sus vidas, sintieron que habían ganado una guerra.

Sólo por si acaso, la Gold Corp volteó de reojo a ver las actividades del narcotráfico, que hasta entonces se había mantenido al margen de esos conflictos, preocupado más bien porque también sus tierras de cultivo eran tragadas por las minas, cuyo poder económico, ya estaba probado, era inagotable e imposible de vencer hasta para ellos.

La guerra en las zonas mineras es abierta y permanente. ¿Cómo llegó el país a descomponerse de esa manera? El desdén y la soberbia arrasan con la vida, la dignidad y el patrimonio de los mexicanos. El país ha quedado atrapado entre las armas de fuego de los grupos criminales y los fusiles de asalto de las Fuerzas Armadas. El asesinato y desaparición de estudiantes no es un tema nuevo, pero los casos recientes tampoco entierran el pasado.

Capítulo IX

"¡Abran… los vamos a matar!"

L O   Q U E   Q U E D Ó   D E L   C U E R P O   de Julio César, para el 12 de febrero de 2016, era lo que sus verdugos querían: una lección de terror visual. El dolor y el miedo se han extendido durante casi dos años y ni Guerrero ni Ayotzinapa pueden olvidar el rostro del joven estudiante normalista. El cadáver de Julio César fue recogido por Lenin, Marisa y el resto de la familia en la Ciudad de México, en Servicios Periciales de la PGR, cuando los estudios forenses terminaron por fin, tres meses después de que el cuerpo ingresara a esas instalaciones.

Pero si verlo desollado representó la peor pesadilla, ir por los restos fue el extremo de la inmisericordia y sólo ellos saben qué otras cosas pueden pasar y se pueden sentir. Ese momento, con el cuerpo o los trozos delante, el olor del laboratorio agobia. Y el intenso tufo de la putrefacción queda grabado en la memoria de la familia Mondragón.

La reportera Diana del Ángel describió como pudo, ahogada en la impresión que la penetró primero por la nariz, el tamaño real de aquella barbarie que se eterniza en una fotografía descarnada que una mano invisible y perversa difundió a través de las redes sociales la mañana del 27 de septiembre de 2014: "El torso está desnudo, una costura atraviesa por la mitad su caja toráxica, su carne va del color moreno claro al oscuro, pasando por el morado; en lugar del cuello hay solamente un gran pedazo de piel negra, pues su cabeza tuvo que ser retirada; sus extremidades se han vuelto muñones porque también retiraron huesos de pies y manos, y en su pierna izquierda faltan los tres pedazos de la tibia recién cortados para la prueba de ADN".

La noche del 26 de septiembre de 2014, Iguala, llena de policías, sicarios y militares, bailaba como si nada al son de la canción de "El Cangrejito Playero", del grupo de moda La Luz Roja de San Marcos, y aclamaba, a fuerza o convencida, la dictadura sanguinaria de los esposos Abarca, José Luis y María de los Ángeles —alcalde y presidenta del DIF municipal—, a las 21:30, cuando tres camiones con estudiantes normalistas de Ayotzinapa llegaban al centro de aquella ciudad.

Para esa hora un operativo contrainsurgente se desplegaba invisible por la oscuridad del trazo urbano, coordinado por el C4, que entregaría por lo menos en dos ocasiones el control de la información a militares, que accedería a reportes en tiempo real de una cacería por las calles que solamente repetía lo que ya pasaba en Guerrero, por lo menos desde 1960. La misma historia, los mismos muertos, ningún culpable y las calles anegadas en sangre que esta vez, en 2014, después de las 12 de la noche, limpiarían bomberos tallando el pavimento de la Juan N. Álvarez centímetro a centímetro, para que nada quedara.

Evelia Bahena vivía en el centro de Iguala y vio los sucesos del 26 de septiembre desde la Súper Farmacia Leyva. Esa noche la familia celebraba el cumpleaños de uno de los hijos y tenían una reunión. Meses antes, desde el gobierno estatal había sido promovida una campaña en medios de comunicación en Iguala y otras ciudades de Guerrero contra los normalistas de Ayotzinapa, que los retrataba como ladrones de autos, mantenidos y revoltosos. Lo del robo de autopartes y vehículos sí ocurría, pero no eran ellos quienes lo hacían.

"Cuando se suscitaron los desvalijamientos —dice Evelia—, las personas que uno veía no parecían estudiantes de Ayotzinapa. Si uno va a la normal y ve a los estudiantes, sus rasgos son de la gente de La Montaña, y los que andan desvalijando y los que andan robando no son de La Montaña, no se les ve rasgos de estudiantes. Ya había una campaña de desprestigio. Los normalistas pedían en sus boteos con respeto; nunca agredían, y la gente les cooperaba casi siempre porque ya sabía, ya los conocían".

No sólo se trataba de enlodar la imagen de los normalistas, sino de introducir y fijar la idea de una violencia que provenía de ellos, capaces de cualquier cosa con tal de lograr lo que buscaban. Llevarse camiones pronto resultó lo de menos desde esa imaginación oficial, porque se esparcieron otros rumores que involucraban al narcotráfico y a los propios alumnos como militantes de cárteles, Los Rojos o Los Ardillos. Por eso fue fácil para los policías llegar a las 21:30 y gritar a la multitud que se dirigía a sus casas, después del baile:

—¡Vienen Los Rojos, vienen Los Rojos!

Y mientras los agentes vociferaban, sacaron las armas y apuntaron a los peatones, que iniciaron una desbandada buscando ponerse a salvo. Pero eso duró poco, muy poco, porque de inmediato la gente se dio cuenta de que quienes llegaban eran estudiantes y que algunos bajaban de los autobuses con piedras y palos, pero sin armas de fuego.

Evelia Bahena saldrá a la calle horas después y caminará por el centro para ir a la Súper Farmacia Leyva y atestiguar desde ahí lo que toda la ciudad sabe, pero que nadie ha dicho porque los detalles costarán la vida. Evelia, sobreviviente a tres atentados y tres amenazas de muerte, es hoy una desplazada debido a la oposición que mantuvo contra la trasnacional minera Media Luna y que obligó al gigante canadiense Teck Cominco a parar actividades durante cuatro años. Para ella, esa madrugada no es diferente de lo que ya ha vivido.

—Eran pasadas las 12 de la noche, ya del 27 de septiembre —recuerda—. Habíamos ido a dejar a un familiar porque, dado lo que había sucedido, tenía el temor de regresar solo a su casa. Lo acompañamos, y cuando regresábamos a nuestro domicilio pasamos a la Farmacia Leyva, que está enfrente del ayuntamiento de Iguala y es propiedad de Avelino Rodríguez, director de la Cruz Roja local. Al salir de las compras nos percatamos que iban llegando al ayuntamiento unas siete, ocho patrullas *pick up* con todo apagado, luces y torretas. Se nos hizo raro y nos quedamos un momento para ver qué era lo que estaba pasando. Nos dimos cuenta que bajaban bolsas negras grandes, pero no las podía cargar uno solo, las cargaban entre dos o tres policías. Eran más o menos como de dos metros de largo. Entonces, al ver ellos que había gente, que volteábamos a verlos más personas, se empezaron a poner nerviosos y se dirigieron a la farmacia. Fue cuando todos decidimos agarrar nuestro camino.

—¿Sucedió eso la madrugada del 27 de septiembre de 2014?

—La madrugada del 27.

—¿Cuántas bolsas había?

—Eran varias. Para haber llegado cerca de siete, ocho camionetas... unas tres por camioneta.

—¿Hubo otros testigos?

—Sí. Muchos. Una señora que vive cerca de donde pasó la segunda balacera dice que, cuando los muchachos empezaron a tocar las puertas pidiendo auxilio, algunos vecinos quisieron abrir, pero los mismos policías les gritaban que a cualquiera que ayudara se lo iba a cargar la chingada. Y no eran los policías nada más, sino que habían visto que eran los de Protección Civil y los mismos bomberos, porque los vieron con sus playeras, y se les hacía raro que hubieran participado en esos acontecimientos.

Esa señora vende comida todavía en la calle de Juan N. Álvarez y desde esa noche su vida cambió. Taciturna, silenciosa, habla con muy pocos, pero lo que ha visto, en ese abrir y cerrar de puertas, después de la amenaza, es el asesinato de normalistas a sangre fría, sentados en el piso y con armas apuntando a sus cabezas, en el centro de Iguala. Después, cuerpos que desaparecieron en la boca negra de bolsas enormes.

Algunos bomberos y miembros de Protección Civil pertenecían al violento cártel del narcotráfico Guerreros Unidos, confirmaban a la PGR declaraciones del policía municipal igualteco Honorio Antúnez Osorio y de los narcomenudistas y sicarios Martín Alejandro Macedo Barrera y Marco Antonio Ríos Berber, todos compañeros en ese cártel. La camioneta F150 *pick up* roja de Protección Civil, identificada en videos tomados por el C4 de Iguala la noche del 26 de septiembre con el número PC-03 y en cuyas puertas se lee "Bomberos", era usada cotidianamente para transportar cocaína y levantados, que llevaban al poblado de El Naranjo, rumbo a la salida de Taxco.

La camioneta pasaba sin problemas los retenes porque era propiedad de Francisco Salgado Valladares, director de la policía municipal de Iguala, que recibía de los narcotraficantes 600 mil pesos mensuales como nómina para repartir entre sus agentes. Videos del C4 entregados a la PGR y la prensa sirvieron para identificar el vehículo de Protección Civil, conducido a las 23:48 en Periférico Norte por David Cruz Hernández, halcón o espía de los Guerreros Unidos, que transportaba al menos a tres hombres armados. Además, el Grupo de Reacción de la Secretaría de Seguridad Pública, Los Bélicos, también fue identificado como parte de los Guerreros Unidos.

Una chica que estudiaba para paramédica ofrece un testimonio directo. Esa noche estaba en una de las ambulancias porque hacía prácticas profesionales y afirma que una de las indicaciones que había era que la Cruz Roja no tenía por qué participar, que todo lo tenía que llevar Protección Civil.

—¿Les impidieron a los de la Cruz Roja recoger a los heridos?

—Sí, a los de la Cruz Roja —dice.

—¿Fue la instrucción directa: "No los recojan ustedes"?

—Exactamente.

—¿Y quién dio esa indicación?

—La dieron los de Protección Civil a los de la Cruz Roja —en ese momento Enrique Jiménez Zúñiga era el director de Protección Civil.

En realidad, observó John Gibler el 22 de septiembre de 2015 en la Universidad de la Ciudad de México, hubo nueve escenarios de ataque en Iguala, bajo fuego durante tres horas, aunque los habitantes coinciden en que las balaceras terminaron a las cuatro de la mañana. Las declaraciones de los sobrevivientes comenzaron por poner nombre a los sucesos, pero en lugar de clarificar todo se fue enredando y en menos de una semana Iguala y Ayotzinapa reventaron al país desde una trama donde, a rajatabla, narcotráfico y Estado trabajaban del mismo lado, aunque un factor oculto, el poder omnisciente de las mineras, revelaba hilos invisibles de una historia todavía peor.

FUE A LAS 21:27 cuando se escucharon las primeras detonaciones. Desparramada, la concurrencia que asistía al baile del DIF en la explanada central de la ciudad nunca se enteró durante la fiesta de que los estudiantes estaban en la ciudad y menos que —según los cuerpos policiacos— había un plan para reventar el jolgorio. Todavía tarareaban las canciones cuando llegaron los agentes municipales gritando y sacando las armas mientras bajaban de sus patrullas:

—¡Son Los Rojos, son Los Rojos!

No les costó trabajo generar pánico. La destemplanza vociferada por los policías cuadraba con la campaña antinormalista, y aunque el efecto duró poco, no se requirió más. Tres minutos después, los normalistas del Estrella Roja 3278 que iban hacia el sur recibían una llamada de los camiones que se atascaban en el zócalo para informarles que patrullas de la municipal disparaban al aire, pero eso pasó al principio, porque después los gendarmes tiraron a matar, como lo corroboraron comerciantes a las 21:30,[1] en la esquina de Galeana y Guerrero, cuando escucharon detonaciones de armas antes de que pasaran tres autobuses rumbo a Periférico Norte.

En ese lapso, controlado por militares, el C4 se había "apagado" repentinamente y durante 15 minutos Iguala se quedaría sin "cerebro". La trampa estaba lista y las calles del centro eran peinadas —todas bloqueadas, excepto la Juan N. Álvarez como única vía libre por la que los jóvenes eran obligados a circular— en un operativo que ya era viejo cuando Genaro Vázquez Rojas lo describió, desde las montañas de Guerrero, en plena acción contra militares, en los años 70.

Tres camiones avanzaron hacia el centro de Iguala desde la terminal: el Costa Line 2012, el Costa Line 2510 y el Estrella de Oro 1568. Y hacia el sur, a la carretera a Chilpancingo, se fueron dos, el Estrella de Oro 1531 y el Estrella Roja Ecotur 3278, al que después llamaron el "quinto camión", que las investigaciones del GIEI "descubrirían", pero que el periodista John Gibler había confirmado meses antes.

El GIEI, dándose cuenta de ese quinto autobús, dijo que había una ruta de reparto de droga entre Iguala y Chicago (Estados Unidos) y sugirió, como ya lo había hecho la PGR, que los estudiantes habían tomado el camión equivocado, y que quizás contendría armas o drogas, que los cárteles en la región lo quisieron recuperar a cualquier costo. Esa versión, por desgracia para los investigadores, fue usada como una fuerza invisible para dar crédito a la calumnia que ponía a Julio César Mondragón Fontes como líder de Los Rojos. Sí, había un quinto camión, pero la historia del fuego cruzado es insostenible. Los estudiantes nunca estuvieron entre una batalla de narcotraficantes y menos pertenecían a algún grupo. Ellos eran el blanco.

La PGR sostuvo al principio que sólo habían estado involucrados cuatro camiones, aunque los sobrevivientes aseguraron que había otro transporte. Finalmente, la PGR lo aceptó y presentó fotografías de una unidad que no era el Estrella Roja Ecotur 3278, una diligencia absurda que le costó todavía un poco más de su maltrecha credibilidad.

A esa hora, las 21:27, Julio le diría por chat a Marisa:

—Están disparando, amor.

Le siguió otra frase, oracular y definitiva, que al joven se le escapó, sin pensar, de labios y dedos:

—Probablemente pierda la vida —envió el estudiante en otro mensaje a su mujer, también a las 21:27.

Los primeros disparos en el centro de Iguala parecían, a las 21:34, efectivamente, lanzados al aire. Sin embargo, los estudiantes aseguran que una cuadra antes de pasar por el zócalo las balas se impactaban en láminas y cristales de los autobuses con la clara intención de hacerles daño, no sólo de asustarlos, cuando se encontraron con el primer cerco. El policía municipal Raúl Cisneros dijo que los normalistas, al bajar de los camiones, los habían sujetado por la espalda y, en respuesta, al menos él cortó cartucho y tiró para arriba con su AR-15. En esa cuadra, señalada por la mole amarilla de una tienda Elektra, las detonaciones sólo confirmaron a Julio César Mondragón lo que ya sabía.

—Nos están reprimiendo —le dijo a Marisa a las 21:29.

Un minuto después una patrulla municipal cerraba Periférico Norte a la circulación, según imágenes del C4. De acuerdo con la versión del chofer del Costa Line 2012 que encabezaba esa caravana, una patrulla les cerró el paso sobre Galeana.

Entonces diez alumnos se prepararon para bajar, armados con piedras y palos. Lloviznaba cuando vieron que los seguían, al menos seis patrullas, dijo el estudiante Yonifer Pedro Barrera Cardoso, quien recordaba los números de cuatro de ellas: 017, 018, 020 y 027, a las que se sumaron después la 09, 023, 003, 024, 002 y la 011.[2] Calculó, desde su asiento en la parte trasera, al menos una treintena de agentes, armados todos. Los alumnos tomaron una determinación, aunque el chofer se les había adelantado y él mismo decidió detener el camión por completo.

Los jóvenes bajaron para conocer las razones de los policías. Y la respuesta fue una ráfaga que dispersó a los normalistas. No todos pudieron subir de nuevo al camión, que ya arrancaba para escapar. Quienes no lo hicieron fueron quedándose, a pesar de correr, perseguir la unidad, que avanzó hasta que una patrulla municipal solitaria, la 002, los volvió a bloquear, deteniéndolos otra vez. Los jóvenes arrojaron piedras contra los perseguidores, que eran menos que ellos y por eso se replegaron, huyendo de plano.

También los otros dos camiones quedarían atrapados en el tráfico y los ocupantes del Costa Line 2510 bajarían para caminar junto al autobús. A esas alturas la persecución se había convertido en un juego sin nombre que conducía a los normalistas al final de la calle Juan N. Álvarez, donde se les daría un respiro para luego terminar de aplastarlos. En realidad, eso tenía nombre. Era una operación practicada contra los guerrilleros de Genaro Vázquez: *La Peinada* o *El Peine* le habían llamado.

Y en medio de todo, los mensajes entre Julio y Marisa apenas podían seguir. Uno, ocupado en defenderse, y la otra, preocupada por su pareja, urgiendo respuestas; escribían apresuradamente (la transcripción hecha aquí recoge los mensajes con su grafía original):

—Amor.por favot. Te cuidado. Tr amo y no.quiero.perdrrt —escribía Marisa Mendoza, a las 21:31, con el espanto reflejado en la pantalla, disparada su angustia, que apretaba como podía el teclado de su equipo.

—lo siento —respondió él.

Todo había cambiado para ellos y la conversación que los acompañó a lo largo del día se borraba de golpe ante la realidad que los disparos les imponían.

—Vete de ese lugar —le pidió Marisa, a las 21:32— por favor.

Los jóvenes intentaban quitar una patrulla que cerraba el paso con el puro esfuerzo físico, pero antes de conseguirlo más policías los alcanzaron. En un santiamén seis patrullas estaban rodeándolos, a 100 o 150 metros de distancia. El policía municipal Miguel Ángel Hernández Morales, quien conducía la unidad 22, confirmó que se había atravesado interceptando a los autobuses en Emiliano Zapata, sobre la avenida Juan N. Álvarez. El tráfico estaba prácticamente detenido porque cuatro minutos antes terminaba el baile de la presidenta de DIF. La gente tomaba el rumbo de sus casas y los camiones —uno solo era tan ancho como la Juan N. Álvarez— naufragaban metidos en una ratonera.

—es tarde —le dijo Julio César a Marisa entre las 21:30 y las 21:31— desmadramos una patruya. nos vienen correteando.

—Estas.loco si te quedas —le escribió Marisa a las 21:34— Entiende q te vayas.

Entonces los policías abrieron fuego.

Los jóvenes se refugiaron entre el primero y segundo camión, tirados en el piso para protegerse. Allí estaban entre 20 y 25 normalistas, acribillados por todos lados, incluso por la parte de atrás del tercer autobús, el Estrella de Oro 1568.

En ese sitio cayó herido, con una bala en la cabeza, el normalista Aldo Gutiérrez Solano, de 19 años, mientras empujaba uno de los vehículos atravesados de la municipal. Quedó tendido y hasta hoy permanece con muerte cerebral. En ese momento nadie lo pudo ayudar porque la policía mantuvo a raya a los normalistas disparándoles, de acuerdo con registros del C4 a las 21:53 —que milagrosamente se reconectaba y volvía a trasmitir—, cuando una llamada de emergencia pidió ayuda porque había un herido y "tiene la lesión en la cabeza". Una ambulancia de la Universidad trasladó al estudiante al Hospital General "Jorge Soberón Acevedo" de Iguala, donde fue ingresado a las 22:07. Sin embargo, los estudiantes aseguran que la atención médica tardó en llegar más de media hora.

Los mensajes de la pareja llegaban ahora demorados. El celular de Marisa los recibió uno por uno, es verdad, aunque el registro de la hora no concuerda con ese orden. La conversación, con la balacera encima, es, de todas formas, consistente.

—cuidate y cuiada a mi hija —le dijo Julio César a Marisa en tres mensajes seguidos, a las 21:31— dile que la amo. Bie.

Los disparos empujaron a los chicos a la parte trasera de los camiones, donde gritaban que no estaban armados, que no siguieran tirando. Y el pánico se apoderó de todos. Los estudiantes que tenían celular enviaban mensajes y marcaban a Ayotzinapa diciendo que los estaban ametrallando, que necesitaban ayuda. Quienes estaban de guardia recuerdan que los mensajes llegaban a granel, pero quienes los recibían no podían saber bien a bien la gravedad de Iguala. No lo supieron sino hasta que un alumno originario de Tlaxcala les confirmó: les estaban disparando y ya había un muerto. Equivocado, porque pensó que Aldo Gutiérrez había fallecido; de todas formas tenía razón: los estaban matando.

—cuidate. me voy. me carga la verga —repitió Julio César a Marisa en otros tres mensajes, a las 21:32.

El alumno de primer año Cornelio Copeño Cerón, que había ingresado a la escuela el 25 de agosto de 2014, recuerda que apenas salir de la terminal de Iguala llegaron tres patrullas con cuatro policías cada una y les dispararon. Los agentes iban armados con rifles y pistolas. Copeño contabiliza a tres lesionados por disparos en su declaración a la Fiscalía General de Justicia y para cuando los estudiantes salieron de su refugio, con las manos en alto para demostrar que no tenían armas, los policías ya no estaban para contemplaciones. Los disparos no cesaron y de pronto otro de los normalistas había caído. Era *El Güero*, que ya herido estaba tirado frente a un autobús.

—¡Háblenle a una ambulancia! —gritaron los jóvenes, como si no supieran que los policías jamás lo harían.

Todavía uno de sus compañeros intentó acercarse al herido para auxiliarlo, pero la policía lo rechazó con una andanada.

—¿Qué hacemos? Se muere *El Güero* —dijeron entre ellos.

Hasta que a cuatro se les ocurrió una estratagema. Saldrían del parapeto con las manos en la cabeza, en señal de rendición y se acercarían a *El Güero* —quien además padecía asma— lentamente, para moverlo, alejarlo de la línea de fuego. De dónde sacaron valor para ponerse entre el herido y las balas, comprobar la gravedad y todavía aguantar otra ráfaga, acatar la orden de agacharse, arrimándose al suelo mientras los policías disparaban aunque fuera al aire, no puede saberse si no se conoce Ayotzinapa.

Rodeados por el fuego de la policía que se divertía enajenada, todavía dejaron que los estudiantes se les acercaran y los escucharon pedir auxilio. Y los policías se burlaron de los estudiantes, se rieron de ellos y negaron la ayuda.

—No puedo irme —dijo Julio César a Marisa a las 21:32— mis amigos estqn en peligro.

—Julio por favor no.me.dejes asi —respondió Marisa a las 21:34.

Ella esperaba más señales del otro lado del teléfono, en la lejana Tlaxcala. No había noticias del enfrentamiento aún, pues estas comenzarían a circular, sobre todo por redes sociales, después de la medianoche, cuando se revelaba el conteo de los primeros desaparecidos, muertos y heridos.

Bajo las balas, los alumnos sólo pudieron dejarle a *El Güero* una playera para cubrir la herida, regresar y resguardarse. La intentona de ayudar había fracasado y ahora, sin ver, supieron que estaban rodeados por todas partes. Había otro normalista alcanzado, rozado por una bala a la altura del pecho, que esperaba el milagro de la ambulancia. Nadie sabía lo que había pasado con los otros camiones, si también habían sido baleados, ni la suerte de sus tripulantes.

Pero el milagro de la ambulancia ocurrió, porque al menos las sirenas se acercaban. Qué extraño país es este, donde los que tiran a matar permiten el paso para retirar al herido, caído justo cuando es blanco que nadie, ni el de peor puntería, puede fallar.

Llegado el auxilio, el herido fue atendido y trasladado al Hospital Soberón, ingresando a las 22:45. Pero que los estudiantes recibieran atención médica no significaba que los policías dejaran de disparar.

Mientras, la comunicación de Julio César con Marisa se había vuelto frenética, pero en ningún momento confusa, ni siquiera cuando él sorteó la cortina de balas que los policías arracimaron sobre ellos.

Al mismo tiempo, en la parte trasera del convoy, los normalistas que iban en el Estrella de Oro 1568 fueron bajados violentamente por otros policías municipales.

Entre los agredidos se encontraba un joven que había recibido un impacto de bala en el brazo derecho al intentar lanzar un tanque extintor contra los que disparaban. Esa herida le salvó la vida porque, de manera increíble, fue atendido. Es el único sobreviviente de ese autobús, pues el resto fue golpeado, sometido y trasladado en siete patrullas municipales de Iguala, con rumbo desconocido. El chofer del 1568 fue golpeado y detenido. Lo llevaron a la comisaría, aunque posteriormente lo dejaron ir. Los otros dos choferes de los Costa Line 2012 y 2510 sufrieron las mismas agresiones y disparos que los normalistas, pero no fueron apresados.

Para ese momento los heridos eran cuatro: uno con un balazo en el brazo; otro al que le amputaron varios dedos por un disparo; uno más que sufrió una crisis asmática y Aldo Gutiérrez, con un proyectil en la cabeza, según registros del "Jorge Soberón". Ellos fueron ingresados a las 22:30, aproximadamente.

A las 21:35 comenzó a lloviznar y ya las patrullas municipales se llevaban entre 25 y 30 alumnos del camión Estrella de Oro 1568.

—ya amor matarona a uno —le dijo Julio César a su pareja, a las 21:39.

—A uno??? Quien?? Normalista o polisia?? —preguntó Marisa, a las 21:44.

—normalosta —respondió Julio César de inmediato, con la inminencia de la muerte encima.

Esa fue la última palabra que pudo enviar a su mujer.

A LAS 21:55 el comandante de la policía de Cocula, Ignacio Aceves, recibía una llamada de César Nava, su superior jerárquico, instruyéndole para que respaldara a los gendarmes de Iguala. A las 22:30 los de Cocula pasaron a su comandancia por equipo táctico, pasamontañas, rodilleras, coderas, ropa de camuflaje militar y armas de alto poder y salieron en las patrullas 303 y 305, y en camionetas *pick up* blancas y rojas.

A las 22:50 los asustados estudiantes habían avanzado unas cuadras más, hacia el crucero de Juan N. Álvarez y Periférico Norte, cuando vieron llegar cuatro vehículos tipo Ram. Los comandaba un hombre de 1.70 metros, cabello quebradizo, tez morena clara, ojos negros medianos, de complexión media y boca grande que se identificó como César Nava, subdirector de la policía municipal de Cocula. Iba a negociar. Jovial y amable, les dijo a los normalistas que entregaran los camiones y ellos mismos se rindieran, que fueran con ellos y todos olvidarían el suceso. Ayotzinapa no aceptó.

Nava lo negó todo cuando fue detenido en Colima, a donde escapó por puro miedo cuando, según él, vio a la Policía Federal tomar su feudo. Vivía en Cocula, donde su esposa tenía una tienda. Y siempre ha negado su participación, aunque ofreció todo el apoyo al director de la policía de Iguala, Francisco Salgado Valladares, cuando le contestó una llamada a las ocho de la noche, una hora y media antes de que comenzaran las balaceras. Y le dijo que sí, que enviaría al comandante Ignacio Aceves y un grupo.

Después fue por sus hijas, una de las cuales estaba en una discoteca en el centro de la ciudad y cuando llegó por ella los jóvenes se escondieron bajo las mesas. La otra asistía a una iglesia. Una vez juntos, las llevó a su casa. Pero ese peregrinar por las calles lo hace decir que "la ciudad era un caos, toda la gente corría". A salvo las hijas, el comandante Aceves llegó por él a las puertas de su casa. Las patrullas 302, 303 y 305 aguardaban a su jefe. Se fueron por Periférico hacia Juan N. Álvarez, para unirse a cinco patrullas de Iguala.

—Quítate —le dijo uno de los policías locales—, quítate que están haciendo detonaciones.

Nava diría: "Yo, la verdad, yo no las oí", refiriéndose a las detonaciones que, literalmente, se escuchaban por todo Iguala.

Caritativo como padre, no lo fue cuando le tocó encarar a los estudiantes.

—Se van a arrepentir el resto de su vida por haber entrado a Iguala. Más tarde venimos por ustedes —les dijo el policía cerca de la esquina de Periférico y Juan N. Álvarez.

Nava afirmó después otra cosa y él mismo, según el expediente de la PGR, se apuntó como uno de los tres policías que se llevaron al normalista con asma y lo entregaron a una ambulancia, y dijo que los policías de Iguala habían visto que los tripulantes de los camiones hicieron detonaciones. En su declaración sostuvo que los normalistas portaban armas, aunque nunca las vio. "Los policías de Iguala me dicen que no me acercara, a lo cual, al acercarme a la esquina me asomé y les gritaba yo que si traían armas y ellos [los estudiantes] me decían que no, ellos no tenían armas; diciendo no, no tenemos, ayúdanos por favor, saca al herido y gritaban: 'ya sus compañeros mataron a uno'.

"Yo nunca me percaté de ningún muerto, [pero] me pedían que entrara manifestando que no traían armas, es ahí cuando decido hacer una acuerdo con las personas que estaban pidiendo el auxilio, diciéndoles que me lo trajeran a la mitad del camino y que yo lo iba a sacar, a lo cual ellos accedieron y me lo entregaron a la mitad del camino, entre ellos y yo, entregándome a una persona del sexo masculino que se quejaba mucho, y decido entrar por él junto con dos de mis compañeros pidiéndoles que me dieran seguridad por si me hacían detonaciones; una vez que dejaron a medio camino al muchacho les dije que no me fueran a disparar y que se hicieran atrás, que no me fueran a disparar y les gritaba que no fueran a disparar, que yo iba a entrar por su compañero herido. Cuando ellos retroceden entro con dos de mis compañeros y lo tomo por la espalda, sujetándolo de los brazos".

Luego, Nava recibió una llamada de Francisco Valladares, quien ordenaba liberar el paso de Periférico y dejar que los estudiantes se fueran cuando quisieran. Pero Valladares le pidió un favor más: que lo apoyara para un traslado, que lo encontrara en la comandancia, en la calle Izancanac 27, colonia Centro. Al llegar, Nava observó que tenían sentadas a entre ocho y diez personas en el patio.

—¿Para dónde? —preguntará Nava—, ¿para el 27 o para el Cereso?

Hay un mapa que dibujan dos llamadas al C4, dos reportes en realidad, donde se ve cómo, por lo menos, desde dos puntos de la ciudad hay hombres armados y por lo menos uno corre, pistola en mano, a las 22:50, 20 minutos antes de que los normalistas improvisaran una conferencia de prensa con algunos periodistas locales en la esquina de Periférico Norte y Juan N. Álvarez, hacia esa dirección. El C4 describe al sujeto como *"güero* [las cursivas son del autor], delgado, playera negra y pants de mezclilla. Va rumbo al semáforo". A las 22:54, el C4 anotaba otra llamada, desde la colonia Loma Pajaritos, en la Calle Principal, diciendo que "hay varios sujetos escondidos" y que "están atrás del anuncio que dice Bienvenidos a La Loma Pajaritos". Ese reporte se pasó a la policía municipal.

Esas dos locaciones rodearon la calle de Juan N. Álvarez, la primera por la izquierda y la otra por la derecha. A las 23:09 *una mujer* le informó al C4 que "a la colonia Pajaritos están llegando varios jóvenes y se están escondiendo detrás de una barda que se encuentra en la colonia. La reportante dice que todos están hablando en clave". Para ese momento el único *Güero* de Ayotzinapa estaba herido, ingresado en el hospital "Soberanes", y hablar como decía la denuncia no está en los hábitos de los estudiantes.

A LAS 23:05 los normalistas contaban las pérdidas. Ahí estaban los tres camiones en cuyo interior encontraron sangre y casquillos percutidos. Algunos pudieron grabar aquello y señalar ellos mismos con piedras "para que ustedes [los de la Procuraduría] se dieran cuenta", dijeron después. En lo que estaban viendo, platicando entre ellos, llegó la prensa local, tomó fotos y unos minutos después hasta los entrevistaron en la improvisada conferencia, con olor a pólvora.

David Flores Maldonado, *El Parca*, inició su relato a las 23:10, a un lado del Costa Line 2012, para luego trasladarse al frente del convoy. Los refuerzos que enviaba la escuela habían llegado poco antes y hasta un reportero, desde Cuernavaca, hacía presencia, además de maestros de la CETEG y otras organizaciones que se solidarizaron para apoyar a los normalistas. En algún momento todos ellos se dieron cuenta de que dejaban de pasar autos sobre el Periférico. Minutos después vieron tres patrullas de la municipal y una camioneta de Protección Civil que transitaban lentamente, observando.

Una camioneta blanca con antena de radio se acercó sigilosa. En ella viajaban varios individuos. También llegó un Ford Ikon negro, desde el cual tomaban fotografías. Testigos aseguran que llegaron más vehículos escoltados por patrullas que llevaban torretas encendidas, las sirenas apagadas.

De los vehículos bajaron personas de negro que los estudiantes describen en declaraciones con uniformes diferentes a los de la municipal, pues presentaban mejor equipo táctico. Usaban pasamontañas, cascos, camisa de manga larga, guantes, coderas, rodilleras y chalecos antibalas.

Estas características coinciden con el uniforme de una unidad especial de la policía municipal, Los Bélicos, quienes en patrullas clonadas cumplían órdenes del alcalde José Luis Abarca: levantones, tráfico de cocaína y desaparición de personas. Así, apuntaron hacia los estudiantes y con las armas de alto poder unos se colocaron en el suelo, otros hincados y unos más de pie. A las 23:26 el C4 regresó a la oscuridad, en silencio de nuevo, y no volvería a activarse sino hasta el día siguiente, a las 2:21, cuando informó que estudiantes de Ayotzinapa habían sido detenidos por causar disturbios.

Y ya quebrada, Iguala volvió a romperse.

Los de negro abrieron fuego a bocajarro. Los normalistas salieron corriendo, intentado refugiarse debajo de camiones y vehículos cercanos, hacia el centro de Iguala, alejándose del lugar. En ese grupo se encontraba Julio César Mondragón Fontes, quien fumaba junto a otros compañeros. Y mientras fumaban, oyeron los disparos.

Todos intentaron resguardarse tras los autos, en las calles cercanas. A cuatro personas, dos de ellas maestras, las acogieron en un domicilio particular. Estas, en la confusión, le gritaron a Julio César para que se refugiara con ellos, pero él siguió corriendo sin detenerse. Al llegar a la esquina más próxima se acercó una camioneta desde la dirección donde se dio la balacera. En la oscuridad sus compañeros escucharon los gritos de alguien que exigía que lo liberaran.

Algunos se escondieron en una azotea, en predios cercanos o en domicilios donde los protegieron. A las 23:40 un grupo se refugió en casa de un vecino, mientras otros fueron detenidos y subidos a patrullas. Se dieron cuenta de que al menos tres patrullas realizaban rondines, 40 minutos después de la refriega.

Quienes no eran estudiantes también fueron heridos por la nueva metralla. Una maestra que daba primeros auxilios se encontraba en una Urban atendiendo a un normalista. Al escuchar las ráfagas se tiró al piso de la camioneta, pero resultó herida por dos impactos, uno en el pie derecho y otro en la espalda, a la altura de la clavícula.

En esta agresión cayó herido Édgar Andrés Vargas, alumno de primer año, quien recibió un impacto que le destruyó el paladar y la parte baja de la nariz. Se fue arrastrando hasta el autobús que encabezaba la comitiva, donde fue recogido y protegido por sus compañeros, que después lo llevaron al hospital privado Cristina, a tres cuadras. En el inmueble se encontraban una enfermera y una encargada, quienes permitieron el paso, pero después de hacer una llamada se fueron del lugar. Ante la falta de atención se intentó pedir una ambulancia. No hubo respuesta. Probaron parar un taxi. Ninguno tenía permitido darles apoyo.

Para evitar ser identificados apagaron las luces de la clínica. Y es que afuera pasaban patrullas y automóviles particulares, buscándolos. Quince minutos después llegaron militares en dos vehículos, comandados por el capitán Miguel Crespo. Los estudiantes aseguran que arribaron cortando cartucho y nunca dejaron de apuntarles con sus armas. Los agredieron verbalmente, diciéndoles:

—Así como tienen güevos para andar haciendo sus desmadres, así tengan los güevos suficientes para enfrentarse a esa gente. Se toparon con la mera verga.

Los normalistas indican que hasta las llamadas intervinieron cuando uno de los alumnos, al recibir una, fue obligado a contestar activando el altavoz. Después los obligaron a sentarse y revelar sus datos.

—Denme los nombres verdaderos; si me dan falsos, nadie los va a encontrar.

Los militares los acusaron por allanamiento de morada y les tomaron fotos a todos, en particular a las heridas de Édgar.

Con los soldados ahí presentes, según dijeron para ayudar y proteger, la atención médica nunca llegó. Los estudiantes pidieron auxilio vía telefónica a la Cruz Roja, a la enfermera, a los militares y al médico de guardia de la clínica, que llegó más tarde, pero nadie los apoyó.

La enfermera dijo que no había doctores y los militares registraron en el Reporte 22636 que la herida del estudiante era superficial, que apenas tocaba el labio y que ya habían llamado a una ambulancia. El más ridículo fue el médico encargado, quien antes de presentarse a la Procuraduría fue citado al 27 Batallón de Infantería y después, en su contradictoria declaración, indicó que el estudiante herido nunca se dejó atender porque, le dijo el mismo joven, la herida no era letal. El diagnóstico del hospital general donde fue ingresado indica trauma facial con fractura de maxilar superior y pérdida de tejidos blandos de piso labial, suelo palatino y labio superior. A casi dos años, Édgar Andrés Vargas se alimenta con sonda y ha aguantado tres cirugías reconstructivas, la última de las cuales le implantó prótesis porque las dos primeras reconstruyeron paladar, encías y tejido del labio.

EVELIA BAHENA, la mujer que paró cuatro años a la mina Media Luna, cuenta otra historia sobre Julio César. Dice que un líder como él no podía abandonar a nadie y que debió correr para poner a salvo a sus compañeros. Lo conocía porque habían coincidido en reuniones del Movimiento Popular Guerrerense (MPG). Él hizo lo que pudo y la suerte le alcanzó para regalársela a su normal de Ayotzinapa y a sus compañeros, pero no le quedó nada para él. Antes de poder escapar fue capturado.

Esa noche, mientras platicaba con Marisa a las 20:30 en el teléfono, Julio César vislumbró un México que no estaba en Iguala ni en ninguna trampa contrainsurgente, tampoco en otro lado porque no existe. Lo había expresado con la fuerza de la esperanza que después los años quitan: "Ayer me nació la preocupación por [el] futuro de nuestra bebé y así me vine a entregar todo, con tal de saber que nuestra bebé mañana va a estar bien. Tendremos amor, felicidad y recurso para salir a pasear".

Marisa Mendoza intentaría comunicarse con él una vez más y le envió cuatro mensajes entre las 23:59 y las 12 de la noche, que ya no tuvieron respuesta.

—Mi.amor.por favor.en.cuanto veas ewte msj avisame de que estas bien. Me dejaste muy preocupada. Por favor no olvidea avisarme cualquier cosa. Te amoo y no quiero perderte flquwito.hemoso.

Un poco después intentaría el último contacto, a las 00:29 del 27 de septiembre.

—Te amo.mi amor.

A esa hora, cuando el último "te amo" de Marisa era enviado, Julio César enfrentaba su destino convertido en mártir torturado, símbolo silencioso de Ayotzinapa.

El celular de Julio César, el LG L9, desapareció, robado por alguien.

Pero la actividad de ese teléfono apenas comenzaba.

"¡ÁNDALE, DISPARA, MATA A OTRO COMO YA MATASTE A UNO!"

Los estudiantes se dispersaron por Iguala en grupos pequeños, aunque otros se las arreglaron para esconderse de los municipales. En total, 68 alumnos estaban "perdidos en la ciudad" y esa era la causa de que agentes ministeriales y de la Secretaría de Seguridad los rastrearan desde las tres de la mañana, en un operativo conjunto. Fue por fin que gracias a llamadas lograron ubicarlos, después de más de tres horas de búsqueda.

Asustados de muerte, los normalistas se habían ocultado para evitar la cacería. El grupo policiaco estatal, 42 agentes y 7 unidades, reunió a los 30 primeros a las seis de la mañana en las instalaciones de la Fiscalía Regional Zona Norte, donde dieron nombres y rindieron testimonio, pero también levantaron una denuncia contra los municipales, según reporte de la ministerial relacionado con el acta administrativa HID/SC/AA/03/0689/2014 oficio 7461 del 27 de septiembre de 2014.

A las tres de la mañana encontraron a los primeros siete alumnos en una azotea de Periférico Norte, a unos 200 metros del lugar de los hechos. A las 3:40 un segundo grupo de diez fue hallado entre las calles de Mendoza y Periférico Norte, junto a un auto Jetta rojo sin placas, acribillado. Una hora después, ocho más fueron recogidos en el domicilio de un profesor, Rafael Quesada. A las 5:30, otros cinco que deambulaban por el centro comercial Sam's Club, en Periférico Sur, fueron localizados. Los 38 restantes fueron hallados luego.

La tragedia de los estudiantes que se adentraron en Iguala es la más explorada desde entonces, pero todavía faltaban dos camiones, los que habían tomado rumbo al sur, hacia la carretera de Chilpancingo. Testigos que esperaban atención médica en el Hospital de Nuestra Señora de la Piedad, a dos minutos de la sede del 27 Batallón de Infantería, se asomaron a la calle cuando oyeron que algo pasaba. Vieron a jóvenes correr en la semioscuridad de la carretera federal Iguala-Chilpancingo. Iban con piedras y se dirigían al entronque donde comienza Periférico Sur.

—Algo está pasando —dijo uno de los pacientes de la clínica a su esposa, antes de salir en su auto para dirigirse a casa, justo en la misma dirección, que los ubicó como testigos involuntarios del otro drama.

Pronto se encontraron con el tráfico casi detenido, avanzando a vuelta de rueda. Al llegar al cruce entre Periférico Sur y Altamirano, los autos estaban prácticamente parados porque allí, de un lado, estaban los estudiantes y un camión, y del otro, policías armados, apuntándoles.

"Más o menos eran 15 o 20 normalistas. Le decía a mi esposo que le apurara, que nos pasáramos rápido pero no podíamos, así que tuvimos que ir despacito, con los vidrios arriba y viendo lo que pasaba", dijo ella, quien oyó los gritos que pintaban el cuadro entero, en ese otro Periférico igualteco.

—¡Ándale, dispara, mata a otro como ya mataste a uno! —gritó un joven prácticamente al lado de su auto, dirigiéndose a los policías, quienes le apuntaron de inmediato.

La familia logró salir y encerrarse en su casa el resto de la noche.

Un agente de inteligencia militar dijo a la PGR que antes de las 22:00 había sido detenido el Estrella de Oro 1531 por dos patrullas municipales, la 028 y la 024, frente al Palacio de Justicia. Al final se identificarían hasta seis patrullas participantes en esa agresión. Todos los jóvenes que viajaban en la unidad fueron desaparecidos. Según el chofer del autobús, una treintena de encapuchados disparó contra este y ponchó los neumáticos con navajas. En ese camión había entre 15 y 20 normalistas.

Un policía municipal de Iguala, Alejandro Andrade de la Cruz, estuvo en la detención del 1531. Se colocó detrás del camión, atravesando su patrulla, e identificó en el lugar al comandante Hidalgo y a Álvaro Ramírez Vázquez, así como a dos patrullas de la Federal de Caminos y una de la Ministerial. Los municipales rompieron las ventanas con ramas y piedras, intentaron abrir la puerta por la fuerza, pero enfrentaron resistencia de los normalistas, por lo que lanzaron gas lacrimógeno.

A los ocupantes, ya sometidos, les rociaron gas pimienta pese a que la municipal no tiene registrado ese tipo de recursos antidisturbios. De eso da fe en declaración ante la PGR un agente militar que aseguró haber tomado cinco fotos de la detención de los estudiantes, a las 23:35. El chofer fue subido a una patrulla y desde ahí vio los disparos de los policías a los jóvenes dentro del autobús, la brutal golpiza a palos en la cabeza. Como no cabían en las patrullas, llamaron a municipales de Huitzuco, que ayudaron en el traslado con tres patrullas hacia rumbo desconocido.

El chofer fue trasladado en una camioneta de la policía a un domicilio en el centro de Iguala, donde un hombre de unos 40 años ordenó dejarlo en libertad, mientras giraba instrucciones para el desarrollo del operativo. De acuerdo con el informe del GIEI, se comprobó la existencia de videocámaras afuera del Palacio de Justicia, que estaban en poder de la presidencia del Tribunal y no formaron parte de la investigación de la PGR porque desaparecieron o fueron destruidas.

A pesar de eso hubo videos que a las 23:39 captaron imágenes de tres patrullas de la policía de Iguala trasladando a personas por la salida a Taxco. Después, a las 23:21 fueron captadas dos patrullas con número oficial 303 y 306 de Cocula recorriendo el Periférico a alta velocidad, con cinco personas en cuclillas encañonadas por supuestos policías cada una, presuntamente después de atacar al autobús 1531. La patrulla 305 se quedó haciendo guardia en el lugar de la agresión.

Al día siguiente, pasado el mediodía del 27 de septiembre, todos los policías municipales de Iguala estaban acuartelados y desarmados al mismo tiempo que, según la "verdad histórica" de la PGR, en el basurero de Cocula se terminaban de quemar 43 cuerpos. "Sin novedad", dijeron los partes de la comandancia de ese municipio para esos dos días.

Horas antes, a las 23:33, el C4 reportaba a 20 jóvenes armados con piedras, palos y machetes caminando a la altura de la colonia El Tomatal, cerca de la caseta de cobro Iguala-Cuernavaca, con rumbo al centro de Iguala. A pesar de los señalamientos del reporte anónimo, nunca hubo machetes. Los estudiantes estaban desarmados.

El Estrella Roja Ecotur 3278 fue el último en salir de la terminal, por la parte de atrás, sobre la calle de Altamirano rumbo a Periférico Sur con 14 normalistas. A las 22:00 el chofer se detuvo para esperar unos documentos que le entregó una mujer en el camino, continuaron su ruta y al tomar la salida a Chilpancingo observaron a la distancia varios automóviles parados y al autobús Estrella de Oro 1531 rodeado por patrullas con torretas encendidas.

Cuando los estudiantes de este camión intentaron regresar, una patrulla de la Federal los detuvo y se llevó al chofer. Detrás de él bajaron los normalistas para encontrarse con policías que les apuntaban, a unos ocho metros de distancia, con armas largas AR-15. Los estudiantes intentaron tomar piedras para defenderse, pero los federales los agredieron, así que decidieron regresar a la ciudad corriendo entre los autos que ya se detenían. Luego fueron a los cerros para evitar la captura. Este camión fue capturado cerca del Palacio de Justicia.

Catorce estudiantes caminaban por la carretera a Iguala, cerca de las 23:30, cuando cuatro patrullas municipales y al menos una ministerial los rodearon. Los jóvenes huyeron cruzando un pequeño puente, dirigiéndose hacia la colonia Capri, un asentamiento sobre los cerros. Durante esa huida los policías dispararon al menos en cinco ocasiones contra diez normalistas, a quienes una mujer les permitió resguardarse en su casa. Los otros cuatro se esconderían en el cerro varias horas.

"ESTOY BIEN, MAMITA, NO TE PREOCUPES"

—¿Es esta la persona que buscan? —preguntó el médico Mario Alberto Aguirre Fuentes a Bertha Nava, madre de Julio César Ramírez Nava, cuando fue a identificar el cuerpo del joven estudiante que estaba en una plancha, cubierto del cuello hacía abajo, con una manta.

"Yo le dije que sí, nomás al verlo, y le dije que como seña particular presentaba una mancha en forma de mano, a la altura de la espalda, del lado izquierdo", señaló doña Bertha en su declaración ministerial.

Julio César Ramírez Nava, uno de los normalistas muertos en el segundo ataque, era de Tixtla y tenía 23 años. Había llegado a Iguala con los refuerzos de la normal y preguntaba a sus compañeros lo que había sucedido. Le gustaba el futbol y estudiaba la licenciatura en Educación Primaria. Su identidad, ya en la morgue, fue confundida con la de Joshiván Guerrero de la Cruz, otro estudiante. Eso duró poco, y cuando llegaron sus padres a identificarlo ya era quien al final resultó. Por su lado, Joshiván Guerrero de la Cruz estuvo entre los desaparecidos desde el primer momento. A él las autoridades lo mataron dos veces. Una cuando lo confundieron con Ramírez Nava y otra cuando la PGR confirmó, desde una endeble credibilidad, su muerte, el 16 de septiembre de 2015, basada en estudios genéticos realizados en la Universidad de Innsbruck, Austria.

A Ramírez Nava y a Daniel Solís Gallardo, el segundo estudiante abatido, los encontraron en la esquina de las calles de Periférico Norte y Juan. N Álvarez. Cuando llegaron los peritos en criminalística, biología y química forense, el lugar estaba rodeado por federales y soldados. Frente a un establecimiento de acabados para autos se encontraron las primeras muestras de una persecución coordinada hasta el último momento.

Los peritos encontraron dos autos. El primero, una camioneta Nissan tipo Urvan blanca con franjas amarillas y naranjas, con placas de circulación HBF83-14 del estado de Guerrero, siniestrado, con dos puertas abiertas y todas las ventanillas estrelladas. El otro, un Chevrolet Chevy color arena, con placas MBC-9797 del Estado de México, y una Scooter Yamaha, color azul, con placas F408W, completaban aquel cuadro.

Mientras federales y militares cercaban, moviéndose en esa área, los forenses descubrieron el cuerpo de Daniel Solís Gallardo, que vestía una playera roja, pants azul marino y huaraches de correas color café. Entre él y Julio César Ramírez Nava, el siguiente cuerpo que hallaron, había dos brillos, dos casquillos metálicos dorados, ya percutidos, de calibre .22, y otros cinco casquillos estaban más allá.

Los peritos delimitaron perímetros y se hallaron diez casquillos más cerca de Ramírez Nava. Metros adelante aparecía el camión, un Volvo Costa Line con placas de circulación 227 HYI, con los parabrisas traseros estallados. Cinco metros después estaba el otro camión, un Mercedes-Benz con placas 562-HS3, con número económico 1568 de la línea Estrella de Oro, con todas las llantas ponchadas. En su interior era el caos. Encontraron "sangre por todas partes, a la altura de la cabina del piloto, en pasillos y escaleras", dice el reporte, y allí mismo, piedras de diversos tamaños.

Otros autos involucrados fueron un Pointer con placas HBR3525, un Jetta rojo y una Ford Explorer con placas HER8831. Un reguero de 27 casquillos se desparramaba en esa área. Los peritos eran Luis Rivera Beltrán, de Criminalística de Campo y Fotografía Forense, y la química forense María Guadalupe Moctezuma Díaz. A Ramírez Nava los forenses le llamaron Cuerpo Número Uno y su necropsia terminó a las 11 de la mañana del 27 de septiembre. A Daniel Solís, Cuerpo Número Dos.

Para la madre de Ramírez Nava todo terminaba de la peor de las formas. El joven le había avisado por teléfono que estaba en Iguala porque había ido a apoyar a compañeros suyos agredidos, y que no se preocupara, le dijo.

Esta es la escena: sobre la calle mojada una hilera de piedras conduce, como un camino, al cuerpo bocabajo de Ramírez Nava, quien tiene la cabeza torcida a la derecha, los brazos a los costados y las piernas juntas, cruzadas en los talones. Está mojado en la parte del cuerpo que hace contacto con el piso y detrás de él se ve un auto Chevy color arena, al que le falta la placa de circulación trasera. Frente a ese automóvil está una camioneta blanca Urban con los cristales estallados por impacto de bala en el lado derecho. Era un taxi colectivo.

Una cinta amarilla de la Fiscalía circunda el lugar, donde caminan peritos y ayudantes. Al cuerpo lo han señalado con la tarjeta 6 para catalogar indicios, como llama la autoridad a los cadáveres. A Ramírez lo mató una bala, pero el reporte forense indica, cuando menos, seis tipos de heridas. Esa bala le atravesó el rostro limpiamente, por el lado izquierdo, debajo del pómulo, arriba de la boca, dejándole un orificio. El forense describe la dirección del proyectil "de adelante [a] atrás, de arriba hacia abajo y de derecha a izquierda de acuerdo a la correlación de lesiones".

Al fondo hay un local de lavado y aspirado, con la cortina metálica, negra, abierta a medias. Ramírez llevaba el pelo corto, casi a rape, y su foto fue tomada en la morgue e indexada al informe relacionado con la averiguación previa HID/SC/02/0993/2014.

" 'Balearon a unos alumnos. Vine a apoyar a los muchachos. Estoy bien mamita, no te preocupes', me dijo. Me llamó a las 11:44", relató doña Bertha a María Arce, reportera de Univisión, el 13 de octubre de 2014.

Fue hasta el lunes 29 cuando ella pudo enviar un mensaje. "Mi niño, ¿cómo estás? No tenía para Ia [sic] recarga, por eso no te podía hablar, mi precioso niño", decía Bertha Nava. Al otro día, 30 de septiembre, una de sus sobrinas le avisaba que debía presentarse en la escuela, que era urgente y se trataba de algo relacionado con Julio César Ramírez, que la llamaba el Comité de Alumnos.

Así llegaron a Ayotzinapa, donde les dijeron que había 57 alumnos desaparecidos. Diez normalistas se ofrecieron a acompañar a Bertha y a su esposo, Tomás Ramírez Jiménez, para la identificación. El celular del joven, rojo y negro, de pantalla táctil, un ZTE, fue encontrado debajo de su cuerpo y asegurado por quienes levantaron el cadáver.

De acuerdo con el dictamen de balística de efectos, el Costa Line 2012 marca Volvo, con placas 894-HSI, presentó seis impactos de balas, dos de adelante hacia atrás y cuatro en sentido contrario. Los disparos fueron realizados desde diversos ángulos por más de un tirador. El segundo camión, el Costa Line 2510, marca Volvo 9700, con matrícula 227-HY-9, recibió nueve impactos, de los cuales seis provenían de la parte de atrás, todos de afuera hacia dentro en condiciones similares al anterior. Finalmente, el Estrella de Oro 1568, un Mercedes-Benz con placas 562-HS-3, tuvo 30 impactos de bala, la mayoría provenientes de la parte trasera, incluido uno directo al asiento del acompañante del chofer.

"ME QUEDÉ SIN IR A NINGUNA PARTE, SIN QUERER ESTAR EN NINGÚN LADO"

A las 23:30, cuando pasaban el crucero de Santa Teresa, en la salida a Iguala, rumbo a Chilpancingo, los futbolistas del equipo profesional de tercera división Los Avispones veían una película: *Los Ilusionistas*, prestidigitadores criminales perseguidos por el FBI. Ese crucero está a 700 metros de una torre de transmisiones, el mismo lugar donde Julio César Mondragón Fontes y sus compañeros se habían estacionado a las 19:34.

Una primera versión sobre el ataque a este equipo se instaló en las investigaciones de la PGR durante año y medio, hasta que los involucrados contaron otra, en la que el equipo no era atacado por casualidad, sino porque hubo un operativo especialmente dirigido contra ellos. La primera, decía la PGR, había sido una confusión. La otra denunciaba, en marzo de 2016, que la Policía Federal había detenido durante 20 minutos ese camión y después lo había dejado ir para que, en el crucero de Santa Teresa, antes de llegar a Iguala, un comando le disparara hasta en 400 ocasiones.

La versión, narrada por padres de los futbolistas y el cuerpo técnico, dice que el autobús de los futbolistas fue detenido frente al Palacio de Justicia de Iguala, donde se había montado un retén para detener a los estudiantes de la normal "Raúl Isidro Burgos" a fin de dar tiempo a que policías municipales llegaran al crucero de Santa Teresa y apostaran tiradores para acribillar al autobús.

Así lo hicieron. Los padres que acompañaban en sus propios autos a sus hijos en ese viaje, que los llevó a Iguala para ganar un partido de la tercera división profesional de México, se adelantaron hasta que fueron alertados por mensajes de los jóvenes, quienes primero les dijeron que todos pasaban ese retén menos ellos, y que después, interrumpida la señal celular unos momentos, ya les decían que habían sido atacados, que muchos estaban heridos y que el Ejército y los federales sabían de ese operativo y que no hicieron nada por detenerlo. Incluso impidieron que los padres trasladaran a sus hijos para ser atendidos.

Ahí estaban los militares también, en sus vehículos, armados, a cierta distancia, observando sin ayudar. Una hora y media esperaron los heridos por auxilio, tiempo suficiente para que uno de los jugadores muriera, David Josué García Evangelista, *El Zurdito*, atravesado por esa metralla. Tenía 16 años y acababa de debutar, esa tarde, con el equipo.

A Los Avispones les dispararon desde ambos lados de la carretera y de paso masacraron a quienes pasaban por ahí. Si los pistoleros no se confundieron, si sabían que el camión llevaba a futbolistas, entonces el ataque no tendría sentido si no hubiera una relación entre ese equipo y los sucesos de Iguala. La PGR le acomodó su lógica cuando uno de los hermanos Casarrubias Salgado —Mario, Sidronio y José Ángel, cabecillas del cártel Guerreros Unidos— declaró que el capitán del equipo pertenecía a Los Rojos.

Pero esa noche les dispararon con armas largas AR-15 y AK-47 utilizadas por municipales de negro, vestidos con chalecos tácticos, pantalón de policía y botas. El chofer, herido, había perdido el control del camión, que se había salido parcialmente del camino para terminar atorado en una cuneta, entre matorrales.

—¡Somos futbolistas, somos futbolistas! —gritaron los entrenadores a los hombres armados, que por toda respuesta volvieron a abrir fuego y esta vez no errar.

Que la puerta estuviera atrancada salvaría la vida de los demás, pues no pudieron acceder a ellos. Conectado con el C4 de Chilpancingo, el de Iguala recibía reportes desde allá y sabía que además de los futbolistas había una mujer herida, esposa de un oficial de Chilpancingo, a las 23:51, junto con cuatro vehículos siniestrados, dos taxis, una camioneta y un camión.

—¡Abran, ya valió verga, los vamos a matar! —gritaron a los jóvenes.

—¡Ya no disparen, somos un equipo de futbol, somos Los Avispones de Chilpancingo! —respondió herido el preparador físico.

Los agresores escapaban, pero ni siquiera tenían que apurarse en esa falsa retirada, porque se iban ellos, pero llegarían federales y soldados que, aunque no dispararon, dejaron morir. Atrás quedarían heridos 12 de los 26 pasajeros, entre ellos el preparador físico con una bala en la cara que lo dejó ciego de un ojo y la nariz rota; el director técnico recibió dos disparos en el estómago y otro deportista, Miguel Ríos, cinco balazos.

Entonces el comando cruzó la carretera disparando a quien se atravesara, sin ver, sin fijarse, sin razón alguna. Y quien iba pasando era Blanca Montiel Sánchez, de 40 años, a bordo de un taxi colectivo, que había llegado minutos antes a la terminal desde el Distrito Federal. Ya había llamado a su hermana anunciándole que la vería en pocos minutos, que la esperara. Blanca, el chofer de Los Avispones y el joven debutante no serían recordados con la misma furia o estupor. Siempre serían daños colaterales, invisibilizados por el tamaño de las otras tragedias, aunque nunca dejaron de ser parte de lo mismo.

Los disparos estallaron los cristales del autobús de Los Avispones por la izquierda mientras las balas a bocajarro le tocaron al chofer. *El Zurdito* murió allí mismo, a la altura del kilómetro 135+140 de la carreta Iguala-Chilpancingo, y ahora se sabe que lo dejaron sin ayuda. A la 1:20 del 27 de septiembre su cuerpo fue recogido por el MP del Fuero Común. Todavía el lugar estaba resguardado por agentes de la Policía Federal y llovía. Un reguero de vidrios se observaba en el pavimento. Dos globos aerostáticos dibujados en el costado del camión rentado, parte del logotipo de la empresa Castro Tours con matrícula 434-RH-9 marca Volvo y color gris, anunciaban esa masacre de asientos y ventanas. Ese camión, meses después, volvería a la circulación totalmente reparado y olvidado por la PGR y sus peritos obsesionados por los detalles pero que, tan pronto encontraban uno, lo dejaban para mejor ocasión.

Los padres que viajaban en sus vehículos se habían adelantado hasta llegar a Zumpango; al recibir la llamada de auxilio regresaron al crucero de Santa Teresa; sin embargo, los policías federales les impidieron llevarse a los heridos con el argumento de no alterar la escena del crimen. Después de una serie de forcejeos, trasladaron a los deportistas heridos a Iguala en busca de ayuda, ya que en los números de emergencia nadie contestaba, pero al intentar entrar a la ciudad los retenes policiacos les impidieron el paso.

Cuando finalmente los dejaron pasar se dirigieron hacia el 27 Batallón de Infantería, donde se negaron a brindarles ayuda porque, advirtieron los militares, no era su jurisdicción. Los padres y los jóvenes heridos buscaron refugio en casas de sus familiares en la colonia 24 de Febrero, la misma a donde habían corrido los normalistas del quinto autobús, hasta que finalmente trasladaron a los deportistas heridos al Hospital General de Iguala donde, después de horas, fueron atendidos.

David Josué había debutado ese día en la victoria del equipo 3-0 contra una escuadra de Iguala. La suerte del futbol no le alcanzó a él ni al conductor, Víctor Manuel Lugo Ortiz, *El Barcel*, para evitar a los policías. *El Zurdito*, un defensa lateral delgado y rápido, no pudo adivinar la última gambeta, como lo hizo con los extremos que le tocó marcar. Una bala y una línea en el reporte de muerte, relacionado con la averiguación previa HID/SC/02/0993/201 4, "choque hipovolémico consecutivo a herida penetrante de tórax izquierdo", cerraron para siempre la historia del joven.

Es que fueron más de 400 disparos los que recibió el camión.

El C4 tardó nueve minutos en reportar la balacera a la Policía Federal, Sector Caminos de Iguala, y hasta las 23:53 confirmaría —porque ya sabía— que los baleados eran el equipo de futbol. Setenta minutos después del ataque, paramédicos de Protección Civil y por fin la Cruz Roja trasladaban a seis heridos.

La madrugada del 27 de septiembre estaba lloviendo y eso consta en la Diligencia de Inspección Ocular, asentada en el Tomo Uno del Expediente del Tribunal Superior de Justicia del Estado de Guerrero, Juzgado Segundo de Primera Instancia en Materia Penal del Distrito Judicial de Hidalgo, en el número de causa 201/2014-II, iniciado el 5 de octubre de 2014, en la Fiscalía General de Justicia del Estado y la Dirección General de Control de Averiguaciones Previas, dentro de la averiguación previa HID/SC/02 1099312014, y el pedimento penal 070/2014, por los delitos de homicidio.

Llovía, entonces, y desde el reporte de los encargados de las escenas de los crímenes, el agente del Ministerio Público del Fuero Común del sector central, del Distrito Judicial de Hidalgo, decía que "se hace constar de precipitación de lluvia al momento de la presente diligencia", en una parte de ese expediente que describe un auto Nissan tipo Tsuru, un taxi, el número 0972 de la ruta Iguala-Chilpancingo, baleado, con dirección "de adelante hacia atrás", a una distancia de dos metros y 20 centímetros.

Allí también estaba el cuerpo de Blanca Montiel Sánchez, quien iba pasando en un colectivo. Nunca supo por qué la mataron ni que fueron policías quienes le dieron a quemarropa, nada más porque sí. A 30 centímetros de una de las llantas traseras un dedo humano apuntaba a los peritos. Era el índice arrancado de Blanca por el fuego demente. La necropsia de Blanca terminó a las 6:20 del 27 se septiembre y la causa oficial de la muerte fue similar a la de David Josué: "choque hipovolémico consecutivo [por] herida producida por proyectil disparado por arma de fuego penetrante de tórax izquierdo".

Los informes fueron suscritos y firmados por los médicos peritos especialistas en medicina forense Julio César Valladares Miranda y Carlos Alatorre Robles, el mismo que examinó el cuerpo de Julio César Mondragón Fontes, adscritos al Semefo de Iguala.

Terminadas las diligencias los federales informaron a los MP que más adelante había otros dos vehículos baleados y todavía otro kilómetro adelante aparecieron balas y casquillos percutidos dispersos en un área de 50 por nueve metros. Se contaron 60 de diferentes calibres, como ".223, PPU 087.62x51, FC017.62 N, TULAMMMO 7.62x39, HOT SHOT 7.62x39, S&B 7.92x39, 603 7.62x39, 38 SUPER AUTO+P, FC 9 mm., .22 y tres esquirlas deformadas, de los cuales, debido al paso vehicular, así como al medio ambiente (lluvia y viento), no fue posible clasificarlos por cuadrantes", dice el reporte.

En Ayotzinapa, los normalistas que se habían quedado de guardia se encargaban de contestar llamadas de padres que comenzaban a enterarse de que algo había pasado en Iguala. Ismael Vázquez Vázquez, *Chesman*, compañero de habitación de Julio César Mondragón Fontes, era uno de ellos y ya sabía que había muertos, aunque no sabía quiénes. Trataba de concentrarse en las tareas que le asignaban, pero el cansancio lo venció. Cerca de medianoche alguien los llamó para que comieran algo y les indicó que algunos podían ir a dormir. *Chesman* fue a tratar de descansar unas horas, mientras la muerte desde Iguala los alcanzaba.

Toda la noche llovió y *Chesman* dormitó como pudo, solo, en el pequeño cuarto que ahora le parecía un galerón enorme. Su madre, en tratamiento por diálisis, había salido bien, pero se encontraba débil. Fue hasta que el día clareaba cuando pudo conciliar el sueño y entonces, desde lo confuso de la lluvia que no cesaba y sus propios deseos, soñó con su amigo Julio César. Y en ese sueño el joven que se había ido riéndose y gritando "¡'Ámonos, güey!" se encontraba sentado, cubriéndose el rostro con manos y brazos. *Chesman* quiso acercarse a su amigo porque escuchó que lloraba y, antes de poder preguntarle por qué, Julio César, en ese sueño, que era Iguala de alguna forma, le dijo, sin levantar la cara: "¡Se pasaron de verga, se pasaron de verga, carnal!". Julio César comenzó a levantar el rostro hacia *Chesman*, quien esperaba una explicación desde el silencio que le imponía el llanto, pero esta nunca llegó.

A las ocho de la mañana del 27 de septiembre de 2014, *Chesman* se despertaba por golpes en su puerta y una voz que lo llamaba para reunirse con los demás para afrontar lo que venía. Los sobrevivientes de Iguala llegarían a la escuela la noche del 27 de septiembre, ya cancelada la visita de las otras normales. Algunos padres ya estaban ahí y esperaban el arribo. Esa noche, los que volvieron eran abrazados con alivio y felicidad. Los que no… *Chesman* mira todos los días a los padres que siguen ahí, viviendo en el patio de la escuela, esperando que sus hijos regresen o que por lo menos les digan que ya están muertos.

Hasta marzo de 2016, al menos 20 sobrevivientes de aquella noche han abandonado la escuela para siempre. "Debes amarrarte los güevos y echarle pa' delante", dice *Chesman*, mientras recorre el parque central de Tixtla con Lenin Mondragón, el hermano de Julio César. "Aquí nos tomamos la foto donde estamos él, Daniel Solís y yo", recuerda, mientras se sienta en la banca de enfrente.

"No, ya no lloro —dice—, porque eso pasó el 26 en Ayotzinapa y para el 3 de octubre de 2014 mi mamá fallecía porque ya estaba muy enferma. Fueron los peores días para mí porque iba a la escuela y todos estaban llorando. Entonces me iba a la casa y todos lloraban. Me quedé sin ir a ninguna parte, sin querer estar en ningún lado".

Ese 27 de septiembre los de Ayotzinapa vieron las fotos descarnadas de Julio César por primera vez en un muro de Facebook, *Sólo Guerrero*, que daba cuenta del asesinato. En la escuela tardaron en confirmar quién era el despojo retratado en esa calle de Iguala. Y cuando sus compañeros no tuvieron duda no pudieron hacer nada, sino abrazarse y llorar, mientras miraban las ropas abandonadas de Julio César, tiradas sin dueño en el piso del dormitorio G.

Capítulo X

El sur, entre la resistencia y el infierno

PARA LA MAYORÍA de los guerrerenses el Cinturón de Oro es una maldición incomprensible que los divide profundamente, y aunque sólo el 10% del total de las concesiones mineras está trabajando, no hay futuro. O sí, pero es apocalíptico porque las extractoras mineras generan una tragedia colectiva que se refleja en todos los ámbitos.

El Acapulco glamoroso es también un embarcadero comercial, pero al mismo tiempo la segunda ciudad más violenta del mundo, con 143 homicidios por cada 100 mil habitantes, cifra que lo ubica debajo del índice de San Pedro Sula, en Honduras.

Y es precisamente en Acapulco donde el Cinturón se desvanece, pero la riqueza continúa porque las franjas de titanio y hierro lo atraviesan. La zona costera donde hay titanio está controlada por el narcotráfico. Petatlán y Acapulco son dominados por el Cártel Independiente de Acapulco (CIDA) y el Del Pacífico Sur, pero también están Los Templarios, Los Granados, Los Carrillos y el Jalisco Nueva Generación (CJNG).[1]

Poblaciones vecinas a megaproyectos mineros sufren lo mismo que pueblos ubicados sobre yacimientos de oro como Carrizalillo, pero las estadísticas oficiales encubren lo más cruento. Iguala, vecina de la extractora canadiense Torex Gold y de la Rey de Plata de Peñoles, tiene 771 homicidios desde 2011 y hasta enero de 2016, según el Sistema

217

Nacional de Seguridad Pública, que le contabiliza a Cocula 17 homicidios en el mismo lapso. Esos números no incorporan hallazgos de organizaciones como Los Otros Desaparecidos, creada el 8 de noviembre de 2014, y que a la fecha ha encontrado 430 muertos en cerros igualtecos, de los cuales el Estado reconoce 380 pero apenas identificó a 19. Las denuncias por asesinato en Guerrero representan solamente entre el 4 y el 6% de los totales reales.

Hasta 2015, en México desaparecieron 13 personas por día, el doble del sexenio de Calderón, que llegó a contar 26 mil 121 "personas no localizadas", frase que acuñó la Secretaría de Gobernación para no decir lo que en realidad representaban.

En México ser activista es mortal cuando el país es una inmensa tumba clandestina. Entre junio de 2012 y mayo de 2014 fueron ejecutados 32 defensores de derechos humanos, y de 2011 a 2013, la Red Nacional de Organismos Civiles de Derechos Humanos "Todos los Derechos para Todos" (Red TDT) registró casos de ataques a personas y organizaciones defensoras de derechos humanos con un total de 409 agresiones y 27 asesinatos, siendo Oaxaca y Guerrero los más afectados. En Guerrero, entre 2011 y 2014, al menos 13 líderes sociales fueron ejecutados.

Pero no fue en Guerrero sino en Oaxaca donde se organizó una de las resistencias más fuertes y estructuradas contra las mineras, que después se extendió a todo el país y a naciones como Perú, Chile y Honduras, aunque a la Red Mexicana de Afectados por la Minería (Rema) le ha costado la vida de algunos de sus activistas, incluida la de su fundadora Alberta *Bety* Cariño Trujillo.

Ese camino de muerte que le tocó a *Bety* —poblana nacida en Chila de las Flores, egresada de la normal privada del Divino Pastor, en Tehuacán, y vinculada con las luchas de la Teología de la Liberación— fue disfrazado por el gobierno como un ataque paramilitar, aunque según activistas de derechos humanos debe acreditarse a una ejecución ordenada por empresas extractoras —"monstruo trasnacional depredador", las llamaba—, tal y como señala Evelia Bahena García.

Hija de campesinos mixtecos, *Bety* pronto se involucró en frentes y organizaciones como La Otra Campaña o la Asamblea Popular de los Pueblos de Oaxaca (APPO) y la Alianza Mexicana por la Auto-determinación de los Pueblos (AMAP). Junto con su esposo, Omar Esparza, fundó el Centro de Apoyo Comunitario Trabajando Unidos (CACTUS) y organizó la emblemática Rema.

El 27 de abril de 2010, seis camionetas con ayuda humanitaria se dirigían a San Juan Copala, en el municipio oaxaqueño de Juxtlahuaca, para entregar una dotación de víveres y cobijas. Veintiséis mexicanos, un finlandés, belgas y alemanes iban con ella para documentar lo que estaba pasando en ese pueblo triqui dividido que ya había visto a 700 familias indígenas escapar, ahuyentadas por acoso de paramilitares en 2009 y las 50 ejecuciones sin explicación que ensangrentaron al pueblo.

La pequeña comunidad de Copala, desde 2007 municipio autóno-mo, era escenario de una guerra intestina que empezó en los años 70 y se recrudeció en los 90 cuando desde el PRI se creó la Unidad y Bienestar Social en la Región Triqui (Ubisort), una organización paramilitar con varias unidades o grupos para sembrar terror y someter a los líderes que buscaban unificar a los pueblos de esa etnia y luchaban por la defensa de sus escasas tierras y la recuperación de otras, usurpadas para la siembra del café y el plátano, hasta llegar a la explotación minera.

Aquel 27 de abril, *Bety* debía pasar por el paraje Los Pinos, de La Sabana, en Copala. Ella, de 37 años, se encontraba a las 14:40 en las inmediaciones de la comunidad controlada por una unidad paramilitar de la Ubisort cuando su caravana, a la que había denominado "de paz y observación de los derechos humanos", fue emboscada al momento de hacer maniobras para regresar porque la carretera estaba bloqueada.

Ya daban vuelta cuando desde los cerros comenzaron a disparar al menos 12 pistoleros vestidos con pantalón y botas militares, con la cara cubierta, que se acercaban sin aminorar el fuego. Buscaban a Omar, es-poso de *Bety*. Algunos activistas de la caravana bajaron de las camionetas y echaron a correr, pero otros no pudieron. Los gatilleros los hicieron prisioneros, hincaron a algunos para interrogarlos y obligaron a otros a caminar por la montaña.

Las ráfagas de los paramilitares apuntaron directo a las camionetas, donde estaban los que no pudieron correr. Allí quedaron dos muertos y cuatro heridos. Después se dio cuenta de cuatro desaparecidos. Los asesinados eran *Bety* y el observador finlandés Jyri Antero Jaakkola. A ella la mató un impacto de bala expansiva que le perforó la cabeza; a Jyri, dos tiros en la espalda y uno más en la parte izquierda del cráneo. Avisada del ataque, la policía estatal no movió un solo agente porque el gobierno no autorizó la intervención. Hasta el día siguiente llegó al poblado.

La creación de grupos paramilitares, su alianza con el priismo oaxaqueño y el reforzamiento de la presencia del Ejército tuvo un resultado previsible: escaló el nivel de violencia, además de una encarnizada persecución y cacería de líderes triqui. Los muertos se empezaron a contar siempre del lado indígena. Ni siquiera los niños se salvaron.

El conflicto en Copala, pueblo en estado de sitio permanente, ocultó acciones militares, policiacas y paramilitares de Ubisort que avanzaron discretamente por la Mixteca, la Costa y la Sierra Mazateca, incluso a través del reclutamiento de niños de 13 a16 años de edad, quienes fueron entrenados para el combate y la represión.

Los niveles de violencia, así como la persecución y aniquilamiento de líderes, tuvieron su expresión más pública en el horror por los asesinatos de *Bety* y del activista finlandés Jyri. Estos crímenes develaron el motivo secreto de esa guerra unilateral para someter a los triquis que no aceptaban el liderazgo priista ni las políticas impuestas desde el Palacio de Gobierno del estado en la ciudad de Oaxaca: la riqueza mineral.

Los dos crímenes siguieron la ruta natural del asesinato de activistas en México: la impunidad, con sólo un detenido. Los homicidios fueron explicados desde la lógica más llana del gobierno que se apresuró a decir que *Bety* y su caravana se habían metido con los paramilitares.

Fundadora de Rema, *Bety* no era cualquier activista. Viajaba por todo el país, especialmente a poblados enfrentados con las mineras, y había conseguido organizar a comunidades de Oaxaca y Jalisco, entre otras; se mantenía la lucha en Chiapas y se consolidaba la de Guerrero en un frente único que se hacía cada vez más grande, como sucedió en San Luis Potosí, donde desde 2005 la canadiense New Gold posee la mina Cerro San Pedro y saca unas 400 mil onzas de oro por año o unos 9 mil 240 millones de pesos.

Los habitantes de Cerro de San Pedro viven en las faldas del monte donde la minera trabaja y han interpuesto demandas contra la empresa, que había conseguido un permiso para ocupar y tirar todo el pueblo y explotar el subsuelo en una quinta fase de extracción. Hasta allá había ido *Bety* a apoyar a los habitantes, días antes de que la mataran.

A los canadienses les bastaron cinco años para reducir el monte a polvo —y por supuesto aprovechar los yacimientos de oro y plata— a través de su filial Minera San Xavier y ganar por lo menos mil millones de dólares. Tan poderosa es la extractora que al Ejército que la protege le construyó un cuartel a la medida.[2] La New Gold es una de las diez mineras que el gobierno federal promociona en paquetes de ventas para animar a los inversionistas extranjeros.

Pero Juxtlahuaca, un municipio violento, acostumbrado a la presencia de soldados y asesinos a sueldo, tiene su propio tesoro. *Bety* sabía que los paramilitares desplazaban a habitantes de Copala porque en sus tierras había yacimientos. Recientemente, el 5 de noviembre de 2015, 700 familias triquis sin casa ni tierra —ocupadas ahora por los propios paramilitares— se plantaron en el Palacio de Gobierno de Oaxaca exigiendo garantías para regresar o hacer cumplir una promesa de reubicación que les hicieron en 2009.

Lorena Merino Martínez, representante de los triquis en plantón y huelga de hambre, lo dijo simple y directo: "El territorio contiene importantes recursos minerales. Por esa razón el gobierno hace eso, acabar con el pueblo para poder sacar provecho de ahí; por esa razón nos expulsaron y ahora el gobierno no ve las condiciones para que regresemos a la comunidad".[3]

Merino tenía razón. Y se la dio, sin querer, el Consejo de Recursos Minerales de Oaxaca en 2007 al hacer un recuento del subsuelo donde "reportaba cuatro yacimientos de molibdeno, cinco de mercurio, seis de níquel, ocho de uranio, ocho de cobalto, nueve de torio, 18 de titanio, 22 de antimonio, 32 de manganeso, 34 de zinc, 51 de cobre, 52 de plomo, 55 de fierro, 192 de oro y 194 de plata: yacimientos simples o polimetálicos concentrados en la Mixteca, los Valles Centrales y la Sierra Sur. De 570 municipios oaxaqueños, 201 poseen yacimientos mineros estratégicos",[4] escribió el periodista Andrés Barreda, quien definió a la minería como el origen de casi todos los males de Oaxaca y le puso nombre a lo que las mineras trasnacionales hacen cuando chocan con las comunidades bajo las cuales está lo que quieren. "Es la ingeniería de conflictos" aunada a los desplazamientos y el exterminio en zonas prioritarias.

"Es prioritario indagar los motivos de los asesinatos comunitarios ocurridos en Oaxaca. Revisar la larga lista de asesinatos políticos fríamente planeados en torno del municipio autónomo de San Juan Copala. Ocurre que en el municipio de Juxtlahuaca se localizan 11 yacimientos de metales importantes. Tres de antimonio, dos de cobre, dos de fierro, uno de oro, uno de plata y dos polimetálicos: uno de oro, plata y antimonio, en el extremo norte del municipio; otro de cinco metales (oro, plata, antimonio, plomo y zinc) a menos de cuatro kilómetros de San Juan Copala", escribió Barrera.

Desde 2008, Rema identificó yacimientos de uranio en la región mixteca, entre Oaxaca, Puebla y Guerrero, que el gobierno federal reconocía desde 49 localidades distribuidas en grandes depósitos: Baja California Sur; la sierra de Coneto, Durango; la Cuenca Burgos, Nuevo León; Peña Blanca, Coahuila; sierra de Aconchi, Sonora; Santa Catarina Tayata, entre Guerrero y Oaxaca, y San Juan Mixtepec, a las puertas de Copala.

Las actividades de Rema se habían extendido gracias a una estrategia que años después crecería a nivel nacional con Ayotzinapa como uno de sus corazones y que consistió en construir un frente común y crear redes de apoyo. Mientras, se mantiene vivo el recuerdo de *Bety* Cariño en los aniversarios de su muerte, como en el de abril de 2015, cuando el Consejo Tiyat Tlali, un grupo adherente, decía que "promovía la defensa de la Madre Tierra, la autonomía alimentaria y la defensa de la mujer... cómo olvidar la palabra de *Bety*, ante la embajada de Canadá en México, cuando recordaba la lucha de otro activista de Rema asesinado, el también querido Mariano Abarca, [a quien] le quitaron la vida gatilleros enviados por la empresa minera canadiense Blackfire Exploration, por luchar contra el despojo en su pueblo de Chicomuselo, Chiapas".

Mariano Abarca Roblero fue asesinado el 27 de noviembre de 2009, cuando a sus 50 años defendía las tierras afectadas por Blackfire, que extraía barita —mineral usado en la perforación de pozos petroleros; una tonelada cuesta unos 170 dólares y en 2013 las exportaciones desde México alcanzaron 42 millones de dólares— en el municipio chiapaneco de Chicomuselo.

Ya luego se sabría que vastas zonas chiapanecas también son ricas en yacimientos de titanio, "un metal tan importante para la telefonía celular como para la guerra, estratégico en la industria armamentista, aeronáutica, naval, ingeniería nuclear y para el equipamiento de alta tecnología. [...] Los mayores consumidores de titanio son Estados Unidos, la Unión Europea, Japón y China", documentarían Renata Bessi y Santiago Navarro F., en una amplia investigación para *subversiones.org*, Agencia Autónoma de Comunicaciones.

Para *El codiciado mineral que amenaza la vida de los pueblos de Chiapas*, publicado el 5 de noviembre de 2015, Navarro y Bessi encontraron que ese año se habían otorgado en aquel estado 99 permisos de explotación hasta los años 2050 y 2060 —que amparaban un millón 57 mil hectáreas concesionadas o 14.2% del estado—, "de las cuales por lo menos 22 tienen como objetivo principal la extracción de titanio.

"La mayor parte de las concesiones se localizan en la Sierra Madre de Chiapas y sus costas en el Pacífico. [...] Las 99 están ubicadas principalmente en la región de la costa, en la región del Soconusco, desde Arriaga hasta Tapachula. Aquí es el foco de atención de las mineras, ya que se habla de grandes yacimientos de dicho metal en toda esta franja. Pero también es una zona de gran biodiversidad", afirma Salvador Hernández Gutiérrez, del Frente Popular en la Defensa del Soconusco 20 de Junio.

UN INFORME del Departamento de Relaciones Exteriores y Comercio Internacional de Canadá (DFAIT, por sus siglas en inglés) reveló depósitos por 204 mil 22 pesos a la cuenta bancaria del entonces alcalde de Chicomuselo, Julio César Velázquez Calderón, para facilitar las operaciones de la minera, la cual había armado a sus empleados. En agosto de 2009 tres trabajadores vestidos con el uniforme de la minera golpearon a

Mariano Abarca en su domicilio. Lo amenazaron con armas largas, pero fue en vano: él no se iría. Una semana antes de que fuera ejecutado a tiros, afuera de su restaurante, un gatillero lo había amenazado de muerte.

La Mining Watch Canada Mines Alert, la Common Frontiers y la United Steelworkers señalaron, en el documento *Minería Canadiense en México: Blackfire Exploration y la Embajada de Canadá, un caso de corrupción y homicidio*, que esa embajada había prestado "apoyo fundamental e inescrupuloso a las operaciones de la minera en este país".

Rema, la organización de *Bety* Cariño, investigaba el asesinato junto con una delegación canadiense, al igual que los daños ambientales causados por la minera en los ejidos de Grecia, donde extraían la barita, y de Nueva Morelia, por donde la empresa pagaba un peaje para transportarla. Reuniones con la Embajada de Canadá les dieron pistas cuando "la delegación se enteró de que un consejero político de la Embajada había viajado a Chiapas dos meses después de la muerte de la activista. La delegación solicitó una copia del informe de su viaje, pero este se negó a entregarlo. Las organizaciones hicieron un pedido de acceso a la información y, tras 19 meses, el DFAIT difundió documentos de la Embajada vinculados al caso de la empresa minera Blackfire.

"Aun después del asesinato, de la clausura de la mina por contaminar y de las denuncias por corrupción, la Embajada siguió defendiendo a la empresa ante funcionarios mexicanos, además de entregar información a la Blackfire que le permitiera demandar al estado de Chiapas por clausurar la mina, de acuerdo con el marco del Tratado de Libre Comercio de América del Norte".

El gobierno de Canadá divulga en el sitio web *canadainternational.gc.ca* que ha forjado una industria minera de clase mundial y que hasta 2014 había en México cerca de 200 compañías, sosteniendo, sin rubor alguno, que las "mineras canadienses contribuyen con tecnología minera verde para mejorar el desempeño ambiental, establecen altos estándares de seguridad, ayudan a crear programas sociales locales y proveen educación y entrenamiento en habilidades para apoyar la inversión a largo plazo en las comunidades locales en México". Incluso, en 2009 el gobierno de ese país editó un manual para difundir lo maravillosas que son sus empresas.

"Lo que se les olvidó poner en ese manual —dijo en una entrevista radiofónica en 2010 el ambientalista Gustavo Castro— son los mecanismos que las empresas usan para contratar a sicarios y matar gente".[5]

La Blackfire había denunciado a Mariano Abarca, acusándolo de delincuencia organizada, daños al patrimonio de la empresa, ataques contra la paz y contra vías de comunicación, por lo que fue detenido el 17 de agosto y permaneció preso diez días. Por su lado, Mariano había denunciado a ejecutivos de la minera porque "ya lo habían ido a buscar para quebrarle la madre a plomazos".[6]

La Blackfire salió de Chiapas para irse al Triángulo de la Brecha del Estado de México, en el municipio de Zacualpan, donde hace lo mismo: saca barita y amatista en una región cuyo entorno se adapta a sus radicales técnicas de extracción.

BETY CARIÑO había tenido tanto éxito que pronto estuvo en la mira del Ejército, las policías y los grupos paramilitares. Todos la persiguieron e intimidaron. Rema denunció saqueos militares a casas de ejidatarios como una medida disuasiva antes de ejercer presiones más duras contra comunidades en Jalisco, San Luis Potosí y Oaxaca.

El homicidio de *Bety* surtió efecto porque después de eso Rema bajó su perfil, al menos por un tiempo, debilitada desde el miedo, pero también porque los asesinatos continuaron en comunidades pequeñas. En la opinión de los sobrevivientes, todas las organizaciones de derechos humanos encubren porque no investigan cuando se les informa quiénes ordenan las matanzas.

La pesadilla para Rema se extendió hasta 2016, fuera de México, cuando un comando asesinó a la ambientalista hondureña Berta Cáceres, el 3 de marzo de 2016, en el departamento de Intibucá. Ella se había opuesto al gigante chino Sinohydro, que construyó una hidroeléctrica, el proyecto Agua Zarca, con lo que privatizó el río Gualcarque y obligó a la población lenca a desplazarse. La defensa de Cáceres fue exitosa, derrotó a los chinos y al gobierno hondureño en 2006 sorteando amenazas de militares y sicarios. El día de su asesinato estaba con ella el mexicano Gustavo Castro Soto, activista de Rema y de la Organización Otros Mundos Chiapas/Amigos de La Tierra México. El mexicano —un ex jesuita, autor del ensayo *Coca-Cola: la historia de las aguas negras*— sólo resultó herido porque los asesinos lo creyeron muerto.

Como todos los asesinatos de este tipo, levantó indignación y generó protestas, pero ni una sola palabra del gobierno hondureño, que desde el primer minuto apostó por lo mismo que el mexicano: olvido por cansancio. Por si ese cansancio no fuera suficiente, el 15 de marzo de 2016 un asesinato más, ahora de un militante del Consejo Cívico de Organizaciones Populares de Honduras, el mismo al que pertenecía Berta Cáceres, reforzó el mensaje de terror para los hondureños en lucha. Nelson García tenía 38 años, pero cuatro tiros en la cara lo inmovilizaron para siempre, en la comunidad de Río Lindo. Días antes, había participado en la recuperación de tierras en esa región.

Quien sigue en pie de lucha es Evelia Bahena García, que detuvo cuatro años las operaciones de la superminera Torex Gold en el municipio de Cocula, Guerrero.

"Quiero ir a Ayotzinapa"

Antes del 26 de septiembre de 2014, representantes de organizaciones sociales de todo el país se reunieron en la Normal Rural "Raúl Isidro Burgos" de Ayotzinapa para organizar un frente común de defensa social en cuya agenda se encontraban las mineras y el reguero de muertos que están dejando por todo el país.

Allí estaban transportistas afectados, la Coordinadora Regional de Autoridades Comunitarias (CRAC) y su Policía Comunitaria (PC), que comenzó a operar a principios de 2013 y cuyo origen es indígena; la Unión de Pueblos y Organizaciones del Estado de Guerrero (UPOEG), que incorporaba a actores de distintos niveles socioeconómicos y que en un mes de búsqueda, junto con familiares de los normalistas, encontró 37 de las 47 fosas reportadas entre octubre y noviembre de 2014. En dos años, los cuerpos hallados en fosas en Guerrero suman ya 500.

En ese frente aparecían la CETEG; la Organización del Pueblo Indígena Me'phaa (OPIM); representantes de la Organización Campesina de la Sierra del Sur (OCSS) —de la activista Norma Mesino de Atoyac, en la Costa Grande, con dos asesinados a causa de esa labor y 17 militantes ejecutados en la llamada masacre de Aguas Blancas, Guerrero, en 1995—; la Unidad Popular de Iguala, que había perdido a ocho de sus integrantes, algunos ejecutados por José Luis Abarca; enviados del Frente de Pueblos en Defensa de la Tierra de San Salvador Atenco; representantes de las autodefensas michoacanas de José Mireles, y de la guerrerense Nestora Salgado, lideresa de la CRAC, policía comunitaria de Olinalá, presa en 2013 por acusaciones de 50 secuestros y extorsiones que nunca se le comprobaron. También estaban los 30 municipios de Guerrero, Oaxaca, Puebla y Chiapas opuestos a la extracción minera, militantes de Rema y los ejidatarios representados por Evelia Bahena, enfrentados con el megaproyecto de la Media Luna.

Ese frente único tenía ya una estructura y se había consolidado desde el MPG, surgido calladamente en 2012 pero cuyas asambleas habían convocado a los líderes sociales. Ya no se trataba de algo local, ni siquiera regional, era un intento más organizado y profundo con la idea concreta de frenar juntos las reformas estructurales propuestas por la Federación, la violencia y a los soldados protectores de mineras.

A las asambleas cualquiera podía entrar —poco antes habían organizado otra en Acapulco— porque eran de carácter público. En ellas participaron estudiantes de la normal de Ayotzinapa como Julio César Mondragón Fontes, quien de inmediato llamó la atención.

La figura de Julio César adquiere una nueva estatura y hasta ahora puede explicarse la crueldad de su homicidio. A él no lo mataron sólo porque era normalista. Lo mataron con saña y salvajismo porque era uno de los estudiantes respetados de Ayotzinapa, líder en formación, prácticamente un recién llegado que había convencido a otras organizaciones de buscar unidad, de trabajar para un proyecto que detuviera esas reformas estructurales. Además, era uno de los convencidos de la lucha de la comandanta Nestora Salgado, a quien admiraba y ayudaba repartiendo información desde su escuela en Tixtla.

Por eso lo inaudito de la tortura, el mensaje en el que convirtieron su rostro.

Evelia Bahena había conocido a Julio César en las reuniones públicas del MPG.

—Era un estudiante muy activo, no se veía un jovencito porque ya entró grande para su carrera en Ayotzinapa, pero era un muchacho que hablaba sus necesidades. Muchas veces se piensa que la experiencia te hace hablar, cuando realmente no es así. Él era un muchacho muy luchón, tenía sus ideales, le gustaba expresarse —refiere Evelia.

—¿Tenía don de liderazgo?

—Sí. Le gustaba expresar, contagiar a sus compañeros. Los normalistas se consideran herederos de la tradición de la lucha por la defensa y mejoramiento de sus comunidades y su escuela. Y como los defensores y líderes sociales ya corrían mucho riesgo, necesitábamos ver cómo nos podíamos respaldar en momentos de peligro.

Necesitadas de reformas profundas, un cambio también en el espíritu de los normalistas, las escuelas le habían mostrado a Julio sus carencias. Tenería en Tenancingo y Tiripetío lo habían aleccionado y hecho entender que esos cambios podían lograrse si conseguía encabezar el organismo que el profesor Lucio Cabañas Barrientos había liderado en su momento. Comenzó a prepararse desde su casa, estudiando con su tío Cuitláhuac, quien le inculcaba que los maestros que salieran de esas normales debían ser "éticos, progresistas y rurales".

—Yo quiero ir a Ayotzinapa porque quiero hacer historia en el normalismo rural. Hay cosas que no están bien y sólo nosotros podemos cambiarlas —respondería Julio César a su tío Cuitláhuac.

A su familia le expresó lo que los alumnos de Ayotzinapa eran para él:

—Son otra historia. Son más humanos.

La lucha de Julio César también ha seguido firme de la mano de su viuda, la profesora de educación básica Marisa Mendoza. Ella lo ha señalado cuando se lo preguntan o ha sentido la necesidad de aclararlo, como lo hizo en La Habana, Cuba, en la presentación del libro *Los 43 de Ayotzinapa*, de Federico Mastrogiovanni, editado por la Brigada para Leer en Libertad: "No quiero dinero, quiero justicia".

"Sabemos que la verdad pronto va a salir a la luz y que no quieren que esto se sepa porque el gobierno está involucrado. Saben dónde están y qué fue lo que les hicieron a los 43 desaparecidos, y también saben quiénes ejecutaron extrajudicialmente a Julio César".

Como se lo dijo a la periodista Sanjuana Martínez: "Las investigaciones, como en el caso de los 43 normalistas, conducen al Ejército: los militares saben qué paso. Fue un militar el que dio aviso; es obvio que el Ejército tuvo mucho que ver en la ejecución extrajudicial de Julio César. Personal del Ejército avisó que había una persona desollada, tirada en el Camino del Andariego. Ese militar no ha querido hablar. Es una barbaridad que no permitan que se investigue al Ejército".

La lucha de Marisa empezó casi de inmediato, pero no fue sino hasta el 29 de enero de 2015 cuando acudió por primera vez a Ayotzinapa —acompañada por su cuñado Lenin Mondragón Fontes—, después de la muerte de su esposo, para sostener una reunión privada con los padres de los desaparecidos y los estudiantes sobrevivientes. Allí se enteró, de primera mano, de una división surgida entre ellos, pues mientras los familiares exigían que contaran a las autoridades lo que había pasado en la primera balacera, los jóvenes se negaban rotundamente porque no había garantías para su seguridad. Allá descubriría de golpe la dureza de la lucha por la verdad y la justicia.

En el auditorio se encontraban los padres, 50 tal vez, y al frente de la reunión estaban Vidulfo Rosales Sierra, coordinador jurídico del Centro de Derechos Humanos La Montaña Tlachinollan, abogado que lleva los casos de los alumnos; Melitón Ortega, integrante del Comité de Padres de Familia de Desaparecidos, y una asesora de la Secretaría de Relaciones Exteriores en materia jurídica.

Luego de unos minutos, Melitón Ortega pidió al grupo recién ingresado que se presentara. Y así empezó su calvario en aquel crimen del 26 y 27 de septiembre de 2014 que, de inmediato se sabría, era un crimen de Estado, un delito de lesa humanidad en el que los agresores tenían armas y los estudiantes normalistas sus piedras, y el ejemplo de

El Güero que sabían de memoria: se bajó del camión y se agarró a golpes con un policía que le disparó; *El Güero* lo venció y casi lo desarmó. Eso no lo declaró nadie porque los chicos temían (temen todavía) que los metan a la cárcel por eso, que los criminalicen.

Aquel encuentro privado dejó huella en todos, los padres guardaron silencio. Unos rompieron en llanto por el silencio de los sobrevivientes. Bertha Nava, madre del normalista ejecutado Julio César Ramírez Nava, reclamó airada que estos no quisieran hablar y no entendía, en ese momento de paroxismo, que ellos no lo hicieran porque estaban muertos en vida, enfermos para siempre del miedo inoculado por la fuerza del Estado mexicano.

Vidulfo Rosales refirió: "Tuvimos pláticas para que ellos [los sobrevivientes] supieran qué hacer, cómo decir las cosas; hasta hicimos un mapa aquí en el auditorio, pero a la mera hora se presentaron dos. Uno de ellos hasta tuvo que buscar a otro, que ni siquiera estaba preparado porque los demás no quisieron".

La lucha de la familia Mondragón Fontes y de Marisa ha sido la de David contra Goliath. Ese día en Ayotzinapa Marisa tomó la decisión de hablar con los de primer año y con los sobrevivientes de las balaceras. De acuerdo todos, los padres abandonaron el auditorio. Melitón Ortega saludó a los Mondragón y los integró a la normal con la mejor de las formas. Otro padre se disculpó con Marisa por no estar con ella. La inmensidad del Estado y su Presidente cayeron de pronto sobre el lugar, a rajatabla. Los estudiantes no declararon, pero el miedo al Estado, de todas formas, los masacró, les arrancó el rostro.

Esta es la reconstrucción de aquella tarde. Terminada la reunión con los padres de los desaparecidos, los alumnos del primer año se reunieron de espaldas a los ventanales del auditorio. Es su turno y esperan, han sido convocados por un joven sin nombre de unos 27 años. Su mirada doblega.

Los normalistas entran y toman asiento. Hablan pausadamente, el bullicio no existe como en otras escuelas y el ruido se integra en un murmullo que sobrepasa aquellas paredes. Juntos, como en catarata, los alumnos no llenan ni la mitad de aquel salón.

Marisa y Lenin toman lugar en uno de los pasillos.

El silencio es impuesto por este joven que usa huaraches como casi todos. Su playera roja de alguna manera lo identifica. Antes, comiendo helado, ha ofrecido alimento a la comitiva de Marisa. Pero ahora se trata de otra cosa. Sentado de frente a los alumnos, mirándolos, habla apenas. Despacio, claro, breve.

—A ver. Está con nosotros Marisa, la esposa de Julio César.

Nadie lo mira. Pero el silencio es ahora el fantasma de aquel septiembre que en realidad se aparece todas las noches en la escuela. Nombrar a Marisa ha congelado manos y pies, las cabezas volteadas, las piernas en nudo. Nadie se mueve, pero todos la miran.

—Ustedes la van a escuchar porque tiene algo que decir. Yo le digo a Marisa que fui amigo de Julio. *El Chilango* no era como nosotros pensábamos que era al principio y fue siempre amigo. Mi amigo sí fue, compartimos cosas y por eso esto es muy triste. ¿Estamos?

Nadie dice nada, pero todos asienten. Allí, delante, hay al menos 140 jóvenes de los cuales unos 25 son sobrevivientes. No hay necesidad de que ellos lo digan. Esos, los que regresaron de la muerte, son distintos de los demás por su mirada, su postura, sus manos. Así, suspendidos, todos esperan. Al llegar el abogado, Marisa se presenta, parándose enfrente. Ese solo movimiento, el desplazamiento de la joven en cuatro metros, provoca un alud en los alumnos. La mitad se derrumba, ensimismada en el miedo mientras escucha.

—Soy Marisa. Quizás les contó que tenía una esposa y una hija. Soy Marisa, su esposa, la esposa de Julio César. Y vengo a decirles que necesito su ayuda. Porque ustedes no han declarado. Y el asesinato de mi esposo no encuentra justicia. Tampoco el de sus otros compañeros. Les pido…

Y el llanto le ahoga la voz.

De pronto el silencio tiene un cuerpo y los rostros de los alumnos son, por un segundo, la herida, la ausencia de los otros. Uno de ellos se levanta. Su chamarra verde deportiva se abre en el movimiento involuntario de los brazos. Confiesa que él fue el último en ver con vida a Julio César.

—Yo estaba con él en el camión. Te mandaba mensajes por teléfono. Dijo que ya era suficiente haberse separado de ti como para separarse además de su hija. Cuando dejó de escribir, me dijo que después de la balacera se iba a salir de la normal. Luego nos bajamos y él se echó a correr, pero para el otro lado, donde estaban los malos. Nosotros le gritábamos, pero como estaba la balacera, él se confundió y lo atraparon del otro lado. Yo quiero decirte eso.

Otro más, sentado hasta delante, quiere saber quiénes y cómo lo van a defender si declara porque, por poner un ejemplo:

—Yo conozco a un amigo que despidieron de una empresa, de esas grandes. Luego los demandó y les ganó la demanda. Y a los seis meses apareció muerto.

Para Ayotzinapa, Julio César sólo tuvo admiración y agradecimiento, pero sabía que debían hacerse cambios profundos en los programas de estudio y las técnicas de enseñanza que permitieran actualizar las ideas y las acciones. Las reuniones del MPG en las que participó la normal llamaban la atención del gobierno y las mineras, a las que preocupa cualquier movimiento social, por pequeño que este sea. Venidas de otros estados, para las asambleas, se habían integrado organizaciones de Oaxaca, Chiapas, Querétaro, el norte del país y también observadores extranjeros.

Pero en esas juntas, sobre todo líderes transportistas criticaban abiertamente a los estudiantes, y allí mismo se declaraban amigos del gobernador perredista Ángel Aguirre Rivero, a quien debían favores. "Si él nos pide ayuda contra los estudiantes, se la damos, juntamos al gremio y lo ponemos contra ellos", dijeron secamente. No eran infiltrados, pero ni falta les hacía.

Evelia Bahena recuerda que la reunión de Acapulco fue vigilada por la policía, en 2014, cuando el MPG empezaba a tomar fuerza con los estudiantes de Ayotzinapa, autodefensas de la CRAC, la Policía Comunitaria y activistas contra La Parota, entre otros. Las reuniones, aunque pocas, fructificaron y generaron un acuerdo rápidamente que consistía en apoyar todas las luchas sociales como si fueran una sola y, en el camino, frenar las reformas.

"¿Cuál era la estrategia? ¿Cómo se enfrenta algo que no puede ser cambiado porque esas estructuras no permiten el acceso a las leyes ni a las instancias?", se pregunta Evelia Bahena mientras sonríe. Levanta su vaso y bebe el agua enarcando las cejas. Pide un sándwich, que tardará en llegar un cuarto de hora y que le deja espacio para hacerse más preguntas, que en realidad son lo contrario.

"Pero, ¿qué haces cuando la delincuencia ya no te da resultado para controlar a los grupos asociados? Les mandas un mensaje a todos esos líderes. 'Mira lo que te puede pasar si no te calmas'. Parece ilógico que desuellen a alguien como Julio César. ¿Por qué lo hicieron? Tiene que haber un sentido, no es gente tonta la que lo hizo. Haber controlado todo Iguala para que los estudiantes no pudieran salir no se organiza de pronto. ¿Cómo es que se coordinaron todos al mismo tiempo? Protección Civil, bomberos, militares, policías estatales y municipales de Cocula e Iguala, la delincuencia organizada. Si era otra banda la que venía y si no se conocen entre sí, se habrían matado entre ellos. ¿O por qué no mataron a un bombero? ¿Cómo es que identificaron con precisión quiénes eran los estudiantes?", reflexiona y se pregunta Evelia.

El mensaje al que ella se refiere surtió efecto, al menos temporalmente, porque las reuniones del frente único de lucha, luego del 26 de septiembre, fueron suspendidas.

"Es un problema de fondo, no se trata de ayudar a los padres sino de generalizar la lucha", dijo el normalista Omar García en una entrevista que el periodista estadounidense John Gibler compartió el 22 de septiembre de 2015 en la Universidad de la Ciudad de México. Afirmó que entre algunos objetivos que ya perseguían antes del 26 de septiembre estaban los de reactivar los movimientos sociales. Y reconoció que Ayotzinapa ayuda a los que hay que ayudar en Guerrero.

García sostiene que ellos son puntos de apoyo desde una política de resistencia contra el despojo, y que se pugna por formas horizontales para construir el poder, romper la sociedad actual a fin de que, entre otras cosas, las escuelas se autogobiernen porque hoy las normales no son libres, las universidades no generan luchadores sociales que sirvan al país. Pero al final, porque el mensaje inscrito en el rostro de Julio

César pesa, acepta que "estamos en una encrucijada donde no sabemos qué hacer".

Evelia agrega: "En esas juntas no sólo se trataba la resistencia contra las mineras o las cosas de los estudiantes y los maestros, sino que se tocaban todos los temas. Llegaba la policía comunitaria, se tocaba todo lo que provocaba conflictos en el estado. Se hablaba de las reformas estructurales. Y la mayor parte de esa fuerza que se generaba en el estado era gracias a los muchachos de Ayotzinapa porque enseñaban a los demás: 'Uno se arriesga por lo que uno quiere', decían.

"La mayoría de los defensores, cuando se dan los muertos en gran escala, en 2009, empiezan a tener miedo porque quien te aplaca es la delincuencia. Y es que el gobierno y las mineras la usan para controlar las luchas sociales. A las mineras no les conviene que haya ningún levantamiento ni organizaciones que ganen sus reclamos porque, entonces, otros se unirían para pedir apoyo y luchar.

"Los campesinos sabían que en los cerros de Cocula se producía mariguana. Entonces, lo que se nos hace raro es que las mineras afectan a la delincuencia del narco porque ocupan terrenos de siembra para excavar, pero esta nunca tiene problemas con las mineras. La respuesta es que se estableció un acuerdo con los productores de droga. Hay coincidencias entre los cerros que exploran las mineras y los plantíos de amapola y mariguana, que se dan en lugares frescos. Están en las mismas tierras donde hay minerales", advierte Evelia, quien conoce desde la entraña una historia que ha destripado al país, a Guerrero en primer lugar.

Aun exiliada, Evelia es un emblema con estatura de leyenda. Alejada de la lucha porque su cabeza tiene precio, reclama que nadie haya explicado la participación de esa industria extractora en las matanzas y sabe que por cada tonelada de tierra triturada y tratada químicamente se obtiene un gramo de oro y que por eso se necesitan enormes extensiones para refinar.

"La mayoría de las comunidades se estaban levantando en contra de las mineras y desde Mezcala hasta Arcelia ya había movilización de campesinos. Desde 2006 a las familias las sacaban de los lugares con el pretexto de que estaban en riesgo, cuando en realidad había oro y las empresas iban a explorar. Las mineras modifican los pueblos, los exterminan. Para ese año la delincuencia no era sanguinaria, pero ahora, para los ejidatarios desplazados, exponer estos hechos resulta letal y en los medios se encubre lo que pasa realmente".

El 25 y 26 de abril de 2013 estudiantes de Ayotzinapa marchaban, hombro con hombro, por las calles de Chilpancingo con integrantes del MPG, a quienes habían acompañado en otras manifestaciones. Por esos días los normalistas habían bloqueado la Autopista del Sol protestando por la liberación de dos agentes ministeriales acusados del asesinato de dos estudiantes de Ayotzinapa, Gabriel Echeverría de Jesús y Alexis Herrera Pino, el 12 de diciembre de 2011. En esa jornada de abril participaron unas mil 600 personas arropadas por el MPG, cuya influencia abarcaría comunidades de La Montaña bien definidas para 2014. Para ellos y otros grupos en resistencia, la toma de casetas, ayuntamientos y edificios públicos representó la única forma de que los escucharan, porque desde las vías legales nunca se les hizo caso.

"Por eso el profesor rural es una figura muy importante para la comunidad —dice desde la sierra de Pilcaya, Guerrero, en los límites del Estado de México, el maestro rural y antiguo alumno de Ayotzinapa y luchador social Margarito Sánchez Mérida—, porque son líderes y gestionan servicios sin ser políticos. La gente les toma confianza por eso, y porque algunos vienen de familias con una larga tradición normalista. Nosotros nacemos en la lucha y desde chicos vemos y sufrimos la injusticia de los gobiernos, las matanzas y el abandono. Aprendemos de nuestra familia y los amigos, allí es donde nos formamos en eso de la lucha".

¿Pero cómo puede el resto de la sociedad entender estas razones cuando en televisión abierta se califican de vandalismo, terrorismo y robo las retenciones que hacen los normalistas? El sesgo en las tomas de Televisa y TV Azteca ha sembrado la idea de que los normalistas son delincuentes, poco menos que narcos violentos y peligrosos que roban, no estudian y quieren desestabilizar "el orden social".

Para muchos, incluidos Gibler —autor del libro *Una historia oral de la infamia. Los ataques contra los normalistas de Ayotzinapa*— y Tryno Maldonado —autor de *Ayotzinapa, el rostro de los desaparecidos*—, las razones para tomar camiones no son fáciles de entender porque Guerrero tiene un panorama único, hasta geográfico, que se ha fusionado en una masa de terror furibundo y permite lo que hoy se vive. Tryno sostiene que los estudiantes de Ayotzinapa no toman por la fuerza el camión que detienen; si consiguen llevarse la unidad es bajo palabra de regresarla, pero si el conductor y los pasajeros se oponen, los estudiantes desisten.

"En el contexto de México no es sencillo explicarlo —dijo Gibler en una conferencia sobre los hechos de Iguala—. En realidad, la mayoría de las veces los camiones son devueltos a las empresas en un acuerdo que por años ha funcionado de esta forma. Los transportistas casi siempre accedieron a entregarlos y los estudiantes los devolvieron la mayor parte de las veces. La toma de camiones se practicaba ya en los años 70, en el gobierno de Rubén Figueroa Figueroa, cuando esa familia era dueña de la línea Flecha Roja y controlaba el transporte en todo el estado".

Ese levantamiento de camiones que la televisión abierta llama secuestro o robo ha ocasionado tragedias como la muerte de Gonzalo Miguel Rivas Cámara, empleado de la gasolinera Eva II de Chilpancingo, en la Autopista del Sol, y que fue incendiada cuando la policía desalojó a 500 normalistas de Ayotzinapa, el 12 de diciembre de 2011. Los estudiantes buscaban una reunión con el gobernador Ángel Aguirre para reiniciar clases, que tenían 45 días suspendidas, y denunciar la imposición del director de la normal, Eugenio Hernández García, a quien consideraban "represor". Para hacerles frente enviaron 300 policías que, nada más llegar, fueron rechazados con palos, piedras y bombas Mólotov. Cerca del mediodía se iniciaron los enfrentamientos y se dio la orden de disparar cuando el incendio de la gasolinera ya había comenzado.

Primero murió el normalista Gabriel Echeverría de Jesús, entre balas que arreciaron a diestra y siniestra lesionando a algunos conductores atrapados en la refriega. Después cayó el otro normalista, Jorge Alexis Herrera Pino. Sus compañeros huyeron a los cerros, hacia las comunidades cercanas.

El general Ramón Miguel Arriola, mano dura de Aguirre, diría luego: "El gobernador me ordenó limpiar y la carretera está limpia". Negó, mientras caminaba por la carretera con la camisa empapada en sangre y la cara salpicada porque una piedra que arrojaron le pegó, que sus policías estuvieran armados y dijo no saber que hubiera muertos en ese operativo, cuyo objetivo fue "establecer la paz con 800 seudoestudiantes que están tapando el paso". Dicho eso, 24 horas después fue cesado de la Subsecretaría de Seguridad Pública y Protección Civil.

El trabajador de la gasolinera, Rivas Cámara, murió 20 días después, luego de evitar que la estación estallara cuando dos jóvenes rociaron combustible sobre una bomba, enojados porque les habían negado gasolina. Rivas tomó un extintor y apagó el fuego, pero no pudo evitar que una garrafa con combustible, colocada encima de esa bomba, explotara quemándole 40% del cuerpo. Esa muerte fue responsabilidad de los normalistas y ahora es un recordatorio que llevan, que los ha marcado para siempre. Esta fue la acción equivocada que borró para siempre todas las buenas.

La solidaridad mostrada por el MPG y sus asociados después del 27 de septiembre de 2014 no fue sólo por humanidad. Se cumplía, al pie de la letra, un compromiso central acordado en las reuniones de Ayotzinapa y Acapulco. Todas las organizaciones participantes tenían un pasado forjado en desapariciones y asesinatos a manos de paramilitares, narcotraficantes y soldados.

Una de ellas, la UPOEG, que en sus inicios era grupo de autodefensa, perdió a uno de sus dirigentes el 10 de agosto de 2015, cuando Miguel Ángel Jiménez fue asesinado en Xaltianguis, cerca de Acapulco. Él había asumido por su cuenta la búsqueda de los normalistas, en octubre de 2014, hasta su muerte. La UPOEG fue creada en 2013 y uno de sus principales líderes es Bruno Plácido Valerio, también comandante de la CRAC.

Ese año la UPOEG se había extendido por 20 municipios y había desarrollado un poder político que le permitía convocar con éxito. Ayotzinapa, luego del 27 de septiembre, fue custodiada por esas dos policías comunitarias que asumieron la seguridad del edificio y sus alumnos, quienes habían buscado relacionarse con luchas sociales en esa entidad, como la que representaba el sacerdote católico Mario Campos Hernández, con influencia en Tlapa y Xalpatláhuac y uno de los fundadores de la CRAC —que en su momento de mayor influencia pudo agrupar 56 comunidades—, fruto de años para idear una manera de defenderse de la delincuencia organizada, pero también resultado del trabajo de grupos guerrilleros como el Ejército Revolucionario del Pueblo Insurgente (ERPI), escindido del Ejército Popular Revolucionario (EPR), y que sostuvieron en los años 90 una propuesta concreta de armar a la sociedad civil para que ella misma se defendiera.

La labor del ERPI en las comunidades rurales de Guerrero, en La Montaña, se hizo pasar como una campaña de alfabetización, pero trataba de dar a conocer manuales de organización comunal, generar vigilancia propia y capacidad para enfrentarse a los violentos paramilitares y narcotraficantes. La idea del ERPI fructificó, pero no sin afrontar su propia masacre en la comunidad de El Charco, el 7 de julio de 1998.

Las policías comunitarias y otras organizaciones sociales —respuesta natural de quienes son aplastados y no reciben ayuda— fructificaron. "Los indígenas guerrerenses han aprendido que el Ejército y las policías federal y estatales no están en sus comunidades para erradicar de raíz el narcotráfico y la delincuencia sino para evitar, desalentar y combatir el enorme potencial que tienen como sujetos autónomos", escribió Gilberto López, columnista de *La Jornada*, el 28 de marzo de 2014.

Para junio de 2013, el Cisen había monitoreado al cura Campos relacionándolo con Ayotzinapa desde la lógica de la criminalización de la protesta, catalogándolo como factor de riesgo junto a otro sacerdote, Melitón Santillán Cantú, de Malinaltepec, y con quien organizaba reuniones en comunidades de Guerrero y Oaxaca buscando articular un movimiento armado de defensa.[7]

Las policías comunitarias se han ganado la confianza de la ciudadanía porque han dado resultado. Esto, sin embargo, se ha convertido en un problema para el gobierno y desde 2008 se ha intentado someterlas o al menos integrarlas a estructuras oficiales desde programas como "Guerrero Seguro" y después, en 2014, cuando la Federación articulaba el

Mando Único policiaco. El gobernador Aguirre tenía una versión propia de ese mando, basado en la Fuerza Estatal, que pretendía incorporar a esas eficientes policías para controlarlas. Entre mejor funcionaran esas organizaciones, para Aguirre sería todavía más difícil justificar la innecesaria miseria de su entidad, a pesar del oro, del uranio y el titanio que asfixia ese inframundo, y aceptar que los índices de criminalidad habían bajado, pero no gracias a sus esfuerzos.

"La imposición desde arriba de modelos de seguridad se enfrentará seguramente con la resistencia de las policías comunitarias, quienes difícilmente aceptarán desarticularse para ser parte de un sistema que ha mostrado incapacidad para atender las problemáticas de la población y responder a sus agravios, como es el caso mismo de los normalistas desaparecidos de Ayotzinapa", escribió la académica María Teresa Sierra.[8]

La investigadora tuvo razón. Pero los intentos de los ciudadanos por organizarse y autoprotegerse no fructifican en todos lados. En el Estado de México, con 11 grupos de autoprotección hasta 2014, los esfuerzos se enfocaron en la defensa de las propiedades de las empresas, que patrocinan sus propias guardias privadas. El fenómeno, visto sobre todo en el valle de México, no estaba encaminado a proteger a la comunidad, que sufre por otro lado el embate más duro de la violencia sistemática proveniente del Estado.

Uno de los pocos colectivos mexiquenses basados en los principios de Guerrero no duró ni 24 horas porque su organizador, Luis Enrique Granillo, fue levantado junto con cinco personas el 15 de febrero de 2013, después de anunciar que formaría policías comunitarios en Tlatlaya y Amatepec.

Al otro día, una llamada de Granillo avisaba que estaba bien pero que por el momento no volvería a Amatepec. Ese momento se extendió hasta hoy. La intentona fue aplastada, nunca más se organizó una policía comunitaria, aunque Tlatlaya, el 30 de junio de 2014, adelantaría el infierno de Guerrero con el fusilamiento de 22 jóvenes.

Aunque el Ejército hizo pasar la masacre como un enfrentamiento, en las semanas siguientes, que se hicieron meses, se descubrió que mandos de ese Ejército habían ocultado información y que los jóvenes habían sido fusilados. Si hubo mentiras o no, quedaría muy claro en noviembre de 2015, cuando el procurador mexiquense Alejandro Jaime Gómez Sánchez declaró en el Senado de la República que el Ejército alteró la evidencia de Tlatlaya.

Durante una comparecencia como candidato a ministro de la Suprema Corte de Justicia de la Nación (SCJN), Gómez Sánchez deslindó a su Procuraduría de los hechos en Tlatlaya y recordó: "De conformidad con la recomendación de la Comisión Nacional de los Derechos Humanos (CNDH), presumiblemente, elementos del Ejército habrían alterado la escena de los hechos".

Apenas conocido el caso en 2014, Gómez Sánchez se encargó de defender la primera versión oficial de los hechos: "De las diligencias practicadas por el Ministerio Público del fuero común no se desprende indicio alguno que haga presuponer o que nos haga pensar en la posible ejecución o el posible fusilamiento" de las víctimas. Fue una mentira. La misma CNDH concluyó en octubre de 2014 que al menos 15 de los 22 civiles fueron fusilados por los militares.

La Procuraduría mexiquense no investigó —o se lo guardó— que la mayoría de los fusilados intentaba comprar armamento al Ejército para sumarse a las policías comunitarias que se formaban en esa zona mexiquense y a los movimientos de lucha contra las trasnacionales mineras que se han instalado entre los municipios de Tlatlaya, Estado de México, y su vecino Arcelia, Guerrero.

En otras palabras, la mayoría de esos jóvenes intentaban sumarse a movimientos insurgentes, cansados de la violencia promovida por grupos paramilitares, narcotraficantes y las mismas Fuerzas Armadas que terminaron matándolos. La impunidad prevaleció, pero para muchos no fue una sorpresa.

En junio de 2016, el organismo internacional no gubernamental Open Society Justice Initiative advirtió en un informe de 220 páginas —*Atrocidades innegables: enfrentando crímenes de lesa humanidad en México*—: Ayotzinapa, Tlatlaya y San Fernando son quizá los lugares más conocidos por las atrocidades cometidas allí, pero hay muchos otros, como Ojinaga, Allende y Apatzingán, que son heridas abiertas de la barbarie. Nueve años después de que el gobierno mexicano desplegó por primera vez las Fuerzas Armadas federales para combatir el crimen organizado, los civiles son víctimas de asesinatos, desapariciones y torturas. Sobre los responsables es claro: los cárteles y las fuerzas federales y estatales.

La desaparición de Luis Enrique Granillo y el fusilamiento de los jóvenes en Tlatlaya fueron todo para ese territorio mexiquense pobre, cuyo drama brota a la superficie y cada caso representa la tragedia en el país del "no pasa nada".

Lo que es real es que el modelo que se desarrolló para dar forma a las policías comunitarias —que se anhelaba para Tlatlaya— tiene su origen en el Sistema Regional de Seguridad, Justicia y Reeducación de la Policía Comunitaria, en marcha desde el 15 de octubre de 1995 y que hasta 2013 reunía a comunidades de más de 15 municipios guerrerenses.

El Informe Anual 2013 de la CNDH señala que existe alguna forma de policía comunitaria en 43 de los 81 municipios de Guerrero, cuyo mando se centraliza en una Asamblea. Más de la mitad de ese estado tiene organizaciones que se defienden de la violencia generada desde la triada gobierno-mineras-grupos paramilitares, además de la delincuencia organizada. Las policías comunitarias, ha dicho la investigadora María Teresa Sierra, del Centro de Investigaciones y Estudios Superiores en Antropología Social (CIESAS) de la Ciudad de México, lograron abatir en 90% la delincuencia y por eso se ganaron la confianza de los pueblos.

Señala, además, que esta forma de organización provoca tensión en el Estado, que ha combatido a las policías comunitarias desde su nacimiento, aunque "no obstante, ha terminado por reconocerlas ante la legitimidad y el éxito del sistema comunitario. Tal es lo que revela la Ley 701 (junio 2011), de la legislación estatal [en Guerrero], que se refiere explícitamente a la CRAC y a la Policía Comunitaria como su coadyuvante, en el marco del reconocimiento de los derechos de los pueblos indígenas.

"Pese a ello, en los últimos tres años el sistema comunitario se ha convertido en un obstáculo a las lógicas del capital y del negocio ilegal, por lo cual el gobierno ha buscado desarticularlo. Esto ha sucedido recientemente con las concesiones mineras a empresas trasnacionales en amplias franjas del territorio comunitario desde fines de 2011".

La explotación del oro se practica en comunidades rurales, donde vive la mayoría de los indígenas. La *razzia*, exterminio que parece consensuado entre gobierno y sicariato, no es una expresión de la casualidad, pues obedece a directrices contundentes. Los que antes eran solamente grupos narcotraficantes encontraron el negocio de sus vidas exterminando pueblos.

La propia CRAC, el Sistema Comunitario de Seguridad y Justicia de la Costa Chica y Montaña de Guerrero y el Centro Tlachinollan denunciaban, en enero de 2011, los proyectos de las mineras "Hochschild Mining, denominado Corazón de Tinieblas, que incluye los municipios de San Luis Acatlán, Zapotitlán Tablas, Malinaltepec y Tlacoapa y dos más que emprenderá Camsim Minas S.A. de C.V., denominados Proyecto Mina San Javier y La Diana en el territorio de Iliatenco Malinaltepec para La Montaña y la Costa Chica", dice un exhorto de la Cámara de Diputados guerrerense, el 9 de marzo de 2011, al gobierno estatal para que visitara los pueblos donde había riesgos de conflicto y estableciera mesas de diálogo.

La CRAC apoyó a comunidades con conflictos contra mineras y que ya sabían que los corporativos harían proyectos todavía más incisivos en sus territorios. Al terminar febrero de 2011, ya se habían reunido indígenas de Guerrero, Durango y Jalisco que organizaban una defensa de las tierras y se gestaba ese frente nacional, que por lo pronto agrupaba a quienes eran aplastados por las mineras.

Las concesiones mineras fueron otorgadas en 70% a extranjeros. Los lamentos financieros de las empresas exigieron cada vez más apoyo de todos los niveles de gobierno porque, según ellas, se avecinaba una debacle extractiva propiciada por la inseguridad del narcotráfico.

Esas quejas sirvieron de excusa al director de la Camimex, Humberto Gutiérrez-Olvera Zubizarreta, ex presidente del Consejo de Administración de Minera Frisco, ex director general de Grupo Carso y alfil de Carlos Slim hasta abril de 2014, para exigir que se establezcan políticas de Estado que alienten el crecimiento de la minería y que la autoridad considere la opción de que los gastos de exploración se acrediten en el mismo año en que se realizan; es decir, que se permita la deducción al 100% de las erogaciones realizadas en periodos preoperativos. Asimismo, la inclusión de la minería en el estímulo fiscal del acreditamiento en el Impuesto Especial sobre Producción y Servicios (IEPS) contra el Impuesto Sobre la Renta (ISR) a pagar, por adquisiciones de diésel en su utilización como combustible de maquinaria, ya que esas medidas ayudarían a mejorar el desempeño de las empresas mineras.

Aliadas de la Federación, las mineras apoyan las políticas públicas de Peña Nieto y, como la Reforma Energética, disfrazan un progreso que en la realidad se presenta bañado en sangre.

Mariana Mora, otra investigadora del CIESAS, ha documentado la transformación operada en el narco, entidad camaleónica que por dinero se adapta sin dificultades a un mercado donde el crimen es el valor económico. Un integrante del MPG entrevistado por ella en La Montaña de Guerrero, en el municipio de Tlapa, el 25 de octubre de 2014 lo confirma y en esas palabras, en las pocas que dijo, se dibuja la realidad de Guerrero: "El narco actúa igual que los paramilitares, sólo que hay una gran diferencia, ellos se mueven también por el dinero. Ahora lo que tenemos es un narcoestado. Nos despojan de nuestras tierras, destruyen lo que tenemos, después nos tratan de reclutar como mano de obra barata para la siembra de amapola, y después nos acusan de criminales. Nos aplastan entre estas dos caras y no nos dan muchas opciones de una salida digna".

La investigadora Rosalva Aída Hernández Castillo, en el artículo "Violencia y militarización en Guerrero: antecedentes de Ayotzinapa" —órgano informativo del CIESA-DF, año 25, número 293 de enero de 2015—, ubica esa espiral de violencia en los años de la Guerra Sucia, entre 1960 y 1970. Una década bastó para que el Ejército aprendiera que las tácticas de contrainsurgencia se podían aplicar contra narcotraficantes, pero también para que entendiera que los narcos eran más efectivos ayudando a desmantelar rebeliones. Así lo hicieron y, simulando una guerra contra el crimen organizado, los brazos paramilitarizados fueron un éxito.

Hernández Castillo señala las pistas de la violencia contra civiles: el Informe de la Comisión de la Verdad de Guerrero, del 15 de octubre de

2014, documenta entre 1969 y 1985 la desaparición de 512 personas y la participación de militares y policías, coordinados desde la Dirección Federal de Seguridad (DFS), en ejecuciones extrajudiciales, desapariciones, abusos policiales y violaciones sexuales.

Incluso el general Mario Arturo Acosta Chaparro, mano tirana de Rubén Figueroa Figueroa, quien encabezó la administración guerrerense entre 1975 y 1981, fue acusado de arrojar a 21 campesinos rebeldes desde un avión, en 2004, en un proceso contra él que había comenzado en 2002 por tratos con el narcotráfico y que no llevaría sino a otra absolución desde lo absurdo.

El militar sobrevivió a los cambios políticos y cuatro años después, en el sexenio de Calderón, recibió una medalla "por servir a la Patria", insuficiente, sin embargo, para evitar una ejecución a la que él mismo se había condenado, en las calles de la Ciudad de México, cuando esperaba en un taller mecánico a que le entregaran su auto y alguien, caminando sin esconderse, se acercó y le vació una pistola en la cabeza.

Capítulo XI

Los parrilleros; la gran carpa de la "verdad histórica"

UNA LLAMADA sin nombre ni rostro desde un teléfono no identificado que nunca se pudo ubicar, y lo que recordaba la dueña de un tendajón en Iguala, una mujer de 60 años, fueron el comienzo de la "verdad histórica" del entonces procurador Jesús Murillo Karam, quien para finales de octubre de 2014 no tenía casi nada. Los federales daban vueltas por todos lados, pero no había rastros, narcos ni pistoleros. La PGR se planteó desde el principio una estrategia que se transformó en teatro para quien quisiera constatar que el Estado desplegaba todos sus recursos para resolver el "misterio".

Esa representación fue denunciada por padres de los normalistas, organizaciones en búsqueda de otros desaparecidos y periodistas que documentaron yerros garrafales. Todo eso que más tarde Murillo llamó "la pesquisa más grande en la historia de México" se puso en movimiento por esa llamada que dictó instrucciones para conducirlo de cabeza y estrellarlo en el agujero de 18 metros de profundidad que es el basurero de Cocula.

Quién sabe de quién y desde quién sabe dónde apareció de pronto, el 25 de octubre de 2014, en las pantallas de la SEIDO, una comunicación telefónica descrita como *External*, asienta una constancia que firmó la MP de la Federación Éricka Ramírez Ortiz, en el Tomo Uno de la investigación de la PGR. La voz, relata el escrito, prefirió "no identificarse por cuestión de seguridad, en el entendido que la información que daría sería cierta, que por lo que iba a mencionar no quería dinero sino una investigación en serio por parte de la autoridad que de verdad quisiera esclarecer la desaparición de los estudiantes".

Eso fue suficiente para la inteligencia mexicana porque ese *pitazo* logró lo imposible: que la PGR siguiera pistas desde apodos y rumores, que incluso buscara palabras tatuadas en el cuerpo de alguien y hasta atendiera la súplica de que "si en algo se quiere a este país se apresure la investigación y con un poco de voluntad se les puede capturar a todas estas personas que tienen sitiado a un estado como Guerrero". Los responsables, según el delator, eran sicarios de los Guerreros Unidos escondidos en los pueblos de Apetlanca y Cocula, y ubicaba a otros en el estado de Morelos. Mencionaba a Patricio Reyes Landa, *El Pato*, que "se mueve en moto"; Felipe Salgado, *El Cepillo* o *El Terco*, y a Agustín García Reyes, *El Cherejе*.

En menos de 24 horas los federales se trasladaron a donde la voz les había indicado y comenzaron las capturas, aunque primero preguntaron a vecinos y a la dueña de la tienda "Aquí me quedo", quien les contó sobre *El Pato*: que tenía tatuados una serie de nombres, "Mar y Sol", por ejemplo, que pertenecía a los Guerreros Unidos y trabajaba para *El Gil.*

Ya seguros, fueron por halcones y sicarios, a quienes por regla general encontraron en la calle, afuera de sus domicilios, embriagándose. Casi todos intentaron correr, pero ni siquiera podían sostenerse. Eso fue fácil porque ya parecía un *sketch* ensayado para repetirse en la ubicación de cada uno de esos sospechosos, quienes confesaban como de pasada, después de ser vapuleados, cuando eran trasladados a la Ciudad de México, la historia de Cocula. En la capital los reportes oficiales de las revisiones médicas de casi todos los detenidos decían, como al acaso, que el inculpado presentaba heridas no peligrosas que tardaban 15 días en sanar. Después se sabría la verdad: confesaron bajo tortura.

Ellos, los detenidos a raíz de esa misteriosa delación, resultaron los principales autores materiales en la versión de Murillo: en ese grupo estaban los "experimentados" sicarios y halcones *El Cherejе, El Pato y El Jona,* quienes reconstruirían para la PGR lo que sucedió el 26 y 27 de septiembre y los días posteriores. Hubo también actores secundarios que se encargaron de encajar cada una de las piezas en la trama de la oficialidad.

El documental *Mirar Morir*, del periodista mexicano Témoris Grecko, apunta que los principales sospechosos de la PGR eran en realidad albañiles torturados, obligados a decir lo que alguien les hizo aprender de memoria. Todavía peor, Evelia Bahena, quien identifica a algunos detenidos porque ella también ha vivido en Cocula, afirma que unos tienen algún tipo de retraso. La PGR decidió que la versión de la pira imposible era la más consistente y a ese relato lo llamó "verdad histórica". Y descartó otras, una de las cuales la contó el sicario Marco Antonio Ríos Berber, *El Cuasi*, de 19 años y empleado de una tortillería, quien declaró a la PGJEG que compañeros suyos habían asesinado a algunos normalistas de un balazo en la cabeza y que él mismo había matado a dos. Tenía en su celular fotos de más de 60 crímenes que había cometido con anterioridad y que condujeron a una fosa en Iguala con 28 cuerpos calcinados. De ese descubrimiento surgió la organización Los Otros Desaparecidos, a la que se le atribuye la localización de 60 tiraderos humanos clandestinos.

Ríos Berber y Martín Alejandro Macedo Barrera, *La Mente*, sicarios a secas, señalaron a *El Chuky* —libre aún— como jefe de todos ellos, y que les había ordenado ejecutar a por lo menos 17 estudiantes. Otros delatados fueron *El Gaby*, *La Vero* y *El Chaky*. Era el 4 de octubre de 2014 y nadie hablaba de una pira en Cocula. La versión de Ríos Berber es diferente porque dice que medio centenar de normalistas llegó al centro de Iguala a las ocho de la noche. Todos iban encapuchados y armados. Disparando, se llevaron varios autos, "entre los que recuerdo una CRV negra". Coordinado por *El Chino*, un Guerrero Unido que trabajaba en Protección Civil, Ríos Berber había seguido a los normalistas hasta un negocio denominado "Hielos Laurita", y siete patrullas municipales con cinco policías cada una, las 582, 38, 03, 05, 220, 020 y la 010, marcaron el alto a unos 20 estudiantes que viajaban en una Urvan y dos taxis. Detenidos, Ríos Berber y su grupo los llevaron a la Comandancia de Iguala, convertida en centro de reunión sicaria, donde se enteraron de que *El Chuky* había levantado a tres normalistas más y los tenía en la colonia Guadalupe. Allá fueron a verlo sólo para recibir la orden de conseguir diésel.

Cuando se volvieron a encontrar, poco después, en un cerro de Pueblo Viejo, supieron que *El Gaby* y *El Chuky* ya habían matado a esos tres estudiantes de un tiro en la cabeza. *El Chaky* había abierto una fosa en ese cerro para arrojarlos, rociarlos de combustible e incinerarlos. Después *El Gaby*, *La Vero* y *La Mente* llevaron a otros diez estudiantes capturados a bordo de una camioneta Tacoma blanca.

Nada más verlos, *El Chuky* ordenó quitarles la vida. Ríos Berber ultimó a dos con sendos tiros en la cabeza; *El Gaby* mató a otros dos, y *El Chuky* y *La Vero*, uno cada uno, pero cuatro quedaron vivos. Repitieron el proceso echando los muertos al hoyo, donde les prendieron fuego. Luego los cubrieron con tierra y ramas. Amarraron a los sobrevivientes y los golpearon hasta el desmayo. *El Chuky* los mataría más tarde "porque la plaza se estaba calentando demasiado", refirió Ríos Berber.

La PGR encontró esta versión en el expediente AEBPN00049/2014, de la Fiscalía General de Guerrero, y Ríos Berber la ratificó. La PGR y la Fiscalía indagaron en Pueblo Viejo, Iguala, el paradero de al menos cinco fosas donde estarían los asesinados por Ríos Berber. Las encontraron, pero allí no estaban los estudiantes, aunque la Fiscalía identificó a cuatro integrantes de una familia mexiquense en esos agujeros: Gildardo Lagunas, su hijo Luis Alfredo y sus primos, Marlene y José Luis; habían ido a un funeral, pero fueron detenidos por policías municipales el 12 de agosto de 2014 en el crucero de Iguala y Teloloapan. Allí terminó todo para ellos y para Guerrero comenzó una serie de hallazgos que a principios de diciembre de ese año contabilizaba 11 fosas clandestinas y 38 cuerpos.

La pira de Cocula

Presionada por los acontecimientos, el 5 de octubre la PGR hizo a un lado a la Fiscalía guerrerense, atrajo las indagaciones de la llamada noche de Iguala y trasladó al basurero de Cocula, a siete kilómetros de Iguala, el escenario de su propia novela, en la que mostraba a los 43 reducidos a cenizas, quemados hasta los dientes y sin posibilidades de identificación.

En otra variante relatada por Martín Alejandro Macedo Barrera, algunos normalistas fueron enterrados en un rancho que usaban los Guerreros Unidos como casa de seguridad en Loma de Coyote, luego de ser ejecutados de un tiro en la cabeza, "para que no estuvieran chingando", por orden de *El Chuky* —más adelante una delación culparía a sicarios al mando de ese asesino por el ataque contra Los Avispones—, porque iban armados y se pusieron muy violentos.

La conferencia pública de Murillo, el 7 de noviembre de 2014, que en un parpadeo le tatuó de por vida la frase "ya me cansé", terminó de paso con lo que restaba de la credibilidad peñista, porque ni con 10 mil agentes de todas las corporaciones de seguridad habían encontrado nada.

Para enero de 2016 el tema de Ayotzinapa había perdido fuerza en la opinión pública, entrado en un *impasse* del que no lo sacarían marchas ni anuncios públicos descalificando aquel basurero. El gobierno no dijo nada, pero sí sus voceros porque, si Cocula se desmentía, la versión de la incineración para explicar la ausencia de los normalistas se desintegraría, revelando un engaño cuyo objetivo sería ocultar el destino de los estudiantes y las razones de la desaparición.

El 12 de diciembre de 2014 tropezaba Murillo debido a sus cálculos para hacer una pira gigante en la que 43 cuerpos pudieran consumirse. Las facultades de Física de las universidades Nacional Autónoma de México (UNAM) y Autónoma Metropolitana (UAM) publicaban sus resultados: era imposible probar científicamente que 43 personas pudieran ser calcinadas como decía la PGR. Se habrían necesitado 33 toneladas de troncos de cuatro pulgadas y 995 llantas para alcanzar una temperatura de entre mil 450 y mil 540 grados y comenzar la desintegración. El doctor peruano José Luis Torero, experto de la Universidad de Queensland, Australia, terminaría por derrumbar esa versión.

Cómo se le ocurrió a Murillo la idea de la pira en el basurero de Cocula es algo que sólo él sabe, pero dice que se inició a las 23:50 del 26 de septiembre, cuando Francisco Salgado Valladares, jefe de la policía de

Iguala, ordenó a *El Chuky* esperar *el paquete* —los normalistas— en Pueblo Viejo. Media hora más tarde *El Chuky* llamó a Salgado desde ese lugar y el policía le ordenó llevar a los estudiantes a Loma del Coyote, en el camino a Cocula y Paraje San Juan. Otra versión dice que *el paquete* no llegó jamás.

Cada uno de los supuestos autores materiales dio una pista que se usó para construir un monstruo y dar lógica a esa "verdad histórica". Murillo y su equipo lo hicieron rápido y les tomó 20 días estructurar esa versión de raíces anónimas que condujo, el 29 de octubre de 2014, al hallazgo de una bolsa de plástico negra en las aguas del San Juan, "debajo de un árbol que enraiza al río" en Cocula, y que contenía bolo de tierra café que cuando fue revisado dejó al descubierto "fragmentos de huesos humanos expuestos a fuego directo".

Y es que en el expediente de la PGR todo cuadra.

Murillo, de 68 años de edad, hasta Iguala había estado prácticamente de vacaciones, dando forma a su proyecto político. Como no se le había exigido realmente, no había mostrado su capacidad, a pesar de haber sido gobernador de Hidalgo de 1993 a 1998. Ni siquiera Tlatlaya le había quitado el sueño. Esto era diferente y el señor procurador lo supo desde el principio. Representaría su viacrucis y lo marcaría para siempre. Su abatido rostro lo identificará en casi cualquier parte del mundo, etiqueta ojerosa encuadrada por enormes manchas y un pesaroso andar que de pronto lo hacía parecer a ras de suelo.

Peña y su gabinete dorado lo habían colocado en el único lugar que nadie quería, pero que garantizaba control cuando fuera necesario. ¿Resolver Ayotzinapa? ¿Tlatlaya? El Estado ya lo había hecho, minutos después de terminado todo y por lo menos la Presidencia, la PGR y el Ejército tenían las historias completas. Melitón Ortega, uno de los voceros del grupo de padres de los 43 desaparecidos, considera que el Ejército tiene el 70% de la información acerca de lo sucedido. Pero la PGR tenía otra historia, que cerró con la conferencia de prensa del 27 de enero de 2015, cuando Murillo decretó: "Esa es la verdad histórica de los hechos".

La PGR puso a disposición del público su propia investigación, liberada en octubre de 2015, aunque censurada en la mayor parte de sus casi 54 mil hojas. Lo mismo pasó con la segunda parte, publicada en abril de 2016, casi toda tachonada, igual que la tercera, de mayo.

El Servicio Meteorológico Nacional envió a la PGR un reporte que ésta pidió de las condiciones climáticas en Iguala y Cocula para el 26 y el 27 de septiembre, en el oficio SEIDO/UEIDMS/FE-D/10581/2014, y con carácter de "extra-urgente y confidencial", el 18 de noviembre de 2014, transcurridos 11 días después de la conferencia pavorosa en la que habían reconstruido la incineración, "agradeciendo se sirva abundar respecto de los niveles y horarios de precipitación registrados en esas fechas". Para ese entonces, Murillo estaba decidido a creer que nadie sabría si en Iguala había llovido. Si no les creyó a los peritos de Iguala, a fuerza debió hacerlo cuando la Coordinación General del Servicio Meteorológico Nacional le envió una respuesta desde el oficio BOO.8.-R-001, con sellos y firmada por el M. en C. Juan Manuel Caballero González.

Se informaba al procurador que ese día había llovido en tres ocasiones en Iguala, según la estación meteorológica de esa ciudad: la primera precipitación del 26 de septiembre comenzó a las 3:20 y terminó a las 5:00. La segunda fue monitoreada a las 22:40 y finalizó 20 minutos después. La última tuvo lugar a las 00:30 del 27 de septiembre y concluyó a las 3:00.

En Cocula llovió dos veces. La primera el 26 de septiembre entre las 3:20 y las 4:40, y la segunda, la más importante, comenzó a las 00:10 del 27 de septiembre y concluyó a las 4:10, en plena quemazón de cadáveres. En realidad, la PGR ya tenía un reporte preliminar de la Conagua desde el 6 de noviembre de 2014, como consta en el oficio 800.8.-714, en el que aclaraba que "en los periodos de acumulación de lluvia tomados, al ser un informe de carácter preliminar, se obtuvo la acumulación total de lluvia de las 20:25 horas del día 26 a las 05:30 horas del día 27, con base en la actividad nubosa de imágenes de satélite". La PGR de Murillo ya tenía los datos, pero simplemente los omitió.

En una entrevista el 4 de diciembre de 2014 con la reportera Marcela Turati, de la revista *Proceso*, Murillo siguió negando aquello, ahogado en su propio aguacero.

—¿Las lluvias? Mire usted todo el espacio —dijo el funcionario mostrando la vista panorámica hacia los cerros—, las lluvias que reporta el meteorológico son lluvias en la región y dice [el reporte] "son chubascos aislados". Puede haber llovido ahí y en ese cerro no. Nadie me puede decir si llovió o no llovió ahí, nadie, y he preguntado a todos.

—La gente del lugar dice que sí llovió.

—¿La gente del lugar? Perdóneme, es un lugar como ese —dijo señalando un cerro despoblado— y es posible que sea por ahí. No hay una sola casa a diez kilómetros a la redonda, no hay nadie, ¿ustedes vieron el video? No hay nadie, ni una sola casa alrededor, ni una, ni personas. Vacas sí, yo las vi, por cierto, flacas, sueltas.

—¿Habló con los cuidadores de las vacas?

—No había.

—Sí hay.

—Tráigamelos, para que los declare. Los voy a llamar para que declaren.

—Sobre las investigaciones del caso del joven que fue desollado…

—Fue suficiente. Ya contesté.

MIENTRAS MURILLO buscaba vaqueros para declarar, las cosas se pondrían más calientes, dirían los Guerreros Unidos, aunque la PGR las calentaría todavía más, a su manera, porque según el expediente A.P. PGR/SEIDO/UEIDMS/871/2014, en el Tomo I AP 2015 de la versión electrónica de la SEIDO, de la Unidad Especializada en Investigación de Delitos en Materia de Secuestro, y en el Tomo 83 del documento físico, la llamada anónima que desencadenó todo también apuntaba a los policías de Cocula, "rehén de César Nava González", subdirector de la policía y aliado de los Guerreros Unidos. De 36 años, al subdirector lo siguieron desde el 26 de octubre y los agentes que lo investigaron dijeron que era enlace entre narcos y policías, a quienes les pagaba 3 mil pesos por información y "halconear" a federales, marinos y militares, y que ese pago era parte de una nómina que *el contador* del cártel, Raúl Núñez Salgado, un carnicero que nada más ganaba 90 mil pesos mensuales por organizar bailes y jaripeos y a quien, decía él mismo, los Guerreros Unidos le pagaban de vez en cuando porque era mandadero, entregaba al director de la policía de Iguala, Francisco Salgado Valladares, para que los dejara operar.

El 27 de octubre a las 16:20 fueron capturados Jonathan Osorio Cortez, *El Jona*, de 19 años; Patricio Reyes Landa, *El Pato*, de 24, y Darío Morales Sánchez, *El Comisario*, de 31, comisario municipal de Apetlanca, quienes se embriagaban en ese pueblo. Intentaron correr cuando supieron que los llevarían al Distrito Federal, pero su condición era tan mala que tropezaron. Para ser sicarios cometieron errores elementales y hablaron demasiado pronto porque en menos de una hora, durante el traslado a la capital, *El Jona* y *El Pato* confesaron que habían participado en la ejecución de los estudiantes, los habían quemado y habían tirado las cenizas al río San Juan.

En Ahuatepec, Cuernavaca, la Marina detuvo a Salvador Reza Jacobo, *El Chavaluca* o *El Lucas,* y a Benito Vázquez Martínez, a quienes por supuesto encontraron ebrios en la calle y también quisieron huir. Reza, de 19 años y casi llorando, confesó a voz en cuello ser halcón de los Guerreros Unidos y cobrar 5 mil pesos mensuales por ese espionaje, que a su jefe le decían *El Terco* o *El Cepillo* y que era sicario en Cocula. Muerto de miedo, detalló que el 26 de septiembre lo comisionaron para vigilar y reportar. Dijo que había visto pasar tres camionetas y que dio instrucciones para llegar al basurero a una Nissan de redilas de madera, otra de redilas metálicas y una Jeep gris repleta de personas. Entre ellas iban algunos sicarios de los Guerreros Unidos, como Agustín García Reyes, *El Chereje*, de 25 años, a quien después atraparon cuando acababa de salir de su casa, y Patricio Reyes Landa, *El Pato*, jefe de halcones. García Reyes le dijo que se habían llevado a los normalistas al basurero y que después de matarlos los habían quemado. Reza escapó y llegó a Cuernavaca el 28 de octubre de 2014.

Los federales justificaron la dificultad de encontrar a los 43 sosteniendo que la delincuencia organizada en Guerrero "es de carácter transnacional, que ha sido identificada en diversos foros como todo un sistema económico clandestino, con ingresos que sobrepasan el Producto Nacional Bruto de algunas naciones", decía la agente del MP de la Federación, Blanca Alicia Bernal Castilla, adscrita a la SEIDO.

Descubierto el hilo, la PGR pudo afirmar en sesudas conclusiones que "los integrantes de la sociedad criminal 'Guerreros Unidos' de manera equívoca creyeron que en los autobuses donde viajaban los estudiantes normalistas de Ayotzinapa, viajaba gente infiltrada perteneciente al cártel de Los Rojos y que eso generó la movilización de todo el aparato delincuencial".

César Nava, subdirector de la policía de Cocula, declaró que tres patrullas de Iguala salieron de la comandancia de aquella ciudad, entre las diez y las 11 de la noche del 26 de septiembre, con detenidos a bordo, y que enfilaron a Lomas de Coyote. Asegura que antes preguntó a Valladares si los llevarían al 27 Batallón o al Cereso, y como respuesta Valladares le indicó que se subiera a una patrulla. En diez minutos llegaron a un retén, donde había otras cinco. Bajaron y entregaron lo que ellos siempre denominaron *el paquete* y vieron una camioneta blanca, doble rodada, de tres y media toneladas. Como si él no lo supiera, al otro día las noticias le dieron idea de la dimensión de los ametrallamientos y, sintiéndose culpable, decidió cambiar los números de sus patrullas para despistar. Huyó días después. Fue capturado en Colima. Nava siempre negó conocer a los Guerreros Unidos. Él, como subdirector policiaco, cobraba 3 mil 800 pesos quincenales.

Esa noche estaba el juez de barandilla Ulises Bernabé en la Comandancia Municipal. Había algunos detenidos por ebriedad, pero nada más, así que fue a ver televisión hasta que alguien le avisó a las 23:30 que estaban ahí 12 militares del 27 Batallón, encabezados por el capitán segundo de Infantería José Martínez Crespo, que buscaba una moto blanca. Revisó el lugar y luego se fue. El MP y el encargado de la ministerial estuvieron hasta las ocho de la mañana del día 27. Ulises Bernabé García nunca registró la llegada de estudiantes de Ayotzinapa detenidos porque nunca los llevaron allí. Hasta las 00:40 Bernabé se enteró de las balaceras en la ciudad. Al otro día, Bernabé fue citado por el procurador estatal, Iñaki Blanco, para preguntarle dónde estaban los estudiantes.

—¿Cuáles estudiantes? No sé de qué me habla —respondió.

—Tu compañero dijo que tú los recibiste —insistió el funcionario.

Después, ministeriales de Chilpancingo catearon la casa del oficial y amagaron a su familia. El 21 de noviembre acudió de manera voluntaria a declarar a la PGR, donde ratificó su dicho. El informe que elaboró sobre los detenidos por ebriedad no apareció después en el expediente general. Bernabé García dijo que a algunos de sus compañeros policías —para entonces 22 de ellos estaban detenidos en el penal de Tepic, Nayarit— los obligaron a declarar bajo tortura.[1] Acosado por militares, abandonó México y buscó asilo en Estados Unidos cuando era señalado por el policía municipal detenido, Honorio Antúnez, de pertenecer a Los Bélicos.

El sicario Reza involucró desde el 28 de octubre al director de Ayotzinapa, José Luis Hernández Rivera —quien terminó su periodo administrativo el 15 de diciembre de 2015 sin que nadie pudiera probarle nada—, a quien mencionaba como cómplice del *Cochiloco* y los infiltrados de Los Rojos.

Según Reza, a algunos estudiantes los mataron a palazos, a otros les metieron una bala y hasta dibujó la hoguera donde fueron calcinados. Esa noche del 26 de septiembre se convirtió en milusos porque lo mismo halconeaba que daba instrucciones sobre cómo llegar al basurero o conseguía ropa limpia para *El Jona*. Cerca de la medianoche vio pasar dos Nissan repletas de gente y después una Jeep, que luego bajó del cerro junto con una de las Estaquitas a las cinco de la mañana.

Agustín García *El Chereje* le contó que pusieron los cuerpos de los estudiantes sobre una parrilla, en una primera hilera horizontal, y encima de esta, una línea vertical. Le dijo que usaron madera, llantas y plástico, además del diésel. Según él, los cuerpos tardarían 13 horas en consumirse, así que los sicarios regresaron el 27 de septiembre para terminar de quemar y pulverizar a puro golpe los restos, que metieron en ocho bolsas de plástico y tiraron al río.

Halcón y católico, Agustín García Reyes, *El Chereje*, de 25 años, era adicto al tíner y al PVC, y tenía los tatuajes de una iguana y una telaraña, quemada parcialmente con un cigarro. Después de laborar en Chilpancingo como panadero y en Iguala como sastre, fue obligado a unirse a los Guerreros Unidos bajo amenaza de muerte, dijo en su declaración. Le pagarían 7 mil pesos mensuales a cambio de espiar en las vías del tren, en el puente de Apipilulco y Abalzas. La madrugada del 27 de septiembre estaba en su puesto de vigilancia cuando *El Pato* llegó por él, en una Nissan Estaquitas.

Con él iban *El Jona*, *El Jimi* y uno más. Le dijeron que fuera con ellos, y al subirse se percató de que en la parte de atrás iban cuatro personas, acostadas bocabajo, amarradas de pies y brazos con lazos y restos de camisas. Agarraron rumbo a Metlapa y esperaron en un punto hasta que apareció otra camioneta de redilas, más grande. En la parte de atrás iba *El Cepillo*, parado, en actitud vigilante. La camioneta estaba cargada de personas que gritaban que eran inocentes y pedían que los soltaran, que eran estudiantes de Ayotzinapa. *El Pato*, *El Jona* y otro subieron a esa camioneta para cuidar a los normalistas.

El Cepillo dio la orden de dirigirse al basurero después de patear a uno de los normalistas, al que le preguntaba quiénes los habían enviado. *El Carrete*, fue la respuesta. Los cuatro estudiantes que llevaba *El Chereje* llegaron vivos al lugar. Ahí los bajaron y acostaron bocabajo. La otra camioneta llegó poco después y los Guerreros Unidos comenzaron a bajarlos. Los acomodaron junto con los que ya estaban ahí, mientras *El Cepillo* y *El Pato* armaban un demencial interrogatorio que al principio se encontró con un muro de silencio.

A qué iban a Iguala, preguntaron, con las armas en la mano.

La versión de la PGR dice que, de pronto, los jóvenes señalaron al estudiante Bernardo Flores, *Cochiloco*, como responsable de que estuvieran allí y lo acusaron de obligarlos a hacer cosas que no querían. Las preguntas, entonces, se dirigieron a él, quien afirmó que "iban por la esposa de Abarca".

—¿A qué organización perteneces? —cuestionaron los sicarios.

Y después de que Flores les balbuceara una respuesta, los asesinos le dispararon a la cabeza, pero también a unos 20 o 25 estudiantes. Aturdidos, *El Chereje* y *El Bimbo*, otro halcón, apenas atinaron a obedecer la orden de *El Cepillo* y jalaron los cuerpos a la orilla del basurero. Otros los agarraban de pies y manos y, balanceándolos, los aventaban al fondo.

A los vivos los obligaron a bajar caminando. El sicario Reza tuvo que juntar piedras y leña, y luego bajar todo, pero cuando llegó al fondo ya todos los estudiantes estaban muertos. Los habían matado a palos y los cuerpos estaban bañados en sangre.

Con las piedras hicieron un círculo y dentro colocaron a los normalistas. *El Cepillo* se encargó de rociarles diésel, unos 20 galones que ya tenían preparados, y él mismo encendió el fuego. La madera y las botellas de plástico ardieron antes que los cuerpos. *El Chereje* siguió juntando ramas, llantas y basura para mantener la pira. Sus compañeros le informaron que los muertos estaban relacionados con Los Rojos y, mirando aquel asadero, ya nadie dijo nada.

Estuvieron allí entre 13 y 15 horas, hasta las cinco de la tarde del 27 de septiembre. Apenas dos horas antes habían podido hacerlos ceniza, que se enfriaron posteriormente y que fueron a parar a ocho bolsas negras de basura. Eso lo hicieron con las manos porque sólo tenían una pala. Después regresaron a Cocula y a las seis de la tarde estaban en el río San Juan, amarrando las bolsas para echarlas al agua.

LA CREMACIÓN PERFECTA; UN MOLDE PARA HORNEAR

Al *Chereje* lo dejaron a la entrada de Cocula. Ni siquiera le pagaron, se quejó él amargamente, aunque *El Cepillo* le endilgó cualquier cantidad de amenazas de muerte para que cerrara la boca. Antes de fugarse a Apetlanca, *El Pato* pasó a verlo y le ordenó quemar su celular, como hicieron todos los implicados, echándolo a un fogón. Así, junto con *El Cepillo* y *El Chaparro*, estuvo en una casa de seguridad cuatro días, pero luego, aburrido, escapó para dirigirse a su domicilio, donde lo apresaron el 27 de octubre.

Jonathan Osorio Cortés, *El Jona*, nació en la mexiquense Ciudad Neza. Radicaba en Cocula desde 2011 porque su madre era de ahí. En 2014 tenía 19 años y era sicario de oficio, por lo que los Guerreros Unidos le pagaron 12 mil pesos los primeros dos meses.

En Cocula trabajó pavimentando calles para el ayuntamiento, pero cansado y explotado renunció y un golpe de suerte lo colocó frente a *El Cepillo*, quien le ofreció carrera de halcón o sicario.

Joven, recién ingresado, había combatido ya por la plaza de Mezcala contra Los Rojos cargando un cuerno de chivo. Con las cosas bajo control, lo regresaron a Cocula para que patrullara.

El 26 de septiembre lucía mal para *El Jona* porque los Guerreros Unidos le debían dos meses. Así que se levantó "normal", dijo él, esperando que alguien le entregara aunque fuera una parte, pero nada de eso pasaría. A las 19:50, tres patrullas municipales de Cocula se dirigieron a Iguala, llevando policías encapuchados, y a las 20:15 *El Pato* citaba al grupo para ir también porque se habían metido Los Rojos.

A ese comando de ocho se le dio la instrucción de no llevar armas largas, y entonces sí, abordaron una Estaquitas Nissan. A la entrada de Iguala, en el crucero de Teloloapan, se encontraron con otra camioneta que ya venía cargada con 40 o más personas, todas apiladas. *El Jona* alcanzó a escuchar los gritos que pedían auxilio porque los de abajo se asfixiaban y estaban muriendo. *El Cepillo* abrió la puerta trasera "y entonces entendí el sentido de que les faltaba el aire", porque estaban apilados como costales, uno encima del otro.

Alguien bajó a cuatro para pasarlos a la otra camioneta, pero uno de ellos ya iba muerto, con una herida en la cabeza. Entonces le dieron para el basurero. Al llegar y bajar a los estudiantes ya había como 15 muertos, y a cada uno de los vivos les iban metiendo un tiro en la cabeza. El recuerdo de *El Jona* alcanza para identificar dos clases de prisioneros: los estudiantes, jóvenes, pelones, de guaraches y paliacate en el cuello o en la bolsa, sin pertenencias; y los otros, unos diez que calzaban tenis, usaban pelo normal y guardaban pasamontañas entre sus ropas.

Estos últimos eran los infiltrados de Los Rojos y hasta uno de ellos estaba armado. "Incluso se veían de más edad", dijo *El Jona* antes de describir que a la izquierda se hizo un solo montón humano con los asfixiados y a la derecha otro con los asesinados de un tiro.

Los vivos dijeron que el *Cochiloco* y el director de la normal estaban asociados con los narcos. Había un espía que al parecer era policía, que también separaron y al que no pudo ver bien, pero en cambio escuchó los tiros que les metieron *El Cepillo* y *El Duba*. Los restantes, los que permanecían con vida, no aportaron más información a pesar de que los golpeaban con un tronco. *El Cepillo*, exasperado, ordenó que terminaran el jale porque él se retiraba para informar a *El Gil* y, mientras él y su equipo se marchaban, *El Jona* y otros mataban a los estudiantes sobrevivientes a troncazos.

Luego armaron la parrilla, pero a las 0:37 del 27 de septiembre no acababan de acomodar los cadáveres, aunque al fin los rociaron de diésel y los prendieron. El fuego de *El Jona* duró seis horas, sin atizar ni meterle mano, dijo él, y fue hasta las seis o siete de la mañana cuando algunos sicarios tomaron un descanso y durmieron en la parte alta del basurero mientras los otros seguían.

A la una de la tarde *El Cepillo* regresó en una camioneta de carga llevando cartones de cerveza. Luego de ver, "ordenó que aviváramos la hoguera para que pudiéramos darnos un baño". Allí decomisó tres celulares de los normalistas y quemó cuatro capuchas antes de irse. Y antes de irse, un camión de limpia municipal fue detenido para que no llegara al basurero, regresado por donde venía. A esas alturas todos tenían miedo, pero la orden era llegar a Cocula, asearse y quemar la ropa que habían usado esa noche, hasta los tenis.

Ya para terminar el 27 de septiembre, *El Jona* se dio cuenta de la magnitud de lo que había hecho al ver el noticiero televisivo de Joaquín López-Dóriga. Según la historia oficial, se dio tiempo de tirar cuatro bolsas negras repletas de cenizas. Un mes después, el 27 de octubre, *El Jona* fue capturado.

Ese hombre identificó también a por lo menos cinco estudiantes a partir de fotografías que le enseñó la PGR. Y a uno, Adán de la Cruz, lo declaró muerto por asfixia porque era quien tenía una herida en la cabeza. Sin embargo, y a pesar de su memoria, confundió al *Cochiloco*, quien para él estaba pelón, con Cutberto Ortiz Ramos. Dijo que al *Cochiloco* lo delató el joven Jorge Luis González Parral. Otro de los que señalaron al *Cochiloco*, según *El Jona*, fue Miguel Ángel Hernández Martínez, *Botita*, quien involucró al director de la normal. Vivo casi hasta el final, le gritaría al *Cochiloco:* "Tú tienes la culpa de que estemos aquí". A González Parral —"delgado y orejón", lo describía *El Jona*— le dieron un tiro en la cabeza frente al *Cochiloco,* para impresionarlo y que soltara información.

Una de esas camionetas Nissan apareció en Apipilco, Guerrero, el 25 de octubre de 2014, abandonada en una brecha y todavía con una escopeta Remington, un rifle Stevens, un cuchillo Western y parque en su interior. Se trataba de la *pick up* con placas de circulación 1735FGN de Guerrero, con reporte de robo desde 2013.

El Jona recordó también al normalista Israel Jacinto Lugardo, quien murió él solo, hecho ovillo, diciendo que era estudiante. Y después de todo eso, *El Jona* aceptaba que cometió un error, que quería reivindicarse.

PATRICIO REYES LANDA, de 24 años, era sicario de los Guerreros Unidos desde 2013 y ganaba 8 mil pesos mensuales. Aunque apenas pudo concluir la primaria, eso no le impidió casarse ni tener dos hijos. Tampoco le impidió consumir cuatro gramos de coca cada ocho días ni olvidar su originaria Taxco. Dice que no tiene nada a su nombre, ni siquiera muro de Facebook, y, sí, lleva un tatuaje en el brazo izquierdo que dice "Mar y Sol" y ha ocupado el resto de su cuerpo para repartir los nombres de sus familiares. ¿Por qué? Ni él lo sabe.

Él es *El Pato*, halcón de Los Rojos primero, con dos años de experiencia; estaba en la lista de condenados a muerte por *El Gil* cuando los Guerreros Unidos ganaron la plaza igualteca. "Trabajas o te mato", le dijeron, y desde entonces vendió mota, tiró coca. Patricio no dirá nada al principio, aunque después contará cómo lo atraparon los policías. "Es mentira cómo dicen que nos agarraron. Se metieron a la casa y me empezaron a golpear y a patear. Me subieron al vehículo, me vendaron de ojos, pies y manos y me empezaron a volver a golpear y dar toques y me pusieron un trapo en las narices echándome agua y toques adentro de la boca y en los testículos; me ponían una bolsa en la cara para no respirar, así se pasaron varias horas. Ya después me decían, cuando me dejaban, que si me preguntaban que si me habían golpeado dijera que me había caído de la barda porque, si no, se iban a desquitar con mi esposa e hijas, me amenazaban que me iban a hacer pedazos y echarme en una bolsa", dijo en su declaración ministerial, incorporada al cuerpo principal de la averiguación previa de la PGR.

La historia parece absurda, pero así es. *El Pato* estaba peleado con otro sicario, *El Cepillo*, "porque me humillaba y me quería tener como su pendejo". Le costaba obedecer, tragarse el regaño cuando *El Cepillo* lo increpó por no haber matado a los tres normalistas que transportaba en su camioneta, al llegar al basurero. Patricio no podía creer que lo trataran mal porque tenía la idea de ser un buen empleado. Ese día desobedeció una orden que enmendó casi de inmediato porque bajó de la Estaquitas a los tres normalistas, les ordenó hincarse y les soltó cinco o seis disparos por la espalda. "Que los tres que yo maté, uno iba vestido con playera azul y pantalón de mezclilla, los otros dos con playera de color negro con pantalón de mezclilla", dijo en su declaración. Luego fue a ver si sus halcones se estaban aplicando porque en ese momento estaba lloviendo.

El Cepillo le preguntó después a *El Pato* "que si no sabía quién tenía leña seca porque estaba cayendo el agua, porque se iba a necesitar para los detenidos, porque eran del cártel de Los Rojos". *El Pato* bajó en una camioneta a Cocula y llevó con él a *El Jimi*, pues no sabe manejar. Enojado con *El Cepillo*, se queja de todo y despotrica porque no recibe dinero ni para gasolina, y es que se han quedado sin combustible nada más llegar al pueblo. La garrafa de diésel de 20 litros que servirá para quemar los cuerpos se la entregan policías de Cocula, que le "hacen el paro".

Enojado y todo, cumple. Recoge algo de leña y checa a los halcones, que no aparecen por ningún lado. Recuerda que *El Cepillo* le dio un radio para comunicarse con la policía municipal. Ellos avisarán si hay movilizaciones. No verá nada más en el basurero esa noche, porque será él quien vigile las inmediaciones hasta el día siguiente, hasta que pueda descansar y volver, el 28 de septiembre, para ver cómo quedó todo. Arriba están terminando de juntar las cenizas. Pero primero tendrán que ir al río, deshacerse de las bolsas, y después les ordenarán asistir a una marcha en Iguala vestidos de blanco por los de *Ayotzi* antes de encarar una reunión entre ellos en que *El Cepillo* amenazará de muerte a cada uno.

"Silencio o piso", resumió.

Entonces escaparon a Apetlanca, donde fueron apresados. Es también *El Pato* quien acusa al alcalde de Cocula, Mario Peñaloza, de tener nexos con Guerreros Unidos, porque daba licencias falsas y dinero a *El Cepillo*. "No me pagaron nada, me quedaron a deber dos meses", dijo, antes de cerrar el pico.

A *El Jona* y a *El Chereje* los regresó la PGR en helicóptero a Cocula para que reconstruyeran las escenas que habían contado. Aterrizaron en un campo de futbol el 29 de octubre de 2014, donde eran esperados por ministeriales que los llevaron al río San Juan y al basurero infame. Ahí donde tiraron las bolsas al agua, a *El Jona* "se les muestran algunas prendas de vestir y restos óseos para que indique si los reconoce [...], aludiendo de manera afirmativa", dice el reporte de Traslado de la SEIDO A.P PGR/SEIDO/UEIDMS/871/2014, firmado por Jorge García Valentín, ministerio público de la Federación y Fiscal Especial D. Nadie sabe todavía cómo *El Jona* pudo reconocer los restos óseos que le enseñaron, pero ese mismo día ellos y otros cuatro detenidos fueron arraigados. Un mes después de Iguala, la PGR tenía 52 detenidos.

Para el 30 de octubre de 2014, la PGR había buscado en el río San Juan restos de los normalistas, siguiendo el relato de los sicarios, y se reportaban huesos que fueron llevados a México en helicóptero y que se describían como "múltiples fragmentos con huellas de exposición a fuego directo. Objetos diversos y sedimentos dentro de bolsa de plástico negra".

En total, cuatro cajas de plástico y cinco bolsas de papel estraza llegaron al Departamento de Genética Forense de la Coordinación General de Servicios Periciales de la PGR. Un día antes, el 29 de octubre, peritos argentinos trabajaban junto a periciales de la PGR y agentes del Ministerio Público de la Federación, que reportaban "un depósito de fragmentos de origen humano".

De esta manera, la "verdad histórica" de Murillo sentenciaba la suerte de los 43 normalistas desaparecidos.

El crematorio al aire libre de Cocula no es el único registrado porque quemar cuerpos es una práctica más común de lo que parece. Fue el excepcional número de supuestos cadáveres lo que metió en apuros a la versión de Murillo, cuestionado desde el principio por investigadores, el equipo forense argentino y los expertos del GIEI, que se encargaron de puntualizar los dislates. Pero antes que ellos, otros expedientes de la PGR contaron una historia distinta sobre incineraciones clandestinas y puntualizaron ejemplos siniestros de exitosas cremaciones.

Una de esas piras fue encendida por sicarios del cártel de La Familia Michoacana en Zitácuaro, Michoacán, que en 2009 asesinaron a policías federales —Juan Carlos Ruiz Valencia, Pedro Alberto Vázquez Hernández, Luis Ángel León Rodríguez, Bernardo Israel López Sánchez, Israel Ramos Usla, Jaime Humberto Ugalde Villeda y Víctor Hugo Gómez Lorenzo, así como al civil Sergio Santoyo García—, a quienes emboscaron creyendo que pertenecían a *Los Zetas*, cuando se dirigían a Ciudad Hidalgo en una misión para infiltrar al crimen organizado.

Fueron detectados por la red de halcones que *La Familia* tenía en casetas de peaje. Los policías apenas pisaban territorio michoacano cuando un comando los levantó para llevarlos al cerro de La Coyota, donde Hilario López Morales, *El Gato*, jefe de plaza, negoció primero creyendo que su grupo necesitaría protección. Al hablar por teléfono para obtener la autorización definitiva de sus superiores, la respuesta que recibió fue:

—Denles piso.

El Gato cortó indiferente y dijo a los policías amarrados frente a él:

—Ya se los cargó la chingada.[2]

La historia describe la técnica sicaria para deshacerse de los cuerpos. Ellos sabían lo que el fuego puede hacer y, sobre todo, cuánto combustible se necesita para carbonizar ocho personas. El caso aparece en la carpeta de Sentencia Definitiva, Proceso Penal 18/2011-II, y la averiguación previa PGR/SIEDO/UEIS/186/2011 en contra del secuestrador y narcotraficante Nabor Pérez Chaires, alias *El Dieciséis*, *El Camaleón* o *El Nabor*.

El Gato ordenó llevar llantas para hacer una pira. *El Pato*, Christian Rodríguez Hernández, regresó a Zitácuaro y de una vulcanizadora extrajo 25 llantas, que cargó en una Ranger. Mientras, en La Coyota, todo era actividad. Los sicarios buscaron maderas, ramas para armar fogatas y quemar allí los cuerpos, a los que además se les rociaría con sosa cáustica. Pero no sería fácil, así que comenzaron a destazarlos. Brazos y piernas, a machetazos, fueron separados de los torsos.

Los señalamientos que aparecen en la carpeta de sentencia definitiva antes descrita dan escalofríos: los sicarios comenzaron a quemar los cuerpos a las tres de la mañana, pero como no se carbonizaban, según *El Pato*, tuvo que hacer un segundo viaje y traer 11 llantas más. La versión, armada con las declaraciones de los detenidos, tiene su variante, contada por Carlos Athiziri Hernández Ávila, *El Márgaro*, desde ese mismo proceso penal con sellos del Juzgado Primero de Primera Instancia en Materia Penal, del 9 de julio de 2014 fechado en Zitácuaro.

"El asesino ubica la ejecución de los federales en una casa de seguridad: 'una vez que matamos a los policías federales, *El Gato* dio la orden de que enterráramos los cuerpos en ese mismo lugar, alrededor del árbol de avellanas, por lo que procedimos a realizar cuatro excavaciones de dos metros de largo por un metro con cincuenta de ancho, por un metro cincuenta centímetros de profundidad, introduciendo en cada excavación dos cuerpos de los policías federales, y una vez que los estábamos cubriendo de tierra, *Morsa* le comentó a *El Gato* que quemaran los cuerpos para que no quedaran evidencias, por lo que se le indicó a *El Chundo* que fuera por varias llantas y madera para quemar los cuerpos, y una vez que se volvió a retirar la tierra, entre todos les quitamos la ropa que vestían los policías, así como los celulares y demás objetos que portaban, y se les prendió fuego, colocándose entre los cuerpos la madera, los celulares, las llantas y la ropa, y vertiéndose gasolina y prendiéndosele fuego, por lo que una vez que observamos que no se quemaban rápido los cuerpos, procedimos a hervir agua y poner sosa, vertiéndosela sobre los cuerpos para que se carcomieran, por lo que volvimos a observar que se apagó el fuego, y los huesos y restos que quedaron los introdujimos en unas bolsas de color negro y las subimos a una camioneta tipo Ranger color verde, que la conducía *Chundo*, por lo que siendo aproximadamente las cinco de la mañana, ordenó *El Gato* que nos fuéramos al puente de fierro que se ubica pasando las instalaciones de la policía municipal de Zitácuaro y antes de llegar al pueblo de Jurungueo, y que aventáramos los huesos y restos de la policía, ya que mencionó que allí, cuando llueve, la corriente es tan fuerte que se lleva todo lo que hay'".

Los narcos de Zitácuaro conocían los rudimentos. Siempre supieron qué era lo que podía consumirse hasta las cenizas, qué cantidad de combustible se necesitaba para quemar los torsos de ocho cuerpos, sin incluir cabezas ni extremidades, y cómo usar sosa cáustica para acelerar los procesos. Cocula, aún sin existir, se convirtió en un infierno que ha chamuscado a los demonios creadores.

En las camionetas involucradas en el traslado de los normalistas los peritos de la PGR no hallaron un solo rastro de sangre, y en una primera búsqueda en el basurero de Cocula, junto con antropólogos forenses de la EAAF, salieron de esa tierra previamente cuadriculada tejidos óseos, cabello y dientes chamuscados, según el Dictamen en la Especialidad en Criminalística de Campo, folio 78632 AP/PGR/SEIDO /UEIDMS/818/2014, durante una jornada de trabajo del 27 de octubre hasta el 6 de noviembre. Encontraron un montón de casquillos percutidos, restos chamuscados de llantas y yerbas, botones, hebillas, maíz, cartón, unas monedas, un balón y hasta unos lentes oscuros, sobre una roca. Y es que el basurero, decía una de las conclusiones de los afanosos buscadores, "por su ubicación geográfica, condiciones de terreno y distancia con las zonas urbanas, permiten establecer que es un lugar propicio para realizar actos encaminados a privar de la vida a personas y posteriormente quemarlas".

Los Abarca: la pareja imperial

Criminalizada la normal de Ayotzinapa desde el primer minuto del 27 de septiembre de 2014, lo primero que hizo la PGR cuando tuvo en sus manos la investigación fue construir una historia que lastimara más todavía a los normalistas y los desacreditara junto con los demás movimientos sociales guerrerenses.

Las autoridades armaron su expediente, pero fueron selectivos porque no todas las declaraciones de anónimos y detenidos tuvieron el mismo peso. No era lo mismo que el narcotraficante Sidronio Casarrubias, *El Chino*, dijera que el ex gobernador de Guerrero, Ángel Aguirre Rivero, había sido patrocinado por el cártel de María de los Ángeles Pineda y que encima esos dos eran amantes, que las dos llamadas sin identificación que guiaron a Murillo al incendio de Cocula.[3]

La absurda historia oficial sobre la tortura y ejecución de Julio César Mondragón Fontes contrastó con la habilidad de colocar en medios de comunicación y machacar desde ahí la versión que ubicaba a los normalistas al lado de sicarios de Los Rojos y a Julio César como su líder. Fue más fácil poner a los estudiantes atrapados entre dos fuegos, subidos en camiones junto a infiltrados que iban a asesinar a los seis hermanos Benítez Palacios, controladores absolutos de la distribución de droga en la región.

En su declaración, *El Chino* afirma que Iguala fue un campo de batalla el 26 de septiembre, que a las dos de la tarde ya tenía sus primeras bajas cuando un comando de 17 narcos, de Los Rojos, enfrentó a policías municipales aliados a los Guerreros Unidos y perdió la batalla que los infiltraría al corazón de la ciudad.

—Esos se fueron al agua —le dijo *El Gil* a *El Chino* cuando pasó el reporte por la tarde, cinco horas antes de que los normalistas llegaran.

Le detalló que los quemaron y los arrojaron a una corriente, "yo me imagino que es el río Cocula", dijo Casarrubias, quien sostuvo diligentemente que el ex procurador de Justicia guerrerense, Iñaki Blanco, era aliado de Los Rojos, junto con el secretario estatal de Seguridad Pública, Leonardo Octavio Vázquez Pérez, y el director de Ayotzinapa en ese entonces, José Luis Hernández, quienes cobraron 300 mil dólares para hacerse por lo menos de la vista gorda, pero también para detener toda acción de otras instituciones, incluidos la Marina y el Ejército.

Lo inverosímil cubre nuevamente las verdaderas razones contra Ayoztinapa y su noche terrible. Las historias de brujas extraídas de declaraciones incluyen la versión de *El Chino*, quien asegura que una posterior avanzada de Los Rojos llegó a Iguala por la tarde, ese mismo día, a bordo de taxis colectivos Urvan, y que incluso ya traían tres cadáveres desde Chilpancigo para tirar en la terminal camionera y calentar la plaza. Armados hasta los dientes, fueron ellos, según esta versión, los que se llevaron los camiones y subidos ya con los normalistas conseguirían llegar al autolavado, en la calle Juan N. Álvarez, donde, según él, se registró la primera de las balaceras.

Esos rojos suicidas enviados a Iguala por su líder, Santiago Nazarí Hernández, *Carrete*, robaron tres taxis y se acercaron al domicilio particular de los hermanos Benítez Palacios para llenarlo de plomo, aunque fueron rechazados después de matar a la mujer que hacía el aseo.

"Sí, estoy tranquilo", advirtió Iñaki Blanco el 20 de octubre de 2015 en una entrevista para Radio Fórmula, pero no dijo qué había de cierto en que él y el secretario estatal de Seguridad (al que narcomantas vincularon con narcotraficantes de los Beltrán Leyva en Acapulco) habían amenazado a los Guerreros Unidos con movilizar a Iguala 5 mil policías comunitarios la tarde del 26 de septiembre de 2014, sólo que al final se arrepintieron "porque Juan Salgado, *El Indio* [otro sicario, primo de los Casarrubias], les dijo que los mataría a todos". Luego, viendo la magnitud de los hechos, *El Gil* y Francisco Valladares, subdirector de la policía de Iguala, se pelarían monte arriba, por la sierra de Cocula.

A Sidronio Casarrubias lo atraparon fácil los federales, que no creían su buena suerte cuando se detuvieron frente al restorán Fogón do Brasil, en la carretera México-Toluca, a la altura del kilómetro 40, el 15 de octubre de 2014. Allí vieron que un hombre abordaba una Tacoma roja, del lado del copiloto y que de sus ropas asomaba la cacha de una pistola .38 Súper. Sin saber quién era —otro sospechoso golpe de suerte—, los oficiales preguntaron al individuo, quien se identificó como Santiago Jaurer Cadena.

Detenido y trasladado al Ministerio Público, en el camino les dijo a los policías que no le jugaran al pendejo, porque él era Sidronio Casarrubias, de Iguala, y que estaba por acá porque las cosas estaban "muy calientes" en su tierra. Iba acompañado por Norman Isaí Alarcón Mejía, un *dealer* retirado que en Toluca se dedicaba a la renta de casas como la que alquilaba el capo en Metepec por 14 mil pesos. Carpintero, actualmente de 46 años, a Sidronio lo metieron a la cárcel sin mayor complicación y sus planes de poner un autolavado y un restorán en la colonia Asunción de Metepec se fueron al traste a causa de Ayotzinapa y la mala suerte de una pistola indiscreta.

La mina Media Luna, de la canadiense Teck Cominco, es el discreto centro que une Iguala, Huiztuco, Cocula, los poblados de Nuevo Balsas, La Fundición, Real de Limón —a 50 kilómetros de Iguala— y Taxco, entre otros. Ha podido seguir extrayendo oro después de cuatro años de permanecer parada, bloqueada por ejidatarios que exigieron pagos y garantías por la explotación de sus tierras. Ha conseguido el oro a pesar del arsénico derramado en ríos que producen la molienda y el procesado para extraer el mineral de las piedras y ha trabajado, sin parar un minuto, sin que le afecte la desaparición de los 43 y la guerra con características de limpia, hasta finales de febrero de 2016, entre quienes pelean algo más que la producción y tráfico de enervantes.

Iguala tiene todo lo que la minera necesita, pero también lo que el narcotráfico quiere. Las autoridades, el Ejército y la Marina incluidos, permitieron el crecimiento y la mutación de los cárteles, que operan con todo éxito otros negocios que nadie menciona.

Iguala fue conquistada tras una guerra que los Guerreros Unidos ganaron rápida y sangrientamente, primero derrotando a La Familia Michoacana, expulsándola para confinarla en el infierno calentano del sur mexiquense, y después defendiéndose del asedio de Los Rojos en batallas que poblaron de cadáveres montañas y calles, casi todos sin nombre.

Los michoacanos perdieron ese municipio a principios de enero de 2013, cuando un comando de exterminio irrumpió en el penal estatal de aquella ciudad para acabar, de una vez y por lo pronto con los desacuerdos y matar al líder de La Familia, Ismael Ocampo Álvarez, a quien amigos y enemigos llamaban *Naila*. Aunque Ocampo controlaba esa cárcel, y aunque en un principio se quiso validar la versión de un motín, pronto se supo que en esa prisión habían cancelado, misteriosamente, todo filtro de seguridad y dejaron pasar, con los ojos abiertos, a los ejecutores.

Muerto el líder, los Guerreros Unidos libraron todavía una última batalla contra el cadáver del enemigo, que sirvió como refuerzo ilustrativo —terrorismo visual— para obligar a los michoacanos a no volver. El cuerpo de Ocampo era trasladado por sus familiares a Cuernavaca, Morelos, para su funeral, pero en la carretera gatilleros victoriosos pusieron un retén y detuvieron la carroza para bajar el ataúd. Nadie quiso hacer nada, y fue mejor porque nadie podía. Le prendieron fuego al sarcófago y esperaron a que el capo ardiera, consumido hasta los huesos.

—Te dijimos que ni muerto ibas a volver a tu tierra —le dijeron, burlones, al cadáver.

Esa cremación afirmó la supremacía de Guerreros Unidos y la derrota de los michoacanos, pero también permitió que cárteles como Los Rojos y su líder, Santiago Mazari, intentaran expandirse.

ENTONCES LLOVIÓ a intervalos en Iguala el 26 de septiembre de 2014, por lo menos en cuatro ocasiones. Por un lado, había fiesta, una celebración del DIF local que encabezaba la primera dama de ese municipio, quien leía su segundo informe de actividades y después se agradecía a sí misma con un baile.

Ambiciosa y joven aún —nació el 15 de octubre de 1967 en el Distrito Federal—, María de los Ángeles Pineda Villa no pensaba ser la sombra para siempre de su marido José Luis Abarca Velázquez y ya había echado a andar un plan que le permitiría competir por la presidencia local, colocada en bandeja para ella por su propio esposo, pero también por singulares méritos que la unían en carne y sangre con los jefes del cártel que controlaba la región. Pineda era una de las herederas de Guerreros Unidos, y sus cuatro hermanos —dos de ellos muertos en enfrentamientos— ya habían sido jefes cuando trabajaban para el cártel de los Beltrán Leyva. Ella era, a la vista de ciudadanos, narcos y políticos locales, el verdadero poder en la región.

La dama de Iguala es hija de una "venerable" familia de narcotraficantes: Salomón Pineda Bermúdez, *El Molón*, y María Leonor Villa Ortuño son sus padres. Sus hermanos Julio Guadalupe, Salomón, Alberto y Mario dividían actividades entre Guerrero y Morelos. Estos últimos se relacionaron con los infames Beltrán Leyva porque buscaban vengar la muerte de uno de sus hermanos, *Lupe*, secuestrado y muerto en Tierra Blanca, Veracruz. Así inició todo, aunque los Pineda ya tenían experiencia porque habían trabajado para el capo Ismael *El Mayo* Zambada García. Aprendieron a sobrevivir peleando al lado de los Beltrán Leyva, que los habían comisionado a Zihuatanejo, donde recibían desembarcos de cocaína colombiana hasta que en mayo de 2009 los padres fueron detenidos, demasiado tarde porque ya habían dejado escuela.

Después vinieron las traiciones. Separarse de sus jefes les costó sangre y además las vidas de Mario, *El MP,* y José Alberto Pineda Villa, *El Borrado,* quienes antes de enemistarse con los Beltrán se encargaron de eliminar a casi todos los sicarios rivales, sobre todo de La Familia Michoacana.

Con sabiduría animal, de puro instinto, los Abarca llegaron al poder transitando también por el comercio del oro, suficiente para construir un imperio o por lo menos servir de fachada para los Guerreros Unidos, su gran carta de presentación. Todavía bajo el mando de los Beltrán, los Pineda controlaron el narcomenudeo en Morelos y en 2009 vieron la oportunidad de escindirse. Salomón, el hermano de María de los Ángeles, capturado ese año, pero sospechosamente libre por errores en la integración de los expedientes, formó su propio grupo, junto con los hermanos Casarrubias, desde pedazos que dejaron antiguos sicariatos, como el de Los Pelones.

Él y su hermana aceptaron lo que se les venía encima, pero lo hicieron bien, si así puede llamarse a matar y traficar impunemente. Los líderes eran cinco: ella, Salomón Pineda, Sidronio Casarrubias, Benjamín Mondragón Pereda y Cleotilde Toribio Rentería, *El Tilde,* quien en Jiutepec, Morelos, había fundado el cártel en 2011. Ahora ella está presa; el hermano, prófugo —la PGR ofreció por él 3 millones de pesos el 23 de marzo de 2016—, y los tres últimos, detenidos, pero la violencia no ha parado un segundo.

La Pineda entendió el valor de las alianzas y supo que necesitaba poder político para afianzarse. Lo encontró en el perredismo corrompido de Guerrero que, entre otras cosas, había permitido que Ángel Heladio Aguirre —un ex priista, colaborador de los Figueroa, los caciques más poderosos de Guerrero— lo utilizara para ganar la gubernatura y encumbrar a quien le conviniera, como a ese matrimonio, por ejemplo, y apuntalar en el poder local a personajes como Lázaro Mazón, alcalde de Iguala de 2002 a 2005, y que ayudó a gestionar con generales del Ejército la donación de un terreno a favor de los Abarca, aunque luego lo negaría todo, incluso la cercanía con la pareja. El Campo Militar 35-C entregó sin pestañear ese espacio para anexarlo al centro comercial Galerías Tamarindos, construido en 2008 frente a las instalaciones del cuartel del 27 Batallón de Infantería, y adaptarlo como estacionamiento.

Algunas versiones advierten que la Sedena aceptó entregar el terreno de 70 mil metros cuadrados, pero no a José Luis Abarca, sino al ayuntamiento de Iguala, a condición de que se utilizara para construir vías de acceso y áreas recreativas. En fin. Allá se levanta el centro comercial Tamarindos, cuya administración quedó en manos de Yazareth Abarca Pineda.

Abarca justificó la inversión en el éxito y las ganancias de otro negocio: venta de sombreros de palma en tianguis locales. Nadie le creyó, pero dejaron que esa mole de concreto tomara forma y destino desde los 57 locales y 720 cajones para estacionamiento que le proyectó, las siete salas de cine y la enorme bodega que ahora ocupa una Mega Comercial Mexicana.

Los Abarca apostaron siempre por el oro al menudeo y entre José Luis y su hermana Roselia controlaron, cada uno, 11 locales en el Centro Joyero, donde el futuro alcalde instalaría su negocio, Aurium, y ya encarrilado en eso, hasta presidente sería de ese gremio, que vendía locales en esa plaza en 160 mil pesos cada uno.

Cirilo Lara Brito, esposo y socio de Roselia Abarca Velázquez, administra aún la escuela privada más grande de Iguala, el Centro de Estudios Benemérito de las Américas, que les da ingresos mensuales por 400 mil pesos. Cirilo, angustiado y pesaroso, dijo a la SEIDO después de que vigilaran unos días a su familia —y la PGR "los invitara" a declarar— que José Luis tenía sendas camionetas, una Explorer negra y una Armada blanca. De paso desmenuzaba lo suyo porque, al igual que el ex alcalde, a Roselia y a Cirilo les alcanzaba para una cuenta bancaria de 150 mil pesos, seis casas, siete terrenos, dos Jeep 2014, su Explorer, tres Urvan y una Estaquitas para la escuela.

Casi nada, para ser el cuñado. Rosalía fue más discreta en su declaración y también la única que habló bien del detenido. Hasta la hizo de abogada del diablo cuando aseguró que el presidente municipal trabajaba para el progreso porque había pavimentado el centro de la ciudad y realizado mil 700 obras públicas.

En esa narcotrama se movía Gildardo López Astudillo, *El Gil*, todo un personaje en Cocula porque se sentía, también, dueño de aquel municipio. La familia de su primera esposa, Elizabeth Arellanes Rojas, es de allá y allá se casaron en 1995. Al principio el matrimonio vendió oro en un puesto callejero para sostenerse, cerca del mercado municipal. Eran comerciantes y se ayudaban hasta vendiendo chicles. Después todo cambió. *El Gil* —así le dijeron siempre— fue a vivir a Pueblo Viejo porque había encontrado un mejor trabajo, que pronto se supo cuál era. Aunque no le fue mal con los dulces, nunca dejó de lado el oro, y siempre le fue mejor cuando se decidió por el narcotráfico y los Guerreros Unidos. Luego se unió a Elvia Román Nájera.

Después, cuando ya era jefe y salía, siempre lo hacía custodiado por municipales en tres patrullas, hasta la calle de Zaragoza, para garantizar que llegara a salvo. Capo al fin y al cabo, siguió el ejemplo de José Luis Abarca y comenzó a adquirir propiedades. Una casa para su esposa, en Juan N. Álvarez 111, en el centro de la ciudad, otra rentada en la colonia Libertadores —donde se hallaron cartuchos de distintos calibres y tarjetas de crédito— y por fin su propio negocio, honesto y deslumbrante, la Joyería Itzana, en Galeana 66, también en el centro, aunque de paso compró combis para rentar como colectivos en la ruta Pueblo Viejo-Mercado, que le daban para ir pagando su camioneta Murano verde. Para cerrar, se hizo socio en 2013 de la Unión Ganadera Regional de Guerrero y también fue parte de la Federación Mexicana de Criadores de Gallos de Pelea, A.C. Le gustaban tanto que organizaba palenques en Pueblo Viejo y hasta credenciales le dieron.

La captura de *El Gil* genera dudas sobre los métodos de investigación de la PGR. Mientras los federales cuentan una historia, los detenidos la contradicen y no sólo en detalles. Eso pasó casi siempre, excepto con los participantes principales de Cocula y los Abarca. Siembra de armas y dinero aparecido; la versión de ofrecimientos para dejar escapar y por fin, frente a los retratos de otros Guerreros Unidos, no reconocer a nadie fue parte cotidiana de procesos contra personajes secundarios, pero clave, como el supuesto chofer de la esposa de *El Gil*, quien según la PGR los llevó a descubrir arsenales y propiedades.

El Gil —jefe de jefes desde que Mario Casarrubias, *El Sapo Guapo,* fue detenido en mayo de 2014— sólo tenía por encima al cuñado de este, Israel Arroyo Mendoza. *El Gil* no era el único con poder en la región, aunque sí el más fuerte y le gustaba involucrar a su familia en las tareas de "ayudantía". Elvira —suegra de *El Gil*— y su esposo, *Juan el Sapo,* daban de comer a la célula de Cocula. Todo esto se supo porque lo delató uno de sus pistoleros, atrapado por federales casi por casualidad cuando peinaban la ciudad, el 31 de octubre de 2014.

El gatillero vigilaba la casa de Libertadores porque era chofer particular de la esposa, pero echó a correr nada más darse cuenta de que lo observaban. A Fernando Santiago Hernández le quitaron una Panther .308, con 18 tiros útiles, una Escuadra Guernica .22 y media decena de celulares. El matón les indicó el lugar donde *El Gil* guardaba el arsenal del grupo, una casa en la calle Industria de la Transformación. Eso dirían los federales que pasó, porque Fernando Santiago contó otra historia y dijo que los agentes se presentaron a la casa de Libertadores porque una llamada anónima les había informado que había secuestrados ahí.

Otras llamadas anónimas confirmaban que en la casa de Industria de la Transformación había pistoleros en camionetas y que todo se había intensificado los días posteriores al 26 de septiembre de 2014, porque allí se escondieron sicarios, camiones de carga y arsenales completos. Un vecino confirmó que esa propiedad era de Guerreros Unidos y que se usaba "como bodega o para enterrar a personas" y el 3 de noviembre marinos y federales por fin pudieron catear aquella casa sin muebles, subarrendada a un tal *Memo*, un personaje que no pagaba renta porque quien se la cobraba había sido amenazado de muerte por dos encapuchados.

En esa casa, que a alguien le salía gratis, el equipo canino encontró 53 mil 230 cartuchos útiles para diversas armas, seis radios, cinco chamarras negras con la leyenda "FUERZAS MUNICIPALES", 18 pantalones estilo militar, siete pasamontañas negros, cuatro máscaras negras con un grabado en forma de calavera, 17 camisas estilo militar, accesorios para equipo táctico, unas esposas, 585 cargadores, dos subametralladoras, dos ametralladoras, un lanzagranadas y tres carabinas.

Tampoco era tanto, pero tres días después la PGR pidió al general de Brigada Alejandro Saavedra Hernández, un comandante de la 35 Zona Militar, sede del 27 Batallón de Infantería, que resguardara el material bélico. No lo hizo porque el 19 de noviembre lo enviaron todo a los Almacenes Generales del Primer Batallón de Materiales de Guerra, en las entrañas del Campo Militar número 1-A de la Ciudad de México.

Que el hermano de Mario Casarrubias, Sidronio, ganara 80 mil pesos al mes dedicándose a la ganadería y los bienes raíces ni las autoridades se lo creyeron. Este narcotraficante apenas había terminado la primaria y en Estados Unidos había estado preso durante ocho años y medio. Tenía todos los bienes a nombre de sus padres y de otro de sus hermanos, Rafael, en Teloloapan, Guerrero, donde había nacido.

De 44 años, *El Chino* —así le decían a Sidronio— cargaba su propia tragedia nacida por el asesinato de otro de sus hermanos, el policía federal Francisco, a quien ejecutaron sus mismos compañeros porque, celosos, querían evitar el ascenso de un joven con menos mérito que ellos. Esta muerte marcó a los Casarrubias, quienes encontraron a los culpables porque lograron que alguien les diera un video donde estaba grabada la ejecución, que incriminaba a los federales.

Quien consiguió ese video fue José Alfredo Casarrubias Salgado, al menos hasta 2013 "Capitán Segundo de Arma Blindada y representante personal del General de Brigada Diplomado de Estado Mayor César de la Sancha Villa, Comandante de la 14va. Zona Militar".[4]

Esa relación con el Ejército sirvió para encontrar culpables, pero no para evitar la captura de *El Chino* Casarrubias en Estados Unidos el 17 de agosto de 2005, cuando trabajaba distribuyendo droga para el finado capo Adán Velázquez. Jamás pudo quitarse Iguala de la sangre y por más que quiso no pudo evitarla. Lo primero que hizo, cuando cumplió su condena en 2014, fue regresar a México. Para ese momento el apellido Casarrubias causaba en Guerrero y la tierra calentana de los estados de México y Morelos un profundo respeto cultivado desde el temor, pero también encono y rencor en los enemigos que el clan se había forjado.

El Chino ya estaba en Iguala para 2014, citado en el negocio de Los Peques por el abogado de Mario Casarrubias, para encontrarse con los jefes igualtecos, que nada más verlo le ofrecieron una comida en su honor por el puro gusto de conocerlo. Le dieron una camioneta y dinero para comenzar otra vez. Un millón 800 mil pesos —un millón para él y lo restante para los abogados del *Sapo Guapo*— y una Raptor le permitieron hacerlo. Pero no estuvo mucho tiempo libre porque le dictaron formal prisión el 27 de octubre de 2015.

Antes de Ayotzinapa, Mario, *El Sapo Guapo*, tenía un chofer, Raúl Núñez Salgado, *El Camperra*, un carnicero que literalmente le hacía los mandados a capos de medio pelo hasta que en 2014 el fundador del cártel le encontró un oficio y lo puso a manejar para él. Los dos iban y venían al rancho del jefe, en la colonia Los Manguitos de Iguala, para ver a los parientes.

Raúl, al volante de un March blanco y también de una Estaquitas, sólo se quejaba de una cosa: los narcos no le pagaban o lo hacían muy de vez en cuando. Pero ahí andaba y, siempre desarmado —eso dijo él—, se ganó la confianza del *Sapo Guapo*, quien en sus ausencias confiaba tanto en él que le dejaba pagar la nómina —hasta dos millones y medio de pesos a veces, señaló el mismo Raúl— para policías, sicarios.

Uno de esos pagos ordenados por Casarrubias, refiere *El Camperra* en declaración ministerial ante la PGR, el 16 de octubre de 2014, lo hizo en Metepec, Estado de México, en la ultramoderna Torre Zero ubicada en la calle Benito Juárez 1001 norte, en San Francisco Coauxusco, en realidad un espectacular centro de negocios y de renta de oficinas a media hora del centro de Toluca, a una cuadra del vetusto pero aristócrata Club de Golf San Carlos, fundado por Carlos Hank González a finales de los años 60. Toluca y Metepec fueron puntos habituales de pago y entregas para los Guerreros Unidos. Los Casarrubias también recibían envíos de *El Camperra* en el estacionamiento del centro comercial Plaza Galerías de este último municipio, pero padecían del mal de quienes se alejan de su terruño. Los narcos vueltos toluqueños extrañaban su tierra.

A Núñez Salgado lo apresaron los marinos en Acapulco cuando intentaba vender dosis de coca en la calle. Hasta una pelea cuerpo a cuerpo tuvieron con él, quien llegó todo lastimado a la Ciudad de México. Los marinos dijeron que él solo se había lesionado. Núñez Salgado llegó a Acapulco después de que *El Gil* le ordenara salir de la ciudad "porque había mucho gobierno", y se enteró de la presencia de normalistas porque uno de sus empleados en el bar le habló esa noche para preguntarle si podía cerrar, pues iban estudiantes causando destrozos en las calles.

CON ESOS SICARIOS DETENIDOS, faltaba encontrar a José Luis Abarca, y aunque después fue encarcelado por lavado de dinero y homicidio, nunca le fincaron responsabilidad por los estudiantes. Abarca dijo a la PGR que ganaba 70 mil pesos mensuales como alcalde y que percibía rentas por 100 mil pesos de cuatro locales joyeros, 180 mil por el 20% de las ganancias del centro comercial Tamarindos y 38 mil pesos mensuales por la renta de otros tres locales.

Un mes antes de Ayotzinapa, la PGR investigaba el pasado de Abarca e intentaba conectarlo con denuncias en su contra. Este personaje había demostrado estar a la altura de la esposa. Estudiante hasta tercero de Medicina, si debía empuñar un arma lo hacía sin pensar que tenía cuatro hijos, tres de ellos con María de los Ángeles Pineda, y ejecutaba lo que era su deber hacer. Él y algunos de sus socios tenían denuncias previas por secuestro y homicidio. El alcalde, un mormón que poseía además siete casas, era lo que parecía, y aunque en Guerrero todos sabían de su doble vida, nunca había sido molestado. De todas formas, se había echado encima a organizaciones sociales que le reclamaban obra pública, fertilizantes y un gobierno justo.

Por su cercanía con el poder en Guerrero —las relaciones personales de su esposa María de los Ángeles Pineda con el gobernador Ángel Heladio Aguirre Rivero—, la protección de la cúpula nacional del PRD que en 2012 lo llevó a la alcaldía de Iguala y una campaña política coordinada por el cártel de Guerreros Unidos, José Luis Abarca sorteó impunemente acusaciones por sus nexos con el crimen organizado, así como por la desaparición forzada y homicidio de tres líderes de la Unión Popular (UP) en 2013: Arturo Hernández Cardona, Félix Rafael Bandera y Ángel Román Ramírez.

Por eso mismo la bonanza económico-financiera de la pareja no se investigó, aunque incluía al menos 90 propiedades, así como la triangulación de recursos de procedencia dudosa (narcotráfico) para la compra, entre otros, de 31 casas y departamentos, nueve empresas y 13 joyerías en Iguala, Acapulco, Zihuatanejo, Chilpancingo y Taxco, además de Morelos, Tlaxcala y el Distrito Federal, aunque en el expediente del caso Iguala se detalla que Abarca tiene 17 propiedades, y Pineda Villa, tres.

En Iguala era un secreto a voces que ella era la responsable de triangular recursos para la compra de propiedades del grupo criminal Guerreros Unidos que tendrían dos fines: casas de seguridad e instalación de narcolaboratorios, mientras él operaba a través de la empresa Grupo Empresarial Abarpin, S.A. de C.V., que se dedica a la compraventa de terrenos y a la comercialización de desarrollos comerciales y de casas-habitación.

En mayo de 2012, un grupo de igualtecos advirtió que, de ganar José Luis y María de los Ángeles los comicios locales, Iguala se convertiría en una gran bodega del narcotráfico en la que permearían la inseguridad y la delincuencia organizada, la corrupción y el crimen. Ni en el gobierno estatal ni en el PRD quisieron prestar atención.

En una de las últimas reuniones que la llamada *Pareja imperial* sostuvo con los tres líderes de la UP, el 29 de mayo de 2013, ella dio una muestra de su poder e intentó golpear a Hernández Cardona. La bronca fue detenida allí mismo y los agredidos hicieron responsables de su seguridad a los esposos.

—Estás loco y pendejo —le dijo José Luis Abarca a Hernández Cardona—, no te voy a estar cuidando que no te pase nada porque tú tienes muchos problemas.

Al otro día la UP bloqueó la Autopista del Sol luego de organizar una manifestación que duró hasta las 16:30, cuando los dirigentes se retiraron a Iguala en la camioneta Honda Pilot de Hernández Cardona. Habían avanzado poco cuando otro vehículo, a la altura del crucero de Tuxpan, les cerró el paso.

—¡Bájense, hijos de su puta madre, se los llevó la chingada! —les gritaron los pistoleros disparando sobre Hernández Cardona e hiriéndolo en un tobillo.

Sometidos, los condujeron a las soledades de la Loma del Zapatero, donde otras siete personas permanecían secuestradas, entre ellas el padre de un sicario de La Familia Michoacana que luego se haría famoso y que todos conocían como *La Burra*, Uriel Vences, uno de los negociadores de ese cártel ante mineras guerrerenses. Ahí esperaron hasta que se presentó el jefe de los gatilleros, el alcalde Abarca, quien iba armado con cervezas Barrilito y pistola al cinto, con la que jugueteaba porque sí. Se acercó a Hernández Cardona y le ofreció una cerveza, que este rechazó diciendo:

—Yo sólo bebo mezcal con mis amigos.

—¿Qué tanto estás chingando con el abono? Me voy a dar el gusto de matarte —le dijo Abarca mientras le apuntaba a la cabeza.

Nadie pensó que podría hacerlo, pero el alcalde de pronto jaló el gatillo. Los ojos de Hernández ni siquiera alcanzaron a cerrarse y cayó muerto, cerca de una fosa ya excavada. Otro sicario terminó por arrojarlo.

—No, va a llover —opinó Felipe Flores Velázquez, director de la policía de Iguala, quien también estaba ahí.

Primo de Abarca, le dijo sórdido que le metiera "otro putazo para que se lo llevara la chingada".

El alcalde se paró en la orilla y disparó por segunda ocasión. Los dos balazos perforaron el cráneo del líder social.

Otro de los presentes, Rafael Balderas Roldán, muerto de miedo, quiso echar a correr, pero no pudo superar a sus diez captores, quienes se le echaron encima y lo golpearon hasta matarlo.

—Esto les pasa por reclamarme en público —les dijo José Luis Abarca a los cautivos, quienes habrían de enterrar a sus amigos.

Horas de zozobra esperaban a los de la UP. Hasta el 2 de junio los cambiaron de sitio. Los obligaron a desenterrar los cuerpos, echarlos en una camioneta y viajar sobre ellos rumbo a Chilpancingo oliendo su putrefacción.

En un tramo de la carretera federal los bajaron y los hincaron porque allí los ajusticiarían. Fue entonces cuando un imprevisto se atravesó en ese paredón sin muro, y es que Ángel Román Ramírez intentó escaparse, lo que propició una persecución y el consiguiente descuido de los condenados a muerte que, viendo la oportunidad, echaron a correr. A Román alcanzaron a matarlo, pero los otros, como pudieron, encontraron la forma de volver a Iguala y contactar a sus familiares, a quienes contaron lo ocurrido. Para ese momento ya había denuncias por las desapariciones, pero al alcalde Abarca nadie le tocó un pelo, ni siquiera cuando encontraron dos cuerpos, el 3 de junio: el de Hernández Cardona y el de Balderas Roldán, y allí mismo un casquillo percutido .38 súper junto a un mensaje que decía: "esto me pasó por chaquetero vengan a recoger su basura ATTE la Garra de Gro. Leonor Nava Los Rojos".[5]

Uno de los que se atrevió a denunciar fue Nicolás Mendoza Villa, quien sabía que eso podría costarle algo más que la vida. Tenía razón. Quienes se vengaron de Nicolás fueron pacientes. A él no lo tocaron, pero su hermano Francisco pagó por él cuando el 27 de abril de 2015 fue sacado de su domicilio en Chichihualco, Guerrero, para ejecutarlo de un balazo en la mejilla izquierda. El día de los secuestros de los líderes sociales, las 20 cámaras del C4 también fallaron y sólo cinco operaron en Iguala. El Ejército buscó en Cocula sin resultados, a pesar de protestas públicas encabezadas por la normal de Ayotzinapa. Hasta el ERPI tomaría partido condenando el 6 de junio los asesinatos en un comunicado recopilado en la investigación de la PGR sobre los sucesos de Iguala, en el que conminaba a la población para armarse, proteger familias, tierras, controlar vías de comunicación y recursos naturales.

La PGR acusó al ex presidente municipal —nacido el 17 de octubre de 1961 en Iguala— de homicidio calificado por la muerte del síndico administrador Justino Carvajal Salgado, el 8 de marzo de 2013. A Justino lo ajusticiaron en la casa de su madre, en el centro de Iguala, cuando tres pistoleros lo siguieron y le dispararon a mansalva mientras subía unas escaleras, intentando escapar.

Sobrino de Félix Salgado Macedonio, ex candidato perredista a la gubernatura, Justino murió porque se opuso a que los Guerreros Unidos usaran dinero del ayuntamiento para sus fines. Era el encargado de firmar los cheques que salían del Palacio Municipal, narró uno de sus hermanos al reportero Daniel Blancas, del diario *La Crónica*, en noviembre de 2014.

—¿Lo adjudica entonces a Guerreros Unidos? —preguntaba el reportero a Saúl Carvajal.

—Esos mismos. Cuando comencé a investigar sobre el caso de mi hermano, me mandaron decir con una persona que le bajara, que estaban ya al tanto de lo que hacía. Esta banda operaba desde antes de la administración de Abarca y era la que decidía quién llegaba a las presidencias municipales de sus lugares de influencia.

Con ese homicidio tampoco pasó nada. La pareja gobernaba Iguala sin dificultades, acostumbrada a que les obedecieran. Por eso tampoco se preocuparon cuando llegaron los estudiantes a su feudo, ni se inquietaron al otro día, 27 de septiembre de 2014, cuando los señalaron como responsables del asesinato de tres normalistas y la desaparición de los 43. El alcalde evadió todo contacto con el gobierno de Guerrero, negando saber lo que había pasado. Fue hasta que se reunión con el líder nacional de PRD que le cayó el veinte y entonces comenzó a preocuparse.

El 30 de septiembre de 2014 el cabildo de Iguala se reunió en sesión extraordinaria para tratar un solo punto: aprobar la solicitud de licencia temporal de José Luis Abarca Velázquez. Después de eso, los esposos se hicieron humo hasta que el 3 de noviembre agentes federales los vieron de compras en la Comercial Mexicana de Ermita Iztapalapa, en la Ciudad de México; habían abordado un Spark azul, placas 257-XKN en compañía de una mujer. El auto era propiedad de Noemí Berumen Rodríguez, ex compañera de la hija del matrimonio en la Universidad Anáhuac, con domicilio en calle Jalisco 33, Santa María Aztahuacan, Iztapalapa; les echaba la mano y sabía que los esposos se escondían en la calle Cedro 50 de la colonia Los Tenorios, también Iztapalapa, una casa rosa de tres pisos con zaguán negro.

Al día siguiente, a las 2:30, un taxi se detenía en esa dirección. Esperó un rato hasta que abrieron el portón y dos personas trataron de abordarlo. Ella se cubría la cabeza con una mascada verde y dorada y llevaba una bolsa. Antes de que pudieran subir, los federales se acercaron y los interceptaron. El hombre los miró cansadamente y no dijo nada. Se identificó con una credencial de elector a nombre de José Luis Abarca Velázquez.

Eran ellos. La pareja imperial de Iguala por fin fue detenida, pero si el alcalde al principio se había rendido, ella no. Ofreció a los policías medio millón de pesos y, ya en eso, su esposo agregó un auto Mercedes-Benz. A María de los Ángeles Pineda no la atacó la migraña, que padece desde hace 24 años, cuando sacó 23 mil 790 pesos de su bolsa y los agitó frente a los captores diciéndoles que se trataba de un adelanto. De nada le valieron a la señora sus anteojos Prada, los aretes Michael Korks ni su paraguas GAP. Los policías no se conmovieron ni por los cinco celulares que ella traía.

Presentado en la SEIDO, Abarca reveló una colección de males: ansiedad, toma Rivotril desde hace tres décadas y su gastritis ha empeorado. De 53 años, a él y a su esposa comenzaron por recordarles la enemistad con militantes de la UP, que terminó en el asesinato de Hernández Cardona, el parentesco con líderes de Guerreros Unidos y el secuestro de los 43.

Antes de huir, había intentado desviar toda la culpa diciendo que la policía municipal de Iguala dependía, por acuerdos del Mando Único, del gobierno estatal y que se había mantenido en comunicación constante con la Secretaría de Gobierno. Abarca siempre negó al gobierno de Guerrero tener reportes de los sucesos de la noche de Iguala.

La mayor parte de la población de Iguala no esperó ni 24 horas y reaccionó brava cuando descubrió la dimensión real de lo que pasó la noche del 26 de septiembre de ese 2014. Para las cinco de la tarde del 27, era un polvorín. Al menos 200 personas se habían amotinado y cerrado calles y accesos al centro de la ciudad para impedir el paso a funcionarios estatales que arribaban en helicópteros oficiales. El secretario de Gobierno, Jesús Martínez Garnelos, tuvo que escapar cortando una malla para llegar a su nave y esperar que nadie se colgara del helicóptero cuando pretendían capturarlo. Los demás, como el secretario de Salud y otros, fueron protegidos por operativos del Ejército y la Marina, que patrullaron las calles junto con la Gendarmería mientras los federales asumían el control de la policía municipal en Cocula.

Abarca, su esposa y el secretario de Seguridad Pública de Iguala, Felipe Flores Velázquez, fueron acusados en la averiguación previa por denuncia de hechos HID/SC/01/0745/2013 y HID/SC/04/0745/2013 de la Procuraduría de Guerrero en agravio de Arturo Hernández Cardona, pero sería la acusación por el asesinato de Justino Carvajal el recurso que permitió a la PGR dictarle auto de formal prisión el 15 de noviembre de 2014. Además, está acusado por secuestro y delincuencia organizada. Ella enfrenta delitos contra la salud y por lavar el dinero de sus hermanos, proveniente del narcotráfico, a través de compras inmobiliarias. Le dictaron formal prisión en enero de 2015.

Porque de la desaparición de los estudiantes no han podido probarles nada.

JOSÉ LUIS Abarca Velázquez llegó a la presidencia municipal de Iguala porque un día se le ocurrió que podía serlo, pues ni siquiera era militante. Buscó en el PRD, el partido de su "amigo" Lázaro Mazón, y le concedieron la oportunidad. Fue Mazón quien consiguió que el gobernador guerrerense Ángel Aguirre respaldara esa intención, porque Abarca era uno de los patrocinadores de sus respectivas campañas políticas y "lo eligieron pese a que se hizo una encuesta en donde le ganó por dos puntos Óscar Díaz Bello, quien era apoyado por Aguirre Rivero y que al final cambió de simpatías y apoyó a José Luis y María de los Ángeles, por solicitud de Mazón", escribió la periodista Shaila Rosagel.[6]

Rosagel siguió esa narcocomedia y documentó que Díaz Bello, el aspirante perdedor, pidió a Jesús Zambrano Grijalva, entonces presidente nacional del PRD, indagar sobre los nexos narcotraficantes de Abarca. Y lo hizo, según la investigación que arrojó la Comisión Abarca, armada en el PRD: "Jesús Zambrano, en su calidad de presidente nacional, hizo una consulta verbal con el secretario de Gobernación, el cual, a decir del propio Zambrano, le mencionó la pertenencia de los hermanos de María de los Ángeles Pineda a un grupo de delincuentes y el encarcelamiento de uno de ellos, todo lo cual era público y precisamente el motivo de la consulta", dice el informe citado por Rosagel.[7] Pero Zambrano dijo a los perredistas de Guerrero que nadie investigaba a los esposos, aunque confirmó que los hermanos de Pineda pertenecían a grupos criminales.

La PGR entregó el expediente completo sobre los 43 a la familia Mondragón Mendoza a mediados de 2015 y quien lo hizo, Gualberto Ramírez Gutiérrez, titular de la Unidad Especializada en Investigación de Delitos en Materia de Secuestro, les dijo que "confiamos en ustedes porque de estas hojas sale el libro del caso". Pero ese libro, si se escribiera tomando como fuente única esas 54 mil hojas, sólo validaría la versión del entonces procurador Jesús Murillo Karam.

En Iguala, por un lado, había fiesta.

Por otro, los estudiantes de Ayotzinapa llegaban al crucero de Santa Teresa, a las puertas de la ciudad, el 26 de septiembre a las 19:34. A esa hora el rostro de Julio César se reflejaba en la mica de su recién adquirido teléfono celular.

Capítulo XII

Estado de sitio, la cadena de mando

EL DÍA DE LA DESAPARICIÓN de los 43 normalistas, los asesinatos de Julio César Mondragón Fontes, Julio César Ramírez Nava y Daniel Solís Gallardo, así como de tres civiles, víctimas colaterales, el presidente Peña celebraba el Día Mundial del Turismo en Guadalajara, Jalisco. Presumía la bonanza del país, que tuvo 24 millones de visitantes extranjeros en 2013 y otros 16 millones hasta ese momento en 2014.

Apapachado por Claudia Ruiz Salinas, secretaria de Turismo y sobrina consentida del ex presidente Carlos Salinas de Gortari, el mandatario se regodeaba entre inversiones globales y encuentros en Nueva York. Peña se movía en su elemento en aquellas reuniones para atraer *spring breakers,* pero nunca supo qué hacer cuando la realidad de Ayotzinapa se le vino encima; ni los soldados pudieron detener el descrédito que el gobierno se ganó a pulso. La Presidencia abordó el tema de Ayotzinapa por primera vez hasta el 9 de octubre.

En Iguala, ajenos a los sueños presidenciales, el cártel de Guerreros Unidos mantenía su negocio. Por un lado, protegía los intereses de sus clientes supermillonarios y, por otro, atendía el narcomenudeo de la ciudad. Las ofertas eran buenas para esa tierra tan pobre que debía preocuparse por comer primero: el kilogramo de mariguana tenía un costo de mil 800 pesos para cada uno de los distribuidores locales, que compraban al menos 20 kilogramos al mes, traídos por sicarios de los hermanos Casarrubias desde el pueblo de Pachivia, en Guerrero, rumbo a Teloloapa. Los *dealers* tenían que entregar, además, 20 mil pesos mensuales de las ventas que realizaran. Aunque el negocio era redondo, resultaba infinitamente pobre al lado de la minería.

Protegidos por municipales de Iguala, los repartidores se movían sin que nadie los molestara, y cuando alguien los detenía bastaba una llamada para que el jefe de policía, Francisco Salgado Valladares, intercediera por ellos y los liberaran. Ahí andaban, con la mercancía en bolsas, básculas y su Colt .45 al cinto.

A esas ventas interminables le entraban policías que halconeaban desde los retenes militares de El Tomatal, rumbo a Chilpancingo, hasta El Naranjo y Lomas de Coyote, en la salida a Taxco y Cocula, para asegurarse que nada saliera mal.

Quienes dominaban esa distribución eran Los Peques, sobrevivientes del cártel de los hermanos Beltrán Leyva y liderados por Orbelín y Osiel Benítez Palacios, estrategas en toda la extensión de la palabra, que habían desarrollado sus propias redes al servicio de quien pudiera pagarlas. Sanguinario y todo, Osiel confesó una vez al policía Honorio Antúnez Osorio, de Iguala, que había matado por órdenes del alcalde José Luis Abarca.

Honorio Antúnez, *El Patachín*, confidente de Osiel, se había alistado en 1984 en el 27 Batallón de Infantería de esa ciudad, aunque seis años después fue trasladado a Chilpancingo, a la 35 Zona Militar. Se desempeñó como policía militar de Primera y terminó en la Guarnición Militar de Ciudad Juárez, Chihuahua. Jubilado para 2006, se enroló en la municipal, que lo envió a los filtros de las carreteras igualtecas. Era el grupo de Antúnez el que dejaba pasar la camioneta de Protección Civil cargada de cocaína y levantados hacia El Naranjo, donde los ejecutaban, mientras reportaban los movimientos de militares, a los que asignaron la clave 67 para identificarlos. Los 24 policías detenidos de Cocula eran otra cosa, porque ahí había 11 ex militares adscritos.

María de los Ángeles Pineda Villa, esposa de Abarca, había conseguido un nombramiento del PRD como consejera estatal el 7 de septiembre de 2014 y tomaría protesta el 19 de octubre de ese año. El

26 de septiembre, su discurso lleno de logros terminaría entre risas y abrazos 40 minutos después de las seis de la tarde.

En el gran evento se encontraba el representante del coronel José Rodríguez Pérez, adscrito a la Zona Militar 35 de Iguala, jefe directo del 27 Batallón de Infantería. Su comisionado, el capitán segundo Paul Escobar López, llevó con él a cinco soldados de entre 500 y 600 efectivos adscritos al batallón, quienes se transportaron en la Cheyenne 0827325 del Ejército.

Pero este informe —el del número de militares adscritos al batallón, según declararon ante la PGR los coroneles Rodríguez y Benito Ceguera— contradice la entrevista que el general de división Salvador Cienfuegos Zepeda, titular de la Sedena, ofreció al diario *Excélsior* el 10 de julio de 2015, cuando afirmó que cuando se dieron las agresiones a los estudiantes "en el cuartel no había gente", porque habían salido a atender el accidente de una pipa con líquidos tóxicos y cuando regresaron ya se habían consumado los hechos.

La relación de los militares con la señora Pineda Villa no sólo era institucional. En Guerrero la estructura civil de seguridad pública descansa en ex militares que ocupan los cargos más importantes y no sólo por dinero están ahí. El secretario estatal de Seguridad Pública y Protección Civil, Pedro Almazán Cervantes, es un general brigadier graduado del Heroico Colegio Militar y de la Escuela Superior de Guerra. El subdirector de la policía en Cocula, César Nava González, se formó en el 27 Batallón de Infantería.

Nava era un especialista en transmisiones militares que en 1999 consideró que había tenido suficiente y, tras escapar de la milicia, se enroló con los municipales, junto con el secretario de Seguridad Pública de Iguala, Felipe Flores Velázquez, otro prófugo del 27 Batallón, quien desertó en 1989. Al teniente Tomás Bibiano Gallegos, ex director de la policía de Cocula, lo ejecutaron el 26 de noviembre de 2012. Otros tres ex jefes policiacos de ese municipio, Honorio Antúnez, Ignacio Hidalgo y Wilber Barrios, son ex militares del 27 Batallón y están presos.

Para dejar todo claro, México atestiguó dos meses después de las desapariciones de los normalistas la condecoración y el ascenso del ahora general de división de la 35 Zona Militar, a la que pertenece el 27 Batallón, Alejandro Saavedra Hernández, en tanto un millón de personas marchaban en la Ciudad de México exigiendo la renuncia del presidente Peña, el 20 de noviembre de 2014.

Bajo el mando militar

Un repaso apenas superficial revela la presencia de elementos militares en todos los niveles de seguridad de Iguala. Esto mismo sucede en las policías del resto del país. Pero quien sabe más de eso es el general brigadier José Francisco Gallardo Rodríguez, defensor de los derechos humanos de los militares: el Ejército está en todos lados y "eso de que no se puede controlar el narcotráfico es una tomadura de pelo".

"En México las cosas no son lo que parecen. Para empezar —precisa el general—,[1] en este país no hay servicios de inteligencia porque todo se ha reducido al espionaje contra la población, que controlan la Secretaría de Gobernación, a través del Cisen; la Secretaría de la Defensa, Sección Segunda del Estado Mayor; la Marina-Armada, Sección Segunda del Estado Mayor Naval, y la Policía Federal.

"Si existiera una inteligencia de Estado, no habría reformas energéticas porque abren, sin ninguna condición, los recursos naturales y estratégicos que tienen que ver con el desarrollo y la sobrevivencia del país, que son asuntos de seguridad nacional. Pero aquí hasta la fuga de Joaquín *El Chapo* Guzmán es de seguridad nacional, cuando debía tener un carácter penitenciario".

La inteligencia, si la hubiera, tendría que ser controlada y ejecutada por un Estado civil, que en la realidad opera desde el Plan Nacional de Desarrollo y el Plan de Defensa Nacional (PDN), desconocido para todos, pero que debería estar supeditado al primero. En realidad, ese PDN genera una lista de clientes para espiar que se encuentra en manos de las Fuerzas Armadas: disidencia, sindicatos, activistas de derechos humanos, líderes sociales, empresarios y estudiantes incómodos, entre otros.

Para el general Gallardo, el espionaje en México es resultado de un Estado cuyo reflejo son sucesos como los de Iguala y Tlatlaya, sostenido desde la fuerza de las armas, para implementar un sistema de terror que entierra las cuatro obligaciones fundamentales de la administración mexicana: gobierno, educación, justicia y seguridad.

"Si una institución cede los instrumentos de seguridad e inteligencia, está copada", insiste el general Gallardo, quien recuerda que la Secretaría de Energía de Estados Unidos ha declarado lo determinante que resulta México para la seguridad energética de aquel país.

En los hechos no hay un ejército que cuide los recursos mexicanos, la integridad territorial ni la soberanía. Hay una policía militar, un Mando Único, que no tiene que ver con el tema de seguridad, pero que rompe las bases del orden político-administrativo del país, que es el federalismo y el municipio.

Las órdenes para cualquier tema de seguridad se generan desde la Embajada de Estados Unidos. El Estado Mayor las recibe y hace operaciones, directivas que se apoyan en la Función Dos de la Ley Orgánica —igual la Marina—, donde se apunta que una de las funciones de esas instancias es salvaguardar el orden interno.

El Ejército mexicano es quizás el único en el mundo que tiene esa potestad, a pesar de que el Artículo 129 de la Constitución dice que "en tiempo de paz, ninguna autoridad militar puede ejercer más funciones que las que tengan exacta conexión con la disciplina militar".

Llegadas las órdenes al Estado Mayor y firmadas por el secretario de la Defensa, se transforman en órdenes de operaciones ejecutadas por los mandos militares de las zonas correspondientes. En esa organización de mandos, el Ejército tiene contacto directo con la policía local.

"En una situación de crisis como la que pasó en Iguala, el Ejército toma el mando de todas las fuerzas de seguridad. Punto —explica el general Gallardo—. Porque el responsable de la seguridad en esa zona ante el secretario de la Defensa es el comandante de la zona. El gobernador se queda abajo y le ordenan. El comandante le dice: 'Usted no puede salir de aquí, señor gobernador. La orden es que usted no se mueva. No está detenido. Está custodiado'".

288

Todas las policías, dice el general, se capacitan en los campos militares y a los policías los entrenan como militares. En México la preparación de un policía dura cuatro meses, después de los cuales alguien puede cargar armas y charola. Y Guerrero, uno de los estados con mayores problemas de crimen organizado, tiene una región militar, una naval y otra aérea. "¿Por qué entonces —se pregunta— hay narcotráfico? Porque el Ejército protege la producción y el transporte de estupefacientes".

Guerrero está militarizado,[2] y las policías se encuentran al mando de militares.

Agrega el general: "Lo dije hace años cuando afirmé que Felipe Calderón Hinojosa estaba gobernando a través de los comandantes de las zonas militares. Si hay una bronca en algún lado, es el comandante de la zona quien toma el control. El que gobierna es el comandante de la zona militar. ¿De qué estamos hablando? Quien está en la cúpula de esa línea de mando es el jefe del Estado Mayor. Más de la mitad de los jefes de las policías o estatales de seguridad pública son militares y la mayor parte de la policía federal, estatal y municipal está formada por militares. Todos. Estamos en una estructura de seguridad militarizada".

El Ejército tiene un *Manual de Disturbios Civiles* con sus procedimientos de operación sistemáticos y defiende a ultranza su secrecía, como se desprende de algunos casos. Por ejemplo, cuando se negó a entregar el contenido de ese manual, solicitado vía los órganos de Transparencia, a través de la solicitud 0000700012709, el 11 de febrero de 2009 por el civil Felipe Velázquez Michel.

Personal militar responsable de la respuesta advirtió que "expondría a personal ajeno al instituto armado información especializada y exclusiva de carácter táctico y técnico relacionada con el empleo de unidades del Ejército y Fuerza Aérea mexicanos en apoyo de autoridades civiles [...], se conocerían las especificaciones técnicas sobre el empleo del equipo antimotín, armamento, agresivos químicos y vehículos [...]; en concreto, las acciones de las tropas en apoyo de autoridades civiles serían obstaculizadas o bloqueadas por los inconformes, toda vez que se conocería el procedimiento para la conducción de operaciones destinadas a controlar a la población y contrarrestarían el empleo de los vehículos antimotín".[3]

Pero en librerías de viejo ese manual, con la clasificación de "secreto", está a la venta abierta y se consigue desde 60 pesos, incluso puede encargarse. Ciertamente, la lectura de este permite conclusiones precisas sobre la manera en que se contienen las protestas y marchas.

En Iguala, los militares sustituyeron a los civiles del C4 e informaron en tiempo real a la Sedena, que está informada de lo que pasa en México mejor que el propio Presidente. Al salir a patrullar, una tropa siempre tiene una Orden de Fatiga, que detalla todo lo que hará y llevará en la misión, por intrascendente que sea. Era más fácil que en los camiones de los normalistas hubiera infiltrados del Ejército que sicarios de los cárteles. Esos camuflajes tienen un nombre: Procedimiento Sistemático de Operar (PSO).

El Ejército siempre negará cualquier participación en los sucesos de Iguala. Sin embargo, fueron soldados quienes monitorearon desde el C4 la llegada de los jóvenes a la ciudad y uno de ellos, el sargento segundo de Infantería, Felipe González Cano, se encargó de reportar al coronel José Rodríguez Pérez —un toluqueño de 67 años de edad que apenas aguantó un año y medio en esa plaza—, responsable directo del 27 Batallón de Infantería, las actividades que desencadenaron un operativo que la milicia conoce como "Yunque y Martillo" y que envolvió a los estudiantes de Ayotzinapa.

Los manuales "confidenciales" o "secretos" del Ejército mexicano, adquiridos en aquellas librerías de segunda mano, permiten vislumbrar que esa tarde-noche del 26 de septiembre de 2014 los encapuchados de negro y armados que fueron "guiando", envolviendo y arrinconando a los estudiantes normalistas recurrieron a varias formaciones militares, entre ellas la conocida como "Pelotón en Guerrilla" y "Pelotón en Rombo".

El primero "favorece los movimientos dentro de zonas cubiertas; en la niebla o humo, o a lo largo de veredas o desfiladeros angostos"; en otras palabras, los soldados pueden avanzar casi a ciegas arrinconando a sus enemigos hacia el objetivo fijado, mientras que el segundo dispositivo "favorece el desplazamiento sobre terrenos descubiertos y bajo condiciones de poca visibilidad, favorece la entrada rápida en acción sobre cualquier dirección".

Aquella tarde-noche del 26 de septiembre de 2014 así actuaron los encapuchados cuando envolvieron a los estudiantes hasta desaparecerlos; fue un operativo bien coordinado a través de una maniobra realizada desde las sombras mientras se apagaba la mayoría de las cámaras que operaba el C4 de la histórica ciudad de Iguala. Visto en retrospectiva y analizando los movimientos de aquella tarde-noche del 26 de septiembre de 2014 y la madrugada posterior, el operativo sofisticado o despliegue profesional refleja más de lo que el gobierno y los analistas, columnistas y periodistas oficiosos o progubernamentales quieren hacer creer.

El domingo 24 de abril de 2016, al presentar su segundo informe de labores, el GIEI lo confirmaría: seis policías de Iguala tuvieron comunicación con un número identificado como "Caminante", que presuntamente habría coordinado las operaciones; auxiliado por las 25 antenas o radiobases verificadas en campo y autentificadas con información de Radiomóvil DIPSA S.A. de C.V. y Pegaso Telecomunicaciones (Movistar), "Caminante" trazó las rutas por la cuales se desplazó la policía de Cocula.

En otras palabras, hubo una conspiración para desaparecer a los estudiantes. Y no sólo intervinieron pandilleros y policías. Los verdugos hicieron maniobras diferentes y extrañas a las que "normalmente" hacen los sicarios al servicio del crimen organizado o los policías.

La noche de Iguala, como se conoce desde entonces, ha polarizado a los medios cuando hay 115 detenidos por el caso de los normalistas —71 policías municipales, 42 presuntos delincuentes, un ex alcalde y su esposa— y ya ni un militar por la matanza de Tlatlaya: unos creen a ciegas en el gobierno, la policía, la PGR y los militares, en tanto que otros muestran una abierta simpatía por los ejecutados de Tlatlaya, así como por los estudiantes asesinados y los desaparecidos de Ayotzinapa.

Esa polarización ha oscurecido todo lo relacionado con ese crimen o tragedia, según se le quiera ver. Un grupo de periodistas defiende abierta y públicamente la "verdad histórica" de Murillo. Ellos han sido capaces de ajustarse o pasar de los 43 incinerados en el basurero de Cocula a sólo 17, aunque no haya estudios concluyentes. Y tampoco han escatimado tinta para descalificar a los investigadores del GIEI, Alejandro Valencia, Ángela Buitrago, Carlos Beristain, Claudia Paz y Francisco Cox.

En algunos medios la manipulación informativa es abierta. Si uno se pega a la pantalla del televisor y a la radio durante algunas semanas empieza a tener la impresión de que México es un país pacífico, sin problemas de corrupción, de impunidad ni pobreza; no se trata sólo de la desinformación, sino también de la militancia encubierta de los periodistas o de su cercanía laboral con el gobierno, por los recursos que reciben en publicidad.

DE LA *LEY ERUVIEL*
A LA SUSPENSIÓN DE GARANTÍAS

Entre toda esta maraña que pretende tergiversar la verdad, se ha dejado de lado el hecho de que algunos gobiernos estatales han impulsado y aprobado iniciativas para practicar la represión, incluso con fuerza letal, con la ley en la mano y todo el poder del Estado. La han legalizado y han destrozado las libertades civiles, dando paso primero al horror y más tarde a la legitimidad a través de los partidos políticos de "oposición": Verde Ecologista de México (PVEM), de la Revolución Democrática (PRD), del Trabajo (PT), Acción Nacional (PAN), Nueva Alianza (NA), Encuentro Social y Movimiento Ciudadano (MC), que autorizaron, por ejemplo, el uso de armas de fuego en el Estado de México para disolución de protestas sociales.

En efecto, aprobada el 17 de marzo de 2016 en la Legislatura estatal y tomando como base manuales de la Fuerzas Armadas, la llamada *Ley Eruviel* del Estado de México criminaliza la protesta social y autoriza el uso de armas de fuego contra civiles desarmados, incluso en resistencia pasiva (pacífica) o cuando una persona no obedezca órdenes de la policía. También creó un marco difuso para legalizar el espionaje policiaco-político y la infiltración, además de permitir a los cuerpos de seguridad estatal el uso de la fuerza, incluidas armas "disuasivas" y letales, en casos de "legítima" defensa o de terceros, así como el orden y la paz pública.

Asimismo, permite el uso de esposas rígidas, semirrígidas, de eslabones, candados de pulgares, cadenas, camisas de fuerza y cinturones plásticos, así como otras armas intermedias, entre ellas bastón PR-24, tolete o su equivalente, dispositivos de descargas eléctricas, inmovilizadores o candados de mano, sustancias irritantes en aerosol, y equipo autoprotector, como escudos, cascos, chalecos y medios de transporte a prueba de balas. Y posibilita la intervención de cuerpos de seguridad en operativos de desalojo, lanzamientos y embargos.

De acuerdo con diputados mexiquenses del Movimiento de Regeneración Nacional (Morena), los autores de la ley tomaron como modelo el *Manual de Disturbios Civiles* de la Sedena, y el mayor peligro de la ley se ubica en su tercer capítulo, que pretende controlar multitudes para restablecer el orden y la paz social, ya que con base en su artículo 15 se puede considerar una asamblea como ilegal y utilizar la fuerza pública para su disuasión, vulnerando el artículo 9 constitucional que garantiza el derecho de asociación o reunión. En cuanto a los casos que se llegaran a documentar de abusos policiacos, la ley también exime de responsabilidad al gobernador en turno y los alcaldes; delega culpas en mandos operativos.

No hay recato alguno. Nunca un gobierno federal mexicano fue tan duramente cuestionado por tantos organismos internacionales a la vez: de Human Rights Watch (HRW) a la CIDH y Amnistía Internacional (AI).

Ayotzinapa, Tlatlaya, Tanhuato, Apatzingán y la desaparición forzada de jóvenes en Veracruz en 2016, así como otros temas olvidados —entre ellos el fusilamiento de 24 humildes albañiles en La Marquesa, el 12 de septiembre de 2008, a través de un comando de limpieza social formado por policías estatales y municipales, pero nunca investigado—, revelan el nivel al que se ha llegado. Mucho más allá de Guerrero, los tentáculos de la violencia representan una amenaza diaria que llega en las formas menos predecibles. Y que se hace evidente, por ejemplo, con el descubrimiento, en la mayoría de las ocasiones fortuito, de una fosa ilegal con restos de decenas, centenares de cuerpos o miles de fragmentos de huesos. Desde hace rato, México se ha convertido en una gran mancha roja en los mapas del mundo.

A ORDENAMIENTOS ESTATALES como la *Ley Eruviel*, el gobierno federal sumó los propios con una pretendida legalidad que tiene visos para el despojo y el control social, que bien puede leerse como una forma de utilizar las leyes para el beneficio de quienes las elaboran o patrocinan. Y así se han desarrollado las más de 600 modificaciones a la Constitución de 1917, atentando incluso contra su propia esencia en la fundación del Estado.

El gobierno federal en turno ha puesto en marcha un plan para limitar o suspender las garantías individuales, como el derecho al libre pensamiento, a la manifestación, al libre tránsito, a la libertad de prensa, libertad de información, derecho a la libre asociación, incluso a la libre reunión de personas.

En otras palabras, a través de una reforma a la ley reglamentaria del artículo 29 constitucional, en materia de Restricción o Suspensión del Ejercicio de los Derechos y las Garantías, el gobierno peñista pretende que el Congreso le garantice facultades para imponer el Estado de Excepción en lugares específicos o a nivel nacional, disponiendo de las Fuerzas Armadas y la Policía Federal.

La iniciativa fue entregada por la oficina presidencial el 22 de octubre de 2013 para desplazar a una que el 14 de agosto de ese año presentaron 18 senadores de los grupos parlamentarios del PAN, PRD y Nueva Alianza ante la Comisión Permanente del Congreso de la Unión.

Después de un largo proceso legislativo, permeado por protestas por parte de organizaciones defensoras de derechos humanos, el 9 de diciembre de 2015 el Senado aprobó el proyecto de decreto remitiéndolo a la Cámara de Diputados para la conclusión del proceso y su publicación.

Lo más preocupante de la iniciativa se encuentra en la ambivalencia o ambigüedad de los conceptos. Por ejemplo, no se precisa lo que significa "perturbación grave de la paz pública" ni qué es "fenómeno social violento", lo que puede llevar en sí a la tentación autoritaria de implementar medidas regresivas, como en la Ciudad de México o Quintana Roo, donde claramente se ha criminalizado la protesta social a través de un marco legal que le permite al gobierno contar con un método dictatorial de control social, y en el Estado de México.

El nuevo texto del artículo 29 considera tres supuestos por los cuales es factible la restricción o suspensión de los derechos y garantías: "invasión" —es decir, la entrada de fuerzas armadas extranjeras sin autorización—, "perturbación grave de la paz pública" y, por último, "cualquier otro que ponga a la sociedad en grave peligro o conflicto".

En un escenario en el cual la administración de Peña se encuentra en los niveles más bajos de calificación en las últimas décadas —y cuyo desenlace más reciente fue la pérdida priista de siete gubernaturas en junio de 2016—, es altamente probable que los fenómenos violentos a que hace referencia sean estallidos sociales, huelgas generalizadas, revoluciones, levantamientos armados, protestas magisteriales o una guerra civil.

A pesar de que en la iniciativa de los senadores se reconocía como facultad exclusiva del titular del Poder Ejecutivo federal restringir o suspender el ejercicio del derecho y las garantías, esta hacía un sensato llamado a recordar que la acumulación de atribuciones en una sola persona ha tenido un resultado: violaciones graves a los derechos humanos, por lo que sería necesario que dicha regulación facultara a otras instancias o poderes del Estado para intervenir y controlar permanentemente las acciones del Poder Ejecutivo. Pero el llamado no prosperó.

El grupo de senadores que se oponen a la iniciativa presidencial advierte que la reforma a la ley reglamentaria del artículo 29, como se aprobó, levanta sospechas en un país en el que la impunidad es la norma. Y recuerdan que un informe de Amnistía Internacional advierte que la policía y los soldados asfixian y electrocutan a hombres y mujeres para obtener "confesiones".

LA SANGRIENTA NOCHE DE LOS GENERALES

Caótica como parece la situación, el gobierno federal, la PGR y las Fuerzas Armadas dicen más con lo que callan. A pesar de las más de 100 mil hojas oficio que se incluyen en la investigación sobre la noche de Iguala, ningún funcionario ha explicado en realidad cuál fue la actuación del Ejército y de la Policía Federal.

Por la información que se ha hecho pública y la que contienen los expedientes surgen otras interrogantes: si la policía y el Ejército sabían del ataque contra los normalistas, ¿por qué no hicieron nada? ¿Fue política del Ejército para frenar desórdenes civiles-sociales? ¿Qué pasaría si Peña —comandante supremo de las Fuerzas Armadas— diera órdenes que no sean del agrado del Ejército y la Marina?

Lo cierto es que los soldados estuvieron la madrugada del 27 de septiembre en el Hospital Cristina y llegaron antes que nadie a donde estaban los cuerpos de los normalistas caídos Julio César Ramírez Nava y Daniel Solís Gallardo, en la esquina de Periférico Norte y Juan N. Álvarez, porque uno de sus cabos de Infantería siguió a pie los tres camiones que se adentraron en la ciudad. Y mil 200 metros más adelante encontraron el cuerpo de Julio César Mondragón Fontes en el Camino del Andariego, donde fueron testigos de las diligencias correspondientes que, hasta la fecha, no han podido responder lo más elemental: quién mató a Julio César, qué pasó con la piel del rostro de este joven, quién se quedó con las ropas que vestía al morir, dónde quedó el ojo enucleado tirado en el camino de terracería que se observa en las fotografías de los peritos forenses y quién difundió en las redes sociales las imágenes crudas del normalista desollado.

Rodolfo Antonio López Aranda describiría mejor que nadie qué es el C4, cuando la PGR le preguntó el 3 de diciembre de 2014. Sin titubeos, este soldado de Infantería dijo la verdad: "Son militares encubiertos que aportan información de lo que acontece en las calles; asimismo tienen el control de las cámaras de seguridad que se encuentran instaladas en la Ciudad de Iguala".[4] El 27 Batallón estuvo en contacto con el C4 de Chilpancingo esa noche y madrugada. Además, mantuvo comunicación mediante correos electrónicos encriptados en un sistema llamado Zimbra, exclusivo para las Fuerzas Armadas, complementó el sargento primero de Infantería, Carlos Díaz Espinoza, en su propia declaración.

La descripción del soldado López Aranda es correcta. Iguala es una ciudad tomada por fuerzas de seguridad encabezadas por militares. Todo Guerrero es un estado de sitio permanente donde la presencia militar se incrementó cuando el panista Vicente Fox Quesada asumió la Presidencia, el 1 de diciembre de 2000.

Para ese entonces había en la entidad 19 mil 781 soldados, pero seis años después el número se había elevado a 37 mil 253 militares apoyados por 14 mil 14 marinos. En el siguiente sexenio, Felipe Calderón aumentó la fuerza castrense hasta 20.5% para soldados y 40.7% para la Marina, quienes tenían como objetivo ayudar a las autoridades civiles cuando estas lo requirieran.[5] Pero funcionó al revés. Desplazaron a los civiles cada vez que quisieron y pasaron por encima de toda autoridad.

Y hay soldados y policías que recuerdan que desde 1982 el Ejército mexicano controla todos los sistemas de radiocomunicación de las policías del país.

"ME QUEDA CLARO que una de las lecturas más importantes en Ayotzinapa es la Constitución —dice el profesor Luis Zamora Calzada, líder del Sindicato Unificado de Maestros del Estado de México (SUMAEM), quien en abril de 2000 impartió durante una semana, en esa normal, un curso de lectoescritura—, porque en esa escuela tienen que aprender a sobrevivir.

"Son únicos. En ninguna normal vi algo similar, y es que la mayoría de los estudiantes no pretende sólo ser maestro sino volver a sus pueblos, a donde tarde o temprano serán líderes y ejemplos. [...] Pero el 26 de septiembre de 2014 en Iguala, los cuerpos de tres de esos maestros en formación, que regresarían a sus lugares de origen para convertirse en ejemplo, estaban tirados en las calles, vigilados por soldados que no ayudaron a nadie, a pesar de saber lo que estaba ocurriendo".

El maestro Zamora hace una observación de aquello que vivió en el curso: "Salí de esa escuela convencido de que los normalistas de Ayotzinapa llegaban a la normal con la convicción de que al terminar sus estudios iban a salir como maestros para educar a los hijos de los más oprimidos y ellos guiarían a la liberación". Pero Iguala, la noche del 26 de septiembre de 2014, no tenía nada que ver con la Constitución mexicana.

"Ojalá y el capitán Crespo traiga la información de los muertos que se suscitaron enfrente de la Ciudad Industrial", dijo el teniente Roberto Vázquez Hernández, a las dos de la mañana del 27 de septiembre de 2014, cuando la patrulla a su cargo llegaba a la sede del 27 Batallón de Infantería en Iguala.[6] El sargento González Cano, instalado en el C4 de Iguala, *soplaba* a las 19:30 la llegada de normalistas a la ciudad.

Los militares sabían de los estudiantes desde antes, por los avisos del C4 de Chilpancingo y porque los días anteriores la Policía Federal había impedido salir de Ayotzinapa a los normalistas. Ubicó dos camiones, uno cerca de Rancho del Cura, en la carretera a Chilpancingo y otro en la caseta de cobro rumbo a Puente de Ixtla. Cano informó al Ejército por segunda vez, a las 21:00, diciendo que el autobús en la caseta se había movido a la terminal de Estrella Blanca. Y precisó que los alumnos se habían apoderado de dos camiones y habían destrozado otro. A las 21:30 Cano reportaba los primeros enfrentamientos, auxiliado por civiles agrupados en los Órganos de Búsqueda de Información (OBIS).

El entonces coronel José Rodríguez Pérez —ascendido a general brigadier el 20 de noviembre de 2015— supo en tiempo real que tres camiones con estudiantes estaban adentrándose en la ciudad por la calle de Galeana y que los municipales los habían detenido en la esquina de Melchor Ocampo. Los militares tuvieron un informante en el lugar de los hechos, el cabo de Infantería Ezequiel Carrera Rivas, adscrito a los OBIS sin ser civil, quien recorrió a pie la ruta de los estudiantes y recabó datos desde todo tipo de fuentes. Fue él quien supo primero que había detonaciones y que los enfrentamientos habían comenzado, y reportó que los estudiantes bajaron de los autobuses para agredir a los uniformados.

El Ejército tenderá antenas sobre los normalistas cuando habrán llegado a Periférico Norte y sabrá el momento justo en que los bloquean patrullas, que hay tres adelante de los camiones y tres atrás. Conocerá quiénes y por qué heridas han sido ingresados estudiantes al hospital general. Sabrá lo ocurrido con los otros dos camiones que van por el sur, buscando salir a Chilpancingo, y que seis acompañantes del equipo de futbol Avispones han acudido a las puertas del 27 Batallón a pedir ayuda para sus compañeros, momentos después de la balacera. Por último, Rodríguez Pérez afirmará que recibió el aviso del cuerpo de Julio César Mondragón Fontes a las diez de la mañana, aunque la tropa dirá otra cosa.

—¿Quién se encarga del C4? —le preguntaron a Rodríguez Pérez los investigadores de la PGR el 4 de diciembre de 2014, cuando este declaraba ministerialmente.

—El C4 se encuentra a cargo del gobierno del estado de Guerrero —respondió el militar toluqueño.

—¿Hay personal militar en el C4?

—Sí, cuatro personas, en virtud de un convenio que se realizó con el gobierno del estado de Guerrero a fin de coadyuvar y apoyar a las autoridades en la seguridad, los cuales se turnan en dos elementos por turnos de 24 horas, que no tienen injerencia alguna técnicamente en el C4, sólo son observadores.

—¿Cuál es el procedimiento de selección para el personal que designa Sedena para el C4?

—No hay un procedimiento establecido; sin embargo, se selecciona al personal con las características que se consideran pertinentes, que es la discreción y que sean confiables, practicándoles un examen de confianza que posteriormente se les aplica cada seis meses.

—¿Cuántos elementos de la Sedena, en específico del Batallón 27, se encuentran asignados al C4?

—Cuatro personas.

—¿Qué personal de Sedena se encontraba en las instalaciones del C4 el día 26 de septiembre del año 2014?

—Dos elementos de nombres soldado de Infantería David Aldegundo González Cabrera y sargento segundo de Infantería Felipe González Cano.

—¿Qué personal de Sedena se encontraba en las instalaciones del C4 el día 27 de septiembre de 2014?

—Soldado de Infantería José Manuel Rebolledo de Loya y cabo de Infantería Alejandro Soberanis Antonio.

Entonces, así como sabe, deja de saber.

El 26 de septiembre soldados a cargo del teniente Roberto Vázquez habían estado fuera todo el día porque el camión de una minera había volcado por la mañana en el kilómetro 95 de la Iguala-Zacapalco. Llevaba productos químicos y explosivos, y los soldados tuvieron que resguardar todo el día la zona. Fue hasta las 23:00, cuando ya habían vuelto a su base, cuando el C4 los envió a revisar el hospital general y el crucero de Santa Teresa para corroborar denuncias sobre agresiones contra manifestantes. Tanto lo hicieron que un militar estuvo presente, sin intervenir, frente al Palacio de Justicia y hasta tomó fotografías en el momento de los hechos. El soldado de Infantería Eduardo Mota Esquivel, quien fue testigo de los ataques de la policía de Iguala, al menos en un punto, era el encargado de proveer de esa información al Batallón.

—Dicen que hay un autobús abandonado o que al parecer tiene estudiantes, en la carretera que conduce a Chilpancingo. Ve a ver qué se ve —le ordenó el teniente de Infantería Joel Gálvez Santos, otro de los responsables del C4, también a cargo del Pelotón de Información.

Mota llegó al puente del Palacio de Justicia a las 22:30 y vio al camión Estrella de Oro rodeado por cinco *pick ups* de la policía de Iguala, que trataba de bajar a los estudiantes de Ayotzinapa. Desde ahí el soldado envió un primer reporte al teniente Gálvez Santos.

—Quédate por ahí otro rato para ver qué se ve, pero no te arriesgues, no te acerques mucho —fue la orden.

El soldado se quedó una hora más y pudo ver a los normalistas defenderse de los policías, a quienes arrojaban piedras desde el autobús. Estos respondían lanzándoles bombas de humo. Mota vio a los estudiantes bajar para encarar a los agresores, a los que gritaban consignas e insultos.

—¡Ayotzi vive, Ayotzi vive! ¡Pinches policías, no nos vamos a bajar, suban por nosotros, si tienen muchos güevos suban por nosotros!

—¡Bájense, hijos de la chingada! ¡Si no se bajan, les va a ir peor! —respondían los uniformados.

"Me percaté que a los estudiantes que bajaban del camión la policía municipal los esposaba con las manos hacia atrás y en forma agresiva los tendían en el piso boca abajo, siendo esto un número aproximado de diez estudiantes, y como recibí la instrucción que no me arriesgara mucho, opté por retirarme del lugar, no sin antes reportarle todo lo sucedido a mi mando, el teniente de Infantería Joel Gálvez Santos, aclarando que en ningún momento escuché detonación alguna de arma de fuego; de estos hechos tomé como cuatro o cinco fotografías con mi celular, pero las imágenes se las dejé a mi mando Joel Gálvez Santos, [y] regresé a las instalaciones del 27/0 batallón como a las veintitrés horas", narró Mota en su declaración ministerial, incluida en la averiguación previa de la PGR.

Lo que el soldado no dijo se supo luego, desde la declaración de un testigo protegido, que aseguró que el militar fue descubierto por los policías municipales y que por eso se fue de la escena, incluso dejando la moto en la que iba. Esa versión no fue difundida por la CNDH sino hasta el 14 de abril de 2016 e involucraba la participación de policías del municipio de Huitzuco y de dos policías federales, que atestiguaron cómo estos últimos se llevaban entre 15 y 20 normalistas, según el *ombudsman* Luis Raúl González Pérez y el jefe de la Oficina Especial para el Caso Iguala, José Trinidad Larrieta Carrasco.

El relato es el que sigue: dos patrullas de Iguala dispararon al Estrella de Oro 1531 de los normalistas, que se detuvieron debajo del puente del Chipote. Una tercera patrulla se colocó enfrente del camión de Ayotzinapa. Los policías rompieron los cristales del camión, arrojaron tres granadas de gas lacrimógeno y bajaron a los normalistas, a quienes sometieron con brutalidad. Entre ellos estaba Alexander Mora Venancio, a quien el procurador Murillo Karam y su equipo identificaron calcinado en Cocula. Los jóvenes fueron subidos por los policías a sus vehículos. Pero los estudiantes no cabían.

—No hay pedo, orita vienen los de Huitzuco —dijo uno de los agentes.

Tenía razón y esa versión, contenida en la investigación de la CNDH, dice que llegaron tres patrullas de ese municipio.

Una patrulla con dos federales llegó a la escena.

—¿Qué pasa con los chavos? —preguntaron.

—Allá atrás chingaron a un compañero. Se los van a llevar a Huitzuco. Allá que el patrón decida qué va a hacer con ellos —les respondieron.

—Ah, okei, okei. Está bien —dijeron, dejándolos hacer.

Aun sin motocicleta, el soldado Mota llegó a su cuartel poco antes de que el Ejército saliera a patrullar. El capitán segundo de Infantería José Martínez Crespo le preguntará al soldado Mota qué ha visto allá afuera.

—Dicen que hubo balazos o algo así —comentó Martínez Crespo.

—No sé si hubo balazos, yo acudí a la salida a Chilpancingo a ver un autobús de ayotzinapos, pero allí no hubo balazos —respondió el soldado, a quien volvieron a llevar, junto con otros 13 elementos, en dos camionetas, para que mostrara el lugar exacto, pero ya no encontraron nada, sólo el camión abandonado a punto de ser remolcado.

De la moto tampoco se habló más. Esa historia ya se sabía desde octubre de 2014, la había contado a la Fiscalía de Guerrero el Testigo Uno, que iba por esa carretera en compañía del hijo de su patrón y había visto los taxis baleados a la altura del crucero de Santa Teresa. Tanto se conocía la historia, que había sido publicada por algunos medios ese octubre.

A CAMILO Espinoza González, soldado de Infantería del 27 Batallón, le tocó ir en uno de los recorridos cuando el comandante de la Guardia, Carlos Díaz Espinoza, levantó a todos una hora y media antes de la medianoche.

Camilo y su equipo se desplazaron primero al Hospital General "Jorge Soberón" para efectuar una revisión y, mientras esperaba a que el teniente Roberto Vázquez confirmara que ahí estaban ingresados normalistas heridos, una señora se le acercó para preguntarle qué es lo que había sucedido y por qué habían llevado a soldados lesionados a ese hospital. Espinoza, que no sabía nada, buscó entonces con la mirada intentando reconocer a alguien, pero la vuelta de su superior le impidió corroborar.

En el hospital no había soldados maltrechos; esa noche las bajas no fueron de ese lado, aunque más tarde, a las tres de la mañana, Vázquez regresó para contabilizar 17 heridos provenientes del camión de Los Avispones. Pero entretanto, en silencio, sin que mediara una pregunta, porque no es normal hacerla, regresaron al 27 Batallón para cambiar una de las camionetas Cheyenne, a las que ellos llaman "rápidas", por un vehículo más adecuado para lo que pinta la noche. El coronel Rodríguez Pérez ordenó a Roberto Vázquez llevar el blindado Sandcat número 0827572, con una ametralladora emplazada en el toldo.

—Lo que pasa es que está un grupo de manifestantes en la parte del centro, los cuales están siendo agredidos y hay otra agresión con rumbo al crucero de Santa Teresa, así que estén pendientes y conscientes de lo que está pasando, vamos a ir con rumbo al crucero de Santa Teresa e investigar si existe esa agresión. Pónganse vergas porque hay personal armado que anda matando gente —comunicó al fin el teniente Vázquez a su tropa.

Cuando salen de la base a las 22:50 está lloviendo.

Media hora después han llegado y lo primero que han visto son dos patrullas de la Federal vigilando un taxi atravesado a media carretera, con impactos de bala. En el lugar, al soldado Camilo Espinoza le toca observar el cuerpo de una mujer, de unos 40 años, con el rostro destrozado por las balas. También presenta lesiones en el pecho, las manos y las piernas. La mira y la vuelve a mirar y le parece que ella ha intentado salir del auto sin conseguirlo. Él no lo sabe, pero se trata de Blanca Montiel, asesinada nada más porque iba pasando.

Los soldados avanzan, alertados además por otra llamada del sargento Cano desde el C4 y, más adelante, otro taxi con 20 o 30 balazos encajados los obliga a detenerse. El soldado dice que debían ser las 23:30

cuando alcanzaba a leer "Turistar" en el costado de un camión que también está ahí y se ha salido del asfalto. No es cualquier accidente. El soldado se ha acercado por la izquierda del vehículo y se asoma. En el interior hay jóvenes heridos que gritan y lloran.

—También había dos personas de sexo femenino que estaban en crisis nerviosa —dijo Espinoza—, [y] escuché que uno de los jóvenes decía: "Les dijimos que éramos futbolistas y que venían mujeres y niños en el camión, y aun así nos seguían tirando". Otro muchacho abrazó al hombre que venía con ellos y le dijo: "Entrenador, ¿ahora qué le digo a mi mamá?".

Al mismo tiempo jugadores y acompañantes salen de los maizales donde se han refugiado. Una persona, con un balazo en la espalda, grita pidiendo ayuda. El soldado Érick Abel Márquez Bahena completa aquel cuadro y cuenta a cinco o seis personas ensangrentadas. Los soldados sabrán luego que se trata de Los Avispones. Cinco ambulancias se llevaban a 30 o 40 personas.

En el lugar sólo quedan soldados y federales cuidando los estragos, en espera de los forenses y las tres grúas que al final se llevarán los vehículos siniestrados, porque estarán solos, pero custodian el cuerpo de un joven de entre 19 y 23 años, lleno de muerte y balas. Tampoco sabrán que se trata del *Zurdito* David Josué García.

Quien había seguido a los futbolistas era David Cruz Hernández, *El Chino*, elemento de Protección Civil, soplón de los Guerreros Unidos y jefe de halcones, por lo menos delator mayor, quien acudió a verlos jugar. Era una especie de agente sicario encubierto que pudo moverse por toda la ciudad en su camioneta y observó todo, o casi todo, y aunque quiso hacer ver que fue casualidad, parece lo contrario.

Desde las 20:30 estaba en la Unidad Deportiva y apenas terminando el primer tiempo —los de Iguala iban ganando, uno por cero— recibió una llamada con clave 200, asignada para las balaceras. El Chino dice que abordó su camioneta, la PC-03, usada esa noche para transportar sicarios, y se fue para el centro, aunque se dio tiempo para pasar por el puente del Chipote y vio el enfrentamiento entre policías y normalistas. Y agrega otras cosas, por ejemplo que vio bajar a 30 o 40 personas de los camiones y que algunas iban armadas. Dice que esas personas (no identificadas) se fueron en dos autos, una Urvan y una Suburban, las dos blancas, en dirección a Lomas de Pajaritos. Después fue a Periférico y Juan N. Álvarez, donde los municipales, todos encapuchados, resguardaban el lugar. Señala que llegó una ambulancia de la Cruz Roja pero que no se detuvo ni ayudó a nadie. Vio los tres autobuses parados y oyó los gritos que salían de ahí. Entonces los policías arremetieron, pero *El Chino* ya no se quedó a ver porque a su derecha había encontrado el cuerpo de un hombre acribillado.

Eran cerca de las 23:45 cuando, por radio, el director de Protección Civil municipal de Iguala, Enrique Jiménez Zúñiga, acaba de ordenar a su gente agruparse en la explanada del Palacio Municipal. A esa hora *El Chuky* mandaba mensajes al celular de *El Chino* para preguntar quién le entregaría los "paquetes"; es decir, a las personas.

—Por órdenes de *A5* hay que detener a los estudiantes porque ya saben cómo son —dijo la voz por radio del subdirector policiaco de Iguala, Francisco Salgado Valladares.

A5, dice *El Chino*, era la clave del alcalde Abarca.

A *El Chino*, un joven de 20 años que cobraba 7 mil pesos mensuales a los Guerreros Unidos, le dieron ganas de ir al baño, pero como el Palacio Municipal estaba cerrado tuvo que ir a la estación de bomberos. Dice que al regreso observó a cuatro patrullas municipales de Cocula que iban saliendo rumbo a su municipio a toda velocidad. Y en cada una de ellas, hasta seis personas agachadas, custodiadas por encapuchados armados. Era poco más de la medianoche.

A las tres de la mañana *El Chino* recibió otro mensaje de *El Chuky*, quien le reclamó porque nadie le entregó ningún "paquete". Nunca obtuvo una respuesta. Eso fue todo. Los Guerreros Unidos se fueron al diablo haciéndose humo y *El Chino* se quedó en su trabajo de Protección Civil, con un montón de celulares inservibles, temblando de miedo hasta que los federales lo atraparon.

L A S   D E C L A R A C I O N E S ante la PGR de los soldados que patrullaron Iguala esa noche, aunque imprecisas entre ellas, confirman que no ayudaron a nadie porque ya no había a quién ayudar. Es lo que dicen ellos, que están seguros de haber brindado seguridad de manera adecuada, la que consistió en permanecer de pie mirando heridos y muertos, en algo que ellos llaman "cuidar el perímetro".

Eloy Estrada Díaz, soldado de Infantería, no pudo dormir las horas que le tocaban porque fue despertado abruptamente y, arrancado del sueño, fue enviado a las entrañas de Iguala para ver autobuses ametrallados y normalistas muertos. La memoria le falla al soldado Eloy Estrada, con identificación C-9885388, pero se acuerda de que a las 00:20 del 27 de septiembre él y sus compañeros ya estaban trepados en dos camionetas RAM al mando del capitán José Martínez Crespo, encargado de ese patrullaje, quien llevaba como segundo en el mando al subteniente Fabián Alejandro Pirita Ochoa. Ese grupo, la Segunda Unidad, estaba compuesto por siete elementos que se dirigieron a la salida a Chilpancingo, a la altura del puente del Chipote, enfrente del Palacio de Justicia. Estrada vio allí uno de los autobuses de los normalistas de Ayotzinapa con las llantas ponchadas y los vidrios rotos. Para entonces, dicen los mismos soldados, estaba lloviendo.

Avituallados con fusiles automáticos G3, la tropa se dejó conducir a la caseta de peaje rumbo a Cuernavaca y de ahí, nada más echar un vistazo, enfiló al centro y llegó a la esquina de Periférico Norte y Juan N. Álvarez. Claro que Eloy Estrada recuerda los tres camiones con las ventanas estalladas y los dos cuerpos tirados, barridos por disparos de AR-15 y ahora por las luces militares, porque él mismo lo ha declarado.

Al soldado Estrada se le olvidan tiempos y nombres, pero dice que estuvieron hasta que levantaron los cuerpos y él pudo ir a dormir a su cuartel, porque de eso sí se acuerda, a las seis y media de la mañana. El subteniente Pirita dice que fue Crespo quien dio la orden de retirarse de la esquina de Periférico Norte "sin realizar anotación alguna o preguntar qué es lo que había acontecido" cuando los del Semefo, que habían llegado alrededor de las tres de la mañana, terminaron su tarea.

Mientras velaba cadáveres sin hacer nada, el soldado Eduardo Mota recibió una llamada del teniente Joel Gálvez, quien le ordenaba dar parte al capitán Crespo sobre un reporte del C4 de gente armada en el Hospital Cristina. Una llamada del sargento Cano corroboró esa orden, a la una de la mañana del 27 de septiembre. Entonces los militares se dirigieron allá, sobre la misma Juan N. Álvarez, donde encontraron a unos 25 estudiantes buscando atención médica para uno de sus compañeros.

—¿Ustedes son de los tal ayotzinapos? —preguntó Crespo, cuando le abrieron, después de que Pirita y el soldado Francisco Narváez Pérez gritaran que eran del Ejército mexicano.

Un estudiante les explicó lo que había sucedido, pero ellos tres revisaron primero los tres niveles de la clínica y por fin pusieron atención en los normalistas, que se quedaron en la planta baja. Había un herido, pudieron constatar, aunque no había armas, dice Pirita, pero a los alumnos les tomaron nombres y fotos —que aún se guardan en los archivos del 27 Batallón— y les hicieron algunas observaciones. Algunas, nada más, mientras les apuntaban. "Así como tienen güevos para andar haciendo sus desmadres, así tengan los güevos suficientes para enfrentarse a esa gente", "se toparon con la mera verga". El soldado Eduardo Mota Esquivel, el mismo que vestido de civil "reporteaba" las agresiones del Palacio de Justicia, tomó tres fotos al estudiante herido Édgar Andrés Vargas y se las entregó después al teniente Gálvez.

Crespo dice que pasó lo contrario. Que fue amable, que respetó los derechos humanos, que estaban ahí para apoyar como lo ordenaba su mando, el teniente coronel Benito Ceguera, que no tomó ningún dato, que checó la herida de bala en la boca del normalista y dictaminó que era "moderada". También avisó al C4 para que enviaran una ambulancia y por último se despidió diciéndoles que no se preocuparan. Al soldado Estrada le tocó vigilar las espaldas y su compañero, Juan Sotelo Díaz, dice que aproximadamente a la 1:30 "estaba lloviendo".

Ahí, mientras Crespo encaraba a los estudiantes, un misterioso Jeep gris se estacionó en las puertas de la clínica. En él iban un hombre y una mujer. Él, de unos 50 años de edad, ingresó a la clínica y platicó cinco minutos con Crespo. Después abordó el auto y se fue. Un minuto después se dio la orden de volver a donde estaban los muertos, refiere el soldado Roberto de los Santos, quien cuidaba la puerta. Ese regreso hizo curiosos a los soldados, que examinaban los autobuses contando los impactos que tenían. Uno de ellos hasta subió a uno para ver lo que había. "Fue a inspeccionar", dijo De los Santos. Nadie preguntó quiénes eran los tripulantes del Jeep.

De todas maneras, los soldados vieron todo: que reporteros de Televisa filmaban a los muertos y los casquillos, la presencia de los ministeriales y la posterior llegada de dos camiones de estudiantes, escoltados por policías.

—¡Guerrero, Guerrero, estado guerrillero! —gritaban los normalistas, al mismo tiempo que exigían justicia por lo que había pasado con sus compañeros.

Ramiro Manzanares Sanabria, soldado de Infantería, añade que además fueron a la Comandancia municipal, donde Crespo despachó un asunto en menos de cinco minutos. En realidad, iba a ver si había normalistas, pero en lugar de preguntar eso prefirió decir que buscaba "una moto blanca". De cualquier forma, pudo ver las galeras, que al fin era lo que querían él y los 12 que entraron acompañándolo. Luego se fueron como llegaron.

El último de los destinos de los soldados no fue, sin embargo, el edificio de dormitorios del 27 Batallón de Infantería. A las 4:30 regresaron de nuevo a Iguala, esta vez al Camino del Andariego, porque desde el C4 el sargento Cano había reportado un cuerpo. La patrulla iba al mando del teniente Jorge Ortiz Canales y conducía Rodolfo Antonio López Aranda. Como a las cinco de la mañana llegaron al lugar, aunque la Fiscalía estatal ubica esa llegada una hora después.

Dice la declaración del soldado López Aranda, quien días después también estuvo en el traslado de los 22 policías municipales de Iguala detenidos: "Me percaté que al cadáver le habían arrancado la piel del rostro, la lengua se la habían cortado y no tenía ojos, observo que uno de los ojos se encontraba a un lado, contaba con ropa siendo esta un pantalón de mezclilla, playera al parecer roja o blanca, tenis color blanco con negro, sin ninguna otra pertenencia, recibimos la instrucción de peinar la zona para verificar si había indicios, posteriormente mi teniente da aviso a las autoridades correspondientes para realizar el levantamiento del cuerpo, llegando elementos de la Policía Estatal al lugar y el Semefo, nosotros en todo momento dimos seguridad perimetral con la finalidad de que no se contaminara el lugar; siendo aproximadamente las diez de la mañana recibo la orden de parte del teniente que regresara el personal a las instalaciones del 27 Batallón de Infantería".

El soldado ignoraba que el hombre tirado era el normalista Julio César Mondragón Fontes, pero a cambio dijo a la PGR que el alcalde José Luis Abarca tenía deferencias con el coronel José Rodríguez Pérez, invitado asiduo a los actos públicos donde compartían presídium. Y que el general proporcionaba seguridad cada vez que los esposos lo solicitaban.

Los servicios del soldado Cano, desde el C4, fueron más que eficaces. Por él y sus nueve llamadas supo el Ejército, antes que nadie, lo que sucedía en las calles. En los siguientes días, los soldados patrullaron la ciudad las 24 horas en las colonias Lomas de Zapatero y Jarrín Pueblo Nuevo, donde los padres tenían esperanza de hallar a los normalistas. Peinaron Lomas del Coyote, se metieron a barrancos y establecieron perímetros de seguridad, pero no hallaron nada porque no había nada que encontrar.

El general Rodríguez Pérez tiene razón cuando dice que el C4 depende del gobierno estatal y en el caso de Guerrero lo administra la Unidad Estatal de Telecomunicaciones, que el 14 de mayo de 2012 estrenaba director en la figura del general brigadier en retiro Sergio Daniel Bustos Salgado, experto en comunicaciones. Para 2016, quien ocupaba la dirección era otro militar, el teniente coronel Octaviano Othón López Pérez.

Pero los militares están a salvo, como a buen resguardo queda lo que hicieron en Iguala aquella tarde del 26 de septiembre de 2014 y la madrugada del día después. Al mediodía del domingo 24 de abril de 2016, los cinco especialistas del GIEI han presentado su segundo y último informe, el preludio del término su tarea incompleta; se van después de una campaña permanente de hostigamiento y persecución.

A pesar de las presiones, afirman de nueva cuenta que no hay una sola evidencia para cambiar su conclusión de que no se quemó a los normalistas en el basurero de Cocula. Y ratifican que hay evidencia de tratos crueles, inhumanos o degradantes o tortura contra los acusados clave[7] para apuntalar la llamada "verdad histórica" o verdad oficial de los hechos que llevaron a la desaparición de 43 normalistas y el asesinato de tres de sus compañeros, además de tres civiles.

Frente al horror y la impotencia de los padres de los estudiantes desaparecidos y de los asesinados, el rostro de los cinco investigadores internacionales es de frustración; su mirada dice que hay otras cosas que no pudieron comprobar. No tuvieron tiempo y el gobierno obstaculizó su trabajo. Sólo ellos saben lo que llevan, ya el tiempo dirá.

Esa mirada suya es la misma que la de los padres desesperanzados que se han quedado solos y a solas con su dolor. Ya sin el GIEI, quedan la impunidad, el desdén de las autoridades y el desorden de las investigaciones oficiales.

Capítulo XIII

"Bienvenidos a la Media Luna"

E L D I R E C T O R del Centro de Derechos Humanos de La Montaña Tlachinollan, Abel Barrera Hernández, y el abogado de los padres de los 43 normalistas desaparecidos, Vidulfo Rosales Sierra, afrontan una investigación del Cisen porque en el primer círculo del gobierno federal los han calificado como radicales y se sospecha que tienen vínculos con grupos subversivos, aunque su biografía los muestre como lo que son: defensores de los derechos humanos en un estado que huele a muerte e impunidad: Guerrero.

Los dos se han convertido en blanco de campañas abiertas para desacreditar su trabajo y dividir al movimiento de Ayotzinapa, incluso a través de la filtración maliciosa de grabaciones que sólo habrían podido producir y luego difundir entes gubernamentales —o poderosos grupos de la iniciativa privada— con capacidad económico-financiera para intervenir sistemas de telecomunicaciones celulares y de telefonía fija.

A finales de noviembre de 2014, la persecución contra Barrera y Rosales levantó una ola de indignación entre organizaciones agrupadas en torno al seguimiento del Mecanismo de Protección para Personas Defensoras de Derechos Humanos y Periodistas, pero también en periodistas influyentes de la Ciudad de México.

Barrera sostiene desde hace mucho que en Guerrero hay una ocupación sistemática del Ejército, como si se tratara de una fuerza invasora, un plan para desactivar la lucha social, cualquiera que sea, y que la siembra de amapola por parte de minifundistas se usa como "justificación de la militarización que desde la época de la Guerra Sucia se implantó en las escarpadas sierras y montañas de Guerrero, que sirvió para la posteridad como modelo de guerra contrainsurgente que nos ha desangrado y nos ha colocado como una de las entidades más violentas, donde la vida tiene un precio ínfimo".[1]

Sus palabras resuenan proféticas, en casos como el del homicidio de Julio César Mondragón Fontes: "Los rebeldes mueren muy temprano y de pie a manos del Ejército, la motorizada y los judiciales".

Para entender las palabras de Barrera y en parte lo que ha pasado es Ayotzinapa es necesario ubicar a la industria minera, minas y concesiones situadas en una franja de 232 kilómetros y que también se extienden a parte de Puebla, Morelos y Oaxaca. Guerrero, comunicado por el corredor carretero interoceánico Acapulco-Veracruz, hasta el Golfo de México, garantiza el transporte de minerales y estupefacientes.

Barrera y el Centro de Derechos Humanos de La Montaña Tlachinollan también han sido claros: en Guerrero, "la minería ha significado la esclavitud y la muerte de los pueblos indígenas. [...] existe una explotación desmedida de los minerales [...]. De 2005 a 2010 cerca de 200,000 hectáreas del territorio indígena de la Región Costa Montaña han sido entregadas por el gobierno federal a empresas extranjeras, a través de concesiones de 50 años, para que realicen actividades de exploración y explotación minera, sin tomar en cuenta el derecho al territorio y a la consulta de los pueblos indígenas".

La oposición de organizaciones como Rema alcanzó a proyectos hidroeléctricos necesarios para la obtención del oro. Eso derivó en detenciones de dirigentes, pero también en una violencia nunca antes vista, tan sangrienta que las policías comunitarias de Guerrero tuvieron que luchar contra las mineras, como lo hizo la CRAC, porque las comunidades eran obligadas a abandonar las tierras. No hubo éxito luchando solos y poco a poco la delincuencia los controló con terror.

A mediados de la década de 2000, los guerrerenses descubrieron con horror que los criminales operaban ya como grandes aliados de las mineras. La brutalidad se hizo común en las zonas en las que estas se asentaban desde principios de esa década, cuando el panista guanajua- tense Vicente Fox Quesada llegó a la Presidencia de la República.

Atraídos por las actividades que se desarrollaban en torno a las mi- neras, los capos de los cárteles entendieron que la industria extractora redituaba mayores ganancias que las drogas. Y fueron ellos los responsa- bles, bajo situaciones muy oscuras, de "limpiar" pueblos enteros donde excavarían las mineras. Los sicarios se encargaron de aplastar cualquier intento de rebelión. Y empezaron a controlar actividades adyacentes, mientras el Estado aportaba soldados para consolidar la seguridad pú- blica en las regiones mineras.

Los sicarios acabaron con cualquier intento de lucha contra las mineras. Por omisión o complicidad del Ejército y las policías, el si- cariato se consolidó como elemento de control y los cárteles, trans- formados en mafias, empezaron a controlar actividades clave como el transporte de desecho en camiones de volteo y asuntos sindicales, sin renunciar al secuestro, la extorsión ni la siembra, distribución y expor- tación de drogas.

Los sicarios del crimen organizado usaron cualquier mecanismo de control social que tuvieron a la mano, empezando por el asesinato, para consolidar las operaciones de la industria minera trasnacional. Y quienes quisieron refugiarse en el silencio de sus casas empobrecidas e intentaron despreocuparse del problema más pronto que tarde descu- brieron que la minería a gran escala y los muertos formaban un bino- mio implacable e inhumano.

Algunas historias parecen salidas de un cuento de terror, pero así son y con los mismos resultados: los muertos de un solo lado. La vio- lencia envolvió a Guerrero.

"Bienvenidos a minera Media Luna. Es una compañía canadiense dedicada a la exploración y desarrollo de recursos de metales preciosos con un enfoque en oro. Es propietaria del 100% del proyecto de oro Morelos, ubicado a 180 kilómetros al suroeste de Ciudad de México", dice la extractora Torex Gold de sí misma, que tiene subcontratos por lo menos con 15 empresas y 600 trabajadores solamente en Guerrero. En una superficie de 29 mil hectáreas está, entre otras, la mina El Limón-Guajes, al norte del Balsas.

"Si no tienes red, te matan, mueres en tu lucha", advierte Evelia Bahena, quien durante cuatro años, entre 2007 y 2011, detuvo los trabajos de la Media Luna.

Las luchas campesinas buscaban negociar convenios porque no estaban en contra de la explotación sino del abuso. En realidad, los afectados tuvieron que batallar hasta con entregas simuladas de dinero y falsas firmas de acuerdos organizados por el gobierno de Guerrero, que repartía a medios locales fotos y boletines oficiales en los que promocionaba arreglos "fantasma" propuestos por mineras, como sucedió el 12 de diciembre de 2007, cuando burócratas estatales montaron una entrega de efectivo a los ejidatarios de Real de Limón, Fundición y algunos de Nuevo Balsas.

El director general de Promoción Industrial, Agroindustrial y Minera del estado, Carlos Enrique Ortega Cárdenas, representando además a la Media Luna, entregaba ese dinero a un desconocido que no era ejidatario, que nadie en la comunidad identificó. La cantidad, por supuesto, nunca llegó a los afectados. Lo que en realidad había pasado ese día era un rompimiento de negociaciones, publicado en diarios nacionales. Los medios de Guerrero recibieron un boletín donde se daba cuenta del teatro gubernamental, un disfraz de concordia porque detrás se agazapaban las primeras amenazas de muerte, denuncias contra ejidatarios y omisiones de las autoridades. De nada valieron las quejas dirigidas a la Delegación Regional de Derechos Humanos, como el oficio CODDE-HUM-CRZN/116/2007-II en el que documentaban el hostigamiento de policías municipales armados, enviados por el alcalde perredista de Cocula, Jorge Guadarrama Ocampo (que estuvo en el cargo de 2007 a 2009), aliado de Teck Cominco, para reventar las asambleas ejidales.

La oposición se fortaleció pese a la presión del alcalde Guadarrama, cuya campaña política había sido estructurada, precisamente, desde la lucha contra la Media Luna, aunque nada más ganar dejó de fingir y apoyó a los canadienses, cuyo plan de trabajo incluía el traslado de dos pueblos, completitos, a una zona donde no estorbaran, pero también el patrocinio político para el alcalde, quien todavía no tomaba posesión y ya se alistaba para competir por una diputación local.

Guadarrama era amigo de Evelio Bahena Nava, padre de Evelia Bahena, quien vivió mucho tiempo en Estados Unidos, involucrado en temas ambientales y la defensa de migrantes desde Houston. Cuando regresó a Cocula se encontró con antiguas amistades que lo recibieron de la mejor manera. Uno de ellos era Guadarrama, todavía candidato perredista a la alcaldía. El señor Bahena se involucró en los recorridos por comunidades como La Fundición y Real de Limón, asentadas al pie del cerro donde la Media Luna desarrollaba proyectos de exploración, en los cuales había invertido diez años. Ejidatarios contratados por los ingenieros se interesaron en Bahena porque hablaba inglés. Ellos necesitaban presentar quejas a sus patrones que, alegando no hablar español, se negaban a entablar diálogo.

La defensa contra los canadienses comenzó desde el reclamo más insignificante, pues los comuneros sólo querían extender el tiempo de sus comidas en media hora. El repatriado les dijo que tenían derechos, que de una vez los exigieran y así comenzó todo, por media hora más. La barrera del idioma se superó, ya con vocero, quien rápidamente involucró a activistas de Houston como Bryan Parras, uno de los ambientalistas más reconocidos y cofundador del Texas Environmental Justice Advocacy Services (TEJAS), dedicada a la defensa ecológica y la justicia social.

Así, la resistencia inicial tomó una forma organizada. A los ejidatarios les enviaron el perfil empresarial de la extractora que Evelia Bahena les explicaba en las reuniones. Eventualmente ella sustituyó al padre, quien murió por enfermedad, aunque antes el activista había acudido a todas las instancias legales e informado al gobierno canadiense, el 3 de diciembre de 2008, sobre la Media Luna. El Consulado de Canadá en Houston registró esas visitas pero su interés era poco o nulo y lo único que hizo fue enviar a los guerrerenses un correo electrónico donde le enviaba la dirección en internet de la Gold Corp.

Y nada más.

Y es que al gobierno canadiense lo que hagan las empresas mineras bajo su bandera en otros países no le importa. Le importa, claro, que las dejen trabajar y obtener la mayor cantidad de minerales. En 2015, el embajador de Canadá, Pierre Alarie, les dijo a todos en la XXXI Convención Internacional de Minería, en Acapulco, que "los que se oponen a las mineras son grupos muy particulares, muy organizados, pero muy pequeños".[2]

En 2008 los campesinos contratados por Teck Cominco realizaban trabajos de exploración en condiciones extremas. Sus horarios estaban estipulados por sus jefes como "de día" y "de noche", con jornadas de 12 horas, de siete de la mañana a siete de la noche y de siete de la noche a siete de la mañana, en un segundo turno. No tenían prestaciones y su salario era inferior al mínimo. La empresa llevaba explorando diez años y ni siquiera había arreglado el camino de acceso a la mina, que desde Real de Limón, en camioneta, consumía 40 minutos. Tampoco había inscrito a nadie en la seguridad social. Lo que los campesinos pedían a la minera era un arreglo equitativo por el arriendo de predios, un plan ecológico para no afectar a pueblos y habitantes, el cumplimiento de los acuerdos que se celebraran y el pago justo a quienes habían trabajado para ellos. Después, los reclamos fueron otros.

Las averiguaciones previas HID/AM/02/1227/2007, HID/AM/02/1225/2007 y HID/AM/02/1226/2007 del 19 de septiembre de 2007; la HID/AM/02/1197/2007, del 13 de septiembre de 2007; la HID/AM/02/1201/2007, del 14 de septiembre y la HID/AM/02/1558/2007 del 17 de septiembre de 2007, presentadas por los campesinos para denunciar a la extractora, no sirvieron de nada, excepto para que la Media Luna los amenazara con detenciones judiciales derivadas de denuncias de los canadienses ante la Procuraduría estatal, que se ampliaron y extendieron hacia febrero de 2008.

A los comuneros la justicia les cerró las puertas y se echó a andar un esquema de bloqueo para favorecer a la empresa. La Procuraduría dejó de informar a los afectados sobre las denuncias, impidió la recepción de documentos y no promovió ningún diálogo con la minera, que se mantuvo en silencio. El oficio dirigido a Derechos Humanos de Guerrero también revela amenazas de la Procuraduría Agraria para forzar pactos con la Media Luna a cambio de no retirar ni cancelar títulos ejidales a los campesinos, como se registró el 23 de enero de 2008. La misma Procuraduría Agraria impidió que visitadores acudieran a las asambleas para testificar los dichos de los ejidatarios.

LAS FÓRMULAS PERFECTAS

La Media Luna tiene su emplazamiento en lo alto del cerro de La Joya, entre los pueblos de Nuevo Balsas, La Fundición y Real de Limón, en el municipio de Cocula, Guerrero, y cobija a esas comunidades en sus faldas, que veían trabajar a la minera, literalmente, encima de ellas. La primera acción real contra la Media Luna ocurrió cuando Evelia Bahena y los suyos cerraron el paso a los trabajadores. En realidad, no habían tomado las máquinas, que estaban dentro del perímetro de la empresa, pero el único paso, La Ceiba, fue bloqueado. En esa primera acción, en 2007, el Ejército intervino para desalojarlos a petición de los gerentes mineros. Los inconformes evitaron la confrontación escapando a los cerros, donde no podían encontrarlos, pero cuando los soldados se retiraban, el plantón volvía a levantarse hasta que, en diciembre de ese año, la minera despidió injustificadamente a treinta trabajadores.

La corrupción que una minera tan rica genera en una sociedad como esta alcanza todos los niveles. Con el edil Guadarrama pasó lo que siempre pasa. El perredista, nada más ganar los comicios, buscó llegar a acuerdos con la empresa y lo consiguió, aunque fue solamente uno: puso su precio y se lo pagaron. El municipio dio paso libre a los canadienses y el amigo de los ejidatarios se convirtió en uno de los activos más eficaces de la Media Luna, comprometida con él en un viaje político y que desde sus ganancias reales no daba más que migajas, limosna para un pedigüeño. Los ejidatarios se enteraron de que la minera hacía depósitos a las cuentas bancarias del alcalde y de quienes vendieron la lucha. Iban desde 100 mil pesos hasta un millón.

Que los políticos en Guerrero se alíen con las mineras es práctica obligada. Son ellas las que organizan elecciones y encabezan una tétrica mesa de acuerdos donde se sienta el narcotráfico. La fórmula es sencilla: la mina dirige los comicios con los cárteles como su brazo armado. A cambio, un alcalde impuesto se compromete a no pedir nada a la empresa, ni para el municipio ni para beneficiar comunidades. No habrá caminos nuevos ni arreglarán los que ya están. Se olvidará de indemnizaciones y sólo se reubicarán pueblos, se harán obras cuando no haya alternativa.

La mutación de los cárteles, cuando sucedió, no tuvo marcha atrás. Al principio, cuando los opositores mineros se armaron de valor y se levantaron en 2007, no tenían miedo de los narcotraficantes, que incluso buscaban a líderes sociales para saber lo que estaba pasando. Al saber que la lucha era contra las mineras, los dejaban en paz. Eso, hasta que las propias extractoras comenzaron a afectarlos porque los terrenos para amapola y mariguana están también en la zona del oro.

"El narcotráfico ya no tenía dónde sembrar y sus ingresos se habían desplomado", relata Evelia. Aunque sanguinarios, los cárteles no podían luchar contra una empresa supermillonaria, protegida por el gobierno y el aparato militar. No es que en Guerrero los cárteles hayan dejado de producir, sino que lo hacen en menor escala y trasladaron el negocio a Puebla, Estado de México, Morelos y otros estados.

LA HISTORIA de Pablo Tomás Ortiz y Alma Nelly Martínez Román da forma a las palabras de la luchadora social. Conocido como *El Chino* o *El Curita,* había batallado siempre para ganarse la vida. De 35 años y originario de Mazatlán, nunca se quejó, sin embargo, y aprovechaba cualquier oportunidad para ganar dinero. Pero la mala suerte y apenas el bachillerato trunco que presentaba en solicitudes de empleo no le ayudaban mucho. Desempeñó cualquier cantidad de oficios, pero ninguno le pagaba lo que él quería.

Desde los siete años vivió en Manzanillo, Colima, porque su padre era cabo de Infantería de Marina y hasta allá lo trasladaron, con todo y familia. En 1995, cuando iba en tercer semestre del CETIS 84, Pablo Tomás tuvo que ponerse a trabajar. Tuvo empleos mal pagados y se convenció de que sólo un milagro lo sacaría de pobre.

Ese milagro ocurrió cuando se drogaba con cristal en Manzanillo, en la colonia San Pedrito, en compañía de su amigo Jesús N., *El Chicho*, en agosto de 2013. *El Chicho* lo miró y le dijo que se fuera a trabajar con él a Atzacala, Guerrero, donde tenía "un jale" en una minera llamada Media Luna, aunque eso significaba trabajar para un grupo llamado Guerreros Unidos.

—¿Y cuánto pagan? —le preguntó Pablo Tomás.

—Pues 15 mil pesos al mes.

Pablo se quedó boquiabierto y respondió que sí hasta cuando *El Chicho* le dijo que el trabajo consistía en matar, controlar drogas y levantones. Y cobrar la plaza, que incluía cuotas de los trabajadores. Así que se fueron a Atzcala en septiembre de 2013. Pablo conoció los pormenores del oficio. Fue presentado con sus compañeros, entre ellos uno apodado *Cepillo* o *Terco*. Previa capacitación, comenzó a ejercer. Llegó como jefe porque era amigo de *El Chicho*.

Su grupo cuidaba que los "contras" —Los Rojos— no entraran al pueblo y se apoderaran de la plaza. Le entregaron un cuerno de chivo, una pistola nueve milímetros y un Blackberry para que se comunicara con *El 9* —que se llamaba Pedro Celso Montiel y andaba en una Lobo negra— y con *El Chuky,* un hombre pequeño pero sanguinario. Así comenzó. Controló las drogas. Alineó pueblos. Mató "contras". Él dice que esto último lo hacían en un lugar específico.

—En la zona alta de una montaña que se le conocía como Cielo de Iguala, a espaldas de Pueblo Viejo.

A los de las minas les daban protección para que nadie secuestrara, matara o robara el transporte de minerales, "y como me gané la confianza de ellos me encargaron para que yo me hiciera cargo de los poblados de Balsas, La Fundición, colonia Valerio Trujano, además de Atzcala".

Todo iba bien para Pablo Tomás Ortiz. Incluso se enamoró de una chica, Alma Nelly Martínez Román, quien había regresado de Chicago para radicar en su tierra natal. Se fueron a vivir juntos. Ella pronto se dio cuenta de lo que hacía su pareja y le pidió que la dejara ayudarlo. Con permiso de los jefes, la joven se integraría al equipo de cobranza que visitaba las mineras y a los comisarios de los pueblos cercanos. El colmo de la buena estrella llegó cuando le entregaron una camioneta Silverado 2013, blanca de nueva, pero con el inconveniente de que era robada. Tomás dijo a todo que sí, con tal de tenerla. Que tuviera cuidado, sí. Que allí no habría problemas porque con el gobierno de Guerrero estaba todo arreglado, sí. Que su licencia sería falsa, sí. Que tendría una credencial electoral chueca, sí. Que su nombre sería otro, Eduardo Villanueva Viviano, sí.

"Además de que traía sirenas de una empresa minera", sí.

Alma Nelly también manejaba el vehículo. En ella realizaba las rutas de cobro mientras Pablo Tomás, ahora Eduardo Villanueva, organizaba al grupo, que iba creciendo. *El Pollis, El Pechugas, El Banderas, El Niño, El Mimoso, El Jocky, El Moslo, El Greñas, El Morado, El Balazo* y *El Tripa* lo habían fortalecido. Todo estuvo tranquilo, pues, hasta el 27 de septiembre de 2014, porque "la bronca más pesada que hemos tenido es el levantón de unos estudiantes".

Esa fecha, a la una de la mañana, Pablo Tomás recibió una llamada de *El 9*, para que se fuera a la entrada de Mezcala, sobre la autopista Chilpancingo-Iguala, para que echara aguas porque iban a atorar a unos vehículos, al parecer de los "contras". Pablo Tomás obedeció y se llevó una Expedition, dos armas y también a su chica. Llegaron al lugar y estuvieron un rato hasta que vieron pasar un tráiler seguido por dos autos. Segundos después, un poco más adelante, se desató una balacera comenzada por *El 9*, ideada como un distractor. Y es que kilómetros adelante otra célula de los Guerreros Unidos reportaba el levantón de estudiantes a quienes, le dijeron sus compañeros a Tomás, los llevaron a Cielo de Iguala, a espaldas de Pueblo Viejo. Nelly recuerda que *El 9* también le pidió a Tomás que "cuidara el puente que está en Atzcala porque iba a sacar a su gente por el río".

Esta versión la confirma el GIEI en su segundo informe, cuando asegura que la operación para detener a los estudiantes se extendió a un territorio de por lo menos 80 kilómetros, controlando la movilidad sobre la carretera Iguala-Chilpancingo desde la media noche hasta las 06:00 am, implementando bloqueos con tráileres: uno en la comunidad de Sabana Grande, Tepecuacuilco, a tres kilómetros del ataque contra

Los Avispones, y otro a la altura de Mezcala, donde se reportaron dos heridos, lo que muestra un modus operandi coordinado para evitar la huida de los autobuses.

"Yo ya no supe nada", dijo Pablo Tomás Ortiz a la Procuraduría estatal de Colima en la declaración fechada el 23 de octubre de 2014, pedida por la PGR con el oficio 4583/2014, el 28 de octubre de ese año. Sólo añadió que días después *El 9* se comunicaba con él para decirle que se fuera de Atzcala.

Así lo hizo, pero antes pasó a cobrar cuotas, dejó a buen recaudo el armamento del grupo y se lanzó para Colima, junto con Nelly. La Media Luna denunció extorsiones del crimen organizado hasta por un millón de pesos al mes, pero *El Curita* sólo cobraba 50 mil pesos, los mismos que se llevó en la huida junto con la Silverado robada y una Beretta negra.

Pensaron también comprar droga para no quedarse sin dinero. Eso fue lo primero que hicieron al llegar a Colima. Se metieron a la colonia Tívoli y nada más estacionarse los encontró una patrulla. Les revisaron todo. Allí salieron los papeles falsos, la pistola, dos cargadores, una computadora que pertenecía a un funcionario de la Procuraduría de Guerrero. Y como los agentes no aceptaron un soborno de diez mil pesos, se los llevaron detenidos.

La estrella de *El Curita* terminó de apagarse.

E l c o b r o de cuotas a mineras, dice Evelia Bahena, es en realidad parte del "contrato" que firman extractoras y cárteles para evitar, por ejemplo, alzamientos sociales que afecten a las empresas, "limpiar" tierras y pueblos y obtener protección.

El 3 de diciembre de 2007 Bahena y su grupo retuvieron tres máquinas y un tractor que operaban para el proyecto de exploración Los Guajes, la primera mina de Torex, a pesar de que no había ningún convenio firmado con la coalición de ejidos El Limón, que agrupaba a las comunidades de Campo Arroz, Balsas Norte —Nuevo Balsas—, Puente Sur-Balsas, Atzcala, el ejido de San Miguel, Fundición y Real de Limón, pertenecientes a Cocula. Para 2011 la inversión alcanzaba 500 millones de dólares y el arriendo de 507 hectáreas por 23 mil pesos anuales por cada una de ellas, en el ejido Nuevo Balsas por 30 años, dice el estudio de la Procuraduría Agraria de Guerrero, "Tierra que Brilla", de 2012.

Antes de que Pablo Tomás llegara a Atzala, los ejidatarios de Bahena representaban en 2008 la mayoría en La Fundidora y Real de Limón, donde la minera no podía organizar asambleas ejidales a modo y tenían que suspenderlas. Sin ese convenio, la Media Luna no podía trabajar legalmente y eso la orillaba a corromper. A los ejidatarios les decía que rentaría las parcelas y que las pagaría como si estuviera sembrando, no extrayendo oro.

Los representados por Evelia exigieron primero el cumplimiento de promesas de la Media Luna sobre renta y permisos de trabajo, pero luego tuvieron que pelear por su tierra y para conservar la vida. La Media Luna ofreció 35 mil pesos anuales para 110 ejidatarios pero las pérdidas ecológicas fueron incuantificables. Esa oferta sonaba ridícula cuando los campesinos se enteraron de las ganancias de la empresa. Lograron que se les pagara algo más, 250 mil pesos y 300 mil a los de Nuevo Balsas, pero no hubo arreglo para lo ecológico. Los pobladores exigieron "3 millones 140 mil pesos, de los cuales un millón sería para Real del Limón, 2 millones para Nuevo Balsas, 50 mil pesos para Atzcala y 90 mil para Puente Sur Balsas.

"Asimismo, la pavimentación de la carretera Balsas-La Fundición, monitoreos permanentes a sus manantiales, acondicionamiento de brechas, servicio médico con personal capacitado, computadoras para telesecundarias de La Fundición y Real del Limón, una cancha de basquetbol, 300 sueros antialacrán, muebles escolares, tinacos Rotoplas, láminas de asbesto y galvanizadas, así como la reubicación de La Fundición y Real del Limón", escribía la reportera Amalia Román, del *Diario 21*.

La empresa ofreció 200 mil pesos para dos ejidos y 800 mil para el resto, pero a cambio de controlar el recurso. Los de Bahena no aceptaron y el acceso al cerro de La Joya se clausuró definitivamente. La minera, poco a poco, dejó de trabajar. Evelia ejecutaba exitosamente una estrategia de frentes comunes y pronto la lucha contra la Media Luna era apoyada por Amnistía Internacional. Sin embargo, para la mayoría de los mexicanos esta lucha pasó inadvertida y hasta ahora está silenciada.

Al mismo tiempo, la organización de *Bety* Cariño, Rema, promovía la resistencia y divulgaba triunfos contra corporaciones en todo el país. Desde allí estudiaron los delitos que las empresas fabrican a ejidatarios y terminaron conociéndolos mejor que nadie. Ese conocimiento de la voracidad también generó estrategias para protegerse de las amenazas de muerte que los opositores recibían habitualmente. El esfuerzo de los ejidatarios se construyó desde la unión, aunque siempre fueron los más débiles ante la ley.

La Media Luna terminó cerrando en Cocula y el 16 de diciembre de 2008 lo anunciaba oficialmente. Pero una cosa es que cerraran y otra que se fueran, porque una de las estratagemas consiste en hacer creer que abandonan para volver con otro nombre. Media Luna fue comprada por Torex —son los mismos, aunque cambien de nombre, dice Evelia— consciente del enorme beneficio de la inversión y animada porque sabía de más emplazamientos, como el hallado en 2012 al sur de Balsas, que representaba una segunda mina en 630 hectáreas y explotada a partir de 2013. Allí se encontró un depósito de 5.8 millones de onzas de oro, 115 mil 884 millones de pesos.

A pesar de las exorbitantes cantidades, las mineras en el país apenas entregan mil 87 millones de pesos para desarrollo comunitario y mil 171 millones para preservación del medio ambiente, según informa dice congratulándose la Camimex, como si se tratara de un logro formidable, aunque desde la perspectiva canadiense lo es porque sirve a las extractoras para ponerse la máscara de benefactores sociales y recibir reconocimientos públicos, como los distintivos que las acreditan como Empresas Socialmente Responsables, otorgados por el Centro Mexicano para la Filantropía, fundación que recaba donativos deducibles de impuestos.

La triada narco-minas-gobierno construyó un engranaje que funcionaba con el terror como combustible. La lista de luchadores sociales asesinados, como *Bety* Cariño, quien se convirtió en un emblema para quienes se enfrentaron a las extractoras, fue también un mensaje para el resto de los opositores. La estrategia de matarlos relacionándolos con actos delictivos desacreditaba a los líderes ante la opinión pública, poco informada y capaz de creer cualquier cosa.

En la lista de condenados a muerte seguía Evelia Bahena, quien enfrentó órdenes de aprehensión por secuestro, daños a propiedad privada y a las vías de comunicación. Y es que su movimiento es el único que ha logrado detener a una empresa de esa magnitud, pero a un costo muy elevado.

En los años en que frenó a la Media Luna sufrió cuatro atentados, pero sobrevivió a todo, incluso a un intento de linchamiento enfrente de los secretarios de Desarrollo Económico de Guerrero, Jorge Peña Soberanis y de Salud de Guerrero, Rubén Padilla Fierro, en 2009, cuando era gobernador Zeferino Torreblanca. Los funcionarios estaban en la comunidad de Balsas, en una gira organizada por los gerentes de la Media Luna para convencer a Evelia de hacer un trato. Allí estaban ella y sus ejidatarios, mezclados en la multitud que también se componía por acarreados de la mina.

El plan para matarla era audaz por increíble. Se echó a andar cuando, como por casualidad, a Bahena la separaron de su grupo. Uno de sus compañeros, Eligio Rebolledo, se dio cuenta de que la iban encapsulando y que, poco a poco, la sacaban del mitin. Ellos reaccionaron sacando sus armas y la rescataron rompiendo la ventanilla de un auto para resguardarla ahí. Los secretarios habían fingido estar distraídos y miraban a otro lado cínicamente. Aunque siempre negaron tener responsabilidad en ese intento, después se descubrió que la minera había pagado 50 mil pesos a un hombre para que azuzara a la multitud, reclamara a la luchadora social que por su culpa el pueblo no tenía trabajo y la colgaran enfrente de la policía. Evelia salvó la vida gracias a que sus compañeros apuntaron a los policías y a los funcionarios, amenazándolos. Los oficiales también sacaron sus armas y apuntaron a los campesinos. En medio de todo quedaron los señores secretarios.

—Si ella se muere, se mueren ustedes aquí también. ¿Quieren vivir? ¡Que viva ella! —les gritaron.

Sólo así se salvó. Peña Soberanis y Padilla Fierro, temblando de miedo, tuvieron que calmar la gresca, pero sólo porque ellos estaban en peligro. Evelia escapó por un cerro y las pistolas fueron guardadas. El mismo Soberanis había reclamado un año antes, sin nombrar a Evelia, que "dos personas han hecho hasta lo imposible porque la minera se vaya con el cuento de la contaminación, con el cuento de que no están bien los contratos, con el cuento de que no le cumplieron con eso ni con lo otro, yo creo que no es posible eso, es cuestión de que entre la cordura un poco y que estas personas se retiren de ahí y que dejen que se den las negociaciones".[3] Decía que el origen de todo el problema era que los ejidatarios querían dinero en efectivo por sus tierras y rechazaban los proyectos productivos que se les había ofrecido. El secretario de Desarrollo Económico siempre fue un férreo defensor de la Media Luna.

L A   E S T R A T E G I A   que más les funciona a las mineras es la alianza con la delincuencia, porque sus pérdidas son mínimas. Prefieren dar a los funcionarios 10 millones de pesos para que aplaquen las cosas en vez de destinarlos a los ejidatarios, porque a estos últimos no los pueden controlar. Un buen convenio con ellos es una pérdida para las empresas porque otras comunidades les exigirán lo mismo.

La defensa de la tierra obligó a Evelia Bahena a montar a caballo, quedarse a dormir en los cerros, comer lo que encontrara. Algunas cabalgatas eran nocturnas, por caminos donde no se veía nada. Así, confiados en el instinto del animal, viajaban por brechas propicias para emboscadas, como sucedió en los alrededores de La Fundición, cuando pistoleros los esperaron y les dispararon a quemarropa.

Otra vez Rebolledo le salvaría la vida. Había escuchado ruidos y sabía que había alguien emboscándolos. Todos amartillaron y desde la negrura se oyeron gritos.

—¡Entréganos a Evelia y no les pasará nada! —exigían los pistoleros.

La mujer logró escabullirse con la ayuda de sus compañeros, pero la emboscada le ratificó que la Media Luna no se detendría ante nada. Si quería seguir luchando, tendría que hacer cambios radicales para sobrevivir.

Al principio los cárteles se vieron afectados porque las tierras de amapola y mariguana también eran arrasadas, pero las mineras pactaron con ellos. A cambio de las tierras, les pidieron desalojar comunidades, secuestrar, asesinar e infundir miedo. Esa fue la estrategia usada en Carrizalillo, en la mina de Los Filos, donde la protesta ejidal iba ganando hasta que los cárteles mataron y secuestraron a los campesinos involucrados. Luego, los demás campesinos, al negociar, aceptaron incluso salir de sus tierras por voluntad propia, sin necesidad de pagos.

—Quien diga que el crimen organizado controla, miente —acusa Evelia— son las mineras para las cuales trabajan. Encontraron un método maravilloso para que los delincuentes hagan el trabajo sucio y el gobierno se lave las manos, porque ya no tienen necesidad de violar la ley, los derechos humanos.

En Cocula, a principios del marzo de 2008, el alcalde Guadarrama ni siquiera se ruborizaba cuando abordaba en público los desplazamientos y la venta de tierras. Sentado en su oficina, anunciaba las operaciones de la Media Luna y adelantaba la reubicación de los pueblos.

El gobierno tomó partido y se encargó de criminalizar a quienes rechazaron los tratos propuestos por la minera. "Llegar a la firma del convenio de arrendamiento entre Media Luna y los ejidatarios fue un largo y tortuoso camino", decía el delegado de la Procuraduría Agraria en Guerrero, Fernando Jaimes Ferrel, en 2011.

El gobierno de Guerrero declaraba, en 2012, cuando se había alcanzado un acuerdo con el ejido Nuevo Balsas, que la oposición a la mina estaba formada por "gente mal informada, mal asesorada".

La lucha de Evelia Bahena es repudiada y descalificada por todas las compañías mineras y sus aliados en los distintos gobiernos que hacen ver la necesidad de explotar yacimientos minerales para beneficio del país y las comunidades, y no pierden ocasión de victimizarse y ubicar al narcotráfico como el origen de todos los males. "Están equivocados", es la frase recurrente de las multinacionales a pesar de que se ha documentado por todo el mundo una carnicería imparable por la obtención de territorio para extraer. Pero hay otros que comprueban las vivencias de Bahena y enumeran una larga lista de atropellos, despojos y homicidios en el país.

Activistas de la organización Otros Mundos afirman: "Las Fuerzas Armadas militarizan caminos, ciudades y regiones indígenas para controlar el descontento social y garantizar las inversiones de las empresas mineras, con violaciones sistemáticas a los derechos humanos. Las autoridades locales y federales criminalizan la resistencia a abandonar las tierras y viviendas, las movilizaciones en las calles, las protestas públicas, los bloqueos, la toma de campamentos, la retención de equipo, las declaraciones de prensa y hasta las demandas legales. Las acusaciones son de terrorismo, delincuencia organizada, asociación delictuosa, atentados contra la paz, bloqueo al libre tránsito o a las vías de comunicación".

Lo que pasa en Guerrero se refleja en todos los estados colindantes, aunque hay uno en particular que une a Tlatlaya la trama que involucra a los 43 desaparecidos de Ayotzinapa. Ese reflejo de sangre es el sur mexiquense, la Tierra Narca que Enrique Peña heredó a Eruviel Ávila.

VÁMONOS PARA TLATLAYA, LA TIERRA DEL URANIO

Al sur de Toluca, a dos horas y media de la capital del Estado de México, está el Triángulo de la Brecha, la Tierra Caliente parida desde la vileza del crimen y los gobiernos federal y estatales que han mantenido a la región sumida en pobreza inexplicable, a pesar de ser una de las más ricas del país porque se puede sembrar casi cualquier cosa y su generosa dotación de agua garantiza agriculturas y ganaderías. Además, el subsuelo está repleto de plata, cobre, zinc, titanio, barita y metales radiactivos que se van al puerto michoacano de Lázaro Cárdenas o hasta Colima, escondidos en cargamentos de oro rumbo a China.

Ese territorio agrupa a cuatro municipios del Estado de México, 11 de Guerrero y tres de Michoacán, y se extiende por 50 mil kilómetros cuadrados patrullados siempre por soldados, narcotraficantes y paramilitares que ejercen las armas con saña contra campesinos que no sobrevivirían de no ser por las remesas que sus parientes, migrantes de ese edén, envían desde Estados Unidos.

No todos viven en pobreza. Algunos ganaderos y comerciantes han logrado considerables fortunas y por un tiempo pudieron defenderse o negociar treguas porque de otra forma no podrían permanecer allá. Al menos lo hicieron hasta que las mineras llegaron y comenzaron a extraer en gran escala. En el Estado de México el 9.8% del territorio está concesionado a mineras.

Nadie va al sur mexiquense si puede evitarlo. No es un aliciente la producción de oro por 4,848 toneladas extraídas desde 2009 sólo de seis municipios ni los tres mil 874 millones 614 mil 362 pesos que vale. Pero nadie va sin motivos importantes, ni siquiera el argentino Carlos Ahumada Kurtz, a quien dos capos de distintos cárteles han acusado de extraer uranio y mantener una tersa relación de negocios con los hermanos Olascoaga, líderes de La Familia Michoacana.

No, *El Señor de los Sobornos,* como le dicen al empresario, no va a Campo Morado en Arcelia aunque tenga razones de peso atómico para vigilar la producción de una de sus dos minas, *El Colega,* y cuya actividad se ha entretejido en Argentina con un escándalo de proporciones radiactivas que involucra a la ex presidenta de ese país, Cristina Fernández de Kirchner, en negociaciones con la superminera Barrick Gold, lista para operar megaproyectos por 10 mil millones de dólares en la comarca de San Luis, donde ahora vive Ahumada.

No es el crimen organizado lo que impide el desarrollo de las comunidades calentanas, donde el silencio de la sierra de Nanchititla, de Tejupilco y Luvianos en el Estado de México, hasta Arcelia y Totolapan permite trabajar sin detenerse a mineras como Farallón, Grupo México, Peñoles, Nyrstar y Blackfire Exploration, que no se inmutaron cuando más de 600 familias abandonaron casas y tierras porque no tenían nada para comer y porque paramilitares degollaban a los "contras" en las calles de sus pueblos, a la vista de todos.

Las extractoras ni siquiera cambiaron sus horarios cuando se enteraron de las tres matanzas imposibles de Caja de Agua en el cercano Luvianos —más de 100 muertos en un solo enfrentamiento nunca reportado en 2011, y cuyos cuerpos sacaron militares y policías en camiones de volteo, llevándolos quién sabe a dónde— y los sobrevuelos de un helicóptero Blackhawk que en abril de 2014 masacró a 30 personas entre San Martín Otzoloapan y Zacazonapan, también en el Estado de México, en el paraje que oriundos y fureños llaman La Virgencita por una estatua que hay ahí. En ese lugar acampaban narcotraficantes que habían llegado para tomar el control de la zona, cerca de una mina de oro, plata, zinc y cobre —Tizapa— que pertenece a Peñoles.

Esos sicarios que no quisieron vivir en ningún pueblo eligieron el campo como casa, y para marzo de ese año ya había dejado pasar, sin intervenir, tres enfrentamientos. Uno, en el paraje de La Estancia en Luvianos, entre La Familia Michoacana y Los Caballeros Templarios, dejaría 32 muertos. Otros dos, en Caja de Agua, con al menos 50 asesinados cada uno.

Pero el 25 de abril de 2014 nadie avisó al campamento de 30 narcotraficantes que una máquina de alta tecnología se dirigía a ellos, desde su base en Luvianos. Y cuando ubicó el objetivo abrió fuego, detenido en el aire. Casi al mismo tiempo cayeron esas 30 personas, aunque la ráfaga siguió al menos por tres minutos, dice un poblador del lugar que vio lo que pasaba. El Blackhawk dejó un tiradero de cadáveres que después otros levantaron y desaparecieron.

Esos vuelos son tan mortales como el imperio forjado por el *Señor Pez*, Johnny Hurtado Olascoaga, máximo líder de La Familia Michoacana y gran corruptor del 102 Batallón de Infantería, basamentado en San Miguel Ixtapan, Tejupilco, el mismo al que pertenecían los soldados que ejecutaron a 22 jóvenes en una bodega de la pequeña comunidad de San Pedro Limón, Tlatlaya, y que después etiquetaron de narcotraficantes. En esa bodega la señal de ataque que alguien había acordado con los soldados era una ráfaga a la hora convenida, una serie de tiros desde la oscuridad que a nadie mató porque iban al cielo, para tener un pretexto y atacar.

Por la cerrazón del Ejército, la alteración de la escena del crimen, la sinrazón para mantener el caso bajo reserva o congelado, la negativa de la PGR para investigar la cadena de mando del Ejército, la orden de abatir que dio a los soldados, y la tortura a tres sobrevivientes, las 22 muertes son incomprensibles si se desconoce la situación de Tierra Caliente, el desarrollo acelerado de la minería, la inconformidad que afecta a las empresas extractoras y, por lo mismo, el ocultamiento de que en Tlatlaya y Arcelia —municipio guerrerense con el que hace frontera— se gestaba un movimiento contra las mineras y los cárteles de la droga que se encargaban (encargan) de los negocios alternos a la minería.

Controlados hace años por los altos mandos de La Familia Michoacana, Arcelia y Tlatlaya también se han convertido en una de las zonas de mayor comercio o tráfico de armas ilegales, a pesar de los patrullajes del Ejército, la Marina y la Policía Federal. La presencia de las mineras representa para los cárteles un futuro promisorio.

Caminar por los cerros del Triángulo de la Brecha significa encontrase los cadáveres, ni siquiera enterrados, de quienes fueron abandonados en la nada para morir luego de ser levantados o castigados por los michoacanos —de los que el gobierno federal presume su extinción— o de vez en cuando por Los Rojos o los Guerreros Unidos, que esporádicamente pelean alguna plaza. Pero eso sucede cada vez menos porque, como en Guerrero, en el sur mexiquense el narcotráfico ya no es el único negocio de capos y sicarios, que han sabido pactar sentados en la misma mesa de negociaciones organizada por mineras, gobiernos locales, estatales y federales, Fuerzas Armadas, y los propios "contras". Ahí tiene su origen el nuevo orden de la tierra narca mexiquense.

Recorrer los cerros de Nanchititla es lo mismo que ir a la zona de La Montaña en Guerrero o, mejor, a la comunidad de El Naranjo, en el municipio de Leonardo Bravo, donde en diciembre de 2015 se encontraron 19 cuerpos tirados, descompuestos, que al otro día, por dejarlos unas horas más ahí, amanecieron calcinados misteriosamente. La diferencia es que en las cañadas de Nanchititla no hay necesidad de incinerarlos. Allí los cuerpos se pudren al sol, comidos por zopilotes y otras faunas, abandonados con vida, sin brazos ni piernas, como castigo por enemigos, una falta o ejemplo cuando los rescates de un secuestro no son pagados.

Los que allá viven ya saben que si alguien es llevado al cerro morirá sin remedio. Nadie ha salido ni tampoco hay una contabilidad sobre aquel panteón al aire libre.

En Tlatlaya reconocen al *Señor Pez* como jefe indiscutible. Se han acostumbrado a la presencia de Olascoaga y su gente, que sientan su feudo en Arcelia, Guerrero, y por miedo o conveniencia han aprendido a respetarlo. Es visto como un protector, "un padre" —dice uno de los habitantes de San Pedro Limón—, porque resuelve los problemas de la comunidad, desde infidelidades hasta quebrantos económicos. Es él quien mete en cintura a esposos desobligados y con el viejo castigo de la tabla satisface peticiones de necesitados, cobra las deudas por otros.

También interviene en asuntos más delicados, si los pobladores se lo piden, como sucedió el 15 de enero de 2016 cuando familiares de 27 levantados, 16 originarios de El Salitre, cinco de Ajuchitlán, colocaron una manta y le suplicaron auxilio: "*Sr. Pez*, tus paisanos necesitamos de su apoyo ya que las fuerzas militares, estatal, y federales no han hecho nada por nuestras personas desaparecidas. Ahora más que nunca necesitamos de usted como siempre ha visto por su gente. Esperamos que esta ves no se la esepcion. Atentamente el pueblo de Arcelia".

Los secuestrados fueron encontrados caminando por una brecha cercana al pueblo de La Gavia, aunque el gobierno atribuyó la liberación a la presión del Ejército. Los de Ajuchitlán eran maestros, pero allá se sabe que la mayoría de los secuestrados estaban involucrados en luchas sociales. Uno murió durante el cautiverio, José Eutimio Tinoco, un empresario local a quien llamaban *El Rey de la Tortilla*. No fue el único muerto, pues también falleció el director de la secundaria técnica de Santana del Águila, en Ajuchitlán, Joaquín Real Toledo, y aparecieron otros dos ejecutados en las inmediaciones.

Casualidad o no, al menos en ese caso el nombre de *El Pez* pareció resolver lo que policías y militares no pudieron o no quisieron. Algunas familias no denunciaron el plagio de sus parientes, pero acudieron a Hurtado Olascoaga porque lo consideraron más efectivo contra quienes habían perpetrado el plagio. Los Tequileros, renegados de La Familia Michoacana, difundieron luego un video donde asumían la responsabilidad y culpaban, con las víctimas frente a ellos, a Hurtado Olascoaga de la cancelación de 120 empleos en la refresquera Coca-Cola y del cierre de la mina Campo Morado, para entonces propiedad de la belga Nyrstar y que en noviembre de 2015 había detenido temporalmente las actividades mineras por un adeudo con transportistas locales por 14 millones de pesos, aunque luego se sabría quién y cómo se controla ese negocio en la Tierra Caliente. Los Tequileros son liderados por Raybel Jacobo de Almonte, asesino de políticos regionales como los regidores panistas María Félix Jaimes y Roberto García de Totoloapan y del dirigente del PRI Carlos Salanueva de la Cruz.[4]

A cambio de ayuda *El Pez* pide muy poco a Arcelia, aunque en realidad es todo lo contrario: que lo escondan en las casas de los pueblos que domina cuando hay operativos o huye de grupos rivales; que no lo delaten y cumplan las reglas que ha impuesto en ese sur olvidado. Que guarden silencio para que todos sigan con vida haciendo negocios como allá se hacen. Sometimiento, pues.

Tlatlaya está a 176.5 kilómetros de Iguala, unas dos horas por carretera. Entre ellas se interpone la 35 Zona Militar, que despliega en esa última ciudad al 27 y al 41 batallones de Infantería. En una maraña de ríos y presas, a Tlatlaya le toca, por el lado mexiquense, el 102 Batallón de Infantería emplazado en San Miguel Ixtapa, Tejupilco, adscrito a la 22 Zona Militar. El 102 ha sido calificado como uno de los más corruptos del país porque algunos de sus soldados fueron aliados de *El Señor Pez*, quien pagó por una protección que en poco tiempo lo ha hecho tan intocable como los propios militares.

Tlatlaya y Arcelia están rodeados por los ríos San Felipe y Bejucos, al norte; el Cutzamala, Balsas y Palos Altos al suroeste y el río Sultepec al sureste, entre los más importantes. Cumplen también con otra de las condiciones para la extracción minera, la de las presas, con los embalses de El Gallo, Ixtapilla, Palos Altos, la presa Vicente Guerrero y pronto construirán El Pescado, cerca de Arcelia.

En Tlatlaya hay dos minas funcionando oficialmente, La Sierrita y Real de Belem, de oro, plata y plomo, pero sus habitantes viven el día a día sin saber o sin querer saber, que casi todas esas tierras ya están concesionadas desde los 35 permisos o más a mineras que esperan el mejor momento para iniciar operaciones.

El titanio se extrae recientemente en Luvianos de minas ubicadas entre los parajes de El Manguito, caserío de 54 personas, y Piedra Grande, con poco menos de 200 habitantes. Rancho Viejo es otra comunidad emblemática, vigilada obsesivamente por grupos armados, como si en sus cuevas o cerros hubiera algo más que las 400 personas o menos que allí viven. La mayoría de las minas son clandestinas y, aunque algunas están en poder de ejidatarios, casi todas han sido arrebatadas por paramilitares y sicarios, que las resguardan esperando a los nuevos dueños.

Luvianos es también uno de los centros más discretos de venta y distribución de armas, que también algunos ejidatarios, organizados no sólo para sembrar, compran a quien se las quiere vender, como sucedió a mediados de 2015 cuando tres tráileres se estacionaron en el pueblo y no se fueron sino hasta que terminaron de descargar el arsenal que transportaban.

En Arcelia, la canadiense Farallón Mining, con sede en Vancouver terminó por vender su negocio, pero antes le extrajo lo más que pudo porque obtuvo 38 mil 59 toneladas de zinc en 2009, "procedentes de su mina de oro, plata, plomo, cobre y zinc llamada Campo Morado, una de las once concesiones mineras a su nombre que comprenden aproximadamente una superficie de 57,411 hectáreas en este municipio", escribió la reportera Lilián González para *La Jornada Morelos*.[5]

SIDRONIO Casarrubias Salgado, *El Chino* y capo de los Guerreros Unidos, conoce muy bien a Johnny Hurtado Olascoaga y a su hermano, José Alfredo Hurtado, *El Fresas*, porque son los jefes máximos de La Familia Michoacana acantonada para septiembre de 2014 en la sierra de Nanchititla y con extensiones criminales en Taxco, el estado de Morelos y una parte de Michoacán. Ellos convirtieron el pueblo mágico de Valle de Bravo, donde los más ricos de México tienen sus casas de descanso, en una pesadilla cuando un mes antes de Ayotzinapa desataban el terror con levantones y secuestros, pero también con ejecuciones como parte de una limpieza *sicaria* que sólo sucede cuando se conquistan las plazas.

Casarrubias conocía demasiando bien al escurridizo *Pez* porque los Guerreros Unidos habían ganado la guerra por Iguala a *La Familia* y la habían expulsado con todo y el cadáver calcinado de su jefe local. Y también porque los dos cárteles tenían los mismos negocios y junto a las mineras generaban sus más grandes entradas económicas. *El Pez* amarró oscuros tratos con extractoras de la región para negociar la garantía que esas compañías necesitan contra ejidatarios insurrectos.

Johnny Hurtado es un hombre de cara ancha y sus 1.84 metros apenas equilibran su delgadez natural, sus cejas semipobladas. Con dermatitis, pero valiente o por lo menos con suerte, cortejó a la hija del director de Tránsito de Arcelia hasta que aceptó casarse con él, antes de que el 102 Batallón de Infantería matara al suegro, Mario Uriostegui Pérez, *La Mona*, durante un enfrentamiento en diciembre de 2013 donde quedaron muertos otros tres, también funcionarios de aquel municipio, acusados de narcotráfico.

Un encontronazo contra marinos en abril de 2014 y el asesinato del teniente de corbeta Arturo Uriel Acosta Martínez en el pueblo de Liberaltepec definirían el rumbo del *Señor Pez*, quien para entonces ya se había dado el lujo de comprar informantes dentro del Ejército.

El 102 se encargaría de ponerle más sangre a su historial en 2014, en una bodega de San Pedro Limón, en Tlatlaya, cuando *El Pez* ya era el jefe máximo de *La Familia*, luego de la captura de José María Chávez Magaña, *El Pony*. Las ejecuciones ahí sólo reafirmarían el poder del narcotraficante, intocable por alguna razón y que lo habían convertido, incluso antes de ser el número uno, en el más desafiante ante los soldados, cómo él mismo dejó ver en diciembre de 2013, cuando "*el Mojarro* y su grupo se hacían presentes a través de pancartas, dejadas sobre el cuerpo de dos hombres descuartizados en Teloloapan: 'Secretario de la defensa y marina ahí les dejo su cena de navidad para que vean quien es la verga de Guerrero, mientras me divierto viendo sus pendejos elementos que me mandan en sus operativos. A mí me la pelan y les doy 24 horas para que se retiren si no los voy a empezar a matar en emboscadas pinches corporaciones de mierda, con su padre nunca van a poder. Atte. *El pez y el M16*. Viva la FM' ".[6]

El Pez diseñó una estructura que le ayudaría a gobernar el sur mexiquense apoyado en su lugarteniente principal, *El Fresas*, heredero por derecho de sangre de la organización.

Otro personaje de importancia es Eduardo Hernández Vera, *Lalo Mantecas*, encargado de Luvianos y que en los últimos meses ha tomado el control, junto con su jefe, de casi todos los negocios de la región y se ha adueñado de los sindicatos mineros registrados ante la Confederaciones de Trabajadores de México, que ha aceptado la jetatura sicaria.

Maneja el transporte de mineral porque contrata camiones de carga con las extractoras, incluido el uranio de Campo Morado, y le ayuda a *El Pez* a imponer orden desde las listas de trabajadores que alguien les proporcionó. Tiene en su poder la distribución de materiales de construcción en la zona, que ya nadie puede utilizar si no se los compran a ellos. El nuevo emprendimiento tiene hasta una razón social y para no confundir le llamaron "El Sindicato".

El Carly, otro de los brazos fuertes, asegura el sometimiento de los territorios del sur apoyado en un kaibil, *El Salvador*, encargado de operativos y cacerías humanas. Hasta La Familia Michoacana reconoce que en el Estado de México uno de los capos más importante era *El Faraón* o *El Gallero*, abatido en Querétaro en agosto de 2015. Jaime Vences Jaimes, en lo público un sanguinario *Guerrero Unido*, había logrado ubicarse por encima de las decisiones de los Casarrubias porque en realidad era un infiltrado de Los Rojos, enviado para fisurar lo que pudiera, y aunque lo hayan ultimado los marinos en San Juan del Río, en su tierra todos dicen que está vivo y ahora es un testigo protegido.

CARLOS AHUMADA, EL URANIO

El Chino Casarrubias y su grupo habían aprendido el oficio de limpiar pueblos, deshabitarlos, pero Ayotzinapa los había reventado. En realidad, ellos se reventaron solos y solos se pusieron al descubierto. Antes de Ayotzinapa, los Casarrubias habían llegado a la ciudad donde reside el gobernador mexiquense Eruviel Ávila y les gustó para quedarse.

Eligieron para vivir el municipio conurbado de Metepec y establecieron en el valle de Toluca su base de operaciones, al menos hasta mediados de octubre de 2014, según un reporte de la Marina entregado a la PGR el 15 de octubre de ese año, integrado escuetamente en un parte de presentación sobre las investigaciones por el levantamiento de los 43.

Allá tenían uno de sus hogares José Ángel *El Mochomo* y Mario Casarrubias Salgado, *El Sapo Guapo*, hermanos de Sidronio, quien ya preso dijo a la PGR que al menos Ángel y él vivían en el número 8 de La Joya de Metepec, un fraccionamiento que desde 2004 fue usado por narcos y familiares de capos recluidos en el penal federal del Altiplano. Desde allí dictaban las órdenes que en Iguala cumplían al pie de la letra los sicarios al mando de *El Gil*.

La llegada de los capos a Toluca no era fortuita. Habían buscado un camino para salir de Guerrero porque estaban copados por rojos y michoacanos. No tenían opciones, pues por Arcelia y el vecino municipio de Acapetlahuaya jamás pasarían, tampoco por Morelos, la tierra de Santiago Mazari, *Carrete*. El único corredor disponible era Ixtapan de la Sal, porque la policía municipal era aliada suya, tanto que hasta las armas les debían.

El *Chino* Casarrubias conocía demasiado bien a *El Señor Pez* y sabía que había comprado una gasolinera en Arcelia, donde "como seña existe mucha maquinaria pesada, desde góndolas, manos de chango, tráileres, carros de volteos, maquinaria que es utilizada en las minas, maquinaria que también es propiedad de Santana Ríos Baena, alias *el Melonero*, de las cuales *el Pescado* es socio de una, además, *el Pescado* es socio junto con Carlos Ahumada, el argentino que estuvo preso, y que es dueño de dos minas en el estado de Guerrero, de donde sacan uranio, una de las minas está en Campo Morado, Tierra Caliente, Guerrero, el cargamento es transportado en góndolas, pero como Ahumada trafica el uranio, lo esconde entre metales diversos y lo llevan a Lázaro Cárdenas, pero la mayoría va a el puerto [de] Colima, donde se entrega directamente a los barcos chinos [...] esta mina también es explotada por una empresa canadiense, [y] agrego que cuando *el Pescado* está en peligro de ser detenido por alguna autoridad del gobierno, Carlos Ahumada auxilia con un helicóptero de su propiedad, el mismo helicóptero es también usado por *El Fresas* [...], Ahumada, aparte de sacar el Uranio, le paga veinte mil pesos por góndola al *Pescado...*", decía en una ampliación de declaración a la SEIDO el 18 de octubre de 2014. Cómo resultan las cosas que la declaración de Casarrubias la corroboraría con años de anticipo el propio Caros Ahumada Kurtz cuando publicó un libro, *Derecho de Réplica*, para defenderse de los videoescándalos en los que se involucró cuando se autograbó, en marzo de 2004, entregando dinero al líder perredista René Bejarano y que de fondo le asestaban un golpe político a Andrés Manuel López Obrador, en ese entonces jefe de Gobierno del Distrito Federal.

La historia que Ahumada plasmó, deshonesta biografía exculpatoria repleta de mentiras a medias; sin embargo, decía la verdad cuando habló, como al acaso, de sus inversiones mineras en Arcelia, Guerrero: "Poco después hubo una depresión de la industria minera, lo que me obligó a cerrar la planta. Los precios del oro y la plata estaban por los suelos. Además, por disposición del gobierno federal, la Comisión de Fomento Minero [...] había tomado la determinación de cerrar todas sus plantas de beneficio de minerales, que eran las que recibían el producto de los pequeños y medianos mineros; concretamente decidieron cerrar la planta de Pinzán Morado, en el municipio de Coyuca de Catalán en Guerrero", dice Ahumada, aunque omite que uno de los contactos que permitieron que él se estableciera fue el del extinto gobernador guerrerense José Francisco Ruiz Massieu, uno de los impulsores más entusiastas de los megaproyectos mineros en Arcelia y quien inauguró el emprendimiento del argentino cuando este era un joven de 25 años.

La planta donde Ahumada dijo que le compraban su oro, Pinzán Morado, nunca cerró, aunque en 2015 estuvo en huelga. Hasta la fecha lleva más de 30 años trabajando de manera ininterrumpida a pesar de estar en el corazón de una zona con una larga historia de violencia, de guerrilleros del EPR y el ERPI contra militares y paramilitares desde 1996.

En febrero de 2015 los mineros de Pinzán Morado vivieron la violencia en carne propia cuando tres de ellos fueron levantados mientras se desarrollaba la huelga, que para ese entonces llevaba un mes.

Propiedad de Minera Camargo, una subsidiaria de la canadiense Cigma Metals Corporation, está en un territorio donde se ha documentado la presencia de grupos guerrilleros como el EPR desde 1996 y el ERPI dos años después.

Carlos Ahumada, después de huir a Cuba, donde lo aprehendieron y lo entregaron a su país adoptivo, estuvo en la cárcel durante tres años, acusado de fraude y lavado de dinero. Salió libre en 2007 y regresó a Argentina, donde lo primero que hizo fue reconstruir lo que había perdido en México. Y él, que extrañaba a sus equipos de futbol León y Santos Laguna, se instaló en la provincia de San Luis, "vinculada potencialmente a la extracción de uranio", dice el diario *Edición Abierta*, el 13 de marzo de 2016 y que implica un beneficio de más de 10 mil millones de dólares en el que políticos argentinos de las más altas esferas están involucrados, favoreciendo a las subsidiarias de la minera Barrick. Ese uranio incalculable es, según la prensa argentina, el verdadero negocio de la ex presidenta Cristina Fernández.

El Mexicano o *El Señor de los Sobornos* volvió a transitar brechas empantanadas. Repitió tan bien su pasado que hoy es el directivo principal del equipo de futbol profesional de la Tercera División, el sorprendente Club Sportivo Estudiantes de San Luis, que ha escalado cuatro divisiones en tres años. Todos saben que fue amigo del todopoderoso, y ya fallecido Julio Grondona, ex presidente de la Asociación Argentina de Futbol, pero que eso no fue suficiente para evitar una sentencia de muerte financiera y deportiva contra el popular Talleres de Córdoba, del cual fue dirigente Ahumada, a quien acusaron de maniobras fraudulentas que derivaron en una detención por la Interpol, el 29 de junio de 2008, cuando escapaba oculto en el maletero del auto del ex futbolista Martín Vilallonga, un delantero de Racing que terminó como chofer del empresario.

Ahumada ha encabezado la gerencia de cinco clubes argentinos, pero cuatro de ellos han terminado fundidos en quebrantos absolutos. A él, en contraste, se le atribuye una fortuna de 500 millones de dólares y constantes viajes a Buenos Aires, México y China, según sus amistades. Todos se preguntan de dónde obtiene tanto dinero para sus proyectos.

Pero los aquelarres *pamboleros* de Ahumada eran sólo un *hobbie*, una distracción cara y mucho, que, sin embargo, no podía compararse con lo que venía. Y lo que venía era la superminera canadiense Barrick Gold, la mayor del mundo. Tres estados argentinos estaban involucrados en un proyecto en el que recibirían dos represas a cambio del uranio de la región, casi nada cuando sus aguas quedarían contaminadas para siempre por los residuos de cianuro que dejarían los procesos extractivos. Allí estaba negociando por lo menos un amigo de *El Mexicano*, el gobernador de la provincia de San Luis, Claudio Poggi, porque la Barrick había conseguido la autorización para operar siete megaproyectos de plata, oro y, por supuesto, uranio.

Dados los primeros pasos sucedió lo que siempre pasa. Ambientalistas de la región defendieron sus tierras y han detenido a la Barrick —cuyo valor en los mercados es de 50 mil millones de dólares y presume asesorías de George Bush padre—, beneficiada por otro lado por dos decretos secretos que la ex presidenta Fernández de Kirchner le otorgó "para que lleve a cabo la explotación en la zona Pascua Lama, extendida entre San Juan y la Tercera Región de Chile".[7] Ella se dejaba ver con el dueño de la Barrick, Peter Munk, a quien en una visita le confirió honores de un jefe de Estado.

Mientras Fernández presumía que su país era líder productor de uranio pero esquivaba sin éxito señalamientos de hacer negocios en Irán y China con ese mineral, se entretejía una trama de narcotráfico que involucraba, cómo no, a mexicanos y sus cárteles globalizados en un negocio más que redondo de efedrina que ya había cobrado la vida de tres empresarios farmacéuticos en Quilmes, al sur de Buenos Aires, el 13 de agosto de 2008, en realidad una venganza por arrebatar el mercado local a uno de los proveedores más importantes para los narcos mexicanos, Esteban Ibar Pérez Corradi.

A principios de 2016, Martín Lanatta, autor material de los asesinatos, acusó al ministro Aníbal Fernández de ser el autor intelectual de los homicidios, conocidos como el

"Triple Crimen de General Rodríguez". *La Morsa* —así le decían al político—, un ex jefe de Gabinete de Cristina Fernández, aspirante a gobernar Buenos Aires en 2015 e investigado ahora por un asunto de licitaciones irregulares, habría recibido del *Señor de los Sobornos* 5.2 millones de dólares por ese tráfico de efedrina que en 2008 habían disputado y controlado efímeramente los empresarios Sebastián Forza, Daniel Ferrón y Leopoldo Bina.

Como un siniestro personaje de *série noire*, Carlos Ahumada se ubicó otra vez en los reflectores de un caso que se ampliaba sangrientamente hasta llegar al gabinete de la ex mandataria Fernández. Sus contactos, algunos del más alto nivel, se volvieron contra él y por lo menos le reafirmaron la fama de "mafioso" que ya arrastraba.[8]

De la mano de amistades políticas y repitiendo el patrón que lo colocó como uno de los empresarios favoritos de la actual secretaria federal de Desarrollo Agrario, Territorial y Urbano, la mexicana Rosario Robles Berlanga, *el Señor de los Sobornos* realizó en Argentina inversiones en constructoras, equipos de futbol y transferencias de jugadores, así como casinos y proyectos de energía pero con dinero cuyo origen puede ser la delincuencia, afirmó el legislador argentino Gustavo Vera cuando pidió investigar las inversiones de Ahumada, quien ha reconocido por lo menos una reunión con el ministro Aníbal Fernández.

Por si algo faltara, la PGR envió una petición a la justicia argentina para indagarlo y aunque allá pensaron que se derivaba de la declaración de Casarrubias, después supieron que era por una extorsión contra Rosario Robles y que involucra un pagaré, ahora desaparecido, por 25 millones de dólares y con fecha del primero de agosto de 2003 con la firma de la funcionaria mexicana. El empresario había querido ejecutar ese documento, que además implica una demanda por 400 millones de pesos mexicanos contra el PRD.

El año de 2016 se ha reducido para Ahumada a uranio, futbol, efedrina y procesos con la justicia desde San Luis, Argentina; y a uranio, *el Señor Pez*, los Guerreros Unidos y una indagatoria de la PGR desde México. Las autoridades ya decían, desde 2004, que la fortuna del argentino podría estar ligada al narcotráfico porque su mina en Arcelia estaba en territorio de cárteles, pero sobre todo porque no había un origen claro del dinero que poseía.

Fue *El Pony* quien dio los primeros datos a la PGR sobre las actividades radiactivas de Carlos Ahumada en Campo Morado, y en las que involucró a un par de canadienses, aparentemente secuestrados por *El Pez* en 2004, socios de la empresa Maza Diamond Drilling de Mazatlán, México, y que luego fue contratada como proveedora de Farallón. La mina de Ahumada que produce uranio se llama El Colega o El Ciego y es *El Pez* quien se encarga de transportar el material a los puertos de Lázaro Cárdenas y Colima, donde se embarca rumbo a China.[9]

Inmiscuido también en el secuestro de la madre de *La dama de Iguala*, el 28 de mayo de 2013, *El Pony* dirá cualquier cosa que pueda destruir el imperio de los Abarca y los Casarrubias. En ese plagio se identificó como hijo de *El Chapo* Guzmán cuando negociaba el rescate de Leonor Villa Ortuño, en Plaza Sendero de Toluca, una ciudad que a los narcotraficantes les sienta bien para ponerse de acuerdo. *El Pony* pedía bien poco: 10 millones de dólares, que "le pusieran" a un comandante de la policía llamado Mario Carvajal y la plaza de Iguala, completita. Según él, un pacto entre *La Familia* y *El Chapo* estaba en marcha para apoderarse de Guerrero e Iguala era uno de los botines principales. *El Pony* tenía motivos suficientes para odiar a los Casarrubias y a sus sicarios, en especial a *El Chuky*, porque encabezó un comando asesino para despedazar a los michoacanos en Zirándaro, Guerrero, como venganza por otras muertes, envuelta en una trama de narcopolítica que alcanzaba a Iguala y a la Tierra Caliente mexiquense. No está claro si *El Chuky* y sus comandos conseguirían sus objetivos, pero lo que sí está comprobado es la detención de ese sicario por parte de elementos del Ejército, el 25 de abril de 2009. Para variar, en septiembre de 2014 *El Chuky* estaba de vuelta en Iguala por si algo se ofrecía, libre quién sabe por qué.

La incursión guerrerense de Ahumada tuvo su antecedente en Oaxaca, cuando compró minas de antimonio en Los Tecojotes, asociado con su abogado, Efrén Cadena Hernández, entre 1985 y 1990. Esos esfuerzos lo dirigieron a la búsqueda de oro y así llegó a Arcelia dispuesto a encontrarlo. Lo hizo, y a Grupo México le compró La Suriana en el pueblo de Achotla, que también producía plata, y financiado por su hermano Roberto con 3 millones de dólares creó el Consorcio

Minero Nacional la Suriana, que llegó a contabilizar 48 demandas en contra y que usaba el proceso de cianuración para obtener oro. Ese dinero provenía de la empresa de Roberto, Grupo Director de Empresas Mexicanas, una especie de caja pública donde 2 mil 500 personas depositaban ahorros.

La extracción minera envolvió a Arcelia y a Tlatlaya en miedo. Y cómo no, cuando comandos vestidos de militares entraron a pueblos para degollar sin razón aparente, como sucedió en la comunidad de El Guayabo, ni siquiera de 800 habitantes, la madrugada del 8 de febrero de 2016.

Hombres armados sacaron de sus casas a los hermanos Ciro y Arnulfo Verástegui Araujo para torturarlos en plena calle, dispararles a bocajarro y después cortarles el cuello ante la mirada de los todos los habitantes. Después fueron por uno más, Ubaldo Arellano, y repitieron la operación.[10]

El Guayabo ha sido lugar de enfrentamientos y ejecuciones. Lo mismo les pasa a otras dos comunidades vecinas, El Cubo y El Remanse, asediadas desde el terror y el asesinato y que junto a otras de San Miguel Totolapan registraron mil 300 desplazados hasta julio de 2013.

Esos pueblos habían bloqueado la carretera Arcelia-Altamirano en protesta contra detenciones de la Marina. Después tomaron tiendas y robaron alimentos porque no tenían para comer. Entonces llegaron grupos armados y amenazaron a la gente, que prefirió dejar sus casas. Las autoridades siempre culparon a narcotraficantes y sus siembras de amapola en la región. El 21 de marzo de 2016, otro Verástigui de El Guayabo era asesinado en Totolapan. Ernesto estaba en una fiesta cuando lo ejecutaron. Después se sabría que los Verástigui fueron muertos para poner ejemplo para todos los que apoyan a los "contras".

Esas muertes, enfrentamientos y desplazados adquieren otra connotación cuando se sabe que debajo de Arcelia —con todo y las minas de Campo Morado y La Suriana— y desde Tlatlaya y hasta Iguala hay una reserva de oro, plata, plomo, zinc y cobre por 30 millones de toneladas, más otras 70 que hace más de 20 años se sabe que están y que ahora son más codiciadas por la extracción de uranio.[11]

"Para ilustrar el poder que ha alcanzado en México el crimen organizado, basta decir que Los Caballeros Templarios controlan la exportación de mineral de hierro a China, y La Familia Michoacana estaría involucrada en el contrabando al mismo país de uranio, elemento imprescindible para la perspectiva y utilidad geoestratégica, proveniente de una mina en Guerrero, en el municipio de Arcelia", escribió el periodista Sergio González Rodríguez.[12]

En 2013, Manuel Olivares, secretario técnico de la Red Guerrerense de Derechos Humanos (Redgro), relacionó la violencia en Coyuca de Catalán y San Miguel Totoloapan con las concesiones mineras que esperan ser explotadas. "Hay uranio, entonces se sospecha que la intención de fondo es despoblar la sierra para que las empresas mineras puedan ejercer sus concesiones".[13]

Esa extracción, con uranio o sin él, ha causado ya muertes por enfermedad, documentadas por los activistas de Otros Mundos cuando dicen que "se registraron ocho muertos en 2007, y 120 en 2012 por cáncer en Arcelia, Guerrero, originados por la minera de Campo Morado (Nyrstar)".

Todo el sur conoce la colusión entre el jefe de La Familia Michoacana y las mineras. Pero el secretario general local de la Sección XVII del Sindicato Nacional de Mineros, Roberto Hernández Mojica, y cuya huelga ha detenido por ocho años las operaciones del Grupo México en Taxco, Guerrero, sabe además que el narcotráfico controla la sección de la Confederación de Trabajadores de México que se encarga de los mineros en la Tierra Caliente mexiquense.

"Hace cinco años nosotros, junto con la viuda de Lucio Cabañas y otros compañeros, tumbamos la estatua de Lucio Cabañas que está en el patio de Ayotzinapa a marrazos —dice Roberto Hernández cuando se acuerda de los normalistas y su tragedia— porque ese busto lo habían esculpido portando corbata. Pero ese detalle significaba un acto de burla de un cacique de la región, Héctor Vicario Castrejón, diputado local, a quien alguien había invitado como padrino de generación de los muchachos cuando en realidad era enemigo de la escuela. Porque cómo es posible que aparezca un maestro rural, todos conocen a Cabañas, con corbata".

Los mineros en huelga de Taxco han mantenido contacto con los comités de Ayotzinapa desde hace algunos años e intercambian experiencias, formas de apoyo mutuo. Los estudiantes acompañan a los de Taxco en sus marchas y lo mismo pasa cuando los normalistas los necesitan. Mineros y muchachos han marchado en Tixtla e Iguala y conmemoran juntos algunos aniversarios, como el de Vicente Guerrero o el de los estudiantes asesinados. Sucedía igual con simpatizantes de Nestora Salgado, una lideresa comunitaria de Olinalá, Guerrero, encarcelada por acusaciones de secuestro —liberada en marzo de 2016—, que acudían a las asambleas informativas de los padres de los desaparecidos para pedir ayuda a la normal y apoyo a las organizaciones involucradas.

"Unimos fuerzas porque nos identificamos bien con ellos, aunque la alta sociedad diga que son bandoleros, pero sin saber realmente", dice Roberto Hernández, quien define a Ayotzinapa como un lugar hermoso a pesar del deterioro y reconoce que los pueblos indígenas, sobre todo de la Costa Chica y La Montaña (desde Acatlán, precisa), han entablado una lucha contra las mineras para defender sus tierras y asentamientos.

De los muertos, ni hablar cuando ellos mismos tienen 65 en las minas de Pasta de Conchos, el 19 de febrero de 2006 en Coahuila y otros casos en Nacozari, Sonora, y Fresnillo, Zacatecas. En realidad, hay cerca de 2 mil mineros muertos en supuestos accidentes de los que nadie se responsabiliza.

Disfrazados de cetemistas, los narcotraficantes están realizando los trabajos alternos en las minas de la Tierra Caliente de Arcelia y Tlatlaya, dice Roberto Hernández, por ejemplo en Campo Morado, donde los narcos tienen más de 100 góndolas. Se había llegado a un acuerdo en el que ellos acarreaban y las mineras extraían hasta que los cárteles exigieron todo, mineros incluidos. Ni siquiera un paro temporal pudo arreglar nada. El transporte ya se le había cedido al narco y el resto era cuestión de tiempo. Sin saber, los mineros de Taxco fueron a Villa Hidalgo, Arcelia, a ver a los supuestos sindicalizados para intercambiar experiencias de trabajo. Allá vieron al segundo de a bordo.

"¿Y saben lo que nos propuso? —dice Hernández—. Nos dijeron que ellos no sabían nada de sindicalismo y que mejor los de Taxco nos uniéramos a ellos".

Y es que el contacto con el que los mineros se habían reunido, creyendo que era sindicalista, resultó ser *El Fresas*, José Alfredo Hurtado Olascoaga, hermano de *El Señor Pez*.

—Si se vienen ahorita con nosotros y se afilian a la CTM —les dijeron a los de Guerrero—, para mañana tienen arreglado su problema sindical.

El Pez, la ley torcida del sur mexiquense, ha capitalizado en dos años, y con los restos de un cártel que el gobierno insiste en declarar acabado, el trabajo de José María Chávez Magaña, *El Pony*, el supuesto hijo de *El Chapo* Guzmán, y de todos los grupos narcotraficantes que han pasado por esa región. Su influencia llega hasta Toluca, pero lo mismo se adentra en Iguala que toca las puertas de Morelos, Puebla y la Ciudad de México. El poder de Hurtado fue consolidado, a fuerza o convencidos, por la estructura política de la región, y los habitantes de allá involucran en torno a él a los ex alcaldes de Amatepec, Alfredo Vences Jaimes; a su sucesor, el actual edil José Félix Gallegos Hernández; a Eulogio Giles Gutiérrez, alcalde de Tlatlaya; a Lino García Gama, alcalde de Tejupilco, y a los guerrerenses Francisco Prudencio Hernández Basave, ex edil de Ixcapuzalco y a Eleuterio Aranda Salgado, ex presidente de Canuto A. Neri. Arcelia, su bastión, le ha dado todo y también los alcaldes de ahí lo han protegido, como el ex presidente Taurino Vázquez Vázquez y su sucesor Adolfo Torales Catalá.

En marzo de 2016, *El Pez* escapó por enésima vez a una embocada y desmintió los rumores de abatimiento, como siempre lo hace. Preparó una revancha el 20 de marzo, en la feria de Totolapan, Guerrero, donde uno de sus comandos acribilló a mansalva a los asistentes, matando a cuatro e hiriendo a siete.

Ese es el Taxco minero alcanzado por el cártel de La Familia Michoacana, que ha insistido en entrar a Guerrero por la puerta de Iguala.

Turística como pocas, la ciudad y la rica iglesia de Santa Prisca, tapizada de oro y plata, es apenas un adorno para tarjeta postal que la obliga a cumplir con su denominación de "pueblo mágico", una invención del gobierno federal para sacar partido a los lugares más bonitos pero que esconden muy bien sus propias ejecuciones, como sucedió con el asesinato de 15 presuntos sicarios que viajaban en un auto gris sin placas el 15 de junio de 2010, y que según los militares se resistieron a un cateo desatando una balacera por 40 minutos en la que todos ellos terminaron muertos. Los vecinos de la casa 32 en la calle de Moisés Carvajal, en el barrio del Panteón, aseguran que eran jóvenes que habían llegado a Taxco y trabajaban en diversos oficios, pero las 13 armas largas, los dos artefactos explosivos y las cinco pistolas decomisadas parecieron en su momento pruebas suficientes de sus malos pasos, a pesar que testigos afirman haberlos visto correr por las calles, perseguidos por soldados, tratando de esconderse. No hubo cateo previo, aseguran, pero sí una cacería en la que incluso participaron tanquetas, dos Hummer y 30 militares.

Reportes periodísticos afirmaron que los ejecutados pertenecían a un grupo de Édgar Valdez Villareal, *La Barbie*, y que los soldados sólo reaccionaron tras la ejecución de uno de los suyos, en mayo de ese año, y del hallazgo de 55 cadáveres en el respiradero de una mina abandonada.

Aunque al principio se supo que dos soldados habían muerto, sólo se aceptó un herido. No lo calificaron de "moderado", como hicieron con el estudiante de Ayotzinapa en el Hospital Cristina. Lo que sí hicieron fue decir que realizaban un "reconocimiento terrestre" y que fueron agredidos.

La reportera Paloma Montes, de la organización Somos el Medio, encontró que la misma Sedena acepta 2 mil 745 agresiones en el sexenio de Felipe Calderón y 112 hasta 2013, con Peña Nieto. Hasta ese año, dice ella, había 23 casos de agresiones contra el Ejército que terminaban con más de diez muertos en el bando rival y cuyas identidades eran protegidas como si fueran secreto de Estado, reservadas por cinco años por la propia Sedena. Nadie sabe, por ejemplo, cómo se llamaban los ejecutados de Taxco. Por otro lado, el Ejército utiliza el término "enfrentamiento" cuando las batallas se desarrollan entre grupos delictivos. Ellos, los militares, sólo sufren "agresiones".

Como siempre hacen cuando hay muertos y están presentes, los militares esperaron a las autoridades civiles para atestiguar el levantamiento de cuerpos, en esa casa que, según ellos, era de seguridad. Luego partieron a su base, en la cercana Iguala, donde los efectivos del 27 Batallón de Infantería descansaron tan pronto terminaron de despachar el papeleo y los informes de rigor.

La tecnología no miente

La desaparición de 43 estudiantes normalistas en Iguala, así como el asesinato de otros de sus compañeros, y el fusilamiento de 22 jóvenes en el municipio mexiquense de Tlatlaya tienen necesariamente una respuesta que comienza en el pasado y cuyo resultado es siempre el mismo, la impunidad; de ninguna manera representan casos aislados, por más que el gobierno destine a la gran prensa recursos millonarios para desviar la atención.

Y a esos casos del pasado y la impunidad deben sumarse las masacres de Chilpancingo, el 30 de diciembre de 1960; de Iguala, el 30 de diciembre de 1962; de Atoyac de Álvarez, el 18 de mayo de 1967; de Acapulco, el 20 de agosto de 1967; de Yolotla, el 9 de febrero de 1993; de Aguas Blancas, el 28 de junio de 1995, y de El Charco, el 7 de junio de 1998.

La impunidad aparece como una denominación de origen. Casi cada uno de esos crímenes ha conmocionado a los mexicanos y ha desafiado el sentido común, mientras la violencia alcanza su máxima expresión con el secuestro y desaparición de los 43 jóvenes normalistas de Ayotzinapa y el asesinato brutal de tres de sus compañeros.

El 25 de abril de 2016, en la Universidad del Claustro de Sor Juana, el GIEI presentó su segundo y último informe. En él describía que desde marzo de 2015 solicitaron un análisis de las llamadas, lugares, antenas, comunicaciones entre los estudiantes e inculpados como elementos centrales para las actividades de búsqueda, como lo constata la investigación 001-2015, que cuenta con vasta información de telefonía en sábanas y mapas de relaciones, pero hasta el momento no han sido analizadas de manera integral.

La información de redes técnicas y mapas georreferenciados sobre la que durante nueve meses trabajó el GIEI fue contrastada con la de la Dirección General de Cuerpo Técnico de Control (DGCTC) de la SEIDO y la Dirección General de Análisis Táctico (DGAT) de la Coordinación de investigación de Gabinete (CIG) de la División de Investigación (DI) de la Policía Federal dependiente de la Comisión Nacional de Seguridad de la SEGOB.

Los expertos independientes analizaron 42 líneas telefónicas de funcionarios, policías de Iguala y Cocula, personas acusadas de pertenecer al cártel de Guerreros Unidos, 19 números telefónicos de los normalistas desaparecidos, entre ellos las líneas telefónicas de Jorge Antonio Tizapa Legideño, Carlos Iván Ramírez Villareal, José Eduardo Bartolo Tlatempa, Julio César López Patolzin, Jorge Luis González Parral, Magdaleno Rubén Lauro Villegas y Jorge Aníbal Cruz Mendoza, que registraron actividad después de las 23:00, momento en que fueron detenidos.

En 40 de las 608 páginas que conforman el II informe del GIEI se describen la comunicación, horarios y ubicación geográfica de cada una de las líneas telefónicas. Y es así como se corrobora lo expresado en el primer informe y se llega a nuevas conclusiones, como, por ejemplo, que durante la noche del 26 de septiembre —como se relató antes— seis policías de Iguala tuvieron comunicación con un número identificado como "Caminante", quien habría coordinado las operaciones, auxiliado por las 25 antenas o radiobases verificadas en campo y autenticadas con la información de Radiomóvil DIPSA S.A. de C.V. y Pegaso Telecomunicaciones (Movistar). Pero también trazaron las rutas por la cual se desplazaron la policía de Cocula, Guerreros Unidos, el alcalde José Luis Abarca, su secretario particular y los estudiantes desaparecidos.

De las siete líneas telefónicas de los normalistas, en cuatro casos cambiaron el IMEI, que es el código pregrabado en los teléfonos móviles; este número identifica al aparato de forma exclusiva a nivel mundial y es transmitido al comunicarse; si bien algunos no registraron coordenadas al emitir contacto, en todos los casos se generó actividad después del supuesto instante en que los jóvenes fueron aprehendidos, y quienes sí registraron localización geográfica fueron ubicados en las cercanías del Palacio de Justicia, Loma de Coyotes, Cocula, cerca de la comandancia de la policía en Iguala.

Se tiene registrada actividad unos minutos después, a la 23:56 y 23:57 del 26 de septiembre, 00:33, 01:00 y 01:16 o la madrugada del 27 de septiembre, e incluso días como el 30 de septiembre, 4 de octubre, 28 de noviembre. Y el celular de Jorge Aníbal Cruz Mendoza continúa con el flujo de comunicación los meses de diciembre de 2014, enero, febrero, marzo y abril de 2015; incluso el 9 de febrero hay un enlace con un familiar de este estudiante desaparecido.

Pero el desdén de las autoridades federales ha obstaculizado las investigaciones. La situación lo refleja: ni con la tecnología a su alcance, la inteligencia institucional y la enorme cantidad de recursos destinados para la investigación policiaca se ha delineado una línea de trabajo sólida para esclarecer qué pasó con los estudiantes desaparecidos ni hay pistas claras sobre los verdugos de Julio César Mondragón Fontes.

El 15 de octubre de 2014, la PGR recibió una extraña advertencia, después de que Eliana García Laguna, directora general de Prevención de Delito y Servicios a la Comunidad Encargada de la Subprocuraduría de Derechos Humanos Prevención del Delito y Servicios a la Comunidad, le dijera por teléfono a Éricka Ramírez Ortiz, agente del Ministerio Público de la Federación y Fiscal Especial "A", adscrita a la Unidad Especializada en Investigación de Delito en materia de Secuestro, de la SEIDO, que uno de los lesionados el 26 de septiembre de 2014 se recuperaba lentamente en un hospital de Puebla.

Eso era lo de menos porque era lo que se esperaba, que la mayoría de los lesionados sanara por lo menos físicamente. Lo que no se esperaba era que uno de los teléfonos celulares de uno de los normalistas desaparecidos registrara actividad casi 20 días después de los levantamientos.

Ese número era el 7475459992, el cual había contactado al 7451172337. Esos dos números se perdieron para siempre en la maraña de datos que los teléfonos celulares salpicaron para todos lados y que hasta la fecha no han sido ordenados ni explorados por ninguna de las instancias investigadoras o coadyuvantes. Quienes más se acercaron fueron los del GIEI, que pudieron trazar, inteligentemente, un mapa general de los teléfonos de los 43 normalistas desaparecidos.

Los dos números reportados casi al acaso por la PGR estaban relacionados con otra sábana de llamadas, la que corresponde al número 7471493586, registrada por Telcel a nombre de Jorge Luis González Parral, *Charra*, desaparecido el 26 de septiembre de 2014.

Pero nadie supo que ese número celular ya no lo usaba *Charra* porque ese equipo telefónico era, desde pocos días antes, propiedad de Julio César Mondragón Fontes, quien se lo había comprado, y las actividades que registraron los expertos del GIEI de esa dirección telefónica no eran de *Charra*, sino de Julio César, quien a través de ese LG L9 narraría a su esposa, Marisa Mendoza, en tiempo real, lo más oscuro de aquella noche igualteca. Incluso el teléfono de ella, el 5539093717, aparece grabado ya, el 25 de septiembre de 2014 a las 19:45:11.

Los expertos del GIEI, acribillados por el Estado mexicano y con todo en contra para obtener información, tuvieron en su poder esa sábana de llamadas con el número 7471493586, primero propiedad de *Charra* y después de Julio César, y supieron que la actividad telefónica de ese número continuó después de la muerte de este último.

El GIEI sólo pudo confirmar que esa actividad duró hasta el 30 de septiembre de 2014, pero ese mismo número siguió registrando acciones y coordenadas hasta el 4 de abril de 2015. El GIEI, sin saber que *Charra* ya no portaba ese aparato, concluyó que "Su última activación de antenas la realiza el día 26 de septiembre de 2014 a las 21:23:49 mediante el uso de datos, desde Antena Álvaro Obregón (Centro de Iguala), con el IMEI 353649051469880. Se detectó actividad el día 30 de septiembre de 2014 a las 18:58:23 mediante el uso de datos, desde Antena Calvario, haciendo uso de un IMEI distinto, 35490904501880, cuya numeración es inválida y que no permite rastrear el equipo utilizado. Esta es la última actividad para el número de Jorge Luis.

"La información del día 30 también fue descrita por PF. En la investigación no se registran actividades que hubieran llevado a determinar quién utilizaba el teléfono. El cambio de IMEI muestra que el chip del teléfono fue cambiado a otro aparato, probablemente por alguno de los perpetradores".

Sí, en la investigación del GIEI todo está bien excepto que el dueño del teléfono 7471493586 era Julio César Mondragón Fontes y que la actividad celular se registró hasta los primeros cuatro meses de 2015. Con esto, Julio César se convertirá en una de las claves para explicar esa noche, porque las coordenadas que generaron las actividades después del 30 de septiembre de 2014, y que el GIEI no obtuvo, condujeron a un viaje sin desvíos hacia las entrañas de uno de los campos militares más importantes del país, en la Ciudad de México.

Capítulo XIV

Tras los rastros de Julio César en el Territorio Telcel

EL CELULAR ROBADO del joven normalista Julio César Mondragón Fontes registró cuatro mensajes de dos vías, provenientes del Campo Militar 1A, en Lomas de Sotelo en la Ciudad de México, y su colindancia con el municipio de Naucalpan, en el Estado de México, meses después de que alguien lo robara al terminar de torturarlo, desollarlo y matarlo la madrugada del 27 de septiembre de 2014 en el Camino del Andariego en Iguala.

También hubo otros mensajes al mismo equipo desde las inmediaciones del Cisen en la Ciudad de México, a 50 metros de la puerta localizada entre las calles de Nogales y Ferrocarril de Cuernavaca, en la colonia La Concepción, delegación Magdalena Contreras.

Anotados en un documento confidencial que la empresa Telcel entregó a la PGR el 31 de agosto de 2015, esas llamadas forman parte de las 31 actividades que registró ese teléfono, un LG L9 —"demasiado equipo", diría Julio César— con el número 7471493586, desde el 27 de septiembre de 2014 hasta el 4 de abril de 2015.

Esta es la historia oculta de las llamadas a las que sólo unos cuantos han prestado atención: el 26 de agosto de 2015 la PGR pidió a Telcel que le entregara la sábana de llamadas del celular robado de Julio César Mondragón Fontes. Cinco días después, la empresa de telefonía celular cumplía esa orden. A la Procuraduría de Jesús Murillo Karam no se le ocurrió revisar los datos generados por ese equipo desde el principio y reaccionó demasiado tarde. Aunque si lo hizo, nunca informó a nadie de los resultados.

Para cuando tuvo los datos en su poder, el celular del normalista, con número 7471493586, ya había sido investigado por alguien más e incluso usado para determinar las localizaciones del normalista de Tenancingo.

El documento de Telcel, la Contestación de Oficio[1] que acataba la solicitud de la PGR para conocer las actividades del aparato del estudiante, revela que lo siguieron después de muerto para escarbar, desde las coordenadas que grabó esa compañía, los lugares donde estuvo y la ubicación de sus contactos, así como los de Jorge Luis González Parral, *Charra*, también normalista desaparecido y dueño original de ese celular desde el 1 de julio de 2014.

Desde las sombras alguien se había adelantado e intentaba conocer todo lo que había hecho Julio César y, según se desprende de la sábana de llamadas, conocer a las personas con las que tuvo sus últimos contactos. En otras palabras, esa persona hacía espionaje con el celular robado a Julio César.

El corte de actividades entregado por Telcel abarca desde el 1 de julio de 2014 al 31 de agosto de 2015 y dice textualmente:

El que suscribe, apoderado legal de RADIOMÓVIL DIPSA, S.A. de C.V. (en lo sucesivo 'Telcel'), personalidad que tengo debidamente acreditada y reconocida ante esa H. Representación Social, en términos del escrito de fecha de trece de enero de dos mil once, y documentos que se adjuntaron al mismo, señalando como domicilio para oír y recibir toda clase de notificaciones y documentos, el inmueble ubicado en la calle de Lago Zurich número 245, Edificio Telcel, colonia Ampliación Granada, Delegación Miguel Hidalgo, Código Postal 11529, en esta Ciudad de México, Distrito Federal, y autorizando a efecto de ratificar la forma del suscrito, así como el contenido del presente informe que en el más amplio sentido expone mi representada, indistintamente, al apoderado legal que acredite fehacientemente su personalidad mediante el poder otorgado por mi mandante, ante Usted con el debido respeto comparezco y expongo:

CONTESTACIÓN DE OFICIO

Que por medio del presente escrito, vengo a desahogar en tiempo y forma el requerimiento que mando dar mediante oficio de fecha 26-08-2015, señalando para tal efecto:

Con relación a la(s) línea(s) celular(es) con número(s):

Se implementa información anexa de las siguientes líneas por los periodos de consulta:

Línea	Fecha Inicio	Fecha Final
7471493586	2014/07/01	2015/08/31

Mi representada a fin de coadyuvar con la autoridad, puede proporcionar información en términos del artículo 190 de la Ley Federal de Telecomunicaciones y Radiodifusión, así como la Resolución por la que el Pleno de la Comisión Federal de Telecomunicaciones emite las reglas del Registro Nacional de Usuarios de Telefonía Móvil de fecha 15 de mayo de 2009, y en caso de necesitar ubicación geográfica, es necesario proporcionar el número asignado a mi mandante a diez dígitos, con fecha tanto inicial como final, a fin de estar en posibilidad de proporcionar lo solicitado, no así la ubicación de una radio base, por lo que mi representada se encuentra imposibilitada materialmente para proporcionar la información en los términos solicitados.

Se proporciona la única información con la que cuenta mi mandante, en términos de lo dispuesto por los artículos 189 y 190 Fracción I y II de la Ley de Telecomunicaciones y Radiodifusión, misma que entró en vigor el 13 de Agosto del 2014.

Lo que hago de su conocimiento, para todos los efectos legales que haya lugar.

A usted, C. Agente del Ministerio Público de la Federación, atentamente le pido se sirva:

PETITORIOS

ÚNICO.- Tenerme por presentado en representación de Radiomovil DIPSA, S.A. de C.V., dando contestación, en legales tiempo y forma, del requerimiento de información formulado en el oficio de referencia en los términos del presente escrito, para todos los efectos legales a que haya lugar.

México, Distrito Federal a 31 de Agosto del 2015

Apoderado legal de Radiomovil DIPSA, S.A. de C.V.

Esa petición se le ocurrió tarde a la PGR porque ya la había hecho la Procuraduría General de Justicia de Guerrero —que cambiaría de nombre a Fiscalía General— el 29 de septiembre de 2014 a Radiomóvil Dipsa, suponiendo que el celular pertenecía todavía al joven Jorge Luis González Parral, desde el Acuerdo Ministerial con oficio PGJE/5111/2014 y PGJE/5112/2014 firmado por el agente del MP, Henner Thomas Olea Chino, en Chilpancingo. Telcel también cumplió ese requerimiento, pero la fecha de corte de actividades la ubicó hasta el 1 de octubre de 2014. Esa sábana con coordenadas, junto con la de otros normalistas desaparecidos, fue entregada a Iñaky Blanco Cabrera, procurador guerrerense, en esa misma fecha.

El 12 de noviembre de 2014, sin haber aclarado nada sobre el caso de Julio César Mondragón, Blanco Cabrera renunció a la Procuraduría estatal. Se le recuerda porque, cuando aún ostentaba el cargo, el entonces alcalde igualteco José Luis Abarca Velázquez y su director de Seguridad Pública, Felipe Flores Velázquez, pudieron desaparecer del estado, aunque desde el mismo 27 de septiembre de 2014 fueron considerados funcionarios clave en el asesinato de tres normalistas y la desaparición de sus compañeros. Recaían sobre ellos sospechas fundadas de involucramiento.

JORGE LUIS González Parral, *Charra*, aparece aún como dueño del teléfono en la sábana entregada el 31 de agosto de 2015 a Gualberto

Ramírez Gutiérrez, titular de la Unidad Especializada en Investigación de Delitos de Secuestro de la PGR, y al agente del Ministerio Público de la Federación, Juan Eustorgio Sánchez. El normalista González Parral inscribió en Telcel su dirección, que ubicó en la "calle Zaragoza, colonia San Antonio, en delegación/municipio de Guerrero", sin mayor información.

En ese documento hay nueve tipos de datos, divididos en nueve columnas, de izquierda a derecha. La primera está marcada con la leyenda "Teléfono", y corresponde al número que portaba Julio César, el 7471493586; sigue el apartado denominado "Tipo", o la actividad realizada, donde se registraron los diversos accesos de ese teléfono: datos por internet, mensajes de dos vías (mensaje enviado y contestado), voz saliente, voz entrante, voz tránsito, voz transfer y mensaje multimedia.

Después, la tercera columna se llama "Número A", donde aparece el número del aparato que se conecta primero. El cuarto apartado es clasificado por Telcel como "Número B" y se trata del número o servicio al que el Teléfono A se enlaza. En quinto lugar, la sábana registra fechas de los movimientos realizados.

La hora de los mismos aparece en el sexto apartado, con minutos y segundos incluidos. En la séptima columna está la duración de la actividad y en octavo lugar aparece el IMEI, Sistema Internacional Móvil de Identidad (International Mobile System Equipment Identity, por sus siglas en inglés) que, explica el Instituto Federal de Telecomunicaciones (IFT), "es el código internacional de identidad que tiene cada teléfono celular y que lo distingue de manera única. Es la huella de identidad del dispositivo móvil, equiparable a la huella digital de las personas". Ese IMEI puede ser usado para desactivar el equipo en caso de robo y verificar si un celular es legal, desde un banco de datos en la página web del IFT.

Al final aparece la ubicación geográfica desde las coordenadas de las actividades del aparato y Telcel las clasifica bien, con sus respectivas latitudes y longitudes. Donde se puede constatar que el equipo de Julio César Mondragón Fontes siguió funcionando en poder de quienes se dedicaron al rastreo paciente de contactos y lugares a los que había ido el normalista. Lo hicieron callados, sigilosos, pero también dejando señales sobre cuándo y por dónde iban.

El celular del joven normalista fue convertido en una telaraña para ver quién se enredaba en ella, y empezó a surtir efecto a primera hora del mismo 27 de septiembre, cuando números cercanos geográficamente a la normal de Amilcingo lo buscaron a él o a sus compañeros. Julio César había empezado a usar el número 7471493586 el 24 de septiembre de 2014, cuando compró el teléfono a uno de sus compañeros, José Luis González Parral, *Charra*.

Dichos contactos intentaron localizarlo a las 00:51 del 27 de septiembre de 2014, cuando se suponía a Julio César apresado por sus verdugos y asesinos. Ese día, tres números se enlazaron con el celular del estudiante, y entre todos registraron seis actividades.

Al menos cuatro de los primeros seis nuevos contactos serían realizados por amigos, familiares o conocidos de Julio. El primero fue un mensaje que Telcel ubicó en la calle de Independencia 7, en Cohuecan, Puebla, en las coordenadas de 18 grados, 46 minutos, 59 segundos de latitud Norte y 98 grados, 43 minutos y 13 segundos de longitud Oeste, desde el número 7351455495, con lada de Cuautla, Morelos.

Ese mismo número intentó comunicarse cuatro veces más, el 27 de septiembre, a las 8:38, dos ocasiones con mensajes. Esta vez las coordenadas indicaron el pueblo de Temoac, Morelos, a ocho minutos de Amilcingo, en las coordenadas de 18 grados, 46 minutos, 25 segundos de latitud Norte y 98 grados, 46 minutos y 37 segundos de longitud Oeste.

Se envió un mensaje una vez más a las 11:16 y otro a las 13:10 desde Amayuca, Morelos, muy cerca de la Normal Rural "Emiliano Zapata", en las coordenadas de 18 grados, 43 minutos, 12 segundos de latitud Norte y 98 grados, 47 minutos y 39 segundos de longitud Oeste.

Ese 27 de septiembre habría más contactos que intentarían localizarlo sin éxito. Uno de estos fue la llamada de González Parral a las 8:15, quien no sabía que Julio César yacía muerto en el Camino del Andariego en Iguala. A saber, la comunicación con Parral era habitual, pues el 11 de septiembre de 2014, a las 16:54, había llamado desde la zona urbana de Acapulco, en la calle de Juan Álvarez 1297, coordenadas de 16 grados, 52 minutos, 16 segundos de latitud Norte y 99 grados 54 minutos con 19 segundos de longitud Oeste. También había marcado el 11 de julio desde la calle Hidalgo en Xalpatláhuac y volvió a comunicarse el 13 de ese mes desde ahí mismo; el 14 desde Acapulco y el 16 desde Chilpancingo; el 4 de agosto, nuevamente desde Acapulco.

La mañana del 27 de septiembre el número 7451162831 habló al teléfono de Julio César y, junto con una voz transfer, eran ubicadas en la Ciudad de México, en el Anillo Periférico Canal de Garay 595 A, en el Cerro de la Estrella, casi enfrente del Reclusorio Oriente. Las coordenadas señalaron una vivienda con una figura de la Santa Muerte pintada al costado de una puerta azul estrecha, metálica, construcción inusual de ladrillos también azules con una pequeña ventana de vidrios rotos. Pero el segundo piso, o lo que debía serlo, es un muro plano sin ventanas.

El tercer número, el 7451006485, hizo contacto con el de Julio César a las 12:45 con una voz transfer convertida de inmediato en voz saliente y que generó las coordenadas de 16 grados, 59 minutos, 26 segundos de latitud Norte y 99 grados, 21 minutos y 5 segundos de longitud Oeste. La ubicación era una brecha sobre la carretera de Ayutla a Tierra Colorada. Ese mismo lugar había sido registrado en el teléfono de Julio César al menos una vez más, el 18 de julio de 2014, cuando lo usaba el primer dueño —*Charra*—. La brecha es en realidad un camino que termina en un grupo de árboles, al pie de la montaña y a pocos kilómetros de Tecoanapa.

Esos tres primeros números, el 7471493586, el 7451162831 y el 7451006485, no volvieron a comunicarse. Justo aquí comenzó la tarea sabuesa de sombras que se movieron por meses siguiendo las pistas geográficas, acudiendo a donde estuvo y marcando algunos números que tenía como contactos; Julio César dejaba de ser un muerto más.

SU CUERPO TORTURADO, como dijo el médico Loewe, era un mensaje para quien se opusiera, pero también la pista más importante para conocer a los asesinos, o al menos ubicarlos, porque ese celular, codiciado por la información que pudiera tener, entregaría respuestas.

Sería por esa razón que después del 27 de septiembre el número del estudiante no registró IMEI, pues los contactos que se hicieron provenían de otros teléfonos. El celular de Julio César fue usado el 28 de septiembre a las 16:12 cuando una voz transfer se grababa desde el número 5519253788 y daba como localización una casa de amplio terreno, con juegos infantiles en su patio, en la calle de Francisco Villa IB, San Sebastián, en la Ciudad de México. Parecida a una escuela, la localización apareció por primera y última vez, al igual que el número, pero anunciaba que la Ciudad de México focalizaba la actividad.

El 28 de septiembre a las 16:12 una voz transfer grababa otro número, el 7451107223, un minuto antes de las nueve de la noche, con una duración de 63 segundos desde el poblado de Huamuchapa, Guerrero, a 15 minutos de Xalpatláhuac, en las coordenadas de 16 grados, 56 minutos, 40 segundos de latitud Norte y 99 grados, 19 minutos y 5 segundos de longitud Oeste.

Al otro día, 29 de septiembre, quien tenía el teléfono recibió una voz transfer desde el 1111, servicio de Telcel, a las 16:00. Eso fue todo, pero el 30 de septiembre alguien se conectó a las 18:58 a internet, usando el celular del normalista. Esta vez hubo un IMEI, el 35490904501880, distinto del que el teléfono había generado desde el 1 de julio de 2014.

El portador del teléfono de Julio César habría cambiado el chip para ponerlo en otro aparato. Por eso el mismo número daba otro registro IMEI desde los 18 grados 17 minutos 3 segundos en latitud Norte y 99 grados 27 minutos 34 segundos de longitud Oeste, que dio como dirección la calle Prima Romero 204, Progreso Social en Tepecoacuilco de Trujano, Guerrero. Era la Y de Iguala, cerca de Rancho del Cura, donde Julio César y sus compañeros se estacionaron el 26 de septiembre, entre las 19:37 y las 20:53, cuando se desplazaron en el autobús Estrella de Oro 1531 hacia la terminal de Iguala. Eso significa que el recorrido que hizo ese autobús era seguido por el nuevo poseedor del celular, quien reconstruía paso a paso el del normalista asesinado.

El 17 de octubre de 2014 el teléfono de Julio César recibió dos mensajes, uno a las 13:08 y el otro a las 16:20, ambos desde las mismas coordenadas, 19 grados, 18 minutos, 16 segundos de latitud Norte y 99 grados, 14 minutos, 17 segundos de longitud Oeste. La dirección está en la Ciudad de México, en Álvaro Obregón 1533F, colonia Barranca Seca, frente al Parque Ferrocarril, a 20 metros de la esquina entre las calles de Obregón y Nogales. Allí se levanta un portón gris metálico, de unos tres metros de altura, protegido por malla alambrada, cámaras de video y lámparas de alto voltaje. El acceso está flanqueado por columnas de piedra rematadas por un capitel que encima tiene una esfera. Es una de las puertas secundarias del Cisen. El primer mensaje de ese día provino del 5585583974. El segundo mensaje del 17 de octubre salió del 5561144296.

Al día siguiente, 18 de octubre, se detectó una voz transfer a las 9:35 y una voz saliente, instantes después. Ese registro salió desde el número 5561083626, otra vez junto a la puerta del Cisen en la esquina de Nogales y Obregón. Lo mismo pasó el 19 de octubre, pero desde el número 5536438524. La ubicación fue la misma, la puerta gris, a las 23:27.

Para el 21 de octubre de 2014 la sábana de Telcel presentaba por primera vez un registro, desde el número 5511425164, a las 11:18, cuyas coordenadas, 19 grados, 25 minutos, 58 segundos de latitud Norte y 99 grados, 14 minutos, 49 segundos de longitud Oeste ubicaban la calle Lázaro Cárdenas 4, en la colonia Flores Magón de Naucalpan de Juárez, Estado de México, a dos cuadras y media del Campo Militar 1A. A pocas cuadras de allí, en una discreta entrada en la calle Popocatépetl se encuentra la Puerta 4 de ese campo, reja verde que advierte desde un letrero apagar las luces exteriores de los vehículos y la restricción de entrada y salida.

"Encienda su luz interior", dice otro letrero como una mala broma, colocado en la Puerta 4, donde dos cabezas de caballo observan desde arriba lo que pasa. A cuatro minutos de esa entrada, otros muros, los del Club de Golf Chapultepec, dibujan los límites de la colonia Flores Magón.

Así pues, este mismo número enviaría un nuevo mensaje de dos vías el 23 de octubre a las 14:23:57, desde las coordenadas de 19 grados, 26 minutos, 14 segundos de latitud Norte y 99 grados, 14 minutos y 20 segundos de longitud Oeste. Y esta vez la ubicación de quien contactó se registra en el interior del Campo Militar 1A. Allí, en un terreno baldío en forma de triángulo, dentro del Campo Militar, alguien envió el mensaje, frente a una torre de transmisiones y junto a una puerta de acceso. El Club Chapultepec ofrece una seña para encontrar esa área, donde alguien llamó al celular del normalista; es decir, la trampa de arena de su campo de golf.

Ahí marcó alguien, enfrente de ese obstáculo, cruzando la calle, una avenida interna que se une con Avenida del Conscripto por la Puerta 3 del Campo, por un lado, y por el otro extremo intercepta primero con la Puerta 4 de la Flores Magón. Unos kilómetros adelante, se transforma en la Prolongación 18 de Marzo, que atraviesa parte del complejo militar.

No sería la única vez que alguien, dentro del Campo Militar 1A, llamaría al equipo robado del normalista. El 25 de octubre de 2014, desde el número 5551865625 y desde el mismo Campo, a las 10:01, otra vez se envió un mensaje de dos vías. El 27 de octubre ocurrió lo mismo, otro mensaje a las 9:59 desde el número 5513606680, y una última, el 1 de diciembre de 2014 a las 11:40, desde el 5518155210.

Este número, el 5518155210 está activo, como se comprobó el 13 de octubre de 2015 a las 21:55. La marcación se hizo desde un conmutador del Senado de la República y alguien, del otro lado, descolgó sin pronunciar palabra. Por tres minutos esperó en silencio mientras desde este lado la señal de votación para los senadores timbraba a todo volumen. Se interrumpió la llamada, pero se supo, al menos, que uno de los números ubicados en el Campo Militar seguía funcionando y que alguien estaba pendiente de él.

El 2 de noviembre de 2014 un nuevo contacto, un mensaje de dos vías se registraba a las 5:45, y otro, el 8 del mismo mes a las 2:46 de la madrugada, daban las coordenadas de 19 grados 25 minutos 58 segundos latitud Norte y 99 grados 14 minutos 49 segundos longitud Oeste en la calle de Lázaro Cárdenas 38, colonia Ricardo Flores Magón, Naucalpan de Juárez, a dos cuadras del Campo Militar Número 1A.

El 1 de diciembre el 5518155210 enviaba un mensaje de dos vías a las 11:40 desde las coordenadas de 19 grados, 26 minutos, 14 segundos de latitud Norte y 99 grados, 14 minutos y 20 segundos de longitud Oeste, otra vez dentro del Campo Militar 1A.

Todavía faltaban tres contactos más, que se registraron en 2015, hasta abril, cuando por fin el número de Julio César calló para siempre. El 3 de marzo, el número 7451107223 a las 12:31 enviaba un mensaje de dos vías desde los 17 grados, un minuto, 22 segundos de latitud Norte y 99 grados, 19 minutos, 50 segundos de longitud Oeste que señalaban una casa en la calle de Hidalgo esquina con Tres Cruces en Xalpatláhuac, Guerrero. Ese era el pueblo natal del normalista González Parral. Este mismo número había marcado ya el 28 de septiembre desde Tecoanapa, Guerrero.

El 2 de abril de 2015 a las 21:19, en un mensaje de dos vías desde el 5585583974 y en 19 grados, 18 minutos, 16 segundos de latitud Norte y 99 grados, 14 minutos y 17 segundos de longitud Oeste, la sombra del Cisen volvió a aparecer porque ese contacto se ubicó a unas decenas de metros de la puerta de Nogales y Álvaro Obregón, cerca del Parque Ferrocarril.

El último contacto ocurrió el 4 de abril de 2015, a las 15:41, por mensaje de dos vías, otra vez a las afueras del Cisen, desde el número 5536438524.

In memoriam

A casi dos años del asesinato de Julio César Mondragón Fontes, sólo queda la indignación que algunas veces se refleja en un llanto ahogado. Después de la noche de Iguala todo parece trastocado por un cuerpo sin rostro, familias enteras que mantienen la esperanza de encontrar a sus hijos, que no se resignan a la nada que parece haberlos consumido, un pueblo entero de sangre valiente que se niega a sucumbir ante el crimen y el hambre de las transnacionales por el uranio, el oro y el titanio, un país dirigido por autoridades que intentan moverlo hacia la corrupción, adormecerlo en la pobreza, la injusticia y el horror.

En torno a quién asesinó a Julio César se han creado muchas versiones que van desde lo más ridículo e indignante hasta lo más terrible. "Fue el Estado", decía un letrero pintado con letras blancas en el centro de la Ciudad de México, que se retomaría luego en todo el país, replicado millones de veces en redes sociales, escrito de todas las formas posibles. Esta vez le tocaría al general en retiro José Francisco Gallardo Rodríguez hablar sobre el tema cuando en una entrevista le planteamos:

—La forma en que asesinaron a Julio César Mondragón, general Gallardo...

—Híjole, es que tú no conoces a la tropa. En operaciones son...

—¿Usted cree que lo hizo un militar?

—La policía son militares, están militarizados, adiestrados, capacitados, incluso ahí debe haber personal en retiro [...] debe haber como 500 mil desertores del Ejército desde que Felipe Calderón, con una simple firma y un decreto, hizo policías a miles de soldados, como sucedió con la Tercera Brigada Militar. Y los mandos aceptaron porque un general gana como si fuera secretario de Estado.

Lenin, hermano de Julio César, representa por sí solo el anhelo de su familia de que la memoria del normalista no caiga en el olvido o hacinado en el horror y el engaño, confabulados por las autoridades y los tintilleros progubernamentales que se niegan a ver que no son parte del poder que detenta la clase política, pero sí lo son de sus infamias. Lenin, al igual que quienes conocieron a Julio César y convivieron con él, luchan contra esa "castración social" que se puede leer en el cruel desollamiento. "No queremos nada, sólo justicia y la fundación de un centro contra la tortura que lleve el nombre de Julio César", ha dicho Lenin desde el principio.

Y en ese esfuerzo por reconocer el rostro que los demás veían en su hermano, en la zozobra de saber que Julio César ya no estará más para compartirle lo que amaba de la vida, Lenin también ha tratado de repasar cada paso. A pesar de las circunstancias, no ha dudado en atravesar

Iguala para ir a Ayotzinapa y pasar por primera vez, en marzo de 2016, por algunos de los lugares donde estuvo su hermano el 26 de septiembre de 2014.

Ha caminado por el parque en el centro de Tixtla donde Julio César solía pasear y tomar agua fresca. Ya vio la banca donde él y sus amigos se tomaban fotos cuando descansaban y también ha mirado lo que Julio veía cuando corría haciendo ejercicio por las calles de esa ciudad. Fue a las pozas de la escuela, donde su hermano se refrescaba y, por lo menos, ha visto los cerros que Julio César escalaba para ver la ciudad de noche.

Sabe que a Ayotzinapa no le consta que haya 43 muertos de esa noche en Iguala porque el abogado Vidulfo Rosales así lo dijo a los padres, a él y a Marisa Mendoza, la esposa de Julio César, el 29 de enero de 2015 en una reunión privada en el auditorio de la normal, mientras repetía por enésima vez los sucesos a los parientes todavía en *shock*.

"A ver", diría Rosales para explicar que sólo estaban seguros, pero a medias, de que hubo 17 normalistas entregados a los sicarios y que el resto estaban desaparecidos, aunque no sabe qué destino tuvieron. Pero mientras crecía la esperanza al calor del desconsuelo de los familiares, el gobierno de Guerrero trataba de evitar que se filtrara la versión que afirmaba que los 26 restantes habían escapado para irse a las montañas y unirse a grupos guerrilleros.

Lo que Lenin no sabe es que la despachadora del 066 del ayuntamiento de Cocula. María Helena Hidalgo Segura, ha ayudado a sus comandantes a cambiar los contenidos de las fatigas o reportes para encubrir a los policías participantes en las balaceras y que ha declarado, el 14 de octubre de 2014 ante la PGR, que el C4 de Iguala y el propio ayuntamiento de Cocula tienen videos donde se observa una matanza de al menos 30 estudiantes porque su compañera, Xóchitl García Guerrero, radio-operadora, los ha visto. Que ella, María Helena Hidalgo Segura, metió la pata cuando dijo a los investigadores que los policías de Cocula habían estado en Iguala y reveló el nombre de quienes fueron. Pero no dijo nada cuando esas imágenes que el subdirector de la policía de Cocula, César Nava González, almacenaba en una computadora de la presidencia de Cocula se las llevó el comandante Ignacio

Aceves Rosales, quien además había encabezado las operaciones del 26 de septiembre.

Lenin ha estado en el Palacio Municipal de Tixtla, engalanado como ninguno con murales desde el suelo al techo. Sabe que la escuela normal no es la misma y que algunos alumnos han desertado por miedo y que a otros, a muy pocos, la propia tragedia les abrió puertas insospechadas que los alejó de allí, rompiendo la conciencia comunitaria como les pasa a los pueblos enfermos de pobreza, genocidio, uranio, oro y titanio.

Lenin ha estado en todos los foros habidos y por haber y ha soportado entrevistas con funcionarios de todos los niveles de gobierno que rayan, porque así son ellos, en el fangoso terreno de lo imbécil. Ha pasado el trago amargo de la detención o revisión momentánea en un retén militar a la salida de Iguala, acompañado por nosotros, que intentamos comprender, no sólo para esta investigación, en qué momento soñar con un mundo mejor se convirtió en el peor de los delitos.

Así, con el corazón herido de dudas, Lenin ha buscado a su hermano con la fuerza que le queda y muestra entereza para que la familia no se desmorone. Dentro de poco terminará la carrera de administración. Todavía no sabe a ciencia cierta lo que hará, pero da los primeros pasos. Tiene aún tiempo para pensarlo.

Desde la oscuridad de su asiento, cuando avanza el auto en el que viajamos de vuelta a Tecomatlán, en el Estado de México, un día de marzo de 2016, Lenin no deja de hacerse preguntas, pero sabe, al igual que nosotros, que ninguna tiene el menor atisbo de respuesta, aunque se tengan las coordenadas que conducen a las entrañas del Campo Militar 1A en la Ciudad de México.

Ha visto, una y otra vez, los mensajes que su hermano escribió en redes sociales y de todos prefiere el que posteó el 20 de septiembre de 2014 y que al final dice: "No es sólo escribir con la plumilla, sino escribir en las piedras con tinta de la misma vida para que un día, que llegue la victoria, mi vida sea más que una simple historia… una leyenda".

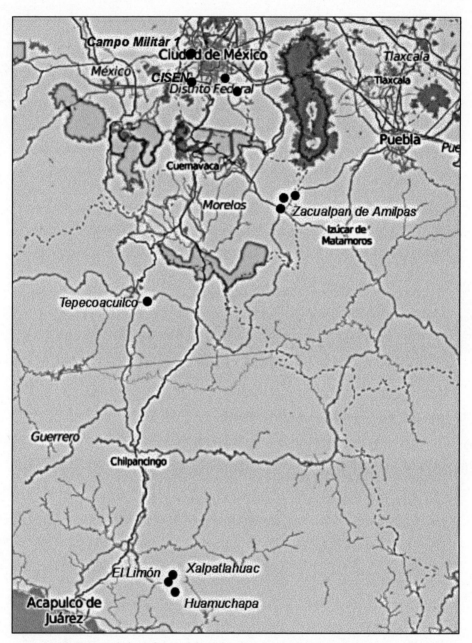

Mapas de la actividad telefónica del celular de Julio César Mondrágon Fontes, después de su asesinato.

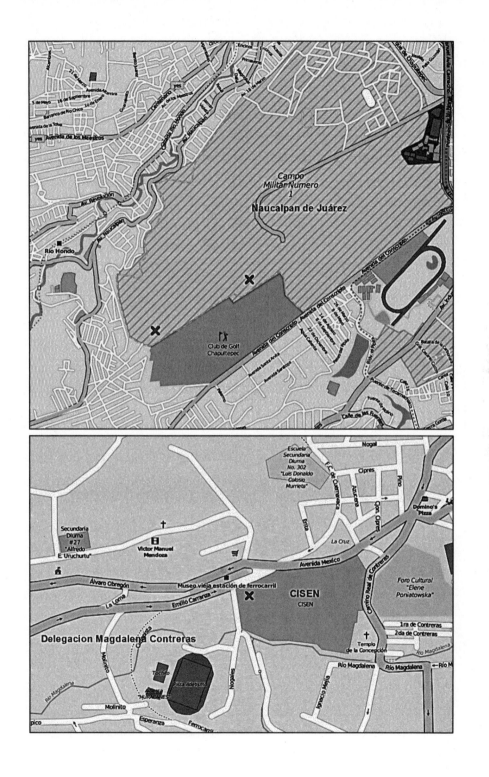

7471493586	VOZ TRANSFER	5561083626	7471493586	18/10/2014	09:35:37	6		-	-
7471493586	VOZ SALIENTE	5561083626	7471493586	18/10/2014	09:35:38	5		19°18'16"N	099°14'17"W
7471493586	MENSAJES 2 VIAS	5536438524	7471493586	19/10/2014	23:27:20	0		19°18'16"N	099°14'17"W
7471493586	MENSAJES 2 VIAS	5511425164	7471493586	21/10/2014	11:18:50	0		19°25'58"N	099°14'49"W
7471493586	MENSAJES 2 VIAS	5511425164	7471493586	23/10/2014	14:23:57	0		19°26'14"N	099°14'20"W
7471493586	MENSAJES 2 VIAS	5551865625	7471493586	25/10/2014	10:01:21	0		19°26'14"N	099°14'20"W
7471493586	MENSAJES 2 VIAS	5513606680	7471493586	27/10/2014	09:59:57	0		19°26'14"N	099°14'20"W
7471493586	MENSAJES 2 VIAS	5551865625	7471493586	02/11/2014	05:45:11	0		19°25'58"N	099°14'49"W
7471493586	MENSAJES 2 VIAS	5591708717	7471493586	08/11/2014	02:46:10	0		19°25'58"N	099°14'49"W
7471493586	MENSAJES 2 VIAS	5518155210	7471493586	01/12/2014	11:40:03	0		19°26'14"N	099°14'20"W
7471493586	MENSAJES 2 VIAS	7451107223	7471493586	03/03/2015	12:31:43	0		17°01'22"N	099°19'50"W
7471493586	MENSAJES 2 VIAS	5585583974	7471493586	02/04/2015	21:19:07	0		19°18'16"N	099°14'17"W
7471493586	MENSAJES 2 VIAS	5536438524	7471493586	04/04/2015	15:41:48	0		19°18'16"N	099°14'17"W

Registro de la actividad del teléfono celular de Julio César Mondragón Fontes, que forma parte del expediente de la PGR. Puede apreciarse que la última llamada se hizo el 4 de abril de 2015.

Notas

Primeras palabras

1. La Armada cuenta con un cuartel general y dos fuerzas navales (Pacífico, con sede en Manzanillo, y del Golfo, en Tuxpan, Veracruz) que se dividen en siete regiones, 13 zonas, 14 sectores navales y 20 Flotillas y Escuadrillas de Unidades de Superficie.
2. Rogelio Velázquez, "Ejército mexicano: burocratizado", *contralinea.com.mx*, 17 de junio de 2012, disponible en *http://www.contralinea.com.mx/archivo-revista/index.php/2012/06/17/ejercito-mexicano-burocratizado/*, consultado el 20 de abril de 2016.
3. Joshua Partlow, "What's behind Mexico's military buying binge?", *The Washington Post*, 15 de junio de 2015, disponible en *https://www.washingtonpost.com/news/worldviews/wp/2015/06/15/whats-behind-mexicos-military-buying-binge/*, consultado el 20 de abril de 2016.
4. John Lindsay Poland, "The Mexican Military's Buying Binge", *nacla*, 23 de marzo de 2015, disponible en *https://nacla.org/news/2015/03/23/mexican-military's-buying-binge-0*, consultado el 20 de abril de 2016.

Capítulo I

1. En su libro *Julio César Mondragón Fontes*, de octubre de 2015, editado por la Secretaría de Cultura del Distrito Federal Para Leer en Libertad, Jorge Belarmino Fernández hace una observación: "cuando uno o más deciden dejar sin piel ni ojos la cara de Julio César, seguramente tienen considerado dónde mostrarán la obra, para que su efecto sea el que debe".
2. Las marcas de caninos no fueron una sorpresa para muchos. Cuando el extinto policía-narcotraficante, Guillermo González Calderoni, ejercía como comandante federal en la fronteriza Ciudad Juárez y trabajaba para el cártel de Juárez, tenía muy hecha una práctica de tortura en su domicilio particular: desnudaba a sus víctimas y, ya sin ropa, las lanzaba a un perro feroz y hambriento. Ablandados, los detenidos hablaban en aquella cárcel clandestina habilitada como sala de tortura. Así era este jefe policial, estrella del salinato.
3. Página 48 del Tomo Uno del Expediente del Tribunal Superior de Justicia del Estado de Guerrero, Juzgado Segundo de Primera Instancia en Materia Penal del Distrito Judicial de Hidalgo, número de causa 201/2014-II del 5 de octubre de 2014, Fiscalía General de Justicia del Estado y la Dirección General de Control de Averiguaciones Previas, dentro de la averiguación previa HID/SC/02 1099312014, y el pedimento penal 070/2014.
4. Informe forense de Ricardo Loewe entregado a la abogada de la familia Mondragón Mendoza en agosto de 2015.
5. Jorge Luis Esquivel Zubiri, "La historia secreta de la Dirección Federal de Seguridad. La CIA mexicana", disponible en *http://esquivel-zubiri.blogspot.mx/2012/05/la-historia-secreta-de-la-direccion.html*, consultado el 2 de abril de 2015.
6. Unidad Especializada en Investigación de Delito en Materia de Secuestro. Acuerdo de Recepción con folio 82886, del 14 de noviembre de 2014. Dirección General de Ingenierías Forenses, del Departamento de Informática y Telecomunicaciones de la Coordinación General de Servicios Periciales de la PGR.
7. Ella es fiscal especial "A" de la Unidad Especializada en Investigación de Delitos en Materia de Secuestro, y el reporte de Fonseca consta en el Expediente AP. PGR/SEIDO/UEIDMS/871/2014, folio 82886.
8. Anabel Hernández, "El video escondido de la noche de Iguala", *Proceso*, núm. 2047, edición electrónica, disponible en: *http://hemeroteca.proceso.com.mx/?page_id=278958&a51dc26366d99bb5fa29cea47475 65fec=411992*, consultado el 23 de enero de 2016.
9. En 2006, la revista científica *Raisons Politiques*, núm. 61, publicó el ensayo "Necropolítica", del camerunés Achille Mbembe, donde aborda características de los regímenes autoritarios desde una perspectiva poscolonial, evidenciando que las políticas de control social continúan funcionando para garantizar saqueo de recursos naturales, despojo de comunidades y administrar la muerte como un fin en sí mismo.

Capítulo II

1. Si uno se atiene a las estadísticas del Consejo Nacional de Evaluación de la Política de Desarrollo Social (Coneval), casi siete de cada diez guerrerenses, o unos 2.31 millones, viven en la pobreza. Y cerca de 900 mil caen en la clasificación de pobreza extrema.
2. Institute for Economics and Peace (IEP), *Índice de Paz México, 2015*, disponible en *http://economicsandpeace.org/wp-content/uploads/2015/06/Mexico-Peace-Index-2015-Spanish-Report.pdf*, consultado el 26 de enero de 2016.
3. *Cfr.* Francisco Cruz Jiménez, *Tierra narca, el Estado de México, refugio de los grandes capos del narcotráfico*, Planeta, Temas de hoy, 2010. Ahí se ofrece una perspectiva amplia y documentada.
4. *http://economicsandpeace.org/wp-content/uploads/2015/06/Mexico-Peace-Index-2015-Spanish-Report.pdf*, consultado el 3 de noviembre de 2015.
5. Reyes hace otra precisión: hasta 2009, Acapulco recibía unos 30 mil estudiantes estadounidenses conocidos como *spring breakers* que copaban, cada

primavera, las habitaciones de una decena de hoteles. En 2011 su número cayó de forma dramática a sólo 500 jóvenes, y hoy es difícil ver alguno. Laura Reyes, "Muerte en Acapulco: Así es la vida en la ciudad más peligrosa de México", *Expansión-CNN*, miércoles 18 de noviembre de 2015, *http://mexico. cnn.com/nacional/2015/11/18/muerte-en-acapulco-asi-es-la-vida-en-la-ciudad-mas-peligrosa-de-mexico.*

6. Científicos de la canadiense Ocean Networks y de la Universidad Simon Fraser han probado que los cuerpos desaparecen casi totalmente en seis semanas, aunque a los huesos les toma un poco más de tiempo, hasta seis meses.

7. El Centro de Derechos Humanos de La Montaña Tlachinollan lo ha denunciado: "Los jornaleros agrícolas de Guerrero nunca han contado con condiciones óptimas de trabajo [...]; los contratos de empleo son acuerdos verbales que en la práctica nunca se cumplen". Tania L. Montalvo, "Guerrero, el estado donde no hay trabajo para los jornaleros agrícolas", *Animal Político*, 30 de abril de 2015, disponible en *http://www.animalpolitico.com/2015/04/el-74-de-los-municipios-indigenas-de-guerrero-expulsa-jornaleros-que-buscan-trabajo-en-el-norte-del-pais/*, consultado el 20 de noviembre de 2015.

8. *http://www.novedadesacapulco.mx/que-estas-pagando-acapulco.*

9. "Al menos 9 mil indígenas de las regiones de La Montaña y Costa Chica de Guerrero migraron al vecino Michoacán, a donde trabajan como jornaleros en el corte del limón y viven en condiciones deplorables", aseguró el sacerdote Gregorio López Gerónimo, párroco de Apatzingán, quien dijo que algunos buscan el apoyo de la Iglesia católica: "9 mil indígenas de Guerrero se fueron a Michoacán y viven en condiciones deplorables", en *El Sol de Chilpancingo*, 30 de diciembre de 2015, disponible en *http://elsoldechilpancingo.mx/?p=7134*, consultado el 5 de enero de 2016.

10. Véase la nota 7.

11. Comisión Mexicana de Defensa y Promoción de los Derechos Humanos. *http://cmdpdh.org/project/desplazamiento-interno-inducido-por-la-violencia-una-experiencia-global-una-realidad-mexicana/*, consultado el 7 de enero de 2016.

12. La fecha de publicación es el 23 de octubre de 2015. Crisis Group es un organismo internacional sin fines de lucro con sede en Bruselas, Bélgica, que trabaja en el apoyo para prevenir conflictos en todo el mundo. *http://www.crisisgroup.org/en/regions/latin-america-caribbean/mexico/055-disappeared-justice-denied-in-mexico-s-guerrero-state.aspx*, consultado el 15 de enero de 2016. Durante ocho visitas a Guerrero, de octubre 2014 al mes de agosto de 2015, Crisis Group entrevistó a docenas de víctimas, empresarios, activistas, periodistas y funcionarios de gobierno en Iguala, Chilpancingo y Chilapa. Además de activistas, analistas y funcionarios federales en la Ciudad de México.

13. "Encuesta Nacional de Victimización y Percepción Sobre Seguridad Pública (ENVIPE) 2015. La cifra negra o delitos no denunciados es muy elevada en gran parte de México. A nivel nacional se estima que 89% de todos los delitos no se denuncian".

14. *https://www.youtube.com/watch?v=ySNM15lBmj4*, consultado el 16 de enero de 2016.

Capítulo III

1. Académico e investigador de la Universidad Autónoma Metropolitana (UAM), en *Guerra de imágenes, Michoacán, Tlatlaya y Ayotzinapa como sistema de significaciones imaginarias de la violencia y la crueldad hoy*, un amplio ensayo que publicó en diciembre de 2014.

2. Para mayor referencia, *cfr.* Francisco Cruz Jiménez, *Tierra narca, op. cit.*

3. *Excélsior:* "GIEI gasta 462 mil dls. en viáticos y sueldos", de Iván E. Saldaña, 19 de enero de 2016.

4. El 29 de julio de 2015 Rodríguez fue relevado de Iguala como comandante del 27 Batallón de Infantería, después de repeler una manifestación de los padres de los 43 desaparecidos y de estudiantes que reclamaban acceso a instalaciones militares para buscar a los normalistas.

5. *http://elrostrodejulio.org/2016/02/15/cronica-de-la-inhumacion-una-semilla-de-justicia/*. Publicado el viernes 12 de enero de 2016.

Capítulo IV

1. Lo único que se recuperó de Bernardo Flores Alcaraz fue su credencial de estudiante cuando peritos de la PGR revisaron el Estrella de Oro 1568, más de dos semanas después; la hallaron con "maculaciones de sustancia de color café rojizo en estado seco, elemento que fue localizado sobre el piso correspondiente a el asiento señalado con el número tres". Ese autobús tenía 37 impactos de bala; el Costa Line 2012 presentaba diez, y el Costa Line 2510, seis. Estaban guardados en el corralón de Grúas Mejía junto con 27 patrullas de Iguala que requisó la SEIDO. Sólo en una, la patrulla 020, se halló una mancha de sangre.

2. Acuerdo de Extracción de Diligencias de la averiguación previa PGR/SEIDO/UEIDMS/818/2014.

3. *https://www.youtube.com/watch?v=DhBlxbQiTk8*, consultado el 10 de febrero de 2016.

Capítulo V

1. Vidulfo Rosales Sierra, hoy abogado de los padres de los 43 estudiantes desaparecidos de Ayotzinapa, fichado por supuestos vínculos con grupos insurgentes, ofreció en febrero de 2012 su versión sobre los gobiernos del PRD en ese momento, a propósito del asesinato de tres normalistas en 2011: "Fiel al estilo de los gobiernos caciquiles priistas de antaño, no ha escatimado recursos para ofrecer banquetes, dinero y regalías a la clase política y organizaciones partidistas sin claridad ideológica. [...] A cambio, estos le muestran su respaldo incondicional, mientras descalifican las demandas legítimas de los normalistas".

2. "En agosto de 1942, la zona federal de 12,600 metros cuadrados de las playas de Caleta y Caletilla fueron concesionadas a favor de la viuda de Maximino [...]. En mayo de 1945, al negarse a retirar de la zona, los antiguos propietarios fueron desalojados por la fuerza", señala Alberto Guillermo López Limón en su tesis doctoral. Sólo entre 1940 y 1949, el gobierno federal expropió en Acapulco casi 40

millones de hectáreas ejidales, agrega López Limón, quien cita a la investigadora Alba Teresita Estrada Castañón, autora de *El movimiento anticaballerista: Guerrero 1960. Crónica de un conflicto.*

3. Si bien es difícil definirlo, debe tener algunas características: *a)* guerra con un enemigo cuya finalidad es el derrocamiento del gobierno y régimen establecidos; *b)* delimitación imprecisa de hechos punibles y eliminación del proceso judicial; *c)* castigos extralegales o prohibidos: violación sistemática a los derechos humanos, tortura corporal, aislamiento en prisión, tortura psicológica, secuestro, homicidio y desaparición de personas, y *d)* víctimas colaterales inocentes para reforzar el terror, que se traduce en intimidación o coerción a la población civil y asesinato de civiles sin un juicio previo o ejecuciones sumarias.

4. En su primer presupuesto presentado en 1941, Ávila Camacho les destinó 110 millones de pesos, contra los 3 millones para los problemas indígenas. Mario Raúl Mijares Sánchez en *México: génesis de su descomposición política; Miguel Alemán Valdés (1936-1952)*, de 2012.

5. Impresor, periodista, editor y ex alcalde meridense, quien retomaría la entrevista en un amplio ensayo que escribió —*La poderosa mano del centro*— para el número 245-246, segundo y tercer trimestres de 2008, de la revista de la Universidad Autónoma de Yucatán.

Capítulo VI

1. Fernando Saavedra y Fernando Rello, *Implicaciones estructurales de la liberalización en la agricultura y el desarrollo rural en México*, FLACSO, México. *http://web.flacso.edu.mx/micrositios/documentos/images/pdf/avances/fernando-rello-y-fernando-saavedra.pdf.*

2. Humberto Domínguez Chávez, *La Reforma Educativa y la Autonomía Universitaria (1920-1940)*, Colegio de Ciencias y Humanidades, UNAM, 2012. *http://portalacademico.cch.unam.mx/materiales/prof/matdidac/sitpro/hist/mex/mex2/HMIICultura_Vida/ReformaEducativa.pdf.*

3. Cerecedo Civiera Alicia, *La legitimación de las Escuelas Normales Rurales*, El Colegio Mexiquense, 2004.

4. Las Misiones Culturales eran escuelas normales ambulantes, que buscaban capacitar a los profesores en servicio, además de promover el mejoramiento socioeconómico e higiénico de las comunidades; eran educadores, trabajadores sociales, expertos en salud, higiene y cuidados infantiles, instructores de educación física y maestros de música y artes manuales. (Humberto Domínguez Chávez, *op. cit.*).

5. Tanalís Padilla, "Las normales rurales: historia y proyecto de nación", en *El Cotidiano*, número 154, marzo-abril de 2009, UAM-Azcapotzalco. *http://www.redalyc.org/articulo.oa?id=32512736009.*

6. David L. Raby, *Los principios de la educación rural en México: el caso de Michoacán, 1915-1929*, El Colegio de México, 1973. *http://codex.colmex.mx:8991/exlibris/aleph/a18_1/apache_media/RANK144J1FL8TLS2PDG84QMGTM5KMR.pdf.*

7. Tatiana Coll, "Las Normales Rurales: noventa años de lucha y resistencia", en *El Cotidiano*, número 189, enero-febrero de 2015.

8. Alicia Civera Cerecedo, *La trayectoria de las Escuelas Normales Rurales: algunas huellas para estudiar*, El Colegio Mexiquense: *historia.fcs.ucr.ac.cr/congr-ed/mexico/ponencias/civera_cerecedo.doc.*

9. Alicia Civera Cerecedo, *La legitimación de las escuelas normales rurales*, El Colegio Mexiquense, Estado de México, 2004.

10. *Ibíd.*

11. *Ibíd*, p. 12.

12. Adriana Téllez Pérez, *Un Panorama Histórico del Normalismo Rural. El Caso de "El Mexe": el conflicto estudiantil y político de 2003-2005*, tesina de licenciatura, UAM-I, México D.F. septiembre de 2005.

13. *http://www.voltairenet.org/article187955.html*, Ayotzinapa, en Archivos de inteligencia de la DFS, de José Ángel Escamilla Rodríguez. Consultado el 2 agosto de 2015.

14. "Normales rurales: 3 décadas de embate de la DFS", de Zósimo Camacho, en *http://contralinea.info/archivo-revista/index.php/2014/10/26/normales-rurales-3-decadas-de-embate-de-la-dfs/.*

15. "Normalistas rurales, los primeros guerrilleros", de Zósimo Camacho, en *http://contralinea.info/archivo-revista/index.php/2014/11/12/normalistas-rurales-los-primeros-estudiantes-guerrilleros/.*

16. *http://contralinea.info/archivo-revista/index.php/2014/11/27/normalistas-rurales-espiados-por-el-fbi/*, en "Normalistas rurales, espiados por el FBI", de Zósimo Camacho.

17. "Golpe de mano contra el normalismo rural", de Zósimo Camacho, en *http://contralinea.info/archivo-revista/index.php/2014/11/30/golpe-de-mano-contra-el-normalismo-rural/.*

Capítulo VII

1. Formaría parte del libro *Genaro Vázquez, una vida de guerra.*

2. Desde principios de abril de 1960, el gobierno de Caballero giró órdenes de captura contra los líderes de la ACG, a quienes acusaba de delitos como difamación, calumnia, injurias y asociación delictuosa contra el gobernador y otros funcionarios. En ese mes fueron detenidos e incomunicados los profesores Salvador Sámano y Genaro Vázquez Rojas. Alberto Guillermo López Limón, *¡Comandante Genaro Vázquez Rojas: Presente!*

3. Para julio de 2015, el grupo de voluntarios que realizaba operativos de búsqueda de los 43 normalistas habían descubierto al menos 60 fosas comunes clandestinas en los alrededores de Iguala, en las que se encontraban los restos de unas 129 personas. Y el sábado 8 de agosto de 2015 fue asesinado Miguel Ángel Jiménez Blanco, fundador de un grupo de autodefensa, activista que jugó un papel central en la búsqueda de los estudiantes y uno de los personajes relevantes más indignados por la ineficiencia y corrupción del gobierno en el tema de seguridad y la respuesta al caso Ayotzinapa.

4. Al día siguiente se habían unido "la Universidad del Sur, la normal de Ayotzinapa, las preparatorias y 22 secundarias; en los siguientes días los electricistas, telefonistas, camioneros, petroleros y de otros gremios amagaron con paros y huelgas de solidaridad,

exigiendo al mismo tiempo justicia laboral y respeto a la libertad municipal. Huelgas, como la camionera, propiedad del gobernador, fueron declaradas inexistentes por la Junta de Conciliación y Arbitraje". López Limón, *op. cit.*

5. "Finalmente, el 30 de diciembre de 1960 se produjo la masacre de Chilpancingo. Fuerzas del 24° Batallón de Infantería del Ejército Mexicano, comandadas por el general Julio Morales Guerrero, obedeciendo órdenes de la Presidencia de la República y la Secretaría de la Defensa Nacional (Sedena), con el beneplácito del procurador de Justicia del Estado, Javier Olea Muñoz, abrieron fuego contra la multitud armada sólo de palos". López Limón, *op. cit.*

6. Tomado de *Masacres y asesinatos políticos en el estado de Guerrero (1960-2000)*, de Gerardo Peláez Ramos. *http://www.rebelion.org/noticia.php?id=192152*, consultado el 28 de julio de 2015.

CAPÍTULO VIII

1. *MetalNews.com*. Artículo en: *http://www.metalsnews.com/spotlight.aspx?ArticleID=601*, consultado el 13 de marzo del 2016.

2. *UniradioInforma.com*. Véase: *http://www.uniradioinforma.com/noticias/mexico/333477/narcos-dicen-cuando-explorar-en-sinaloa-directivo-minero.html*, consultado el 1de marzo de 2016.

3. *archivo.eluniversal.com.mx/notas/316465.html*.

4. Aurora Vega, "Ahora narco va por oro y plata; mineras arman a grupos", en *Excélsior*, 1 de mayo del 2012.

5. Axel Sánchez, "Extracción de Goldcorp pierde 'brillo' en México", en *El Financiero*, 30 de abril de 2015.

6. Los resultados de indicadores de potencial minero elaborados por la Secretaría de Economía (SE) costaban 17 millones de pesos, hasta hace poco, y los datos sobre las concesiones mineras tenían un valor de 7 millones de pesos, por pago de derechos. No se sabe cuánta agua ha sido consumida a las mineras y cuánta contaminan. La SE reservó información sobre los impuestos que pagan las mineras y la cantidad de minerales que extraen, y los reduce a reportes generales por estado. Sin embargo, en el Registro Público de Derechos de Agua (REPDA), hay datos que ayudan, dice Manuel Llano, investigador de la Universidad Iberoamericana, en el trabajo "Concesiones de agua para las mineras", del 17 de febrero del 2016. *www.cartocritica.org.mx* y Fundación Heinrich Böll.

7. Roberto Ramírez Bravo, "La minería en México tiene problemas de desprestigio, plantean en convención", en *La Jornada Guerrero*, 10 de octubre de 2015.

8. "Empresas canadienses dueñas de las minas de México", *Gaceta Mexicana GMX*, con información de la revista electrónica *sinembargo.com*.

9. Revista *Desacatos* número 30; mayo-agosto de 2009, México. Las cantidades en pesos son de Francisco Cruz, Miguel Alvarado y Félix Santana. El precio tomado para una onza de oro fue de 23 mil 100 pesos, proporcionado por el Banco Nacional de México (Banamex) el 18 de abril de 2016.

10. Centro de Investigaciones en Geografía Ambiental (CIGA), Universidad Nacional Autónoma de México, Morelia, Michoacán, México. claudio@ciga.unam.mx.

11. Escuela Nacional de Antropología e Historia, Distrito Federal, México. *aleita000@gmail.com*.

12. Ezequiel Flores, "Inversión millonaria en territorios del narco", en *Proceso*, segunda semana de marzo de 2016.

13. José Gil Olmos, "Un proyecto en ciernes: legalizar el cultivo de la amapola", en *Proceso*, 27 de marzo de 2016.

14. Ezequiel Flores, *Proceso*, 27 de marzo del 2016.

15. Censo de Población y Vivienda 2010 y Secretaría de Economía-ProMéxico, Inversión y Comercio 2014.

16. Facultad de Ciencias Médicas de la Universidad Estatal de Cuenca, Ecuador, 2012.

17. Revista *Emeequis*, "Amnistía Internacional registra 12 mil 500 desaparecidos durante el sexenio de Peña Nieto", sin firma, nota del 31 de agosto del 2015.

18. Enrique Mendoza y Adela Navarro, "32 meses de Peña: 57 mil 410 asesinatos", semanario *Zeta*.

19. Enrique Méndez y Roberto Garduño, "El Senado entregará al empresario minero la medalla Belisario Domínguez", en *La Jornada*, 6 de noviembre de 2015.

20. David Marcial Pérez, videodocumental *La desgracia de que haya tanto oro en Guerrero*. En *www.ellosynosotros.com*.

21. Parte de este texto ha ocupado información del estudio *Miradas en el territorio, cómo mujeres y hombres enfrentan la minería*, de las investigadoras Hilda Salazar Rodríguez y Maritza Rodríguez Flores, para la Fundación Heinrich Böll en 2015. Escriben que "de acuerdo con el Registro Agrario Nacional, el ejido posee mil 406 hectáreas. En 2008, 83% de estas tierras estaban con operación minera. Con la compra de otras tierras, el ejido actualmente tiene 2 mil 360.2 hectáreas (Plan de Desarrollo Ejidal, 2009)".

22. *El Sur*, periódico de Guerrero, 29 de marzo de 2016.

23. "Miradas en el Territorio, cómo mujeres y hombres enfrentan la minería", de Hilda Salazar Rodríguez y Maritza Rodríguez Flores, para la Fundación Heinrich Böll en 2015.

24. Fundada el 19 de junio del 2008 para fusionar los movimientos de afectados en México y América Latina.

CAPÍTULO IX

1. A esa misma hora policías de la Secretaría de Seguridad Pública fueron acuartelados, sacados de las calles con la excusa de cuidar su armamento. Treinta y ocho agentes fueron enviados a vigilar la penitenciaría estatal, declararía el secretario general de Gobierno de Guerrero, Jesús Martínez Garnelo, quien exculpó al gobernador Ángel Aguirre de la masacre porque, dijo, había ordenado después la detención de los policías municipales y recuperado el control de la ciudad. El alcalde José Luis Abarca nunca le contestaría al gobierno estatal, sino hasta las 00:15 del 27 de septiembre, y le diría al propio Martínez Garnelo que estaba dormido, pues el baile lo había cansado y que no conocía ningún reporte de los hechos.

2. A las patrullas municipales de Cocula les cambiaron

los números: las 300, 301, 302 y 303 fueron rotuladas días después con el 500, 501, 502 y 503.

Capítulo X

1. Jesusa Cervantes, "El Ramo 33, para la delincuencia organizada", en *Proceso*, 28 de noviembre de 2015.
2. Jaime Avilés, "Minera San Xavier, catástrofe para SLP", en *La Jornada*, lunes 14 de noviembre de 2011. Suplemento especial "Minera, 500 años de saqueo".
3. Débora Cerutti, "En huelga de hambre, desplazad@s de San Juan Copala", 5 de noviembre de 2015, Subversiones, Agencia Autónoma de Comunicación, *subversiones.org*.
4. Suplemento *Ojarasca* del diario *La Jornada*: "Avaricia minera, trasfondo en San Juan Copala", 9 de octubre de 2010.
5. "Gustavo Castro sobre asesinato de Mariano Abarca". *Archive.org*: https://archive.org/details/gustavo-castro-sobre-asesinato-de-mariano-abarca, consultado el 17 de marzo de 2016.
6. É. Henríquez y A. Mariscal, "Chiapas: culpan a minera canadiense del asesinato de dirigente opositor", en *La Jornada*, 29 de noviembre de 2009.
7. Icela Lagunas, de *Reporte índigo*, describe en el reportaje "Predican la Insurgencia", el 1 de diciembre de 2014, que los sacerdotes mantuvieron diferencias con los hermanos Bruno y Cirino Plácido Valerio, y con Miguel Ángel Serafín Juárez, alto mando en el ERPI, y que por eso decidieron crear sus propios cuadros.
8. Del Centro de Investigaciones y Estudios Superiores en Antropología Social (CIESAS), Ciudad de México, en el ensayo "Respuestas locales a la inseguridad y la violencia en Guerrero: las policías comunitarias y ciudadanas", *Órgano Informativo*, año 25, núm. 293, enero de 2015.

Capítulo XI

1. Anabel Hernández y Steve Fisher en *The Huffington Post*: "Juez de barandilla en Iguala, Ulises Bernabé García, escapa a USA pidiendo asilo político". YouTube: https://www.youtube.com/watch?v=9feHBfewWcM, publicado el 15 de junio de 2015.
2. Miguel Alvarado, "Historia de dos secuestros", en *Semanario Nuestro Tiempo de Toluca*, primera semana de agosto de 2015.
3. Declaración ministerial del inculpado Sidronio Casarrubias Salgado, alias *El Chino*, en la Ciudad de México, el 16 de octubre de 2014.
4. Nota de *El Sol del Centro* del 21 de mayo de 2013, reseñando los festejos por los 40 años de la Universidad Autónoma de Aguascalientes.
5. Dirección General de la Policía Ministerial. Coordinación de Zona Iguala, Gro. Oficio 0952/2013. Expediente HIO/SC/01/0769/2013. 5 de junio de 2013.
6. *sinembargo.mx*, 6 de noviembre de 2015.
7. "Si soy electo presidente del PRD, combatir la corrupción dentro será la prioridad, dice Basave", por Shaila Rosagel, *sinembargo.mx*, 6 de noviembre de 2015. http://www.sinembargo.mx/06-11-2015/1542574.

Capítulo XII

1. José Francisco Gallardo Rodríguez es uno de los críticos más ácidos del Ejército mexicano. Doctor en Administración por la UNAM, estuvo encarcelado nueve años y es considerado preso de conciencia por Amnistía Internacional. Su caso generó la primera recomendación de la Comisión Interamericana de Derechos Humanos al Ejército. Fue acusado de ir en contra de la disciplina militar cuando pugnaba por la creación de un defensor de los derechos humanos para militares y la búsqueda de una Secretaría de Defensa en manos de civiles.
2. Un recorrido por las carreteras de Guerrero confirma el señalamiento. Hay retenes militares por casi todo el estado, en los que en cualquier automóvil pueden viajar sospechosos. Y ese automóvil es revisado y sus ocupantes "entrevistados", para evitar la palabra "interrogados". Nada escapa a los ojos militares.
3. Comité de Información. Comité de Información Reservada No. CI/RIR/0127/09. Secretaría de la Defensa Nacional.
4. Declaración ministerial del C. Rodolfo Antonio López Aranda, soldado de Infantería (Testigo). Iguala, Guerrero, 3 de diciembre del 2014, ante la licenciada Evelyn Katy Rodríguez Hernández, Agente del Ministerio Público de la Federación adscrito a la Fiscalía "A" de la Unidad Especializada en Investigación de Delitos en Materia de Secuestro, de la Subprocuraduría Especializada en Investigación de Delincuencia Organizada, de la Procuraduría General de la República. Tomo 20 de la versión electrónica de la A.P. PGRSEIDO/UEIDMS/871/2014.
5. *Por los caminos de la resistencia XIII*, junio de 2006-mayo de 2007, Tlachinollan, Centro de Derechos Humanos de La Montaña.
6. Esta historia está reconstruida desde las declaraciones ministeriales de Francisco Montaño Juárez, Gabriel Abarca Santamaría, Trinidad Zagal Abarca, Juan Andrés Flores Lagunas, Francisco Morales Merino, Omar Torres Marquillo, Óscar Cruz Román, Héctor Enrique Olvera Ramírez, César Augusto Martínez Ocampo, Eduardo Castillo Rea, Francisco Narváez Pérez, Juan Carlos Román Rodríguez, Uri Yashiel Reyes Lasos, Alejandro Romero Villegas, Jesús Marbán González, Eugenio Jiménez González, Gustavo Rodríguez de la Cruz, Édgar Ulises Cruz Frías, Eusebio Jiménez González, Cruz Javier Gómez Nicasio, José Luis Rodríguez Ortega y Santiago Muñoz Pilo, soldados del 27 Batallón de Infantería, con sede en la ciudad de Iguala y que fueron interrogados por la PGR desde el Expediente A.P.: PGR/SEIDO/UEIDMS/871/2014, a principios de diciembre de 2014.
7. Unos 17 fundamentales para la investigación, incluidos cinco presuntos sicarios que declararon haber testificado la muerte y quema de los jóvenes en el basurero.

Capítulo XIII

1. "El Despertar del Guerrero Bronco", de Abel Barrera Hernández, director del Centro de Derechos

Humanos de La Montaña Tlachinollan / *cdbm@tla-chinollan.org*, publicado en la revista *Contralínea* y otros medios en mayo de 2007.

2. Roberto Ramírez Bravo, "La minería en México tiene problemas de desprestigio, plantean en convención", en *La Jornada*, 10 de octubre del 2015.

3. "Defiende Peña Soberanis a Media Luna; ejidatarios y ambientalistas ahuyentan 'grandes inversiones'". *La Jornada Guerrero*, Jesús Rodríguez Montes, 25 de mayo de 2008.

4. "*El Tequilero*, sicario que ha ejecutado a líderes partidistas y ediles en Guerrero", *El Financiero*, David Saúl Vela, 25 de enero de 2016.

5. "Panorama minero en Guerrero y resistencia indígena", 20 de marzo de 2011. Suplemento cultural *El Tlacuache*.

6. *Semanario Nuestro Tiempo de Toluca*, "Limpieza", de Miguel Alvarado, 1 de octubre de 2014.

7. Página *SEPRIN.info: http://seprin.info/2015/11/04/trafico-de-uranio-por-parte-de-carteles-mexicanos-en-la-argentina-para-los-chinos/*, consultada el 24 de marzo del 2016.

8. *https://laalameda.wordpress.com/2016/02/17/anibal-fernandez-y-un-mexicano-mafioso/*, consultado el 1 de abril de 2016 en "Aníbal Fernández y un mexicano mafioso", *Ahumada Kurtz, el mexicano que ahora podría ser investigado*, de Emilia Delfino.

9. "Ahumada, su narcomina y los chinos", de Raymundo Riva Palacio, *El Financiero*, del 9 de enero de 2015.

10. Agustín Arenaz, Agencia Periodística de Investigación (API) de Guerrero.

11. "Guerrero, un tesoro rodeado de pobreza", Ignacio Ramírez, *El Universal*, 7 de julio de 2001.

12. Sergio González Rodríguez, *Los 43 de Aytozinapa*, Anagrama, 2015.

13. "Representa un desastre humanitario la situación de los desplazados de la sierra, dice la Redgro", nota de Lourdes Chávez en *El Sur*, 11 de agosto de 2013.

Capítulo XIV

1. Procuraduría General de la República. Subprocuraduría Especializada en Investigación de Delincuencia Organizada- AP-PGR-SEIDO-UEIDMS-01-2015*26-08-2015, Unidad Especializada en Investigación de Delitos en Materia de Secuestro. OF-SEIDO-UEIDMS-FE-D-11284-2015.